罗利伟　编译

白俄罗斯经济法规选编

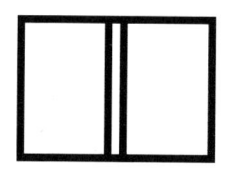

社会科学文献出版社
SOCIAL SCIENCES ACADEMIC PRESS (CHINA)

编译者简介

罗利伟 1967年出生于浙江省慈溪市。1989年6月毕业于北京外国语学院俄语系。1994年12月作为国家教委公派留学生获得国立莫斯科大学俄罗斯语言文学博士学位。2015年7月至今,担任招商局集团中亚及波罗的海代表处高级法务官。

罗利伟为中国国际经济贸易仲裁委员会仲裁员。具有法律副研究员职称。2016年被中国社会科学院"一带一路"研究中心聘为研究员。

曾长期在俄罗斯工作,担任中国贸促会驻俄罗斯首席代表、东方海外货柜航运公司经理等职。

序　言
依法合规经营，以法防范风险

胡　政[*]

在"走出去"战略和"一带一路"倡议得到广泛响应的今天，中国企业"全球化"步伐不断加快，海外并购和绿地项目不断增多。海外投资和经营已经是中国企业深度融入国际经济的必然选择。

遵守所在国的法律法规，坚持依法合规经营，既是国家对走出去企业的基本要求，也是中国企业在以往代价高昂的教训之上维护自身利益、防范法律风险的必由之路。无论资本、货物还是人员，只要离开中华人民共和国法域，即进入另外一个法域管辖。而另外一个法域管辖的方式，我们绝不应当想当然地本着"大概与中国差不多"的想法轻率推测。如果说，投资者对于目的地市场的商业风险还或多或少有所了解，甚至由于多年的贸易和合作关系非常了解，那么对目的地国家法律的了解就并非如此简单了。作为以经济效益为导向的市场主体，公司一般不会研究近期内尚未进入投资计划的目的地国家的法律体系。然而，投资者一旦决定在所在国进行投资，尤其是经营"绿地项目"，那么在尽可能短的时间内对所在国的法律体系，至少是与投资的行业直接相关的法律法规进行全面、系统的了解就变得十分必要。

这一点对于在"一带一路"沿线国家的投资活动尤为迫切。"一带一路"沿线国家多为发展中国家，由于我国和沿线国家的历史、制度、体制、文化、利益诸方面的差异，因此不可避免地会面临法律风险，如市场准入、

---

[*] 招商局集团董事、招商局集团驻中亚及波罗的海地区代表处首席代表、中白工业园区开发股份有限公司首席执行官，招商局集团前副总裁，曾兼任招商局集团总法律顾问。

经营干涉、临时立法、税收承担、劳务用工等。其法律体系并非法律研究中的显学。客观地说，许多"一带一路"沿线国家的法律我国学界目前还涉及较少，甚至是空白，更不要说律师界和企业法务人员等从事法律实务的人员。据我们所知，在一些"一带一路"沿线国家，当我们的项目已经落地，我们的人员和设备已经到位，甚至经营活动已经启动的情况下，我们对所在国的"公司法"这样的基本法律还知之甚少。

另一方面，中国企业在"一带一路"沿线国家的投资项目，往往涉及所在国的基础设施开发、能源和资源开采、园区开发等，这些项目往往规模大，投资大，建设期限长，同当地经济社会的牵涉面广，因此更有必要充分评估项目的法律风险，做到未雨绸缪，防患于未然。任何项目，不论其产生的背景如何，只有建立在全面的合法合规基础之上，经过全方位的合法合规审查，才可能有效地规避法律风险，维护自身应有权益，在法律风险上立于不败之地。一些投资者抱着固有的陈旧观念，认为合法合规是对于法律健全的欧美发达国家的投资项目而言，对于许多与中国关系很"铁"的国家，即便产生一些分歧，也完全可以在有关部门的协调下通过友好协商的途径解决，这种想法在实践中是完全错误的，可以说是一厢情愿，自己糊弄自己。实际上，在法制不够完备的市场，如果投资者能够设计比较完备的交易结构和管理制度，在投资之前与所在国主管当局就行业准入、优惠政策以及货币汇兑、人员出入境和居留、聘用外籍员工甚至更为细节的方方面面作出妥当的安排，就可以有效地抵御后续人为的干扰因素，弥补所在国法制不够完备可能造成的不确定性，加强风险防范。

要合法合规经营，首先必须对目的地的法律进行了解。一本目的地相关法律的中文译文的汇编无疑对此有很大的帮助。

招商局集团从 2015 年初开始参与由中国和白俄罗斯两国元首倡导的"中白工业园"项目，从一开始就对法律问题给予高度重视，聘请和配备了专门人员对相关问题进行研究和审查把关，还从一开始就组织人员对与投资领域和经营活动相关的白俄罗斯法律法规进行了翻译。经过两年的努力，已经译出白俄罗斯《公司法》《破产法》《投资法》《自由经济区法》《反垄断和发展竞争法》《国家私人合作法》《国际仲裁院法》《不动产、不动产权利及不动产交易国家登记法》，此外还有《海关同盟关境内自由（专门、特别）经济区及保税区海关制度问题协定》、白俄罗斯《自由（特别）经济区范围内设立的保税区管理条例》，以及白俄罗斯关于中白工业园的总统令。这些法律法规与招商局集团参与投资的中白工业园项目直接相关，对我们在当地的建设、管理和经营起到了重要的作用。

现在将上述选择的法律法规汇编成册，冠以"白俄罗斯经济法规选编"的名称，希望它也能对到中白工业园投资的中国企业以及在更广的视角下到整个白俄罗斯进行投资和经营活动的其他企业起到法律咨询作用。我们所做的工作还只是了解白俄罗斯经济法体系的第一步，由于时间和精力的限制，我们还没有能够将体量庞大的白俄罗斯《民法典》《税法典》和《劳动法典》等法典类文献译出。条件允许时，我们会将这些法典中与外国投资者有比较密切关联的部分以及其他有关法律法规继续组织翻译。

本书由招商局集团驻中亚及波罗的海地区代表处组织编辑印刷，共收录白俄罗斯共和国 14 部经济法规（包括法律、条例、协定）。本书收录的法律法规均由招商局集团风险管理部和招商局集团驻中亚及波罗的海地区代表处的高级法务官罗利伟博士翻译。罗利伟毕业于北京外国语学院，后作为国家教委公派留学生赴苏联，1994 年获国立莫斯科大学语言文学博士学位。现为中国国际仲裁委员会仲裁员、中国社会科学院"一带一路"研究中心研究员，多年在中国国际经济贸易仲裁委员会从事法律工作，曾将一些俄罗斯法律翻译成中文，又有着多年的企业管理工作经验以及在前苏联地区的丰富工作经验，这次翻译白俄罗斯经济领域的法律法规，虽属新的领域，也算得上是"学以致用"。但无论如何，收入本书的白俄罗斯法律法规的中文译文仅供有关人员参考，如需准确知悉相关法律条文，请以白俄罗斯共和国官方（比如白俄罗斯法律门户网 www.pravo.by）发布的俄文文本为准。

是为序言。

2017 年 10 月 25 日

目 录

白俄罗斯共和国公司法 …………………………………………… 1
白俄罗斯共和国破产法 …………………………………………… 78
白俄罗斯共和国投资法 …………………………………………… 200
白俄罗斯共和国反垄断和发展竞争法 …………………………… 208
白俄罗斯共和国国家私人合作法 ………………………………… 230
白俄罗斯共和国自由经济区法 …………………………………… 248
白俄罗斯共和国不动产、不动产权利及不动产交易国家登记法 …… 264
白俄罗斯共和国国际仲裁院法 …………………………………… 305
关于完善"巨石"中白工业园特殊法律制度的白俄罗斯共和国
　　总统令 ……………………………………………………… 319
关于"巨石"中白工业园特殊法律制度的规定 ………………… 323
关于鼓励在中小城镇和农村地区从事经营活动的白俄罗斯共和国
　　总统法令 …………………………………………………… 351
海关同盟关境内自由（专门、特别）经济区及保税区海关制度问题
　　协定 ………………………………………………………… 359
自由（特别）经济区范围内设立的保税区管理条例 …………… 380
白俄罗斯共和国总统关于发展白俄罗斯共和国与中华人民共和国
　　双边关系的指令 …………………………………………… 383

白俄罗斯共和国公司法

（1992 年 12 月 9 日颁布，2015 年 7 月 15 日最近一次修订）

本法旨在确定公司的法律地位，公司成立、活动、重组、清算的程序，公司设立人（股东）的权利和义务，公司机构的权限，以及保障公司设立人（股东）和公司自身的权益。

第一章 总则

第 1 条 关于公司的基本规定

注册资本分为股东份额（股票）的商业组织为公司。

公司：

拥有依靠设立人（股东）出资形成的以及公司活动过程中生产和获得的独立财产；

对自己的债务独立承担责任，可以以自己的名义获取和实施财产性质的和自身非财产性质的权利，履行义务，作为原告或被告出庭；

可以拥有符合其章程规定的活动目的以及活动范围（如果章程对此作出了规定）的民事权利，并承担与该活动相关的责任，法律规定目录里的特定类别的活动，公司只能在取得专门允许（许可证）的前提下从事；

通过依照法律和章程活动的自己的机构获得民事权利，承担民事义务；

依照法律可以设立法人，以及参股法人；

依照法律可以设立不具备法人资格的法人联合体，以及参加该等联合体。

在法律规定的情形下，公司可以通过自己的股东获得民事权利，承担民事义务。

公司权利能力在其成立之时起产生，在其完成注销之时终止。

第 2 条　白俄罗斯共和国关于公司的立法

白俄罗斯共和国关于公司的立法是以白俄罗斯共和国宪法为基础，由白俄罗斯共和国民法典、本法和其他法律法规组成。

第 3 条　本法的适用范围

如果本条和其他法律未作不同规定，本法适用于白俄罗斯共和国境内成立的公司。

如果本法和其他法律未作不同规定，调整公司的法律地位、公司成立、活动、重组、清算程序的本法规定适用于由一名股东组成的公司。

银行、保险、交易所和其他活动领域的公司的法律地位、成立、重组和清算的特点，由其他法律规定。

注册资本百分之百份额（股票）属于白俄罗斯共和国及（或）其地方行政单位的公司的法律地位和成立的特点，由法律规定。

在国有财产私有化过程中开放式股份公司的成立特点，由关于私有化的法律规定。

在国有财产私有化过程中成立的或者通过租赁企业、集体（人民）企业、国有企业、国有单一制企业改变组织形式而成立的股份有限公司的法律地位的特点，此类公司的管理特点及股票发行和流通的特点，可由关于私有化的法律规定。

在公司因欠缴中央及（或）地方财政预算费用及欠偿国民银行贷款而重组债务的情况下，公司注册资本变化和公司股东将股份（股票）转让白俄罗斯共和国及（或）其地方行政单位所有或者相应的国民银行所有，以及确定上述股份（股票）的价值及公司最高管理机构决策请求此等债务重组的程序，由白俄罗斯共和国总统确定。

公司在保护期、法院裁定前的重整期和管理人接管期的活动特点，由关于破产的法律确定。

如果关于有价证券的法律无不同规定，公司有价证券发行和流通的特点由本法和反垄断法律规定。

第 4 条　公司的名称和住所

公司具有白俄罗斯语和俄语名称，名称应指明公司的法律组织形式。

公司名称应当在向登记机关提交公司国家登记文件之前按照法律规定

的程序确定。

公司常设执行机构的所在地为公司住所地。如果公司无常设执行机构，则以有权不需要公司委托书即可以公司名义行事的其他机构或者个人的所在地为公司住所地。

第 5 条　公司的责任

公司以自己的全部财产对自己的债务负责。

公司股东不对公司债务负责，公司也不对股东债务负责，法律或者章程规定的情形除外。

如果公司破产是由有权向公司发布具有约束力的指令或者以其他方式决定公司行为的公司股东以及包括行使公司单人执行机构职权的人或者领导公司集体执行机构的人在内的其他人所导致，则此等人员在公司财产不足清偿时对公司债务依照法律承担补充连带责任。

如白俄罗斯共和国法律未作不同规定，公司不对白俄罗斯共和国的债务及其地方行政单位的债务负责。

第 6 条　公司的代表处和分公司

公司可以根据本法和其他法律规定的程序成立代表处和分公司。代表处和分公司不具有法人资格，依据公司批准的管理条例以公司名义进行活动。

代表处是在公司住所地之外代表和维护公司利益，以公司名义实施交易和其他法律行为的公司特设下属机构。

分公司是在公司住所地之外实施公司全部或部分职能（包括代表处职能）的公司特设下属机构。

公司代表处和分公司由公司授予财产。该财产在公司资产负债表（对于采用简化税制的组织和个体经营户为收支登记簿，以下简称"收支登记簿"）中单独记账。

公司代表处或分公司的负责人由公司任命，并以公司依照法律规定程序出具的委托书为依据开展活动。

如果白俄罗斯共和国的国际条约未作不同规定，公司在白俄罗斯共和国境外成立代表处和分公司按照代表处和分公司所在地国家的法律进行。

公司对所成立的代表处和分公司的活动负责。

第 7 条 子公司

如果另外一家公司（母公司）或者合伙，由于其在公司的优势股份，及（或）由于其与公司之间订立的合同，及（或）能够以其他方式决定公司的决策，则公司为其子公司。

子公司不对母公司或者合伙的债务负责。

有权对子公司发布有约束力的指令（包括通过与子公司之间的合同）的母公司和合伙，对于子公司因执行该等指令而订立的交易与子公司承担连带责任。

如果子公司由于母公司或者合伙的过错而破产，则子公司财产不足于清偿债务时母公司或者合伙承担补充连带责任。

子公司股东有权要求母公司或者合伙补偿由其过错给子公司造成的损失。

第 8 条 附属公司

如果另外一家公司在本公司拥有与本公司股东大会上可以使用的百分之二十及以上的表决权对应的股份（股票），则本公司为其附属公司。

如果按照本条第一部分的规定公司为另外一家公司的附属公司，则公司不得持有及购买其股份（股票）。

第 9 条 公司的单一制企业

公司可以为单一制企业的设立人，单一制企业根据公司批准的章程活动。

公司设立的单一制企业的财产属于设立它的公司所有，单一制企业有经营权。

公司设立的单一制企业的负责人由公司任命。公司有权以章程确立其所设立的单一制企业的负责人的任命办法。

公司设立的单一制企业以属其所有的全部财产对自己的债务负责。

除白俄罗斯民法典规定的情形外，公司设立的单一制企业不对公司的债务负责。

除本条第 7 部分规定的情形外，设立单一制企业的公司不对单一制企业的债务负责。

如果公司设立的单一制企业的破产是由公司所导致，则单一制企业财产不足于清偿债务时，公司承担补充连带责任。

公司设立的单一制企业的法律地位由关于单一制企业的法律规定。

第二章 公司的成立、重组和清算

第 10 条 公司的成立

公司依照本法及其他法律通过新设或者法人重组而成立。

公司可以成立为股份公司（开放式或者封闭式）、有限责任公司及补充责任公司。

公司可由一人设立或由一名股东组成，包括在由法人重组成立公司时。

公司自依照法律规定的程序进行国家登记之时起成立。

如果公司章程未作不同规定，则公司存续无期限。

第 11 条 公司的设立

公司的设立根据设立人在设立大会召开以前作出的决定进行。设立人关于设立公司的决定可以通过订立成立公司的合同，或者如果本条第 3 部分未作出不同规定，且除本法第 67 条第 1 部分规定的情形之外，以设立人确定的其他形式作出。

设立公司的决定应当确定：

设立人成立公司的共同行动的程序，其成立公司的权利和义务，包括准备公司章程草案的程序；

设立人准备公司国家登记的义务的分配，包括按规定程序商议公司名称、在设立公司的决定规定公司的注册资本应在公司国家登记之前形成的情况下开设用于形成公司注册资本的临时账户以及完成法律规定的其他行为；

注册资本的数额和设立人出资的程序；

在设立公司的决定规定公司的注册资本应在公司国家登记之前形成的情况下对非现金出资进行价格评估或者对价格评估的真实性进行鉴定的法人或者个体经营者；

如果设立人数量多于三人且设立人决定授权其中一人签署公司国家登记的申请书，则确定该被授权的设立人；

召集和召开公司设立大会的程序。

在公司由一人设立的情况下，就公司设立有关问题的决定由该人独自作出并书面形成。唯一设立人与公司设立有关的决定应当确定公司注册资本的数额及其形成程序，在设立公司的决定规定公司的注册资本应在公司国家登记之前形成的情况下确定对非现金出资进行价格评估或者对价格评估的真实性进行鉴定的法人或者个体经营者，还应包含对于本法第12条第1部分和68条第1部分所列问题的决定。

公司设立人对于在公司国家登记之前产生的与公司设立有关的债务承担连带责任。如果设立人的行为被随后的公司股东大会所认可，则设立人与设立公司有关的债务由公司负责承担。在公司由一人设立的情况下，公司国家登记之前产生的与公司设立有关的债务由该人承担。公司也可承担与该公司的设立有关的设立人债务。

第12条　公司设立大会

在公司设立大会上设立人：

在设立公司的决定规定公司的注册资本应在公司国家登记之前形成的情况下，批准对公司注册资本非现金出资的价格评估；

批准公司章程；

组建公司机构并选举其成员；

决定本法规定的其他问题。

公司设立大会在讨论大会议题以及就该等议题作出决定时以设立人共同参加的现场方式进行。

除本法第68条第3部分规定的情形外，本条第1部分规定的议题需由设立人在公司设立大会上全体一致作出决定。

每个参加公司设立大会的设立人均有表决权。

每个设立人的表决权数与其认缴的出资数额一致。成立公司的合同或者其他确证成立公司的意向的文件可以另外规定每个设立人在公司设立大会上拥有的表决权数，但本法第68条第4部分规定的情形除外。

公司设立大会的决定作成大会纪要，由公司全体设立人签字。

在公司由一人设立的情况下不召开设立大会。

第13条　公司的设立人和股东

决定设立公司的公民（自然人）及（或）法人为公司设立人。

公司国家登记之后公司设立人成为公司股东。

在满足本法第101条第5部分规定要求的前提下，取得公司注册资本份额（股票）的所有权、经营权和管理权的人也为公司股东。

如果法律无不同规定，国家机关、地方管理机关和自治机关不得成为公司股东。

如果法律无不同规定，单一制企业、国有联合企业以及所有权人出资供养的机构经所有权人（所有权人授权的机构）同意可以成为公司股东。

公司不能以另外一家由一名股东组成的公司为唯一股东。

个别类别的公民（自然人）参股公司可能被法律所禁止或者限制，而法人参股公司只有在法律规定的情形下并依其程序才能被限制。

公司股东对于公司拥有债权，但只可能对于其作为出资交付公司使用的财产拥有物权。

公司股东有权：

在考虑本法第71条第3和第4部分规定的前提下，参与管理公司活动；

获取关于公司活动的信息，并在章程规定的范围内且依章程规定的程序查阅公司文件；

参与公司利润分配；

在公司清算的情况下取得与债权人结算之后的剩余财产的部分，或其价值。

公司股东可以拥有本法、其他法律和公司章程规定的其他权利。

公司股东可以将参与管理公司活动的权利通过出具授权书或者按照法律规定的程序签订的合同转授他人。

如果法律未作不同规定，参与管理公司活动的权利可以归属于依据合同获得了公司股份（股票）的使用权及（或）支配权的其他人，以及在公司股东死亡的情况下根据法律被授权管理遗产的人。

公司股东有义务：

按照本法、其他法律和章程规定的程序、数额、方式和期限向公司注册资本出资；

不泄露因参股公司而获得的有关公司活动的秘密信息；

履行本法、其他法律和公司章程规定的，以及当股东为股东协议（有限责任公司股东权利实施合同）一方时由此等协议（合同）规定的与参股公司有关的其他义务。

第 14 条　公司设立文件

公司设立人（股东）批准的公司章程为公司设立文件。

公司章程应当确定：

公司名称；

公司住所；

活动目的，及在法律有规定的情形下，确定活动范围；

注册资本数额；

股东的权利和义务；

公司机构的架构、选举或者组建的办法、组成和权限；

公司活动的管理办法；

在本法第 50 条第 4 部分规定的情形下被授权筹备、召集和召开公司股东大会的公司管理机构和个人（工作人员）（以下称"公司被授权机构"）；

管理机构的决策程序，包括需由管理机构一致表决通过或者以特定多数（不少于三分之二、四分之三）表决通过的问题清单；

盈亏分配条件和办法；

代表处和分公司目录；

公司和公司股东责任；

公司、公司代表处和分公司会计（财务）报表（收支登记簿数据）的批准办法；

向股东提供有关公司信息的办法和范围；

本法和其他法律规定的其他信息。

根据设立人（股东）协商一致，公司章程还可以包括不与法律相抵触的其他规定。

公司章程的修改及（或）补充在本法及其他法律规定的情形下并依其程序进行。

公司章程的修改及（或）补充应当按照法律规定的程序进行国家登记，如果法律无不同规定，自国家登记之时起对于第三人生效。

第 15 条　公司的重组

公司可以根据依照本法和其他法律通过的公司股东大会的决定进行重组，以及在法律规定的情形下并依其程序，根据被授权的国家机构（包括法院）的决定进行重组。公司重组可以以新设合并、吸收合并、分立、分离和改变组织形式的方式进行。

以产生其他法律组织形式的法人为结果的公司重组，按照本法规定的程序并考虑其他法律规定的要求进行。

除以吸收合并形式进行的重组之外，新产生的公司或者其他法律组织形式的法人依照法律规定的程序获得国家登记之时，公司视为完成重组。

在以吸收合并形式进行公司重组时，存续的公司自并入的法人终止活动的信息录入法人和个体经营者统一国家登记簿之时起视为完成重组。

在法律有规定的情形下，公司重组只能经被授权的国家机构同意方可进行。

第 16 条　公司的新设合并、公司与其他法律组织形式的法人的新设合并

公司的新设合并、公司与其他法律组织形式的法人的新设合并意指新设一家公司或者其他法律组织形式的法人，参加合并的公司和其他法律组织形式的法人将其全部权利和义务移交作为合并结果的该被新设的法人，并按照本法和其他法律规定的程序终止各自的活动。

参加合并的公司和其他法律组织形式的法人订立规定合并条件和程序的合并合同。合并合同由参加合并的每家公司的股东大会及参加合并的每家其他法律组织形式的法人的设立人（股东）或者由设立文件授权的该等法人的管理机构批准。参加合并的公司的股东、其他法律组织形式的法人的设立人（股东）或者由设立文件授权的该等法人的管理机构的共同大会，批准新设的公司或者其他法律组织形式的法人的设立文件，并组建其机构。共同大会的表决办法由合并合同或者该大会确定。

在公司合并及公司与其他法律组织形式的法人合并时，每家参加合并方的权利和义务根据交接单向新设的公司或者其他法律组织形式的法人转移。

第 17 条　吸收合并

吸收合并意指一家或者数家被吸收的公司及（或）其他法律组织形式

的法人终止活动并将其权利和义务移交吸收的公司。

被吸收的公司及（或）其他法律组织形式的法人与吸收的公司订立规定合并条件和程序的吸收合并合同。吸收合并合同由参加合并的每家公司的股东大会及（或）参加合并的每家其他法律组织形式的法人的设立人（股东）或者由设立文件授权的该等法人的管理机构批准。参加合并的公司的股东、其他法律组织形式的法人的设立人（股东）或者由设立文件授权的该等法人的管理机构的共同大会，作出对吸收公司的章程进行修改及补充的决定。共同大会的表决办法由合并合同或者该大会确定。

在公司及（或）其他法律组织形式的法人被吸收并入另外一家公司时，其权利和义务根据交接单向吸收的公司转移。

第18条　公司的分立

公司的分立意指公司终止活动并将其权利和义务移交新设的数家公司及（或）其他法律组织形式的法人。

公司股东大会决定公司分立的程序和条件、新的公司及（或）其他法律组织形式的法人的成立及其股东组成。由于分立而新设立的每家公司的股东大会及（或）每家其他法律组织形式的法人的设立人（股东）批准每家的设立文件并组建其机构。

公司分立时其全部权利和义务根据资产负债分割表向新设的公司及（或）其他法律组织形式的法人转移。

第19条　公司的分离

公司分离意指成立一家或者数家新的公司及（或）其他法律组织形式的法人并向其移交被重组公司的部分权利和义务，但被重组公司不终止活动。

公司股东大会决定公司分离的程序和条件、新的公司及（或）其他法律组织形式的法人的成立及其股东组成。由于分离而新设立的每家公司及（或）其他法律组织形式的法人的设立人（股东）只能为被重组的公司及（或）其股东（经股东同意）。由于分离而新设立的每家公司的股东大会及（或）每家其他法律组织形式的法人的设立人（股东）批准每家的设立文件并组建其机构。

从公司分离出新的公司且新公司的唯一股东为被重组公司的情况下，

该新公司的章程的批准、机构的组建、机构成员的选举由被重组公司的股东大会进行。由于分离而出现的唯一股东为被重组公司的公司的股份（部分股份）的最初出让，根据被重组公司的股东大会的决定以该股东大会确定的程序和条件进行。

由一名股东组成的公司以分离形式进行重组，而作为重组结果产生的另外一家公司的唯一股东为被重组公司，则此等重组不得进行。

一家或者数家公司或者其他法律组织形式的法人从公司分离时，被重组公司的权利和义务根据资产负债分割表向每家新设的公司及（或）其他法律组织形式的法人转移。

第 20 条 公司形式的改变

一种形式或种类的公司可以按照本法和其他法律规定的程序改组为另外一种形式或种类的公司，或者改组为经营合伙、生产合作社或者单一制企业，但由一名股东组成的公司只能改组为另外一种形式或种类的公司或者单一制企业。

被改组公司的股东大会作出关于改组的决定并决定改组的程序和条件。作为改组结果而产生的另外一种形式或种类的公司的股东大会或者其他法律组织形式的法人的设立人（股东）批准其设立文件并组建其机构。

公司改组时其权利和义务根据移交单向新设的另外一种形式或种类的公司或者其他法律组织形式的法人转移，但是不能归属于另外一种形式或种类的公司或者其他法律组织形式的法人的权利和义务除外。

第 21 条 根据被授权的国家机关（包括法院）的决定对公司进行重组

在法律规定的情形下并依其程序，公司重组可按照包括法院在内的被授权国家机关的决定进行。

如果公司股东、被公司股东授权的公司管理机构或者被公司章程授权重组公司的公司管理机构不在被授权的国家机关的决定确定的期限内进行公司重组，则法院根据上述国家机关的诉讼请求委任公司外部管理人，并委托其进行公司重组。自委任外部管理人之时起管理公司事务的权限向其转移。外部管理人代表公司在法院出庭，编制资产负债分割表或者交接单，并将其与作为重组结果产生的公司或者其他法律组织形式的法人的设立文件一起提交法院审议。法院对于上述文件的批准为新设公司及（或）其他法律组织形式的法人进行国家登记的依据。

第 22 条　公司重组时的交接单和资产负债分割表

在依照本法第 16~20 条规定进行公司重组时,需编制交接单或者资产负债分割表。

交接单和资产负债分割表应当包含被重组公司对于全体债权人和债务人的债权债务的承受规定,包括双方有争议的债权债务。

交接单和资产负债分割表由公司股东大会或者作出重组该公司的决定的机构批准。

第 23 条　公司重组时债权人权利的保障

作出公司重组决定的被重组公司或者机构,必须将此决定书面告知被重组公司的债权人。

对于在作出公司重组决定时为公司债权人的人的告知应当在作出公司重组决定之日起不晚于三十日进行,在以新设合并或者吸收合并进行重组时,自最后一家参加合并的公司或者其他法律组织形式的法人作出决定之日起不晚于三十日进行。对于其他人,应在与其订立合同时告知。

被重组公司的债权人有权要求公司提前清偿债务或履行义务并补偿损失。

债权人的要求应自向其发送公司重组决定的告知之日起三十日内书面向公司提出。

如果根据资产负债分割表无法确定被重组公司的权利义务继承者,则新成立的法人对于该公司债务向债权人承担连带责任。

第 24 条　公司的清算

如果法律未作不同规定,公司清算导致其活动终止,而不产生权利义务按承受程序向其他人转移。

公司可以依照章程根据由公司股东大会依照本法和其他法律的规定作出的决定进行清算。

在法律规定的情形下并依其程序,公司可以根据登记机关的决定或者法院的裁定清算。

在作出清算作为公司唯一股东的法人的决定的情况下,应当作出清算该公司的决定。

如果决定清算的公司的财产价值不足于满足债权人要求，或者没有财产，在中间清算表得到批准后公司只能按照关于破产的法律规定的程序进行清算。

公司清算决定作出后，除非根据法院裁定，公司股东组成不得改变。

自公司登记机关作出将公司从登记簿除名的记载录入法人和个体经营者统一国家登记簿的决定之日起，公司清算完成，公司注销。

第 25 条　公司清算委员会（清算人）

作出公司清算决定的公司股东大会任命清算委员会（清算人）、清算委员会主席，分配清算委员会主席和成员之间的职责（在任命清算委员会的情况下），并确定清算程序和期限。

自任命清算委员会（清算人）之日起，公司事务管理权限（包括公司领导权限）向其转移。

清算委员会（清算人）以被清算公司的名义：

出庭；

在法律规定的权限范围之内决定公司清算的一切问题。

清算委员会主席（清算人）必须在公司清算决定作出之日起十个工作日内按法律规定程序书面通知登记机关以将公司处于清算过程中的信息录入法人和个体经营者统一国家登记簿。

如果法律未作不同规定，关于公司处于清算过程中的消息、关于公司债权人申报要求的程序和期限应登载于司法科普杂志《白俄罗斯司法》的官方网站，并登载于该杂志的副刊。该期限自网站登载关于公司处于清算过程中的消息之日起不少于两个月。

公司清算委员会（清算人）采取一切可能的措施来发现债权人及收回应收账款，书面告知债权人公司清算消息，以及采取其他与清算有关的措施。

债权人申报债权的期限结束后，公司清算委员会（清算人）编制中间清算表，该表包含被清算公司的财产组成、债权人申报的要求清单以及对债权人要求进行审议的结果。

中间清算表由公司股东大会批准。

与债权人结算完毕后，公司清算委员会（清算人）编制清算表，该表由公司股东大会批准。

第 26 条　公司清算时对债权人要求的满足

向被清算公司的债权人进行金钱给付，由清算委员会（清算人）按照法律规定的程序和顺序，根据中间清算表进行。

如果被清算公司的资金不足于满足债权人要求，清算委员会（清算人）按照法律规定的程序通过公开拍卖变现公司财产。

如果公司注销后有证据表明公司为了规避对债权人的责任将部分财产转交他人或者以其他方式故意隐匿，在破产程序中债权未获全部满足的债权人有权就未获偿付部分债务追偿该财产。在此情况下相应适用白俄罗斯共和国民法典规定的非法占有财产返还的规则。

第 27 条　公司清算时财产在股东之间的分配

公司清算时与债权人结算结束后的剩余财产由清算委员会（清算人）在公司股东之间按照本法为不同形式的公司规定的顺序进行分配。

公司设立人（股东）作为出资向公司交付占有和使用一定期限的财产，在公司清算时由清算委员会（清算人）以实物形式（考虑自然损耗）返还该等设立人（股东）。

公司清算时下一个顺序的公司股东的要求在上一个顺序的要求得到全部满足之后满足。

如果公司清算时剩余财产不足于满足一个顺序的股东的全部要求，则股东要求以现有财产按照其要求数额按比例满足。

第三章　公司的注册资本和其他基金、财产和有价证券

第 28 条　公司的注册资本

公司成立时按照本法和其他法律规定的程序形成公司注册资本。

公司注册资本确定了保障公司债权人利益的最低限额的财产。

不同形式、类别和活动范围的公司的注册资本的形成期限，由法律规定。

如果第二个财务年度和此后每个财务年度终结时公司净资产价值低于注册资本，则公司必须按规定程序将注册资本减少至不高于公司净资产价值的数额。

在决定减少注册资本的情形下，公司必须在作出此等决定之日起三十日内书面告知公司债权人公司减少注册资本的决定及新的注册资本金额，或者在司法科普杂志《白俄罗斯司法》的官方网站登载关于所作决定的通知，并登载于该杂志的副刊。公司债权人有权在向其发送告知书或者自所作决定的通知登出之日起三十日内书面要求公司提前偿还债务或者履行相应义务并补偿损失。

公司还有权在本法规定的其他情形下并依其程序决定变更注册资本。

第 29 条　对公司注册资本的出资

股东可以用物（包括货币和有价证券）、其他财产（包括财产权利）以及其他可以出让、可以估价的权利出资。

作为出资的财产应当属于设立人（股东）所有、经营或者管理。如果所有权人、法律或者合同对于财产权利的出让进行了限制，则此等财产不得作为出资。

公司注册资本不得全部由非货币的财产权利形成。财产权利出资占公司注册资本的份额不得高于百分之五十。公司章程可以规定不得作为出资的财产种类。

在非货币出资的情况下，对于出资的价格需要进行评估。对非货币出资的价格评估需要按照法律规定的程序进行专家鉴定。如果对于非货币出资进行了独立的价格评估，则不再需要对此评估的真实性进行专家鉴定。

在设立人（股东）以一定期限的财产使用权作为出资的情况下，该等出资的数额按照法律规定的程序依据整个使用期限的租金计算。如果未到上述期限财产使用权终止或者公司清算，则视为股东欠缴剩余期限的租金的出资，除非章程另有规定。作为非货币出资的财产的灭失、损坏和损害的风险由公司承担。

不得免除公司股东的出资（支付股票价款）义务，包括通过以对公司的权利要求相抵消的方式，但法律有规定的情形除外。

第 30 条　公司的储备基金和其他基金

在法律有规定的情形下，公司组建储备基金。储备基金的数额、来源及其成立和使用办法由法律规定。

公司也可组建其他基金，其成立和使用办法按照法律和公司章程的规定进行。

第 31 条　公司的财产

公司财产有：

公司设立人（股东）作为出资交付的财产；

公司经营活动中获得的财产；

因使用财产所获得的收益（孳息、产品、收入），如果法律或者有关该财产使用的合同未作不同规定；

公司设立的单一制企业和机构的财产；

公司以法律允许的其他依据所获得的财产。

公司财产不得强制征收，在法律有规定的情形下以及根据法院裁定征收的除外。

公司可以按照法律规定的程序被交给财产由其占有和使用。

作为公司或者其他法律组织形式的法人重组结果而新设的公司的财产由参加重组的法人的财产形成。

第 32 条　公司的有价证券

在本法和关于有价证券的法律规定的情形下并依其程序，公司发行以公司为出票人的有价证券。

公司也可按照有关有价证券的法律的规定交付非以公司为出票人的有价证券。

公司按照法律规定的程序负责公司发行的和交付的有价证券的国家登记（登记）。

第四章　公司机构和公司管理

第 33 条　关于公司机构的一般规定

公司的管理机构和监督机构为公司机构。公司机构的组建和机构成员的选举办法由本法、其他法律和公司章程规定。

公司股东大会为公司最高管理机构。由一名股东组成的公司不召集和召开股东大会。公司股东大会的职权由该股东行使。

公司还组建以下管理机构：

根据本法、其他法律和章程的规定，组建董事会；

根据本法和章程的规定，组建公司执行机构——集体执行机构（管委会或者经理会议）及（或）单人执行机构（经理或者总经理）。

公司监事会或者监事为公司监督机构。如果章程依照本法对此作出了规定，公司股东大会还可以组建其他监督机构。

董事会、执行及监督机构对公司股东大会负责，在由一名股东组成的公司对该股东负责。

公司机构的成员在实现自己的权利和履行义务时：

应当为了公司利益善意合理凭着公开原则行事〔按照本法、其他法律、公司章程及（或）内部规章制度的要求将信息告知公司股东大会和董事会，以及告知其他可能影响董事会成员履行自己职责的信息〕；

应当平等和公正地对待公司所有股东；

不得不按公司章程的规定、股东大会及（或）董事会的决定以及为个人目的使用或者允许他人使用公司财产；

不得逃避履行本法和公司章程规定的自己的义务。

公司机构的成员依其职权对因其过错行为（不作为）给公司造成的损失依照公司章程和法律的规定对公司承担责任。但是，如果本法第57-1条未作不同规定，对于导致公司损失的决定投了反对票以及未参加该投票的公司机构的成员，以及在法律有规定的其他情形下，不承担责任。如果公司机构的数位成员对公司承担责任，则其责任为连带责任。如果公司机构成员拒绝主动补偿公司损失，则可以根据公司自己的诉讼请求、由董事会全体成员不少于三分之二多数作出的决定授权的董事会成员的诉讼请求以及由参会人员不少于四分之三多数表决权作出的股东大会决定授权的公司股东的诉讼请求，为公司之利益通过司法程序加以追偿。

第34条　公司股东大会的专有权限

公司股东大会的专有权限有：

修改公司章程；

变更公司注册资本数额；

选举公司董事会和监事会成员及提前终止其职权，除依照本法第51条第5部分规定无须公司股东大会决定公司董事会成员职权提前终止的情形外；

在具备监事会意见并对其予以考虑以及在本法规定的情形下具有审计结果并对其予以考虑之后，批准公司年度报告、年度会计（财务）报告（收入和支出账簿数据）和公司盈利和亏损分配；

作出公司重组和批准交接单或资产负债分割表的决定；

作出公司清算的决定，成立清算委员会，任命清算委员会主席或清算人，批准中间清算表和清算表，但是依照法律规定清算公司的决定由登记机关或者法院作出的情形除外；

确定对公司董事会和监事会成员的履职报酬和费用补偿额度；

在本法规定的情形下批准公司内部规章制度；

授权公司其他管理机构就不属于公司股东大会专有权限的个别问题单次作出决定；

在本法、其他法律以及公司章程和内部规章制度未作调整的部分，确定公司股东大会召开办法；

决定本法和其他法律规定的其他问题。

公司章程可以将对其他问题的决定权归属于公司股东大会的专有权限。

公司不能将属于公司股东大会专有权限的问题转交公司其他管理机构决定。

第 35 条　公司股东大会的权限

公司股东大会的权限有：

确定公司基本活动方向；

决定成立不具备法人资格的法人联合体及参加该等联合体；

决定成立和撤销公司代表处和分公司；

决定成立其他法人，以及参股其他法人；

决定成立、重组和解散单一制企业和机构；

确定公司执行机构成员劳动报酬条件或者管理组织（管理人）劳务报酬数额；

依据对非货币出资的价格评估结论或对于评估的真实性的鉴定结论，批准对非货币出资的价格评估；

依照法律规定决定提供无偿帮助（赞助）；

决定本法和章程规定的其他问题。

本条第 1 部分中归属于公司股东大会权限的问题，可由章程归入公司董事会权限。

本条第 1 部分中归属于公司股东大会权限的问题，不得交由公司执行机构决定，除了成立和撤销公司代表处和分公司的问题之外。如果公司不设立董事会，则此问题的决定权可由章程归属执行机构。

公司章程可以将提供无偿帮助（赞助）的问题交由公司执行机构决定，但执行机构必须每季度一次将提供此等帮助的情况向公司董事会以及在公司不设董事会的情况下向公司股东大会报告。

第 36 条 公司股东大会

公司例行和临时股东大会在本法和公司章程规定的情形下并依其程序召集和召开。

公司例行股东大会在章程规定的期限召开，一年不少于一次。

公司必须每年召开公司年度股东大会，会上批准年度报告、年度会计（财务）报告（收入和支出登记账簿数据）及公司的利润和亏损分配。在批准公司年度报告、年度会计（财务）报告（收入和支出登记账簿数据）以及利润和亏损分配时，需要具备监事会（监事）意见并对其予以考虑，在本法规定的情形下，还需要具备审计意见并对其予以考虑。

公司年度股东大会在章程规定的期限召开，但不晚于报告年度结束后的三个月。

如果公司被授权机构不按本法和章程规定召集公司年度股东大会，则年度股东大会可由有权要求召开临时股东大会的公司机构或股东们（一名股东）召集。公司年度股东大会上还应当审议董事会（如果本法、其他法律和公司章程规定了公司董事会的组建）和监事会（监事）成员的选举问题。

公司股东大会由被授权的公司机构召集和召开，在本法规定的情形下也可由要求召集公司临时股东大会的公司其他机构或者股东召集和召开。

公司股东大会按照本法和章程规定的办法召开，在本法和章程未作调整的部分，按照由公司股东大会批准的公司内部规章制度及（或）该次大会决定的办法召开。

对于公司股东大会的筹备、召集和召开的补充要求，除本法规定的之外，可由公司股东大会批准的公司相应的内部规章制度确定。

确定公司股东大会召集和召开的程序和期限的本条规定，除了本条第4部分规定的召开年度股东大会的期限（在此期限内该股东应当就本条第3和第4部分规定的问题作出决定）外，不适用于由一名股东组成的公司。

第37条　有权参加公司股东大会的人员

以下人员有权参加公司股东大会：

公司股东，或者由公司股东向其出具委托书授权参加的人；

本法第13条第12部分规定的其他人。

第38条　公司股东大会的筹备

被授权的公司机构，在由章程依照本法规定的期限内作出召开公司股东大会的决定，决定应当确定：

公司股东大会召开的日期、时间和地点（指明地址）；

载明了每个议题的决议草案表述的公司股东大会的议程；

公司股东大会的召开形式，如果章程以及在本法规定的情形下要求召集公司临时股东大会的公司机构、公司股东或者审计组织（以个体经营者的身份进行活动的审计师，以下称"个体经营审计师"）均没有确定大会的召开形式；

议程中每个议题的表决形式；

以表决票表决或通信表决时表决票的形式和文本；

以卡片公开表决时表决卡的形式和文本；

将召开公司股东大会的消息通知依照本法第37条有权参加公司股东大会的人员（以下称"有权参会人员"）的办法，如果章程对此通知办法没有作出规定；

会议筹备阶段信息（文件）清单及其向有权参会人员提供的办法（该等人员查阅信息的办法），在召开议程包括公司机构人员选举议题的公司股东大会的情况下，上述清单应当包括关于被推举的公司拟选举（组建）机构候选人的信息；

有权参会人员的登记办法。

关于召开公司股东大会的决定可以包含其他适宜在每个具体情况下指明的信息。

第 39 条　关于公司股东大会召开的信息

被授权的公司机构，应当在不晚于股东大会召开前三十日将所作出的关于召开公司股东大会的决定通知有权参会人员，如果章程没有规定更短的通知期限，或者本条第 2 和第 4 部分没有规定不同的期限。

议程包括以累积投票制选举董事会成员的议题的公司临时股东大会的通知，应当在不晚于会议召开前五十日发送，如果章程没有规定更短的通知期限。

为本法之目的，累积投票制系指每个公司股东或者有权参会的其他人所拥有的表决权乘以董事会待选人数的表决方法。公司股东或者有权参会的其他人，有权将以此方法得到的表决权数全数投给一个候选人或者在两个或者更多的候选人之间分配。

根据本法第 43 条第 2 部分的规定再次召开的公司股东大会的通知应当在不晚于会议召开前十日发送，如果章程没有规定不同的期限。

关于召开公司股东大会的通知应当用挂号信向有权参会人员发送（如果公司章程没有规定别的书面发送方法），或者向上述人员的每一位当面递交并由其签收，或者如果章程有此规定，在公司所有股东都能够接触到的章程确定的大众出版物上登载，及（或）在公司互联网网站登载。

如果公司章程没有规定别的发送方法，股东数量不超过一百的公司的股东大会召开的通知应当以带送达回执的挂号信向有权参会人员发送。

召开公司股东大会的通知应当包含：

公司名称和住所；

公司股东大会召开的日期、时间和地点（指明地址）；

股东大会议程；

召集公司股东大会的公司机构或其他人以及召集理由（在召集和召开公司临时股东大会的情况下）；

有权参会人员查阅会议筹备过程中应当被提交的信息（文件）的办法，注明可以查阅上述信息的地址；

有权参会人员的登记办法；

公司章程及（或）关于召开公司股东大会的决定所规定的其他信息。

公司年度股东大会召开前，公司执行机构必须备妥关于公司在报告覆盖期间的活动的信息，该信息应当包含：

报告覆盖期间发生的公司活动中重大事件的概要；

属于公司所有的各公司的名称、股份比例（股票数量）；

公司在报告覆盖期间出让的股份比例（股票数量）；

公司在报告覆盖期间获得的股份比例（股票数量）；

关于重大交易、依照公司章程交易决策适用重大交易决策办法的其他交易以及在本法第57条第8部分规定的范围内有公司关联人利益关联性的交易的信息；

本财务年度公司活动的计划和预测；

本法、其他法律、公司章程及（或）内部规章制度规定必须告知公司股东的其他信息。

根据公司执行机构、被授权的公司机构的动议，关于报告覆盖期间公司活动的信息也可包括其他内容。

关于报告覆盖期间公司活动的信息应当在公司股东大会召开前不少于二十日即可在股东大会召开通知中标明的地点供有权参会人员查阅。该信息也应在会议召开期间供参会人员查阅。

第40条 对于公司股东大会议程的提案

有权参会人员按照公司章程规定的程序有权以书面形式提议将问题列入股东大会议程并推举公司董事会和监事会人选，以及推举公司执行机构人选。

在一个提案中推举的候选人数量不能超过公司相应机构成员的数量。

对公司股东大会议程的提案应包含自然人的名字或法人的名称、其在股东大会上拥有的表决权数及对每个议程提案问题的阐述。关于向被选举（被组建）机构推荐候选人的议程提案还应包含每名被推荐候选人姓名、所推荐的候选人入选公司机构的名称和章程规定的关于候选人的其他信息。向公司被选举（被组建）机构推荐候选人的议程提案应当按照由公司股东大会批准的公司内部规章制度规定的程序取得被推荐的候选人的同意。依照本条第1部分有权向会议议程提出提案的人员同时可以提议每个所提问题的决议草案表述。提案应由提案人签字。

如果章程没有规定其他期限，对于公司年度股东大会的议程的提案应当在年度结束后不晚于三十日内提交。

如果章程没有规定其他期限，对于议程之一是以累积投票制选举董事会成员的公司临时股东大会的议程的提案应当在临时股东大会召开前不晚于三十日提交。

第 41 条　公司股东大会的议程

公司股东大会议程由被授权的公司机构自主决定，也可以有权提案人员提出的提案为基础。公司股东大会议程应当包含提交讨论的表述具体的议题的详尽清单。

被授权的公司机构在提案提交截止期满后不晚于十日内必须审阅提案并决定采纳提案，或者拒绝采纳提案，如果：

本法和章程规定的股东提交提案的程序未被遵守；

提案与公司股东大会权限无关；

提案不符合本法和其他法律的要求；

向被组建的公司机构推荐的候选人不符合本法、章程及（或）公司股东大会批准的公司内部规章制度规定的要求。

被授权的公司机构在拒绝采纳提案的情况下应当不晚于自作出拒绝决定五日内向提案人发送阐明拒绝理由的决定。

被授权的公司机构无权对提案人向大会议程提出的议题的表述进行修改。

如果最初决定召集和召开公司股东大会时确定的议程后来被决定修改，则被授权的公司机构必须按照章程或该机构规定的程序，在章程规定的期限内但不晚于会议召开前五日，将议程修改的信息告知有权参会人员。

对于被授权的公司机构给出的阐明理由的拒绝采纳提案的决定，以及该机构拒绝作出相应的决定的行为，提案人可以向法院起诉。

第 42 条　公司股东大会召开的形式

公司股东大会可以以现场、通信和混合形式召开。

公司股东大会的现场召开形式要求有权参会人员在讨论大会议题和就议题进行决策时共同出席。

以通信形式召开公司股东大会时，有权参加本次大会的人员对于交付表决的会议议题的意见通过书面征询（通信表决）的方式确定。

以混合形式召开公司股东大会时，有权参加本次大会的人员对于会议议题的表决，有权在会议现场进行，也有权以书面征询（通信表决）的方式进行。

第 43 条　公司股东大会的有效性（参会人数）

登记参会及（或）根据章程或者公司股东大会批准的公司内部规章制度规定的办法收到其填写的表决票的人被认为是参加了股东大会的人员。

如果参加公司股东大会的人员合计拥有的表决权数超过公司股东表决权总数的百分之五十，则公司股东大会有效（达到规定人数），除非公司章程规定了更高的表决权数要求。在未达到规定人数的情况下，同样议程的年度公司股东大会应当再次召开，而同样议程的临时公司股东大会可以再次召开。如果再次召开的公司股东大会的参加人员合计拥有的表决权数超过公司股东总表决权数的百分之三十，则大会达到规定人数，除非公司章程规定了更高的表决权数要求。

公司股东大会以现场会形式召开时，有权参会人员的登记应以其出示确证其权利的文件为依据，并据此登记确定本次会议的有效性（达到规定人数）。未注册的参会人员无权参加表决。

确定以通信或混合形式召开的公司股东大会的规定人数时，应当将按照章程或者由公司股东大会依照本法批准的公司内部规章制度规定的程序收到的以通信表决票提交的票数计算在内。

为确认是否达到规定参会人数以及在公司股东大会就议题决策时计算表决票数，在公司章程规定的情形下并按其规定的期限，可以成立计票委员会。计票委员会的人数和成员组成由公司股东大会批准。在本法第 82 条第 1 部分规定的情形下，必须成立公司计票委员会。

第 44 条　公司股东大会的召开

如果章程未作不同规定，公司股东大会无权就未列入本次大会议程的议题作出决定，也无权更改大会议程，但有权参加本次股东大会的全体人员均参会的股东大会一致通过决定的除外。

以现场或者混合形式召开的公司股东大会由大会主席主持。大会主席按照章程及（或）本次大会确定的任期和办法选举。公司股东大会可以由履行单人执行机构职责的人或者公司集体执行机构主席或者董事会主席主持，除非章程和本法有不同规定。如果章程有此规定，股东大会由本次大会的秘书记录，秘书按章程规定的办法选举或者任命。在其他情况下，由本次大会的主席负责公司股东大会纪要。

第45条　公司股东大会的决定

在公司股东大会作出决定时，公司股东拥有与其在公司注册资本中的份额（股票数量）相对应的表决权数，其他有权参会人员拥有与其所获得所有权或者管理权的份额（股票数量）相对应的表决权数。有限责任公司和补充责任公司的章程可以规定不同的股东表决权数确定办法。

除了本法和公司章程规定就个别议题的决定应当以参会人员所持表决权数或者公司股东全部表决权数的特定多数作出，或者以参会人员或者公司全体股东一致通过的之外，公司股东大会决定以参会人员的表决权数的一般多数（超过百分之五十）作出。公司股东大会在本法规定的情形下批准公司内部规章制度须以参加公司股东大会人员的表决权数不少于四分之三多数作出。

公司股东大会就董事会成员选举议题的决定可以采用累积表决制。获得最多总计表决票数的候选人为当选的董事会成员。

公司股东大会的决定可以采用由公司章程依照本法规定的公开表决或者用表决票表决的形式。章程可以规定用表决卡公开表决。

除选举董事会成员、监事会成员（监事），批准公司年度报告、年度会计（财务）报表（收入和支出登记账簿数据）以及利润和亏损分配与章程规定的其他议题之外，公司股东大会决定可以按照章程或者由公司股东大会批准的公司内部规章制度规定的办法通过通信表决作出，而不由有权参会人员直接参加。

股东大会的决定在本次会上宣布或者在会议纪要按章程规定办法签署后不晚于十日内告知公司股东。

如果公司股东大会的决定违反了本法及其他法律或者公司章程的要求，及（或）损害了公司股东（前股东）的权利及（或）合法利益，则股份公司的股东（前股东）可以在其得知或者应当得知该等决定之日起三个月内，有限责任公司和补充责任公司的股东（前股东）在两个月内，就上述决定向法院提起诉讼。

如果公司股东（前股东）的表决不可能影响表决的结果，或者决定的执行没有给公司股东（前股东）造成损害，或者如果其他对其不利后果的出现和本条第7部分所指的损害并不严重，则法院有权对案件进行综合考虑后维持被提告决定有效。

如果法院满足股东（前股东）的诉讼请求，裁定公司股东大会决定无效，则此等决定视为自始无效。

在由一名股东组成的公司，该股东的书面决定即为大会决定。如果公司的唯一股东为另外一家公司，则后者的章程中应当确定被授权就前一家公司章程归属于其股东大会权限的问题进行决策的机构。

第 46 条　通信表决

通信表决只用表决票进行表决。采用通信表决时，被授权的公司机构在关于进行通信表决的决定里应当确定向有权参会人员发送表决票的方法以及填好的表决票向公司提交的方法和地点（注明地址）和接收表决票的截止日期，该日期不可以晚于大会召开前二日，还应当确定被授权在通信表决时统计表决票和签署表决结果纪要的人。

通信表决票应当包含：

有权参加公司股东大会的自然人的姓名（法人的名称），及其在公司股东大会上所拥有的表决权数；

公司名称和住所；

通信表决票提交的地点（注明地址）、提交的方法和截止日期；

公司股东大会召开的日期和地点、计算通信表决票数的日期；

公司股东大会议程；

表决票所表决议题的阐述和对每个议题的决定的阐述；

每个议题的表决方案，以"同意""反对""弃权"来表述；

就每个议题填写表决票方式的说明；

关于通信投票的表决票应由有权参会人员签署的提示。

如果章程没有规定别的期限，通信投票的表决票应在不晚于大会召开前三十日交给有权参会人员并由其签收，或者以挂号信或由章程或公司股东大会批准的公司内部规章制度规定的其他方式发送。

有权参加股东大会的自然人需本人在通信表决票上签字，并注明身份证件或其他能证明该自然人身份的信息。

有权参加股东大会的法人应在通信表决票上加盖该法人印章。

如果有权参会人员在就议题表决时遵守了表决票上规定的填写规范且只在可选表决方案中选择了一个方案，则在对通信表决计票时计入对该议题的表决。

违反本法要求填写的通信表决票视为无效。

第47条 公司股东大会会议纪要

就公司股东大会召开的结果应当在会议结束后不晚于五日形成公司股东大会纪要。

纪要由公司股东大会主席、秘书（如果有）及不少于两名计票委员会（如果有）成员，以及如果章程有规定，由参加了本次会议的人员签署（每页都需小签，包括纪要所附的决定）。除上述人员之外，根据公司股东大会的决定纪要也可以由其他人员签署。会议纪要附具登记参加公司股东大会的人员名单及（或）其填写的表决票按章程规定收回的人员名单。登记参加公司股东大会的人员名单应当包含该等人员的签名。

公司股东大会纪要副本应根据公司股东的要求按照公司章程对于提供公司信息规定的程序向股东提供。提供纪要副本可以收取费用，但费用数额不得高于制作副本的支出。

第48条 临时公司股东大会召开的依据

临时公司股东大会根据被授权的公司机构的决定召开，依据：

该机构自己的动议；

公司另外一个管理机构的要求；

公司监事会（监事）的要求；

审计组织（个体经营的审计师）的要求；

合计持有不少于公司股东表决权总数百分之十的股东们（一个股东）的要求，如果本法第57-1条第11部分和第108条第3部分没有作出不同规定。

被授权的公司机构在章程规定的期限内但不晚于收到召开临时公司股东大会要求后的十五日内必须审议该要求，并作出召集和召开本次会议的决定或者阐明理由的拒绝召集和召开的决定。

在下列情形下作出拒绝召集和召开临时公司股东大会的决定：

召开临时公司股东大会的要求的提出没有遵守本法和章程规定的程序；

所提议题不属于本法和章程规定属于公司股东大会的权限范围；

所有提请审议的议题都不符合本法及（或）其他法律的要求。

被授权的公司机构关于召集和召开临时公司股东大会的决定或者阐明理由的拒绝召集和召开的决定应自决定作出之日起不晚于五日内按公司章程规定的程序向要求召集的人发送。

第49条 临时公司股东大会的召集

被授权的公司机构无权改变公司另外一个管理机构、监事会（监事）、审计组织（个体经营的审计师）或者有权要求召开临时股东大会的股东们（一个股东）提议的临时公司股东大会的召开形式。

临时公司股东大会应当自被授权的公司机构作出召集和召开本次会议的决定之日起不晚于四十日内召开，除非本条第3部分或者公司章程对于临时公司股东大会的召开规定了另外的期限。

议程包含以累积投票制方式选举董事会成员的议题的临时公司股东大会，应当自被授权的公司机构作出召开本次会议的决定之日起不晚于七十日内召开，除非章程规定了更短的期限。

如果被授权的公司机构在章程规定期限内未决定召集和召开临时公司股东大会或作出拒绝召集和召开的决定，则临时公司股东大会可由有权要求召开临时公司股东大会的公司机构或者股东们（一名股东）召集。此时召集临时公司股东大会的机构和股东拥有被授权的公司机构的权限。在此情况下，临时公司股东大会筹备、召集和召开的支出可以根据本次大会决定由公司弥补。根据召集股份公司临时股东大会的机构和股东的要求，公司必须及时形成股东名册并交给上述人员。临时公司股东大会由要求召开的公司机构或者股东确定的人宣布开始。

第50条 公司董事会权限

根据本法和章程，公司董事会对公司活动进行总体领导，其中包括：

确定公司发展战略；

批准公司年度财务经营计划（如果章程规定了此等计划的制定）并监督其执行；

召集公司股东大会及解决与其筹备和举行有关的问题；

作出关于公司发行以公司为出票人的有价证券的决定，但发行股票的决定除外；

批准发行以公司为出票人的有价证券的决定，除批准发行股票的决定之外；

作出关于公司购买本公司有价证券的决定，除购买股票的决定之外；

在进行重大交易和关联交易、发行有价证券，以及法律和公司章程规定的其他必须确定公司财产价格且交易须经公司股东大会或者董事会决定的情况下，批准公司财产的价格；

使用公司储备基金和其他基金；

就重大交易和关联交易作出决定，如果公司章程依照本法第57条第3部分和第58条第3部分将此等问题的决定权归属于公司董事会；

选定和批准审计组织（个体经营的审计师）并确定与审计组织（个体经营的审计师）之间审计服务合同的实质性条件，除本法第86条第4部分和第110条第2部分规定的情形之外；

批准与管理公司（管理人）及估价执行人之间合同的条件；

在本法有规定的情况下，批准公司内部规章制度；

解决本法、其他法律及公司章程规定的其他问题。

公司股东大会专有权限范围内的问题不可交由公司董事会决定。

公司董事会的具体权限在由公司章程确定的职权范围之内可由公司股东大会的决定确定。

本条第1部分归属于董事会权限的问题，可由公司章程转交公司股东大会决定。在公司没有规定组建董事会的情况下，则就上述问题的决定，如果法律没有作出不同规定，属于公司股东大会的权限范围，但公司股东大会的召集和与股东大会的筹备和召开有关的问题除外，为此等问题的决定章程应当确定公司被授权机构，本条第1部分第5和第6段规定的问题也除外，公司章程可以将此等问题交由公司执行机构决定。

公司董事会权限范围内的问题不可交由公司执行机构决定，除非本法第108条第1和第2部分或者白俄罗斯共和国总统另有规定。

第 51 条　公司董事会

公司董事会在本法、其他法律和公司章程规定的情形下组建。

公司董事会成员只能是自然人。公司董事会成员可以不是公司股东。

在满足本法第 54 条第 3 部分规定的限制的前提下，进入公司董事会的公司集体执行机构成员的数量，不应超过董事会成员总数的四分之一。公司章程可以规定，董事会必须有员工及（或）工会代表。

当选公司董事的人可以按照本法规定的程序不限次数再次当选。

公司董事会成员的权限可以根据公司股东大会的决定提前终止。如果公司董事会成员是以累积投票制方式选出，则终止董事会成员权限的决定必须针对本届董事会的全体成员。董事会成员因自己提交离职声明、死亡、被宣告死亡、被宣告为无行为能力人或者被宣告失踪而离开董事会，其公司董事会成员的权限不经公司股东大会作出决定提前终止。如果公司董事会一个董事（董事们）离职，在董事会新的组成选出前董事会继续履行自己的职责，除本法第 52 条第 3 部分规定的情形以及依照本法和公司章程需要董事会成员全体一致决定的情形除外。

董事会成员为组织董事会活动选举主席。董事会主席组织董事会工作，包括召集和召开董事会会议并主持会议。董事会有权在任何时候以董事会成员总数的多数票改选主席，如果章程没有规定更高的票数要求。

在公司依照章程组建集体执行机构的情况下，董事会主席或者另外一名被授权的董事会成员有权参加公司集体执行机构的会议并对被审议的问题提出建议，但没有就该等问题的表决权。

如果章程规定及（或）股东大会确定，董事履职期间可以向其支付薪酬及（或）开支补偿，数额由公司股东大会确定。

董事会成员和董事会主席的权利和义务由本法、其他法律和章程规定。

对于董事会成员候选人的技术能力、职业能力和其他素质要求以及董事会在章程未作调整部分的决策程序，可由公司股东大会批准的公司内部相应规章制度确定。

第 52 条　公司董事会会议

如果不少于当选董事一半参会，则公司董事会会议为有效。公司章程对于董事会会议的有效性可以规定更高的参会董事人数要求。

公司董事会决定在董事会会议上以参会董事的多数票作出，如果本法及（或）章程没有规定更高的票数要求。如果章程未作不同规定，董事会在作出决定时每名成员拥有一票。如果章程未作不同规定，董事会作出决定时如果票数对等，以董事会主席投票为准。公司董事会决定形成纪要，由董事会主席签署。

如果董事会成员数量少于董事会当选人数的一半或者少于由章程依照本条第1部分为董事会会议有效性确定的人数，或者少于本法第84条第2部分规定的数量，则公司董事会应在十五日之内决定召开临时公司股东大会以补选董事或者选举新的公司董事会组成。剩余的公司董事会成员仅有权召集该次临时股东大会。

公司董事会成员不得将自己的权限包括表决权转授其他人，包括董事会其他成员。

如果章程有此规定，公司董事会可以采用征询董事会成员的方法作出决定。

第 53 条 公司执行机构权限

公司执行机构有权决定不属于本法及（或）公司章程确定的公司其他管理机构权限的一切问题。

公司执行机构进行公司活动的日常领导。

公司单人执行机构或者领导集体执行机构的人，在自己的权限范围内不需要委托书即可以公司名义行事：代表公司利益（包括在公司为股东的其他法人的管理机构当中），以公司名义进行交易及其他。

公司执行机构对公司股东大会和董事会负责（如果公司董事会的组建由本法、其他法律和章程所规定），并组织实施这些机构的决议。

公司单人执行机构和集体执行机构成员的职权依照章程可以由公司股东大会或者董事会的决定提前终止。

如果公司执行机构是由公司股东大会所组建，章程可以规定董事会有权中止公司单人执行机构的职权并在公司新的单人执行机构组建之前将其职权转授他人。

与此同时，董事会必须决定召开临时公司股东大会以解决提前终止单人执行机构的职权及公司新的单人执行机构的组建问题。

公司董事会关于中止单人执行机构的职权并将其权限转授他人的决定

以及关于召开临时公司股东大会的决定以董事会成员不少于四分之三多数通过。

公司执行机构的职权根据公司股东大会的决定可以根据合同交给别的商业组织（管理组织）或者个体经营者（管理人）。

第 54 条　公司执行机构

行使公司单人执行机构职权的人和公司集体执行机构的成员（包括领导集体执行机构的人）由公司股东大会或者董事会依照公司章程选出。

行使公司单人执行机构职权的人和公司集体执行机构的成员也可以从公司股东以外选出。

行使公司单人执行机构职权的人或领导公司集体执行机构的人不得成为董事会成员。上述人员有权参加董事会会议并对被审议的问题提出建议，但没有就该等问题的表决权。

如果公司依照章程组建单人及集体执行机构，则行使公司单人执行机构职权的人也行使领导公司集体执行机构的人的职权。

行使公司单人执行机构职权的人和公司集体执行机构的成员的权利和义务由本法、关于劳动的法律、章程以及上述每人与公司签订的劳动合同及（或）民事合同确定。以公司名义劳动合同和民事合同由选出上述相应人员的公司股东大会的主席或者其他由大会授权的自然人（股东）以及在公司组建董事会的情形下由董事会主席或者由董事会授权的其他董事会成员签署。公司章程可以规定，与公司集体执行机构的成员的劳动合同和民事合同由行使公司单人执行机构职权的人经与董事会协商代表公司签订。

如果法律未作不同规定，行使公司单人执行机构职权的人和公司集体执行机构的成员可按照章程规定的办法或者经公司股东大会同意在其他组织的管理机构兼职。

对于公司执行机构成员候选人的技术能力、职业能力和其他素质要求以及执行机构决策的程序，在章程未作调整的部分可由公司股东大会或董事会批准的公司内部相应规章制度确定。

第 55 条　公司执行机构的决策程序

公司单人执行机构或者领导公司集体执行机构的人颁布命令、发布指令。

公司集体执行机构的决定在其会议上作出并形成纪要。公司集体执行机构的会议纪要由领导该集体执行机构的人签署，并应公司股东大会、董事会和监事会要求向其提供。

公司执行机构的决定对于公司全体员工具有约束力。

公司集体执行机构会议的有效参会人数由公司章程规定且不得低于该执行机构全体成员数量的一半。

公司集体执行机构的成员不得将自己的权限包括表决权转授他人，包括集体执行机构的其他成员。

第五章　公司关联人和交易

第 56 条　公司关联人

公司关联人，即有能力直接和（或）间接〔通过其他自然人及（或）法人〕决定或对本公司决定的通过产生影响的自然人和法人，以及本公司能够对其决定的通过产生此等影响的法人，为：

董事会成员、集体执行机构成员及行使公司单人执行机构职权的自然人和法人；

与本公司同为控股集团参加者的法人；

单独或者与自己的配偶、父母、子女及其配偶、收养人、被收养人及其配偶、被监护人、祖父（外祖父）、祖母（外祖母）、孙子女（外孙子女）及其配偶、亲兄弟姐妹和配偶的父母共同持有或者有权支配公司百分之二十及以上的股份（股票）的自然人；

持有或者有权支配公司百分之二十及以上的股份（股票）或者根据合同能够确定公司所作决定的法人；

公司持有或者有权支配其百分之二十及以上的股份（股票）或者根据合同能够确定其所作决定的法人；

公司成立的单一制企业；

根据本部分第 2、第 4、第 9、第 10 段的规定为本公司关联人的自然人的配偶、父母（监护人）、成年子女、视为完全民事行为能力人的子女、十八岁（成年）之前进入婚姻关系的子女及其配偶、收养人、已成年的被收养人及其配偶、祖父（外祖父）、祖母（外祖母）、成年的孙子女（外孙子女）及其配偶、亲兄弟姐妹和配偶的父母，除了本部分第 3 段所指的法人的集体管理机构的成员或者行使单人执行机构职权的自然人外；

作为本公司关联人的法人的集体管理机构的成员，行使该法人的单人执行机构职权的自然人或者法人；

在国家或集体财产非国有化和私有化过程中成立的开放式股份公司的归属于白俄罗斯共和国或其地方行政单位的股票交由其管理的法人和自然人；

注册资本中的份额（股票）属于白俄罗斯共和国或者其地方行政单位的公司的管理机构中的国家代表。

白俄罗斯共和国及其地方行政单位、白俄罗斯共和国国民银行、中央国家管理机关、其他白俄罗斯共和国政府下属国家组织、地方执行和支配机构不是公司关联人。

公司确定其关联人范围，并以其所确定的程序将此书面通知关联人并对此等关联人进行统计。公司有权向本条第 1 部分列明的人要求提供对于公司确定关联人范围所必需的信息。

董事会成员、集体执行机构成员、行使公司单人执行机构职权的自然人以及本条第 1 部分第 4 和第 10 段列明的自然人应当按照公司规定的办法，通知股东大会及（或）董事会以下信息：

在哪些法人的注册资本中，其单独或者与自己的配偶、父母（监护人）、子女及其配偶、收养人、被收养人及其配偶、被监护人、祖父（外祖父）、祖母（外祖母）、孙子女（外孙子女）及其配偶、亲兄弟姐妹和配偶的父母共同持有或者有权支配百分之二十及以上的股份（股票）；

哪些公司的财产所有人为其本人或者其配偶、父母（监护人）、子女及其配偶、收养人、被收养人及其配偶、被监护人、祖父（外祖父）、祖母（外祖母）、孙子女（外孙子女）及其配偶、亲兄弟姐妹和配偶的父母；

在哪些法人的管理机构中，其本人或其配偶、父母（监护人）、子女及其配偶、收养人、被收养人及其配偶、祖父（外祖父）、祖母（外祖母）、孙子女（外孙子女）及其配偶、亲兄弟姐妹和配偶的父母正在担任职务。

根据本条第 1 部分第 4 段为公司关联人的自然人，有权按照公司规定的办法授权其中之一人，将本条第 4 部分中列明的信息告知公司股东大会及

（或）董事会。

本条第 1 部分第 5 和第 10 段列明的法人必须按照公司规定的办法告知公司股东大会及（或）董事会以下信息：

在哪些法人的注册资本中其单独或者通过与本公司关联人的一致行动（包括通过订立合同）有权支配百分之二十及以上的股份（股票）；

其为哪些法人的财产所有者。

董事会成员、集体执行机构成员、行使公司单人执行机构职权的人、本条第 1 部分第 4 段和第 10 段列明的自然人，以及本条第 1 部分第 5 和第 10 段列明的法人，应当自得知消息起，以公司确定的方法和形式立即告知本公司股东大会及（或）董事会其已知悉的正在进行的或者可能存在的本公司交易，其中其可能被认定为利益关联人的。

公司管理机构成员依照本条第 7 部分提供信息时必须指出关于交易中的关联性的性质和程度的全部重大事实的信息，以及上述关联人由于实施此等交易可能获得的利益的信息。

公司关联人有义务按照公司规定的办法自获得公司股份（股票）之时起不晚于十日内将此消息通知公司。

第 57 条　公司交易中关联人的利益关联性

公司交易时，在以下情况下认为存在关联人的利益相关性，如果关联人：

是公司交易相对人或在与公司的关系中为第三方的利益行事；

在作为公司交易相对人的法人或在与公司的关系中为第三方的利益行事的法人中（单独或者合计）持有百分之二十及以上的股份（股票）；

是作为公司交易相对人的法人或在与公司的关系中为第三方的利益行事的法人的财产所有人；

是作为公司交易相对人的法人或在与公司的关系中为第三方的利益行事的法人的管理机构的成员，或在其中任职；

在章程确定的其他情形中。

公司股东大会关于关联交易的决定，由公司股东大会以无关联股东的表决权的多数作出。

如果章程没有规定更高的百分比，当一个交易的标的或者数个相互联系的交易的标的的价值不超过根据最近一个会计期限的会计（财务）报表数据确定的公司资产的账面价值（依据收支记账簿数据按交易月份的第一日确定的公司资产价值，以下称"资产价值"）的百分之二，则公司章程可以将此等关联交易的决策权交给董事会。公司章程或者股东大会决定可以规定，为了将关联交易交由董事会决策，作为一个交易或者数个相互联系的交易的标的物的财产的价值与公司经由独立评估的交易当月第一日的资产价值的比例关系应当在一定范围之内。关于关联交易的决定由董事会全体无关联成员（独立董事）的多数票作出。公司董事会成员，如果不考虑这一地位依照本法不属于公司关联人，则其为独立董事。如果董事会中独立董事的人数少于章程规定的召开董事会会议的有效人数，则关于此等交易的决定由公司股东大会作出。

相互联系的交易为：

在章程规定的期限范围内由同一些交易人参加的义务同类的交易；

与可以作为整体用于共同用途的财产（整个的财产综合体、复杂物及其他）的数个交易；

其他被公司章程认定为相互联系的交易。

如果公司的全体股东均为公司关联人且依据本条第1部分在本交易中均有利益关联性，则此等关联交易不需公司股东大会（董事会）决定。如果交易同时满足以下条件，则此等关联交易不需要公司股东大会（董事会）的决定：

交易是公司日常经营活动过程中进行的；

此等交易的条件与公司日常经营活动过程中的同类交易无重大不同。

公司日常经营活动过程中的交易系指公司在最近的十二个月内进行三次及以上的交易，包括公司为生产经营活动所需购买原料和材料、销售产品和完成工作（提供服务）。

公司必须在相应的交易决定作出后尽可能短的时间内通过在公司章程确定的大众出版物登载及（或）在公司网站登载向公众披露有下列人利益关联性的交易信息：

董事会成员、集体执行机构成员、行使公司单人执行机构职权的人；

董事会成员、集体执行机构成员、行使公司单人执行机构职权的自然人的配偶、父母、成年的子女及其配偶、收养人、成年的被收养人及其配偶、祖父（外祖父）、祖母（外祖母）、成年的孙子女（外孙子女）及其配偶、亲兄弟姐妹和配偶的父母；

行使公司单人执行机构职权的法人的集体管理机构的成员及行使该法人单人执行机构职权的自然人或法人。

关于交易各方当事人、交易标的、本条第 7 部分第 2~4 段列明的人依照本条第 1 部分规定的关联类别的信息，包括关于关联性的性质和程度的全部重大事实的信息，以及上述关联人由于实施此等交易可能获得的利益的信息，以及公司章程规定的其他信息须向公众披露，但法律规定传播及（或）提供此等信息受限的情形除外。

公司必须根据任一股东的要求提供本条第 8 部分确定的关于公司关联交易的信息。

公司关联人在公司实施有其利益关联性的交易时必须维护公司利益并表现出应有的审慎和善意，如同其在没有自身利益关联性的公司同类交易中所表现的一样。

本条的规定不适用于由一名股东组成且该股东同时行使公司单人执行机构职权的公司。

第 57-1 条 公司实施关联交易的后果

对于违反本法规定的要求实施的及（或）损害公司、公司股东的权利和合法利益的关联交易可以提出异议，法院可以根据公司股东、公司自己以及董事会和集体执行机构成员的诉讼请求裁定此等交易无效。

如果具备下列情事之一，违反本法规定的要求进行的关联交易不能被认定无效：

提出交易无效的诉讼请求的公司股东和董事会成员的表决不可能影响表决结果，即便该等股东（董事会成员）以应有的方式得到了关于公司股东大会（董事会会议）召开的通知，而正是在该次会议上作出了实施该等交易的决定；

无法证明该等交易的实施造成了或者可能造成对于公司和提出诉讼请求的公司股东的损失，或者对其造成了其他不利后果；

在案件审理之前，法院得到了关于公司股东大会或董事会后续按照本法针对关联交易决策规定的程序所作出的此等交易决定的证据。

如果公司由于实施关联交易而遭受损失，则关联人就损失的金额对公司承担责任，如果此关联人在明显不利于公司的条件下促成交易订立及（或）没有采取阻止交易订立的措施。此外，如果对于交易的实施有利益关联性的关联人由于交易的实施而获得了收益，则公司有权在要求赔偿其他损失的同时要求赔偿预期利润，金额不少于关联人所取得的收益。如果数个公司关联人对公司承担责任，则此等责任为连带责任。

由于实施关联交易给公司造成损失的，作出关联交易决定的公司董事会成员应就公司所负担的损失金额与关联人对公司承担连带责任。与此等交易无关联性的公司董事会成员，包括投票赞成（作出）此等交易决定的公司董事会成员，如果能够证明其以正当方式行事且遵守了本法第33条第6部分规定的对于公司管理机构成员的活动的要求，则无须赔偿上述损失。

没有依照本法第57条第3部分参与（作出）有其利益关联性的交易的决定的公司董事会成员，如果非善意行事，在明显不符合公司利益的条件下促成交易的订立及（或）没有采取阻止交易订立的措施，则在公司由于实施关联交易而遭受损失的情况下，应就公司负担的损失金额对公司承担责任。如果由于上述交易的实施该董事会成员获得了收益，则其必须补偿公司预期利润，金额不少于其所取得的收益。

由公司股东大会作出关联交易的决定，由于实施交易给公司造成损失的，不免除关联人对于所造成损失的责任。

由于实施关联交易给公司造成损失的，投票反对作出该交易决定的董事会成员，或者与该交易没有利益关联性的行使公司单人执行机构职权的人或者集体执行机构主席或其他成员或者公司股东，应书面提请董事会主席提出关于由本条第3~5部分确定的人补偿给公司造成的损失的问题。

董事会主席根据依照本条第7部分收到的要求在收到后在不超过五个日历日的期限内，或者根据自己的动议必须召集董事会会议解决关于补偿公司损失的问题。

董事会对于本条第7和第8部分所确定的问题的决定应当在董事会会议召开之日起三个日历日内告知书面提请董事会主席提出关于补偿公司损失问题的人。

如果董事会主席没有采取召集董事会会议的措施，或者在本条第 9 部分规定的期限内书面提请董事会主席提出关于补偿公司损失问题的人没有得到董事会对于公司上述损失补偿问题的决定，或者董事会作出不向本条第 3～5 部分确定的人提出补偿上述损失的要求的决定或者该等人拒绝自愿补偿损失，则根据公司自己的诉讼请求、以与交易无关联董事会成员不少于三分之二多数通过的决议授权的与交易无关联董事会成员的诉讼请求，或者公司股东的诉讼请求可以通过司法程序为公司利益追偿上述损失。

如果公司没有规定组建董事会，则与上述交易无关联的行使公司单人执行机构职权的人，或者集体执行机构主席或其他成员，以及公司股东，有权要求召开公司临时股东大会以作出由本条第 3 部分确定的人补偿由于实施关联交易而给公司造成的损失的决定。如果被授权的公司机构在收到关于召集和召开公司股东大会的要求后不晚于五个日历日的期限内没有作出召集和召开公司股东大会的决定，或者公司股东大会没有作出向本条第 3～5 部分确定的人提出补偿上述损失的要求的决定或者该等人拒绝自愿补偿损失，则根据公司自己的诉讼请求或者与交易无关联的集体执行机构主席或其他成员的诉讼请求或者公司股东的诉讼请求，可以通过司法程序为公司利益追偿上述损失。

第 58 条 公司重大交易

导致公司购买、直接或者间接出让或者可能出让金额为以作出交易决定日之前的最后会计期限的会计（财务）报表的数据为依据的公司资产账面价值百分之二十及以上的货币资产及（或）其他财产的交易（包括借款、贷款、抵押和担保）或者数个相互联系的交易，为公司重大交易。公司章程也可以规定适用重大交易决策办法的其他交易。在购置作为重大交易标的物的财产时，交易金额与公司资产的账面价值（资产价值）进行比较。在出让或者可能出让作为标的物的财产时：

如果根据会计（财务）报表（收支登记簿）数据确定的该等财产的价值等于或者高于交易金额，则将该财产价值与公司资产的账面价值进行比较；

如果根据会计（财务）报表（收支登记簿）数据确定的该等财产的价值低于交易金额，则将交易金额与公司资产的账面价值进行比较。

章程可以规定，为确定交易是否属于重大交易，公司资产应当依据独立评估的交易月份第一日的价值确定。在此情况下，交易金额应当与依据独立评估确定的资产价值进行比较。

公司重大交易可以根据公司股东大会的决定进行，如果章程没有将该等交易的决定权交给公司董事会或者白俄罗斯共和国总统没有作出不同规定。

公司重大交易决定应当载明交易相对人、交易标的、交易金额（相互联系的数个交易的总金额）、法律规定为该类交易实质要件的条件，以及作出重大交易决定的公司管理机构所决定的其他交易条件。

如果章程将重大交易的决策权交给公司董事会，则该等决定由董事会成员全体一致作出。如果公司董事会未作出全体一致的决定，则关于重大交易的决定由公司股东大会作出。

标的为以下价值的财产的重大交易，由公司股东大会以以下方式作出：

公司资产账面价值百分之二十至百分之五十的，由参加股东大会人员表决权数不少于三分之二多数作出，除非公司章程规定了更高的表决权数要求；

公司资产账面价值百分之五十及以上的，由参加股东大会人员表决权数不少于四分之三多数作出，除非公司章程规定了更高的表决权数要求。

对于重大交易条件的变更，根据作出重大交易决定的公司管理机构的决定作出。公司股东大会在作出重大交易决定的同时可以决定将对于交易条件进行变更的权限交给公司董事会，但是关于交易相对人、交易标的的变更除外。在此情况下，董事会对于重大交易的条件变更的决定依照本条第 5 部分规定的办法作出。

本条的规定不适用于公司在日常经营活动中的交易，除本条第 9 部分规定的情形之外。

如果重大交易同时为关联交易，关于该等交易的决定依照本法第 57 条第 2~6 部分规定的办法作出，除公司全体股东均为关联人的情形之外。如果依照本法第 57 条第 1 部分实施重大交易时公司全体股东均为利益关联人，则关于该等交易的决定依照本条规定的办法作出。

对于违反本法要求实施的重大交易可以提出异议，法院可以根据公司股东、公司自己以及董事会和集体执行机构成员的诉讼请求裁定该等交易无效。

在具备以下情事之一的情况下，违反本法要求实施的重大交易不能被认定为无效：

提出认定重大交易无效的诉讼请求的公司股东和董事会成员的表决不可能影响表决结果，即便该等股东（董事会成员）以应有的方式得到了关于公司股东大会（董事会会议）召开的通知，而正是在该次会议上作出了实施该重大交易的决定；

无法证明，该等交易的实施造成了或者可能造成对于公司或者提出诉讼请求的公司股东的损失，或者对其造成了其他不利后果；

在案件审理之前，法院得到了关于公司后续按照本法针对重大交易决策规定的程序所作出的该等重大交易决定的证据。

本条的规定不适用由一名股东组成且该股东同时履行单人执行机构职责的公司。

第六章　公司财务和经营活动的监督

第 59 条　公司监事会（监事）

为对公司财务和经营活动进行内部监督，公司股东大会选举监事或者监事会〔如果本法及（或）公司章程规定了监事会的选举〕。

监事会（监事）的职责范围包括对公司的全部或者几个方面的活动进行监察或者对公司及其分公司和代表处在一个方面或者数个相互联系的方面的活动或其一段时间之内的活动进行监察。

公司董事会成员或者集体执行机构成员以及行使公司单人执行机构职权的自然人不能担任公司监事会成员（监事）。被检查的人无权参与相关问题的监督或检查。

公司监事会由主席领导，主席在股东大会结束当天举行的监事会第一次会议上从监事会成员中选出，该监事会第一次会议由股东大会主席组织并召开。主席组织监事会工作，包括召集和召开监事会会议并主持会议，领导监事会进行的监督和检查，确保监督和检查结论的作出。

任何一个监事会成员（监事）的职权可以由公司股东大会决定提前终止。

如果公司股东大会决定，监事会成员（监事）履职期间可以向其支付报酬及（或）开支补偿，数额由公司股东大会确定。

公司监事会（监事）的职责是进行：

年度监督——在由章程依照法律确定的期限内对会计年度的财务和经营活动的结果进行；

监督或检查——根据公司管理机构的决定并在其规定的期限内进行；

监督或检查——在本法规定的情况下并在章程规定的期限内，根据公司股东的要求进行。

公司监事会（监事）有权在任何时候根据自己的动议进行监督或检查。如果章程未作其他规定，监督或检查持续的时间不应当超过三十日。

根据公司监事会（监事）的要求，公司管理机构的成员和因职权和劳动关系及与劳动相关的关系而被赋予决策权的员工，有义务在规定期限内提供为进行监督和检查所必需的财务和经营活动的相关文件，以及给予口头及（或）书面的详尽解释。

公司监事会的人数和监事会（监事）对于本法未作规定的问题的权限，由章程及（或）公司股东大会批准的公司内部规章制度确定。

第 60 条 公司监事会（监事）的结论

公司监事会（监事）根据监督和检查的结果出具结论，结论应当包含：

确认财务和经营活动的数据的记账和报表是否真实，及其是否在会计（财务）报表（收支登记簿）和其他文件中得到了正确的体现；

所发现的违反规范公司活动的法律、章程和公司内部规章制度的事实，以及对于如何防范和消除此类违反的建议；

对于损害赔偿的建议。

公司监事会（监事）的结论应当由监事会执行了监督和检查的成员（监事）签字。监事会任何成员如果不同意监事会结论或者其个别结论和建议，则有权对于产生的分歧表述自己的观点。

在发现违规行为时，公司监事会（监事）必须：

向公司管理机构提供监督结论或者检查结论或者其个别结论和建议，使其按照职权在两周之内采取措施消除违规行为；

如果针对监督或者检查中发现的违规事实只有股东大会才能作出决定，

则要求召集临时公司股东大会。

公司监事会（监事）就年度监督所作的结论提交股东大会在批准年度报告、年度会计（财务）报表（收入和支出账簿数据）以及收益亏损分配时审议。

第 61 条　公司审计和常设内部监督

为了对会计（财务）报表进行审计及提供其他审计服务（包括对公司的分公司和代表处在内），公司有权且在本法和其他法律规定的情况下并依其程序必须引入审计组织（个体经营的审计师）。

审计依据提供审计服务的合同按照法律规定的办法进行。按照合同支付审计服务的金额和来源由依照章程被授权的公司机构按照法律确定。

公司管理机构必须依照其职责及时采取措施消除审计过程中发现的违反行为。

就公司年度会计（财务）报表（收入和支出账簿数据）进行审计的结果所作的结论提交公司股东大会在批准年度报告、年度会计（财务）报表（收入和支出账簿数据）以及收益亏损分配时审议。

公司必须在法律有规定的情形下且依其程序公布就公司年度会计（财务）报表进行审计的结果所作的结论。如果审计结论公布后监督机构或者审计机构（个体经营的审计师）发现违反事实，构成对公司年度会计（财务）报表进行修改和对审计结论进行重新审视的依据的，则按照法律规定的程序，审计机构（个体经营的审计师）应当编制新的审计结论，公司应当公布新的审计结论。

为了依照公司章程对公司财务和经营活动进行经常性的内部监督，可以成立监督-监事部门，其工作程序由公司股东大会批准的相应的公司内部规章制度规定。

第七章　公司记账和报表，公司文件，关于公司的信息

第 62 条　公司记账和报表

根据法律及公司形成的记账政策，公司对公司及其分公司和代表处的财务和经营活动进行会计和其他记账（收支记账簿），编制并提交会计（财务）、统计和其他报表。

公司记账和报表的组织、状态和真实性、会计（财务）、统计和其他报表向有关国家机关（组织）提交的及时性由公司及其执行机构依照法律和章程负责。

在本法和其他法律规定的情形下，上述会计（财务）报表（收支登记簿数据）的真实性应当由监事会（监事）或者审计组织（个体经营的审计师）确认。

在法律有规定的情况下并按照其程序，公司必须编制合并会计（财务）报表。

第63条 公司文件

下列为公司文件：

设立大会纪要（由一人设立的公司的设立人关于本法第12条第1部分和第68条第1部分列明问题的书面决定）；

公司章程；

按照法律规定程序登记的对于公司章程所作的修改和补充；

公司国家登记的证明；

证明公司资产负债表上的财产（收支登记簿上登记的财产）所有权或者其他物权的文件；

证明土地权利的文件；

公司股东大会纪要（在由一名股东组成的公司为该股东的书面决定）和计票委员会纪要以及公司其他机构的会议纪要；

调整公司活动的公司内部规章制度；

公司关于分公司和代表处的管理条例；

公司设立的单一制企业的章程；

本公司为其唯一股东的公司的章程；

证明货币出资的支付单据和其他单据，及（或）对于非货币出资的价值评估结论及所附具的评估报告，及（或）对于非货币出资的价值评估的真实性的鉴定结论，以及其他财产价值评估文件；

年度报告和会计记账和会计（财务）报表（收支登记簿）文件；

统计和其他报表；

公司监事会（监事）结论、审计结论以及监督机关的文件（证明）；

证明公司有价证券发行（发放）的文件；

包含了依照本法和其他法律应当公布或者以其他方式披露的信息的文件；

公司关联人清单；

本法、章程和调整公司活动的公司内部规章制度规定的其他文件，以及根据法律必须具备的文件。

公司必须按照关于档案的法律规定的办法，将公司文件在公司执行机构所在地或者法律规定的其他地方保存。

第64条　关于公司的信息

关于公司的信息由公司自己依照法律在本法、其他法律和章程规定的情形下提供和披露；在法律规定的情形下也可由国家机关和其他组织提供和披露。

除本法有规定的情形之外，经公司股东请求，公司应当根据章程确定的办法和在章程确定的范围内，向股东提供包含在公司文件中的其他信息。

除本法有规定的情形之外，关于公司的信息，可由公司依照章程向潜在投资者和其他感兴趣的人在为其妥善作出参股公司或者进行其他能够影响公司的行为的决定所必需的范围内提供。

本条第2和第3部分列明的人，可以直接在公司查阅关于公司的信息，或者在规定期限内通过邮政通信或者章程或公司相应内部规章制度规定的其他保证信息真实性的方法获取此等信息。公司依照本部分规定以文件复印件形式提供信息可以收取费用，但收取的费用金额不得高于制作和发送文件复印件的开支。

在本法和其他法律规定的情形下，并按其规定的范围和办法，关于公司的信息应当由公司在大众媒体上披露。

对于依照法律和章程的规定及时和真实地提供和披露关于公司的信息的责任，由公司相关员工承担。

第八章　股份公司

第65条　关于股份公司的基本规定

注册资本分为一定数量的股票的公司为股份公司。

股份公司注册资本由股票面值构成。

开放式股份公司和封闭式股份公司的注册资本应当不少于法律规定的最低数额。

如果根据第二个和接下来的每个财务年度的结果股份公司的净资产价值低于法律规定的最低注册资本数额，则股份公司应当按本法和其他法律规定的办法清算。

如果本章未作不同规定，本法第1～7章的规定适用于股份公司。

第66条　开放式和封闭式股份公司

股份公司可以为开放式或者封闭式。

股票可以在不受限制群体中发行和流通的股份公司为开放式股份公司。此等股份公司有权按照关于有价证券的法律设定的程序和条件对其增发的股票进行公开募集或公开销售，也可在本法第76条第4部分和其他法律规定的情形下对增发股票进行不公开发行。

开放式股份公司的股东数量不设限制。

股票只能在本公司股东之间及（或）依照本法第76条第3部分确定的受限制群体中发行和流通的股份公司为封闭式股份公司。此等股份公司无权对其发行的股票进行公开募集或者以其他方式向不受限制的群体推荐购买。

封闭式股份公司的股东数量不得超过五十名。否则公司应当在一年之内重组，如果此期限届满后股东数量仍没低于本条设定的限制，则公司应当依司法程序解散。

股份公司的名称应当包含"开放式股份公司"或者"封闭式股份公司"的字样。股份公司的缩写名称应当包含"OAO"或"3AO"的缩写字样。

第67条　关于成立股份公司的合同

股份公司的设立人书面订立关于成立股份公司的合同。如果合同实体内容未作不同规定，关于成立股份公司的合同适用民事法律关于合同和其他债的一般规定。关于成立股份公司的合同，除了本法第11条第2部分列明的信息之外，还应当确定：

关于股份公司设立人的信息；

应当在设立人之间分配的股票类别〔普通（一般）股和优先股〕、股票面值和每类股票的数量；

股票在股份公司设立人之间发行的办法。

根据设立人的决定，关于成立股份公司的合同可以包括与法律不相抵触的其他信息。

关于成立股份公司的合同自全体设立人签字之时起订立。如果设立人一致决定关于成立股份公司的合同以公证形式签订，则该合同自公证时起订立。

关于成立股份公司的合同不是设立文件，其效力自全体设立人履行完毕该合同的义务之时起终止。

关于成立股份公司的合同的有效期内在股份公司国家登记之前，根据设立人全体一致的决定对合同可以进行修改和补充。修改和补充以关于成立股份公司的合同本身订立的形式进行，除非合同对此另有规定。

关于成立股份公司的合同应当向国家机关和其他组织出示，在法律规定的情形下或者根据设立人的决定，也应当向第三人出示。

第 68 条　股份公司设立大会

股份公司设立大会的权限除了本法第 12 条第 1 部分列明的问题之外，还包括决定发行股票。

股票的发行由股份公司设立人一致决定。

关于组建股份公司管理机构和监督机构及选举其成员的决定，由股份公司设立人以设立人总表决票数的不少于四分之三多数作出。

属于设立人的表决票数量与应当在设立人之间分配的股票数量相对应。

第 69 条　股份公司的章程

股份公司的章程为股份公司设立文件，由股份公司设立人批准。

股份公司章程除本法第 14 条第 2 部分载明的信息之外还应当包含以下信息：

股票总数、股票面值、股份公司发行的股票类别以及每类股票的数量；

在发行优先股的情况下，优先股的固定股息（以数额或者以与股票面值之间的比例表述）或者股息确定办法；

在发行优先股的情况下，在股份公司解散的情况下应当向优先股持有人移交的财产的固定价值（以数额或者以与股票面值之间比例表述）或者价值确定办法；

在发行数种优先股的情况下，支付每种优先股的股息的顺序和在股份公司解散的情况下在持有优先股的股东之间分配财产的顺序。

如果本法规定了章程必须包括其他信息，则股份公司章程还应当包含该等信息。

对于股份公司章程的修改和（或）补充根据股东大会决定进行。

第 70 条 股份公司的股票

股票是以公司为发行人，以无纸化形式发行不确定期限，证明股东向股份公司注册资本的出资并确证持有人根据其类别〔普通（一般）股和优先股〕和种类（对于优先股而言），拥有一定份额权利的记名有价证券。

股份公司有权发行两种类别的股票：普通（一般）股和优先股。

每股普通（一般）股体现同等大小的股东（股票持有人）权利。

股份公司章程可以规定发行一种或者数种优先股。

每一股同种的优先股票体现同等大小的股东（股票持有人）权利，该权利由股份公司章程在遵守本法要求的前提下确定。

不同种类的优先股体现的权利不同，包括体现在固定的股息数额及（或）股息支付顺序及（或）在股份公司清算时转让财产的固定价值及（或）财产分配的顺序上。

全部种类的优先股在股份公司的注册资本中的份额不得超过百分之二十五。

如果股份公司章程有此规定，股东大会有权决定在不改变注册资本金额的前提下改变股票数量。不改变注册资本金额的前提下改变股票数量通过用公司的两股或者更多股票换取一股新的面值改变了的同类（种）股票的方式（股票合并）实现，或者通过用公司的一股股票换取两股或者更多面值改变了的同类（种）股票的方式（股票分割）实现。在此情况下不允许改变股东数量和股东股份比例关系，也不得产生股票的非整数部分（分数股票）。

在作出关于股票合并或分割的决定的同时，股东大会必须针对公司相应类（种）别的股票的面值和数量作出相应修改股份公司章程的决定。

法律或者股份公司章程可以对一个股东持有普通（一般）股及（或）

优先权股的总的面值设定限制，或者对股东该等股票在股份公司注册资本总额中的份额设定限制。

第 71 条　股东的权利和责任

持有普通（一般）股票的股东有权：

以红利形式取得股份公司部分利润；

在股份公司清算的情况下取得与债权人结算之后的部分剩余财产或其价值；

参加股东大会并就股东大会权限之内的问题行使表决权。

持有优先股的股东有权：

在股份公司章程规定的支付优先股股息的期限内以固定数额的股息的形式取得股份公司部分利润；

在股份公司清算的情况下，取得与债权人结算之后的剩余财产或其部分的固定价值；

在本条第 3 和第 4 部分规定的情形下参加股东大会并行使表决权。

持有优先股的股东有权参加股东大会并就股份公司的重组和清算以及对于限制其权利的章程修改及（或）补充的决定行使表决权。

如果股东大会作出了对于某种优先股不支付或者不全数支付股息的决定，或者没有作出在股份公司章程规定的期限内支付股息的决定，则自该等决定作出之时起至上述股息全数支付完毕止持有该种类的优先股的股东可以参加后续的股东大会并享有表决权。

股东不对股份公司的债务负责，只在自己所持股票的价值范围内承担与公司活动相关的亏损风险。

未足额缴纳股本金的股东在其所持有股票未缴足部分范围内承担对股份公司债务的连带责任。

股份公司必须与保管人订立保管服务合同，保管人依据保管合同条件根据公司的要求编制股东登记簿。股份公司必须采取措施保障录入股东登记簿的信息的安全，并有权依照法律将该等信息向国家机关、法人或者自然人提供。公司董事会、集体执行机构成员、行使公司单人执行机构职权的人、公司监事会成员（监事）、为公司提供审计服务的审计组织和个体经营的审计师的工作人员以及为公司提供审计服务的个体经营的审计师，以及由于职务、劳动职责或者民事合同的原因而能够接触（曾经接触）录入股东登记簿的信息的其他人，除法律规定的情形之外，不得将此等信息交给第三人或者以其他方式用于个人目的。上述人员非法利用或者传播上述信息的，依照法律法规承担责任。

第 72 条　股份公司的红利

除本条第 5 部分规定的情形之外，股份公司有权在普通（一般）股股东之间且必须在优先股股东之间以支付红利的形式分配在缴纳税款和支付其他强制性费用及弥补由于公司过错造成的当期亏损之后剩余的归公司支配的部分利润。在法律有规定的情形下并依其程序，股份公司必须分红。股份公司可以以阶段性会计（财务）报表为依据作出关于宣告和支付一季度、半年和九个月分红的决定，而依据年度会计（财务）报表作出关于年度分红的决定。

股份公司有权提留部分利润用作积累和发放优先股股息的专门基金。

股份公司宣布支付普通（一般）股分红的办法由章程规定，但支付分红的期限除外，支付分红的期限可以由股东大会以参会人员表决票不少于三分之二多数作出的决定确定。如果股份公司章程和股东大会决定没有确定普通（一般）股分红的期限，则该期限不应超过自作出宣布分红的决定之日起六十日。如果股份公司章程或者股东大会确定的支付普通（一般）股红利的期限超过六十日，在提前支付（全部或者部分）的情况下须按持股比例同时向全体持有普通（一般）股股票的股东支付。

有权获取分红的股东名单依据作出了支付相应分红决定的股东大会的有权参会人员的名单据以编制的同一个股东登记簿上的信息编制。

以下情况下，股份公司无权作出关于宣布和支付分红的决定，也无权分红：

注册资本未足额缴纳；

股份公司净资产价值低于或分红后将会低于其注册资本和储备基金之和；

如果股份公司根据破产法具备经常性无偿付能力特征或者该特征会在公司分红之后出现；

未依照本法第 78 条按照其股东要求完成公司股票的赎回。

股份公司宣布和支付分红的办法在章程未作调整的部分，也可由股东大会批准的公司内部规章制度确定。

第 73 条 封闭式股份公司的股票流转

封闭式股份公司的股东对于公司其他股东出售的股票具有优先购买权。如果作为股东行使优先购买权的结果供购买的股票未能被全数购买，则公司有权按照其与持股股东商定的价格自己购买未被其他股东购尽的股票，及（或）按照不低于向公司股东推荐的价格建议第三人（以下称"公司确定的第三人"）购买这些股票。

如果供出售的股票不能被股东及（或）公司及（或）公司确定的第三人全数购买，则可与（出售股票的）股东达成部分出售股票的协议。部分出售之后的剩余股票股东可以不低于向公司股东提议的价格向任何第三人出售。

如果在公司章程规定的期限内未收到股东及公司同意购买封闭式股份公司的其他股东出售股票的答复，或者收到拒绝购买的答复，或者如果未能达成部分购买供出售股票的协议，这些股票可由股东以不低于向封闭式公司股东提议的价格向任何第三人出售。

有意出售自己股票的股东必须按公司章程规定的办法告知公司和其他股东该出售意向并指明出售股票的价格和其他条件。股东有权委托公司通知其他股东自己出售股票的意向。在此情况下公司按照章程规定的办法在不晚于收到股东关于有意出售股票的通知的五日内将此通知其他股东。如果公司章程未作不同规定，通知公司其他股东的费用由有意出售自己股票的股东承担。如果公司未在章程规定的期限内将股东出售自己股票的意向通知其他股东，则股东可以自行通知其他股东。在此情况下通知其他股东的费用由封闭式股份公司承担。

封闭式股份公司的股东在行使股票优先购买权时，供出售的股票由股东按其持股比例进行购买。如果有股东放弃购买，则此股票由其他股东按持股比例购买。

封闭式股份公司的章程应当确定：

有意出售自己股票的股东的行事程序，包括将出售意向通知公司和其他股东的方法，以及该通知应当包含的信息（出售价格和其他条件）；

由公司通知其他股东关于股东出售自己股票的意向的办法，包括公司通知股东的方式，以及通知应包含的信息（每个股东在行使优先权的情况下可以购买的股票数量、出售价格和其他条件）；

封闭式股份公司的股东对于其他股东出售的股票行使自己的优先购买权和公司购买权的办法和期限；

公司向公司确定的第三人提出购买建议的办法和期限，以及该第三人购买封闭式股份公司股东出售的股票的期限。

封闭式股份公司的章程可以规定与本条第 1~5 部分规定的封闭式股份公司股票购买优先权行使办法不同的办法，但关于股东必须通知所有其他股东自己有意出售股票、关于购买顺序和第三人以不低于向公司股东提议的价格购买的规则除外。

封闭式股份公司的股东不得将购买公司其他股东出售的股票的优先权转让他人。

如果出售股票时违反了封闭式股份公司的股东对公司其他股东出售股票的优先购买权或者公司本身的购买权，则任何一个公司股东及（或）公司本身有权在股东或公司得知或应当得知该违反行为之时起三个月内通过司法程序要求收回作为购买人的权利和义务。

在封闭式股份公司的股票被抵押及抵押权人随后对该等股票追偿时，适用本法第 1~5 部分规定的规则。但是抵押权人有权不将股票出让第三人而是留为己有。

封闭式股份公司的股票可向公民股东的继承人或者法人股东的权利继承者转移，如果公司章程没有规定此等转移须经公司同意。如果在章程规定的期限内收到了公司全体股东的书面同意或者没有收到任何一个股东的书面拒绝，则视为得到了封闭式股份公司的同意。如果拒绝封闭式股份公司的股票向继承人（权利继承者）转移，则其他股东或者公司自己应当依照本条第 1~5 部分规定的规则购买这些股票。但继承人（权利继承者）有权不将股票出让第三人而是留为己有。

封闭式股份公司的章程可以规定，股票以出售之外的其他方式向第三人出让必须取得公司同意。如果在章程规定的期限内收到了公司全体股东的书面同意或者没有收到任何一个股东的书面拒绝，则视为得到了封闭式股份公司的同意。

如果互易合同内容没有作出不同规定，本条第1~5部分和第7部分的规则适用于规定了封闭式股份公司股票转让的互易合同。

封闭式股份公司的股东赠与该公司股票的行为只能向白俄罗斯共和国（其区域行政单位）或者该股东的父母、子女、收养人（被收养人）、配偶、配偶的父母、亲兄弟姐妹、孙子女、祖父（外祖父）、祖母（外祖母）作出。

封闭式股份公司章程或者由参会人员表决权不少于四分之三多数作出的股东大会决定可以限制公司股东可以向其出售或者以其他方式出让公司股票的第三人的范围。

封闭式股份公司根据本法第77条第5和第6部分规定的针对公司根据自己的决定取得的股票的办法支配其依照本条取得的股票。

本条的规定不适用于封闭式股份公司依照本法第77条根据自己的决定购买本公司股票或者依照本法第78条根据股东的要求回购本公司股票的情形。

第74条 股份公司注册资本的增加

股份公司注册资本的增加通过增发股票或者增加股票面值来实现。股份公司注册资本的增加只能在注册资本足额缴清后才允许进行。

以增发股票的方式增加股份公司注册资本可以通过公司及（或）股东的自有资金以及其他投资实现。以增加股票面值的方式增加股份公司注册资本通过公司自有资金实现，在全体股东一致通过决定的情况下也可通过股东资金实现。

股份公司利用自有资金增加注册资本的金额不能超过净资产价值与注册资本加上储备基金之和之间的差额。

在通过增发股票增加股份公司注册资本的情况下，增发决定由公司股东大会作出，决定应当包含关于有价证券的法律规定的要素和信息。

在通过依靠股份公司自有资金增发股票来增加公司注册资本的情况下，如果法律未作不同规定，该次发行的股票按照现有该类股票及该种股票的持股比例在全体股东中发放。

在通过增发股票增加股份公司注册资本的情况下，注册资本增加的数额等同于增发股票的面值。如果增发股票的发行以认购方式进行，认购的结果由股东大会批准。

第 75 条　股份公司注册资本的减少

股份公司注册资本的减少通过减少股票面值或者股份公司以减少股票总数为目的收购部分股票来进行。

如果由于注册资本的减少股份公司的注册资本会低于法律规定的注册资本最低数额，则股份公司不得作出减少注册资本的决定。

如果股份公司的章程对此作出了规定，允许以减少股票总数为目的由公司收购部分股票来减少注册资本，本法第 77 条第 8 部分规定的情形除外。

在公司以减少股票总数为目的收购部分股票以减少注册资本的情况下，注册资本减少的数额等同于公司收购的股票面值。

股份公司减少注册资本只有在按照本法第 28 条第 5 部分规定的程序通知公司全体债权人之后才能进行。

第 76 条　股份公司的股票发行

在股份公司设立时所有的公司股票都应当在设立人之间分配。

股份公司增发股票的发行可以为公开发行也可为非公开发行。

在股份公司公开增发股票时，股票在不受限群体中发行；在非公开增发时，在股东之间发行，在封闭式股份公司，也可在封闭式股份公司章程确定的受限群体中发行，或者如果封闭式股份公司章程没有确定上述群体的范围，在以不少于公司全体股东表决权三分之二多数作出的封闭式股份公司股东大会决定所确定的除本公司股东之外的其他人当中发行。

开放式股份公司有权进行增发股票的公开发行。在利用开放式股份公司自有资金及（或）公司股东资金进行股票增发时，公司有权进行非公开增发。

封闭式股份公司只能进行增发股票的非公开发行。

股份公司章程可以规定，持有普通（一般）股或者其他表决股票的股东有权优先购买公司增发的股票，除非法律有不同规定。不过股份公司的章程应当包含：

确定每个股东有权购买的股票数量的办法；

对于有权优先购买股票的股东进行通知的办法，包括该等通知应当包含的信息；

购买股票的优先权的期限；

愿意行使购买股票优先权的股东应当采取的措施。

股东行使购买由公司增发的股票的优先权的办法，在章程未作规定的部分，可以由股东大会批准的内部规章制度确定。

股份公司增发股票，无论总面值也无论关联人对于该等股票发行的利益关联性，均不构成重大交易或者关联交易。

在股票按照关于有价证券的法律进行国家登记之前，公司无权支配所获得的股票价款或者出让作为股票对价的其他财产，而股票持有人无权出让所购买的股票。

第 77 条 股份公司根据自己的决定购买本公司的股票

股份公司为以下目的购买本公司股票的决定由公司股东大会作出：

为后续出售或者无偿转交国家；

为后续按股比在股东之间分配；

为后续按照股份公司商业计划规定的条件向投资者出售；

在根据公司章程作出购买公司部分股票以减少股票总数从而减少注册资本的决定的情况下注销股票；

法律规定的其他情形。

公司股东大会关于由公司购买本公司股票的决定应当确定：

购买股票的目的；

拟购买股票的类别，在购买优先股的情况下，优先股的种类；

拟购买的每一类和每一种股票的数量、购买价格以及支付方式和期限；

股东作出出售股票要约的期限；

供购买股票的期限；

通知股东关于公司决定购买其所持股票的办法。

如果股份公司章程未作不同规定，股票价款以货币支付。实施购买股票的期限范围自作出购买股票的决定之时起不得少于三十日及多于六个月。

每一个持有某一类股票（某一种优先股）的股东，如果公司作出了收购此类（种）股票的决定，有权出售自己的股票，而公司必须在股东大会关于由股份公司购买本公司股票的决定所规定的期限内从要约出售股票的股东手中购买该等股票。如果股东拟出售的股票总数多于公司决定购买的股票数量，则股票按照股东拟出售的数量按比例购买。

股份公司根据股东大会关于减少注册资本的决定为了减少股票总数而购买的股票，应当根据有关国家机关依据公司按照关于有价证券的法律提交的文件作出的决定予以注销。在其他情况下根据股份公司自己的决定购买的股票由公司支配。

由股份公司支配的股票没有表决权，在股东大会统计表决权时不予计入，除本条第 7 部分规定的情形外，不计付股息。该等股票应当在一年之内付诸实施股东大会决定所确定的目的，除非股份公司章程有不同规定。否则股东大会应当作出按照公司所支配股票的面值总额减少注册资本的决定。

如果股份公司章程有此规定，根据股东大会决定，可以规定公司支配的股票（部分股票）的红利在不超过一年的期限内由公司执行机构成员领取。

在以下情形下，股份公司无权作出购买股票的决定并且无权购买股票：

在注册资本足额缴清之前；

根据关于破产的法律，如果股份公司具备经常性无偿付能力的特征或者该特征会在公司购买股票之后出现；

如果在购买股票之时公司净资产价值低于或购买股票之后将会低于其注册资本与储备基金之和；

如果股份公司支配的股票总面值会超过公司注册资本的百分之十，除非是为了减少注册资本而购买；

如果要约出售股份公司股票的股东为其唯一股东；

在股份公司没有依照本法第 78 条按股东要求完成回购公司股票之前。

没有相应的股东大会决定而实施的由股份公司购买本公司股票的交易无效。

第 78 条 股份公司按照股东的要求回购本公司股票

股份公司在以下情形下按照股东要求回购本公司股票：

在股份公司重组的情况下，如果要求公司回购自己股票的股东对于公司重组的决定投了反对票，或者没有以应有方式得到关于作出重组决定的股东大会的召开通知；

在股东的权利部分对章程进行修改及（或）补充从而限制了股东的权利时，如果要求公司回购自己股票的股东对于相关决定投了反对票，或者没有参加作出该等决定的股东大会；

股份公司进行重大交易时，要求公司回购自己股票的股东投票反对该重大交易决定，或者没有以应有方式得到关于作出重大交易决定的股东大会的召开通知。

有权要求股份公司回购其股票的股东的名单依据股东登记簿的资料编制，而作出导致股东有权要求回购公司股票的决定的股东大会的有权参会人员名单也正是依据同一登记簿编制。

股份公司按照股东要求回购公司股票的价格由作出能够导致股东有权要求公司回购股票的决定的同一股东大会批准。在进行股票价值独立评估的情况下应不低于评估结论给出的价值。股票价值独立评估应当按照合计持有股份公司百分之二及以上表决股的股东的要求由公司承担费用进行，也可按照公司自己的动议用公司资金或者任何一个股东（数个股东）的动议用股东自己的资金进行。关于股份公司根据股东要求回购本公司股票的价格的议题应当与决策可能导致股东有权要求公司回购股票的议题列入同一议程。

如果股份公司章程未作不同规定，按股东要求回购股票时，股票价款以货币支付。

股份公司用于按股东要求回购股票的资金总额不得超过作出导致股东有权要求公司回购股票的决定之日公司净资产价值的百分之十。如果股东要求出售的股票总数超过公司考虑到本部分所设限制可以购买的股票数，则由公司向股东按其要求出售数量按比例购买。

对于有权要求公司回购股票的股东进行通知的办法及公司必须进行通知的期限、股东提出股票回购要求的办法和期限以及公司必须满足或者通知拒绝股东回购要求的办法和期限，由股份公司章程确定。

股份公司在本条规定的情形下回购的股票由股份公司支配。股份公司有权按照本法第77条第1、第5和第6部分规定的程序和条件支配该等股票。

依照本条提出要求股份公司回购股票的股东，自收到公司拒绝回购的决定之日起六个月内可以就公司的拒绝决定向法院起诉。

在国有财产私有化过程中成立或者以租赁企业、集体（人民）企业、国有企业、国有单一制企业改变组织形式而成立，百分之五十以上股票属于国家的股份公司，在有一家或者数家法人并入其中的吸收合并重组时，股东无权要求公司回购其股票，股份公司的唯一股东也无权要求公司回购股票。

第 79 条　股东大会的权限

股东大会的专有权限除本法第 34 条第 1 部分和股份公司章程规定属于公司股东大会的专有权限的之外，还包括作出和批准发行股票、作出股份公司购买（出让）本公司股票的决定以及以阶段性会计（财务）报表数据为依据作出关于宣告和支付一季度、半年和九个月分红的决定，而依据年度会计（财务）报表数据作出关于年度分红的决定。

组建股份公司执行机构及提前终止其职权的权力属于股东大会，除非股份公司章程将此等问题的决定权归属于董事会。

第 80 条　对股东大会议程的提案

如果股份公司章程没有规定更少的表决股数量，合计持有百分之二及以上的股份公司表决股的股东有权按照股份公司章程规定的办法对股东大会议程和董事会及监事会（监事）人选提出提案。

第 81 条　有权参加股东大会的人员名单

有权参加股东大会的人员名单依据以被授权的公司机构确定的日期为准的股东登记簿的信息编制。据以编制有权参加股东大会的人员名单的股东登记簿信息的基准日不得早于作出关于召开股东大会的决定的日期。

有权参加股东大会的人员名单应当包含每个人的姓名（名称）、身份证件的信息或者其他为确定身份所需要的信息、参会人员所拥有的股票数量以及参会人员所拥有的表决权所代表的股票类别和种类的信息，以及向参会人员发送关于召开股东大会的通知、表决票和股东大会决定的邮政通信地址。

根据合计持有不少于百分之一的表决股的人员的要求，需向该等人员提供有权参加股东大会的人员名单供其了解。但名单上自然人的身份证件信息和邮政通信地址只有经该等人书面同意方能提供。

根据有权参加股东大会的任何人的要求，股份公司必须在三日之内向其提供关于其被包含在有权参会人员名单中的名单摘录或者该人未在名单中的证明。

只有在有权参加股东大会人员因其权利被侵犯而未在名单编制日被列入名单，从而需要恢复被侵犯的权利的情况下，或者由于名单存在错误需要进行勘误，才能对有权参加股东大会人员名单进行修改。如果在有权参加股东大会人员名单据以编制的股东登记簿制成之后至股东大会召开之前，发生股票权利向他人（新的股东）转移（转交），则该人在出示证据证明股票权利转移（转交）的前提下有权参加本次股东大会。在上述情况下本法第 39 条关于召开公司股东大会的通知的要求不适用。如果该人向股份公司索取股份公司股东大会筹备过程中应当向股东提供的信息（文件）以及关于召开股东大会的通知中所包含的其他信息，则股份公司必须在股东大会召开前提供上述信息（文件）。

第 82 条 计票委员会

持有表决股的股东数量超过一百的股份公司须成立计票委员会。股份公司计票委员会人数不得少于三人，其成员不得由公司机构成员担任，包括不得由管理组织的代表或者管理人以及被提名为上述机构职务的候选人担任。

计票委员会确认股东大会的有效参会人数，解释因有权参加股东大会的人员实施参会的权利而产生的有关问题，解释对于提交表决的提案的表决办法，确保所确定的表决办法得到遵守及上述人员参加表决的权利得到实现，统计票数并总结投票结果，编制关于投票结果的纪要并依照本法第 63 条第 2 段的规定并将其与表决票交付存档。

第 83 条 股东大会的表决和决策程序

除累积投票制之外，股东大会的表决采取"一股表决股一份表决权"的原则。

股份公司的表决股为在本法规定的情形下赋予持有股票的股东对于交付表决的问题以表决权的普通（一般）股或者优先股。

如果股东大会的议程包括了由不同组别的表决股表决的问题，则就该等问题的决定的表决票数分别确定。以一个组别的表决股决定的问题缺少有效票数不妨碍以另一个组别的表决股决定的问题在具备有效票数时通过。

持有表决股的股东数量超过一百的股份公司的股东大会就会议议题作出决定时只能采用表决票。

表决票应当包含：

议题的表述或议题在议程中的序号；

以"赞成""反对""弃权"表述的议题表决方案，或者就股份公司的机构的每个候选人的表决方案；

归属于每个股东的表决权数量。

表决票应当由股东或者有权参加股东大会的人签署。在统计对表决票的表决时记入表决者就议题遵守了表决票所确定的表决办法并在各种可选表决方案中只选择了一种方案的表决，但累积投票制的情形除外。表决票中表决者未遵守表决办法的议题的表决无效。

对于持有普通（一般）股和优先股的股东都有权表决的交付表决的问题，股东大会在统计表决票时统计全部表决股。

股东大会关于股份公司章程的修改及（或）补充、公司注册资本的增加或者减少、公司重组及清算以及股份公司根据自己的决定购买公司发行的股票的决定，由不少于参会人员表决票的四分之三多数作出，除了本法第 74 条第 2 部分规定的情形以及公司章程规定了更高的票数要求的情形之外。在作出股东大会关于公司监事会成员（监事）的选举决定时，如果章程有此规定，则在公司管理机构任职的人员不参加表决。

第 84 条　股份公司的董事会

股份公司的章程可以规定成立董事会，股东数量超过五十的股份公司应当成立董事会。

股东数量多于一千的股份公司，董事会组成不能少于七人；股东数量多于一万的股份公司，董事会组成不能少于九人。在股东数量多于一百的股份公司中，董事会成员的选举以累积投票制进行，除非章程作出了不同规定。在股东数量多于一千的股份公司中，董事会成员的选举以累积投票制进行。

股份公司的章程可以规定董事会组成中独立董事的数量。

开放式股份公司的董事会成员、集体执行机构的成员和履行单人执行机构职责的人，必须将自己与公司有价证券有关的交易以及配偶、父母、成年子女及其配偶、收养人、成年的被收养人及其配偶、祖父（外祖父）、祖母（外祖母）、成年的孙子女（外孙子女）及其配偶、亲兄弟姐妹和配偶的父母与公司有价证券有关的交易按照章程规定的办法书面通知董事会。

第 85 条　股份公司董事会的权限

股份公司董事会权限除本法第 50 条第 1 部分归属于公司董事会权限的事项之外还包括：

确定推荐的红利数额及支付期限；

批准保管人及与发行人之间的保管合同的条件，须考虑法律规定的要求。

在股份公司没有规定成立董事会的情况下，如果白俄罗斯共和国总统没有作出其他规定，本条第 1 部分归属于股份公司董事会权限的事项由公司股东大会决定。

第 86 条　对股份公司财务和经营活动的监督的特点

为对财务和经营活动进行内部监督，开放式股份公司必须按照本法第 59 条规定的办法成立监事会。

按照合计持有公司百分之十或以上股票的股东向股份公司监事会（监事）及（或）公司章程确定的公司管理机构发送的书面要求，应当按照本法第 59 条规定的办法随时对股份公司的财务和经营活动进行监督或者检查。在此情况下，如果股份公司章程未作不同规定，监督或者检查应当自收到股东要求之日起不晚于三十日内开始。

依照本法第 88 条有义务披露公司信息的股份公司，为审计年度会计（财务）报表应当每年依照本法第 61 条的规定引入审计组织（个体经营的审计师）进行审计。

对于股份公司（包括没有义务披露公司信息的公司）的会计（财务）报表（收支登记簿数据）的审计应当按照合计持有公司百分之十或以上股票的股东的要求由公司负担费用随时进行。如果由章程授权的股份公司管理机构不按照合计持有公司百分之十或以上股票的股东的要求安排审计，上述股东有权作为业主安排审计。在此情况下，此等股东有权自行选定审计组织（个体经营的审计师）及订立审计服务合同，并有权向股份公司索偿审计费用。股份公司必须为审计组织（个体经营的审计师）创造及时和高质量进行审计的条件，包括提供所有必要的文件。

如果由章程授权的股份公司管理机构不按照合计持有公司百分之十或以上股票的股东的要求进行审计，或者不为审计的进行创造必要的条件，审计可以依据法院根据要求进行审计的股东的诉讼请求作出的裁定进行。

第 87 条　股份公司的文件

股份公司的文件，除了本法第 63 条第 1 部分列明的之外，还包括：

成立股份公司的合同（股份公司唯一设立人的书面决定）；

有权参加股东大会的人员名单；

参加股东大会的授权委托书（授权委托书副本）；

表决票；

有权领取红利的人的名单；

其他为保障股东权利的实现而编制的股东名单；

本条上述人员名单据以编制的股东登记簿。

第 88 条　关于股份公司的信息披露的特点

开放式股份公司必须在关于有价证券的法律确定的内容范围内并依照其确定的程序披露关于股份公司的信息。

封闭式股份公司可以，但在法律有规定的情形下必须在关于有价证券的法律确定的内容范围内并依照其确定的程序披露关于股份公司的信息。

由一名股东组成的股份公司应当通过在股份公司章程确定的大众出版物刊登及（或）在公司互联网网站上登载的方法将此信息向公众披露。

第 89 条　股份公司的重组和清算

股份公司的重组或者清算可以根据公司股东大会的决定进行，也可以根据其他依据本法和其他法律确定的程序进行。

在股份公司以新设合并和分立形式重组的情况下，被重组的股份公司的股票依照关于有价证券的法律的规定注销。

在股份公司以吸收合并形式重组的情况下，被吸收的股份公司的股票依照关于有价证券的法律的规定注销。

在股份公司以分离形式重组的情况下，被重组股份公司的股票与其注册资本数额减少相对应的部分依照关于有价证券的法律的规定注销。

股份公司有权改变为有限责任公司、补充责任公司、经营合伙或者生产合作社或者单一制企业。在股份公司以改变组织形式的方式重组为另外一种股份公司或者另外一类形式的商业组织的情况下，被重组的股份公司的股票依照关于有价证券的法律的规定注销。

第90条　被清算的股份公司的财产在股东之间的分配

被清算的股份公司的财产，依照法律的规定在与债权人结算完毕之后的剩余部分，由清算委员会（清算人）按以下顺序在股东之间分配：

第一顺序，支付按照由股东大会依照本法第78条第3部分的规定批准的价格应当由股份公司回购的股票的价款；

第二顺序，支付已经提取但尚未支付的相关类别的优先股的股息；

第三顺序，向所有类别的优先股持有人支付股份公司章程确定的或者按章程设定的程序确定的财产的固定价值，或者向其转让与此价值相应的部分财产；

第四顺序，在持有普通股的股东之间分配被清算股份公司的财产。

第90-1条　股东协议

关于实施股票所赋予的权利及（或）实施对于股票的权利的特别做法的合同为股东协议。

股东协议的当事人为承诺按一定方式实施股票所赋予的权利及（或）对于股票的权利及（或）放弃实施上述权利的股份公司股东。股东协议可以规定，协议各方必须在股东大会上按照一定方式表决，与其他股东协商表决方案，按照预先确定的价格或者在特定情事发生的情况下购买或者出让股票，在特定情事发生前不出让股票，以及实施与股份公司的管理、其活动、重组和清算有关的其他一致行动。

股东协议的标的不能为协议当事方按照协议为其订立的股份公司的管理机构的指令表决的义务。

股东协议以一份文件的形式书面订立，由协议各方签署。股东协议应当涵盖协议当事方的全部股票。股东协议的当事方不能同时为全体股东。

股东协议只对协议当事人有约束力。对股东协议的违反不构成认定股份公司管理机构决议无效的依据。

股东协议可以规定保障合同义务履行的方法以及不履行和不当履行该等义务的民事责任。

股东协议当事人必须不晚于股东大会召开前三日通知股份公司关于其订立股东协议〔对股东协议进行修改及（或）补充〕的信息。如果股东协议在晚于股东大会召开前三日订立，则订立股东协议的信息应当在订立当天但在股东大会召开前通知股份公司。

股份公司应当不晚于股东大会召开前三日按照公司章程或者内部规章制度规定的程序向其他股东披露关于股东协议订立的信息，包括股东协议的当事人及其持有的股票数量。如果股东协议晚于股东大会召开前三日订立，则本部分所规定的关于股东协议订立的信息应当直接在股东大会召开前披露。

股份公司可以通过在公司章程确定的大众出版物刊登及（或）在公司互联网网站上登载的方法按照章程或者公司内部规章制度确定的程序和内容范围向公众披露关于订立股东协议的信息。

由于股东协议而产生的争议通过司法程序解决。

第九章　有限责任公司

第 91 条　关于有限责任公司的基本规定

股东数量不超过五十、注册资本分为章程确定的份额的公司为有限责任公司。

有限责任公司的注册资本由股东出资的价值构成。有限责任公司自主决定公司的注册资本金额。

有限责任公司不得发行股票。

有限责任公司的名称应当包含"有限责任公司"的字样。有限责任公司的缩写名称应当包含"ООО"的缩写字样。

如果本章未作不同规定，本法第 1~7 章规定的规则适用于有限责任公司。

第 92 条　有限责任公司的章程

有限责任公司的章程为公司设立文件。

有限责任公司的章程除本法第 14 条第 2 部分规定的内容之外，还应当包含：

有限责任公司股东名单及每个股东在公司注册资本中的份额的信息；

股东出资的数额和组成；

指明有权决定公司代表处和分公司成立和撤销的公司机构；

有限责任公司股东退出公司以及开除股东的办法；

有限责任公司的注册资本的份额（部分份额）向他人转移的办法；

本法规定的其他需要列入章程的信息。

第 93 条　对有限责任公司注册资本的出资

设立人（股东）依照本法、其他法律和公司章程的规定对有限责任公司的注册资本进行出资。

如果有限责任公司的股东以一定期限内的财产使用权出资，在该股东提早退出该公司（被该公司除名）的情况下，该财产在其交付使用的期限范围之内继续供有限公司留用，除非该公司章程或者全体股东一致通过的股东大会决定〔不考虑退出（被除名）股东的表决〕有不同规定。

第 94 条　有限责任公司股东在注册资本中的份额

如果公司章程未作不同规定，公司股东在公司注册资本中的份额以百分比或者分数的形式确定，并与股东出资的价值和公司注册资本的比例相对应。

有限责任公司股东的股份的实际价值与该股东股份相对应的公司净资产价值一致。

有限责任公司章程可以限制其股东的最大股份额度或者公司股东股比的改变。上述限制可以在有限责任公司设立时确定，也可根据公司股东大会全体一致通过的决定确定。该决定的改变或者取消需要以同样程序进行。

第 95 条　有限责任公司股东的责任

有限责任公司股东不对公司的债务负责，只在自己出资的价值范围内承担与公司活动相关的亏损风险。

未足额缴纳出资的有限责任公司股东在其未缴足部分范围内承担对公司债务的连带责任。

第 96 条　有限责任公司的利润在股东之间的分配

如果章程未作不同规定，有限责任公司在缴纳税款和支付其他强制性费用、弥补由于公司过错造成的当期亏损以及公司基金提留之后，剩余部分由公司支配的利润，除本条规定的情形外，可以在股东之间按股份比例进行分配。

对于有限责任公司章程中关于股东之间利润分配办法的修改的决定，由公司股东全体一致作出。

在以下情形下有限责任公司无权作出关于在公司股东之间分配和支付利润的决定，也不得支付利润：

公司注册资本未足额缴纳之前；

在本法有规定的情况下，在支付公司股东股份（部分股份）的实际价值之前；

如果根据关于破产的法律有限责任公司具备经常性的无偿付能力特征或者该特征会在公司分配利润之后出现；

如果在作出该等决定之时或者在支付利润之时公司净资产价值低于或者在支付利润之后会低于公司注册资本和储备基金之和。

如果本条第 3 部分列出的情形终止，有限责任公司必须向股东支付已经决定在股东之间分配和支付的部分利润。

第 97 条　有限责任公司股东在公司注册资本中的份额（部分份额）的出让

有限责任公司股东有权向公司一个或者数个股东或者公司自己出售或者以其他方式出让自己在公司注册资本中的份额（部分份额）。有限责任公司的唯一股东不得向公司本身出让归其所有的在公司注册资本中的份额。

如果公司章程未作不同规定，允许有限责任公司股东将其在公司注册资本中的份额（部分份额）向第三人出让。

有限责任公司股东在注册资本中的份额在出资足额缴清以前只能出让已经缴纳出资部分的股份。

第 98 条　购买有限责任公司股东出让的在注册资本中的份额（部分份额）的优先权

有限责任公司的股东有权按照自己的股份比例优先购买别的股东在公司注册资本中的份额（部分份额），除非章程或者股东大会全体一致作出的决定规定了实现优先权的不同办法，或者白俄罗斯共和国总统法令有不同规定。

不按照股东股份比例行使购买别的股东在有限责任公司注册资本中的份额（部分份额）的优先权的办法可以在有限责任公司设立时由章程规定，也可根据公司股东大会全体一致通过的决定补充、修改或者取消。

有意向出售自己在公司注册资本中的份额（部分份额）的有限责任公司股东应当采取行动的办法由章程确定，办法应当包含将出售自己在公司注册资本中的份额（部分份额）的意向通知公司其他股东和公司本身的形式和方法，以及该通知应当包含的信息（价格和其他出售条件）。

有限责任公司股东行使优先购买其他股东在公司注册资本中的份额（部分份额）的权利的办法，由公司章程确定，办法应当包含购买期限〔不得超过有意出售自己股份（部分股份）的股东发送出售通知之日起三十日〕、顺序和股东在行使优先购买权时的先后行动步骤。

有限责任公司股东不得转让公司章程或者股东大会决定所确定的优先购买公司注册资本中的份额的权利。

如果根据有限责任公司的章程股东不得向第三人出让股份（部分股份），而公司其他股东拒绝购买上述股份，则公司必须向出让的股东支付其股份的实际价值，或者经其同意向其交付与股份实际价值相应的实物。股份（部分股份）的实际价值依据股东出让股份的要求提出之日的前一个会计期限的会计报表的数据（股东出让股份的要求提出月份的第一日的收支登记簿数据）确定。在此情况下，自股份的实际价值的价款向股东支付或者与股份价值相应的实物财产向股东交付之时起股东的股份（部分股份）向公司本身转移。

损害股东优先购买权出售股东在有限责任公司股份（部分股份）的，公司任何一个股东及（或）公司自己有权自得知或者应当得知该等损害之时起三个月之内向法院要求将购买者的权利和义务归于自己。

第 99 条 有限责任公司股东在注册资本中的份额（部分份额）向公司本身的转移

如果在公司章程规定的期限内有限责任公司其他股东没有行使优先购买股东在有限责任公司股份的权利，则股东股份（部分股份）可以向公司本身出让。

如果股东没有在公司设立决定中所确定的期限内缴纳出资，或者只缴纳部分出资，则有限责任公司股东的股份向公司转移。在此情况下有限责任公司股东的股份自出资期限截止之日起向公司本身转移。

如果有限责任公司股东只缴纳了部分出资，公司必须向其支付与其缴纳的部分出资（其财产归公司使用的期限）相应股份的实际价值，或者经其同意向其交付与股份的实际价值相应的实物。该部分股份的实际价值依据缴纳出资的期限截止之日的前一个会计期限的公司会计报表的数据（缴纳出资截止日的月份的第一日的收支登记簿数据）确定。

有限责任公司股东股份的实际价值，在有限责任公司股东大会一致通过（不考虑只缴纳部分出资的股东的表决）的决定所确定的，但不超过自出资期限截止之日起十二个月的期限内用公司净资产价值与公司注册资本之间的差额支付。如果该差额不足，有限责任公司必须按不足部分差额减少注册资本。

有限责任公司章程或者股东大会全体一致（不计入只部分缴纳出资的股东的表决）通过的决定可以规定股东未缴纳的出资部分对应的股份向公司转移。

有限责任公司股东股份的转移也可在本法规定的其他情形下进行。

属于有限责任公司所有的股份所对应的表决权在确定股东大会表决结果时不予计入。在有限责任公司清算的情况下公司所有的股份不参与利润和财产的分配。

在出售有限责任公司股东股份（部分股份）时如果损害了公司的购买权，公司有权自得知或者应当得知该等损害之时起三个月之内向法院要求将购买者的权利和义务归于自己。

第 100 条 有限责任公司购买股东在注册资本中的份额（部分份额）的后果

有限责任公司应当自购买股东股份（部分股份）之日起一年之内在全体股东之间按照持股比例分配该等股份（部分股份），或者按照本法第 98 条规定的有限责任公司股份优先购买权行使办法出售该等股份（部分股份）。

在股东拒绝购买由有限责任公司购进的公司股份的情况下，如果有限责任公司章程允许向第三人出让股份，该等股份可以向第三人出让。

如果出售有限责任公司购进的公司股份会导致公司其他股东股份比例的变化，则该等出售以及向第三人出售，以及与出售股份相关的对有限责任公司章程的修改根据公司股东大会一致通过的决定进行。

如果本条第 1 部分载明的期限届满时有限责任公司购买的股份（部分股份）尚未分配或者出售，则有限责任公司应当按上述股份的价值减少注册资本。

第 101 条 有限责任公司股东在注册资本中的份额（部分份额）向第三人的转移

如果有限责任公司的股东没有行使股份（部分股份）优先购买权，公司本身也没有行使购买权，则公司股份（部分股份）可以向第三人出让，除非章程作出了不同规定。

如果在公司章程规定的，但自通知出售股份（部分股份）之日起不超过三十日的期限内没有得到股东和公司对于购买出让股份的同意答复或者得到了放弃购买的答复，则视为有限责任公司的股东和公司本身没有行使相应的股份优先购买权和股份购买权。在此情况下向第三人出让有限责任公司股份（部分股份）按照通知股东和公司的价格和条件进行。

有限责任公司的章程可以规定，股东以出售之外的其他方式向第三人出让公司股份（部分股份）需要得到公司的同意或者其余股东的同意。如果在有限责任公司章程确定的期限但自股东向公司提出之日起不超过三十日内得到了公司的书面同意或者没有得到公司的书面拒绝，则视为得到了公司对于出让的同意。如果在有限责任公司章程确定的期限但自股东向公司其他股东提出之日起不超过三十日内得到了其他全体股东的书面同意或者没有得到任何一个股东的书面拒绝，则视为得到了公司其他全体股东对于出让的同意。

出让有限责任公司股东股份的交易应当以一般书面形式缔结并符合法律规定的对于交易各方的强制性要求，除非公司章程或者交易各方协议规定了要采用公证的形式。

已经完成的股份（部分股份）出让交易应当书面告知有限责任公司并提供出让的证据。购买有限责任公司股份（部分股份）的人自告知公司上述出让之时起行使股东权利并承担股东义务。

出售自己股份的股东在股份出让之前就已经产生的全部股东权利和义务，除只能归属于该股东的之外，向股份（部分股份）购买者转移。出售自己股份（部分股份）的股东与股份购买者就股份（部分股份）出让前已经产生的出资义务对公司承担连带责任。

有限责任公司股东有权将归其所有的公司股份（部分股份）抵押给本公司其他股东，且如果公司章程不禁止，经公司以全体股东多数表决权（如果公司章程对于该等决定没有规定更高的表决权数要求）通过的公司股东大会决定同意，也可抵押给第三人。有意抵押自己股份（部分股份）的有限责任公司股东的表决权数在统计表决结果时不予计入。

第 102 条 有限责任公司注册资本中的份额因继承转移和向权利继承者的转移

曾经为有限责任公司的股东的公民和法人的股份向其继承人和权利继承者转移，除非公司章程规定，该等转移必须得到公司其他全体股东的同意。如果在公司章程规定的期限但不超过继承人（权利继承者）向公司提出之日起三十日内得到了其他全体股东的书面同意或者没有得到任何一个股东的书面拒绝，则视为得到了公司其他全体股东的同意。

如果拒绝股份转移，公司必须向死亡的公司股东的继承人或者作为股东的法人的权利继承者支付股份的实际价值，或者经继承人（权利继承者）同意向其交付与股份实际价值相应的实物。

股份的实际价值根据继承开始时或者法人权利继承时为基准编制的资产负债表（收支登记簿）确定。股份实际价值的支付或者与股份实际价值相应的实物的交付在财务年度终结并且继承开始或者法人权利继承之年的年度报告批准后自拒绝向继承人（权利继承者）股份转移之日起十二个月的期间范围内进行。如果章程未作不同规定，继承人（权利继承者）在有限责任公司的股份自向其支付股份的实际价值（交付与股份实际价值相应的实物）之时起向公司转移并按照本法第 100 条规定的办法处置。

第 103 条 有限责任公司股东的退出（开除）

有限责任公司的股东有权在任何时候退出公司，不管公司其他股东是否同意。在此情况下有限责任公司股东必须书面通知公司退出决定。如果有限责任公司的股东退出的结果将使公司不剩下任何一位股东（包括公司唯一股东退出公司），则此等股东退出不得进行。

有限责任公司股东退出公司之前必须履行完毕履行期已到的义务。股东向公司递交退出申请的日期或者申请上注明的退出日期（不得早于递交申请的日期）为退出公司的日期。递交了退出申请的有限责任公司股东，在公司股东大会依照本条第 5 部分确定与其结算的日期之前，有权书面向公司提出撤回上述申请。在此情况下，递交了退出申请的股东自公司股东大会作出同意其撤回退出申请的决定之日起恢复参加公司，此决定由公司股东大会以公司全体股东的多数表决权作出，但不计入递交了退出申请的股东的表决。

除以股东为一方的实施有限责任公司股东权利的合同所规定的义务之外，在股东粗暴违反自己的义务或者以自己的行为（不作为）妨碍公司活动的情况下，根据合计持有公司不少于百分之十股份的其他股东的要求，开除有限责任公司的股东只能通过司法程序实施。开除股东的法院裁决生效之日即为有限责任公司股东开除之日。

在有限责任公司股东退出（被开除出）公司的情况下，该股东的股份自其退出（被开除）之时起向公司本身转移，公司应向退出（被开除）的股东支付其在有限责任公司的股份的实际价值，以及自该股东离开至结算之时该公司获得的利润中其股份应得的部分。根据退出股东与有限责任公司其他股东协商一致，向其支付财产的实际价值也可由向其交付相应的财产实物替代。

如果白俄罗斯总统未作不同规定，退出（被开除）股东的有限责任公司的股份的实际价值按照退出之时编制的会计报表（收支登记簿）确定，而应当归属退出（被开除）股东的部分利润，按照结算之时的会计报表确定。有限责任公司股东大会确定的向退出（被开除）股东支付股份的实际价值或者交付财产实物的日期为与退出（被开除）股东的结算时间。在此情况下，有限责任公司股东大会的决定以所有股东表决权的多数作出（如果公司章程对于该等决定没有规定更高的表决权数要求），但不计入退出（被开除）股东的表决。

向有限责任公司退出（被开除）股东支付股份的实际价值或者交付实物在财务年度终结并且退出（被开除）年度的年度报告批准后至距退出申

请递交之日起或者开除裁定作出之日起十二个月的期间范围内进行，除非章程作了不同的规定。

向退出（被开除出）有限责任公司的股东支付股份的实际价值用公司净资产价值与公司注册资本之间的差额支付。如果此差额不足，有限责任公司必须按不足部分差额减少注册资本。

第 104 条 对于有限责任公司股东在注册资本中的份额（部分份额）的追偿

有限责任公司股东的债权人有权依据法院判决在债务人其他财产不足与偿还债务时追偿其在有限责任公司注册资本中的股份（部分股份）。

在有限责任公司股东的股份因其债务被追偿的情况下，公司或公司其他股东根据公司股东大会一致通过的决定（不计入股份被追偿的股东的表决），有权向债权人支付股东股份（部分股份）的实际价值。被追偿的股份（部分股份）的实际价值按照债权人向公司提出追偿之时编制的会计报表（收支登记簿）确定。

被追偿的股份（部分股份）的实际价值由公司其他股东按其在公司注册资本中的股份比例向债权人支付，除非章程或者股东大会一致通过的决定（不计入股份被追偿的股东的表决）规定了不同的确定支付数额的办法。

上述支付作出之时起，被追偿股东在有限责任公司的股份向公司本身或者公司其他股东转移。

经债权人与有限责任公司或其股东商定，向其支付被追偿股份的实际价值也可由向其交付财产实物替代。

如果自债权人向有限责任公司提交追偿股东在有限责任公司股份（部分股份）的执行文件之日起三个月内有限责任公司或其股东不支付股份（部分股份）的实际价值或者不交付与该等价值相应的财产实物，债权人有权要求按照法律规定的办法公开拍卖该等股份（部分股份）。

第 105 条 有限责任公司注册资本的增加

有限责任公司的注册资本可以增加，且在本法和其他法律规定的情形下应当增加。

有限责任公司的注册资本以下列来源增加：

公司自有资金；

公司所有股东补充出资；

公司一个或者数个股东补充出资；

被引入公司的第三人出资，如果公司章程对此不加禁止。

关于用有限责任公司自有资金增加公司注册资本的决定依据上一财务年度会计（财务）报表的数据（收支登记簿数据）由公司股东表决权总数不少于三分之二多数作出（如果公司章程对于该等决定没有规定更高的表决权数要求）。用有限责任公司自有资金增加公司注册资本的数额，不应当超过公司净资产价值与注册资本和储备基金之和的差额。在此情况下，有限责任公司所有股东的股份比例不变。

关于用有限责任公司所有股东补充出资增加公司注册资本的决定由公司股东大会全体一致作出。

关于增加有限责任公司注册资本的决定应当确定注册资本增加的数额以及每个股东补充出资的价值的计算办法及其出资期限（如果章程没有确定出资期限）。

关于用有限责任公司一个或者数个股东的补充出资或者第三人的出资增加公司注册资本的决定根据一个或者数个股东的申请或者第三人的申请须由全体股东一致通过。申请应当载明出资数额及出资的财产组成、出资的程序和期限以及一个或者数个股东或者第三人想要持有的股份额度。

在根据一个或者数个股东的申请或者第三人的申请作出增加公司注册资本的决定的同时，公司股东大会应当决定因公司注册资本增加、股东组成变化及其他股东股份额度的变化而进行章程修改。

第 106 条　有限责任公司注册资本的减少

有限责任公司的注册资本可以减少，且在本法和其他法律规定的情形下应当减少。

有限责任公司的注册资本的减少可以通过所有股东出资价值的按比例变化来实现，除非公司章程或者股东大会全体一致通过的决定作出了不同规定。

以通过减少所有股东的出资价值的方式减少有限责任公司的注册资本的情况下，公司所有股东的股份比例保持不变。

减少有限责任公司的注册资本只能在按照本法第 28 条第 5 部分规定的

办法通知公司全体债权人后进行。

第 107 条　有限责任公司股东大会的专有权限

有限责任公司股东大会的专有权限，除本法第 34 条第 1 部分和公司章程规定的之外，还包括：

组建有限责任公司执行机构和提前终止其职权；

确定有限责任公司股东补充出资的数额、形式、办法和期限，确定每个股东的股份份额；

作出由有限责任公司购买公司股东的股份（部分股份）的决定；

作出接受新的股东入股有限责任公司的决定。

第 108 条　有限责任公司股东大会的召集和召开

有限责任公司股东大会由公司执行机构召集，除非章程依照本条第 2 部分作出了不同的规定。

如果有限责任公司的章程规定了董事会的组建，与公司股东大会的筹备、召集和召开有关的问题可以归入董事会权限。在此情况下有限责任公司的执行机构有权要求召开临时股东大会。

有限责任公司的临时股东大会根据本法第 48 条第 1 部分规定的理由召开，包括根据合计持有公司股东表决权总数不少于百分之十的股东的要求召开，如果章程没有规定更少的表决权数要求。

有限责任公司的执行机构或董事会，如果其权限范围包括与公司股东大会的筹备、召集和召开有关的问题，必须将召集公司股东大会的消息在章程依照本法确定的期限内按照公司股东名单上载明的地址以邮政通信或者其他确保消息传输的真实性和传输书面证据的手段通知每个股东。

有限责任公司的股东有权出席股东大会，参加议题讨论和决策表决，但本法第 93 条第 2 部分、第 99 条第 4 部分、第 101 条第 7 部分、第 103 条第 2 和第 5 部分、第 104 条第 2 和第 3 部分以及第 109 条第 5 部分规定的情形除外。限制公司股东上述权利的公司章程或者公司机构决定无效。

不是有限责任公司股东的有限责任公司董事会成员及（或）行使单人执行机构职权的人，或者集体执行机构成员，可以列席股东大会。

第 109 条　有限责任公司股东大会的决策程序

有限责任公司章程可以规定不按股东的股份比例确定股东表决权数的

办法。有限责任公司股东大会关于规定该等办法或者改变该等办法的决定须经公司股东全体一致通过。

除本法及（或）章程规定的就特定问题的决策需要表决权总数的特定多数或者全体一致通过的情形之外，有限责任公司的章程可以确定问题清单，规定清单内问题的决策公司股东可以不按股份比例进行表决，包括可以一名股东一票以简单多数决策。

修改有限责任公司章程的决定，包括变更注册资本数额以及章程确定的其他问题的决定，以公司股东表决权总数不少于三分之二多数作出，除非本法及（或）公司章程对于该等决策规定了更高的表决权数要求。

关于有限责任公司重组和清算问题的决定由公司股东全体一致通过。

如果有限责任公司股东逃避公司股东大会为将章程与法律保持一致而对章程进行修改及（或）补充的决策，且其他股东的表决权数少于本条第3和第4部分规定的为该等决策所需表决权数，则公司其他股东在为将章程与法律保持一致的范围内有权通过关于章程修改及（或）补充的全体一致的决定（不计入逃避决策的股东的表决权）。如果有限责任公司的股东以应有的方式被超过两次通知日程包含上述议题的股东大会的召集和召开，无正当理由不参加上述股东大会，或者不止一次（两次及以上）投票反对该等决定，或者弃权决策，则该股东视为逃避公司股东大会为将章程与法律保持一致而对章程进行修改及（或）补充的决策。

第110条 有限责任公司审计的特点

根据有限责任公司任何一位股东依照本法第61条提出的要求可以对公司会计（财务）报表（收支登记簿数据）进行审计。在进行该等审计的情况下审计服务的费用由要求审计的股东支付。股东支付审计的费用根据公司股东大会的决定可以由公司补偿。

如果由章程授权的有限责任公司管理机构不按照股东的要求安排审计，上述股东有权作为业主安排审计。在此情况下，该等股东有权自行选定审计组织（个体经营的审计师）及订立审计服务合同，并有权向有限责任公司索偿审计费用。有限责任公司必须为审计组织（个体经营的审计师）创造及时和高质量进行审计的条件，包括提供所有必要的文件。

如果由章程授权的有限责任公司管理机构不按照股东的要求进行审计，

或者不为审计的进行创造必要的条件，审计可以依据法院根据要求进行审计的股东的诉讼请求作出的裁定进行。

第111条　有限责任公司的重组和清算

有限责任公司可以根据公司股东的一致决定自愿重组或者清算，也可依照其他理由并按本法和其他法律规定的程序重组或者清算。

有限责任公司有权改变为股份公司、补充责任公司、经营合伙或者生产合作社或者单一制企业。

在有限责任公司股东数量超过五十的情况下，公司必须在一年之内重组，如果此期限届满时公司股东数量没有减少至规定数量，则公司必须通过司法程序清算。

有限责任公司清算的情况下，与债权人结算完结后的剩余财产由清算委员会（清算人）按照以下顺序在股东之间分配：

第一顺序，向公司股东支付已经分配但尚未支付的利润；

第二顺序，按照股东股份比例在股东之间分配被清算的有限责任公司的财产。

如果有限责任公司的财产不足于支付已经分配但尚未支付的利润，则公司财产按照股东股份比例在股东之间分配。

第111-1条　关于实施有限责任公司股东权利的合同

有限责任公司的股东有权订立关于实施该公司股东权利的合同，股东据此承诺按照一定方式实施自己的权利及（或）放弃实施自己的权利，包括以一定方式在公司股东大会上表决，与其他股东协商表决方案，按照合同约定的价格及（或）在特定情事发生时出售自己的股份（部分股份），或者在特定情事发生前不出让股份（部分股份），以及实施与公司的管理、成立、活动、重组和清算有关的其他一致行动。此等合同以一份文件的形式书面订立，由合同各方签署。

由关于实施有限责任公司股东权利的合同的其他各方授权的一名股东当事人应当自此等合同订立之日起不晚于三日将此信息通知有限责任公司。有限责任公司应当按照章程规定的程序向非为关于实施有限责任公司股东权利的合同当事方的股东披露关于此等合同订立的信息，包括合同当事人及其持有的股份数量。如果关于实施有限责任公司股东权利的合同在少于公司股东大会召开前三日订立,则订立上述合同的当天即应通知公司。在此情况下,本部分规定的关于实施有限责任公司股东权利的合同订立的信息应当直接在股东大会召开前披露。

本法第 90 - 1 条的规则适用于关于实施有限责任公司股东权利的合同,除非从该条关系的实质可以得出不同的结论。

第十章　补充责任公司

第 112 条　关于补充责任公司的基本规定

股东数量不超过五十、注册资本分为章程确定的份额的公司为补充责任公司。补充责任公司股东以自己的财产在公司章程确定的范围内但不少于法律规定的数额,按自己在补充责任公司注册资本中的出资份额,连带承担公司的补充责任。

补充责任公司章程可以规定公司股东之间分配补充责任的不同办法。

在补充责任公司股东之一破产或者公司一名或数名股东财产不足保障应由其承担的补充责任份额的情况下,其对于公司债务的责任在其余股东之间按照出资比例分摊,除非章程规定了不同的责任分配办法。

补充责任公司的章程除本法第 14 条第 2 部分和第 92 条第 2 部分载明的信息外,应当包含公司股东补充责任的数额及其在股东之间分摊办法的信息。

补充责任公司的名称应当包含"补充责任公司"的字样。缩写的补充责任公司名称应当包含"ODO"缩写字样。

如果法律无不同规定,本法关于有限责任公司的规定适用于补充责任公司。

第 113 条　补充责任数额的改变

补充责任公司在通知债权人之后有权减少股东补充责任的数额,但不得少于法律规定的数额,经全体股东同意,也可增加股东补充责任的数额。在通过补充责任公司股东补充责任数额变更的决定的同时需要通过修改公司章程的决定。

在补充责任公司股东补充责任数额减少的情况下,公司债权人有权要求公司提前偿还债务或履行义务并补偿损失。

白俄罗斯共和国破产法

(2012年7月13日颁布,2014年1月4日修订)

第一编　总则

第一章　基本规定

第1条　本法使用的基本术语

为本法之目的,本法使用的基本术语具有以下含义:

破产系指由经济法院关于法人债务人破产清算、个体经营者债务人破产停业的决定（以下称"启动破产清算的决定"）所宣告的具备或者取得了经常性特征的无偿付能力。

近亲属系指父母、子女、收养人、被收养人、亲兄弟姐妹、祖父（外祖父）、祖母（外祖母）、孙子女（外孙子女）、配偶。

临时（反危机）管理人系指由经济法院委任在破产程序中行使职权的个体经营者、法人或自然人（白俄罗斯共和国公民或者在白俄罗斯共和国拥有长期居留权的外国公民、无国籍人,在保护期为"临时管理人",在重整期为"反危机管理人",以下如果本法无不同规定,称"管理人"）。

国家组织系指国家法人、股票（股份）归属于白俄罗斯共和国且交由白俄罗斯共和国国民银行、白俄罗斯国家科学院、白俄罗斯共和国总统事务管理局、白俄罗斯共和国总统下属的其他国家机关和国家组织、白俄罗斯共和国政府下属的中央国家管理机关和其他国家组织、国有联合体管理的法人,或者股票（股份）属于地方国有的法人、组成国有联合体的法人。

国家机关系指白俄罗斯共和国国民银行、白俄罗斯国家科学院、白俄罗斯共和国总统事务管理局、白俄罗斯共和国总统下属的其他国家机关和国家组织（白俄罗斯共和国总统办公厅、白俄罗斯共和国安全委员会国家秘书处和白俄罗斯共和国总统安全局除外)、白俄罗斯共和国政府下属的中央国家管理机关和其他国家组织、地方执行和支配机关、国有联合体。

城市支柱型组织系指职工人数不少于所在地就业人口四分之一或者当地依靠该组织的经营活动维持运转的法人。

金钱债务系指按照民事交易或者民法规定的其他理由向债权人支付一定数额的金钱的义务。

债务人系指作为商业组织的〔基于业务管理权的单一制企业（国库企业）除外〕或者以消费合作社、慈善和其他基金的形式开展活动的非商业组织的无偿付能力的法人、无偿付能力的个体经营者。

诉前康复系指由组织负责人、单一制企业财产所有权人、法人的设立人（股东）、个体经营者、国家机关及其他国家组织为保障法人和个体经营者稳定和有效经营以及恢复其偿付能力而采取的措施。

个体经营者债务人的利害关系人系指本法认定为个体经营者债务人的利害关系人的自然人、个体经营者债务人的总会计师（会计），包括到破产案件受理时同债务人终止劳动关系或者其他民事关系尚未超过一年的总会计师（会计）。依照本法为本段所指的自然人的利害关系人的人也为个体经营者债务人的利害关系自然人。

法人债务人的利害关系人为：

为法人债务人的母公司、附属公司或子公司的法人；

法人债务人的负责人、董事会成员、集体执行机构或别的机构成员，或者依照法人设立文件、设立合同或法律有权管理法人债务人的其他人、总会计师（会计），包括在法人债务人被宣告破产以前曾经担任这些职务的人，如果到破产案件受理之时离职尚未超过一年，依照本法为本段所指的自然人的利害关系人的人也为法人债务人的利害关系人。

债权人（重整债权人）的利害关系人为：

自然人债权人（重整债权人）的利害关系人；

为法人债权人（重整债权人）的母公司、附属公司或者子公司的法人；

法人债权人（重整债权人）的负责人、董事会成员、集体执行机构或别的机构成员，或者依照设立文件、设立合同或法律有权行使管理法人债权人（重整债权人）职能的其他人、总会计师（会计），包括在法人债权人被宣告破产以前曾经担任这些职务的人，如果到破产案件受理之时离职尚未超过一年，依照本法为本段所指的自然人的利害关系人的人也为法人债权人（重整债权人）的利害关系人；

依法为债权人（重整债权人）的利害关系人的其他人。

管理人的利害关系人：

为法人管理人的母公司、附属公司或者子公司的法人；

法人管理人的负责人，董事会成员、集体执行机构或别的机构成员，或者依照设立文件、设立合同或法律有权行使管理法人管理人职能的其他人、总会计师（会计），包括在法人债务人被宣告破产以前曾经担任这些职务的人，如果到破产案件受理之时离职尚未超过一年，依照本法为本段所指的自然人的利害关系人的人也为法人管理人的利害关系人；

自然人管理人的利害关系人；

自然人的利害关系人系指配偶、直系上一代和直系下一代亲属、亲兄弟姐妹及其直系下一代近亲属、配偶的直系上一代和直系下一代亲属、配偶的兄弟姐妹及其直系下一代近亲属，以及依照婚姻和家庭法律为家庭成员的自然人。

保护期系指经济法院收到破产申请之时起为终结诉前康复以及检查是否具备启动重整程序的理由且保护债务人的财产完整适用于债务人的破产程序。

企业整体财产的重要部分系指其出让会导致组织停业或者经营困难的财产。

重整系指为依照规定的受偿顺序使债权得到最大限度的受偿，保护债务人以及挽救程序中（在无法实施挽救或者缺乏其实施理由的情况下在破产清算程序当中）的债权人和其他人的权益而实施的破产程序。

重整债权人系指债务人职工代表和在重整启动前已经产生的并且被列入债权清册的金钱债权的债权人，但按照民事合同在债务人处做工、提供服务或者制作知识产权客体的自然人不在此列。因债务人致其人身损害而应对其承担责任的自然人和由于退出法人债务人而需由债务人对其承担责任的股东，不属于重整债权人。

债权人系指对债务人享有金钱债务求偿权、强制性缴费的缴纳请求权、职工退职金和根据劳动合同工作的人劳动报酬支付请求权的人。

重大交易系指导致在交易缔结之时账面价值为法人债务人资产账面价值的百分之二十及以上的不动产或者其他财产处置的交易，债务人资产价值依据最近阶段的会计报表数据确定，对于个体经营者债务人以及采用简化税制不设会计账册的法人，为金额不少于一百基本单位的交易。

破产清算系指破产重整的一个程序，适用于已经被宣告破产的债务人，目的在于注销法人债务人或者使个体经营者债务人停业，变卖债务人财产并依照规定顺序对债权人进行清偿。

正在被清算的债务人系指清算决定在破产案件受理之前已经作出的法人。

破产程序中的和解协议系指破产中的一个程序，由债务人、破产债权人以及第三人为终止破产程序的目的达成关于债务清偿的协议，协议规定对债务人的债务减免、分期（延期）清偿和清偿期限等事项，适用于重整的任何阶段，须经审理破产案件的经济法院批准（以下称"和解协议"）。

无偿付能力系指无力全额清偿对债权人的金钱债务以及由于劳动关系及与之有关的关系产生的债务。

强制性缴费系指税、费和其他向中央和地方预算的缴费，包括向国家专项预算基金和依法必须的国家预算外基金缴费，包括预算借款、预算拆借、行政罚款，以及依照刑法被处以的罚款。

比照城市支柱型的组织系指职工人数一千及以上的组织。

缺席债务人系指其处所情况在其居住地不为人所知的个体经营者债权人，或者已经实际停业、其负责人（管理机构）的居住地（所在地）无法确定的法人。

支付义务系指债务人履行金钱债务及（或）进行强制性缴费的义务。

债务人职工代表系指由债务人的职工（包括已经离职但债务人对其由劳动关系及与之相关的关系产生的债务尚未清偿的人）及（或）按照民事合同在债务人处做工、提供服务或者制作知识产权客体的自然人授权代表其在破产程序中合法利益的人。

重组系指为恢复债务人盈利能力、提高竞争力而对其经营活动的生产、组织、社会、财务和其他方面的改变和合理化。

法人债务人的负责人系指法人债务人的单人执行机构和依法无需委托书即可以法人债务人名义行事的其他人，包括已经停职或者根据本法规定的理由劳动合同已经依劳动法终止的人。

挽救系指为保障债务人稳定和有效的经营活动、恢复偿付能力而适用的一个重整程序。

农业组织系指主要活动为种植（生产，或者生产及加工）农产品、销售农产品的收入占其上一个财务年度总收入不少于百分之五十的法人。

资不抵债系指由经济法院关于债务人破产挽救的决定（以下称"挽救"决定）所宣告的、具备或者取得了经常性特征的无偿付能力。

有国家及（或）国际订单的法人及个体经营者系指有义务为国家需要供应货物、做工、提供服务，及（或）有义务实施由白俄罗斯共和国或其行政区域单位财产保证或者由白俄罗斯共和国政府、地方执行和支配机构保证的交易，及（或）有义务执行（保障执行）白俄罗斯共和国依照国际义务应当保障的外国和国际的国防订单、具有国际性质的合同和其他形式的外经交易的法人及个体经营者。

第 2 条　本法调整的关系

本法规定经济法院宣告债务人破产的理由，调整破产案件办理、破产警告措施实施的程序和条件以及其他与之相关的关系，调整债务人挽救的程序和条件以及在无法挽救或者没有挽救理由的情况下债务人破产清算的程序。

为确保白俄罗斯共和国的主权完整、国家安全和领土完整、政治和经济稳定、社会秩序良好、民众安康，以及公民的权利和自由、国家机构的传承性和相互协作得到维护，白俄罗斯共和国总统可以规定中止任何破产程序的理由，规定不受本法调整的特殊情况，包括私法领域的特殊情况。

第 3 条　关于破产的法律的适用特点

除本法第 17~19 条和第 110 条第 5 部分之外，关于破产的法律对自然垄断主体、作为警卫对象和特殊警卫对象的法人及（或）具有此类对象的法人，具有只能国有的设施、保障维护必要的国防能力、保障战略经济部门的运转及（或）其他重要的国家需求且实施国家从事某些类别的经营活动专有权的法人不适用。

第 4 条 白俄罗斯共和国关于破产的法律和国际法规则的关系；白俄罗斯共和国领域内对外国破产司法文书的承认

如果白俄罗斯共和国参加的国际条约规定了与本法不同的规则，以国际条约的规则为准。

除非白俄罗斯共和国参加的国际条约有不同规定，对于由本法调整的有外国人作为债权人参加的关系适用本法规定。

外国法院作出的破产案件判决，在白俄罗斯共和国领域内依照白俄罗斯共和国参加的国际条约予以承认。

如果没有白俄罗斯共和国参加的关于破产的国际条约，则外国法院作出的破产案件的司法文书在白俄罗斯共和国领域内按照互惠原则和对白俄罗斯共和国有效的国际法其他准则予以承认。

第 5 条 违反关于破产的法律的责任

违反关于破产的法律的责任由法律规定。

第 6 条 金钱债务以及由劳动关系和与之相关的关系而产生的债的组成和数额的确定

经济法院在决定是否受理要求债务人破产的申请和启动重整程序时，以申请提交之时为基准确定支付义务以及由劳动关系和与之相关的关系而产生的债的组成和数额。

外币债务的组成和数额，按照破产申请提交日白俄罗斯共和国国民银行规定的正式汇率换算成白俄罗斯卢布，对于银行和非银行金融信贷组织（以下称"银行"），按照吊销银行从业专门许可（许可证）的决定作出之日的汇率换算成白俄罗斯卢布。

在确定是否具备启动对债务人进行重整的理由时，以下因素不予考虑：

债务人因致人损害而应对公民承担的债务，或者与致人损害相关的精神损害赔偿债务；

法人债务人由于设立人（股东）退出参股而应对其承担的债务。

在确定是否具备启动对债务人进行重整的理由时，考虑以下因素：

由劳动关系和与之相关的关系而产生的债务的数额；

已确认的支付义务的数额。

由于不履行或不当履行义务而应当给付的违约金（罚金、罚息）在确定金钱债务数额时不予考虑。

如果债权人对债务人的债权数额已经普通法院或经济法院作出的生效判决确认，或者由执行文书和其他确权文书确认，则为确认。

第 7 条 破产程序中特定争议的审理

在破产程序中由劳动关系或与之相关的关系而产生的争议，由普通法院受理。

关于权利主体是否应当归属于债务人或者债务人、债权人（重整债权人）、管理人的利害关系人的争议，由经济法院受理。

第 8 条 有权向经济法院提出破产申请的人

下列人有权因债务人不履行金钱债务向经济法院提出要求债务人破产的申请：

债务人；

债权人，本法另有规定的除外；

检察官；

债务人职工代表；

在本法第 14 条第 1 部分第 13 段和第 32 条第 1 部分规定的情形下，国家破产事务管理机关，以及其他被授权的国家机关；

依照本法被赋予因债务人不履行金钱债务提出要求债务人破产的申请的其他人。

下列人有权因债务人不履行强制性缴费义务向经济法院提出要求债务人破产的申请：

债务人；

检察官；

税务机关；

海关部门；

白俄罗斯共和国劳动和社会保障部居民社会保障基金的机构；

依法被赋予作出征收强制性缴费的决定（决议）的其他国家机关。

债务人职工代表有权因债务人不履行由劳动关系及与之有关的关系而产生的债务向经济法院提出要求债务人破产的申请。

第 9 条　提出要求债务人破产的申请的理由

在具备以下任一理由的情况下，债务人有权向经济法院提出要求自己破产的申请（以下称"债务人申请"）：

债务人的无偿付能力获得了经常性的特征；

债务人的无偿付能力具有经常性的特征。

在具备以下任一理由的情况下，债务人必须向经济法院提出债务人申请：

清偿债务人对一个或者数个债权人的债务会导致债务人无法全额清偿其他债权人的债权，或者导致法人债务人停业；

依照法人债务人的设立文件有权作出法人清算决定的机构（人）作出了向经济法院提出债务人申请的决定；

单一制企业债务人的财产所有权人或其授权机构作出了向经济法院提出债务人申请的决定；

发现存在本法第 233 条第 1 部分规定的情况。

债务人根据本法第 20 条第 3 部分规定的理由免于向经济法院提出债务人申请的义务。

国家组织经与其所归属的国家机关或管理债务人属于白俄罗斯共和国或地方国有的股票（股份）的国家机关协商，有权向经济法院提出债务人申请。

由国家单一制企业设立的子单一制企业，经与国家单一制企业（子单一制企业的设立人）所归属的国家机关协商，有权向经济法院提出债务人申请。

在本条第 2 部分规定的情况下，债务人申请应当自相应的理由产生（发现）之日起不超过一个月向经济法院提出。

自债务人申请提出之日或债务人收到其他人提出此等申请的法院通知之日起不超过十日的期限内，债务人应当告知职工上述消息。

第 10 条　具备或者取得了经常性特征的无偿付能力的标准

具备或者取得了经常性特征的无偿付能力的标准由白俄罗斯共和国部长会议经与白俄罗斯共和国国家监督委员会和白俄罗斯共和国最高经济法院协商确定。

第 11 条 破产案件中债务人和其他人的责任

如果以其名义向经济法院提出了债务人申请的人有能力全额清偿对债权人的债务，则其应当对由此给债权人造成的实际损失承担责任。

如果法人债务人的破产系由其财产所有权人、设立人（股东）或包括债务人的负责人在内的有权发布债务人必须执行的指示或者能够以其他方式决定债务人行为的其他人所造成，则此类人在债务人财产不足向债权人清偿时连带承担补充责任。

如果债务人在本法第 9 条第 2 和第 6 部分规定的情形下没有按期提出债务人申请，则债务人负责人、清算委员会主席（清算人）及（或）其他依照设立文件、合同或法律被授权管理法人债务人包括作出提交债务人申请的决定的过错责任人对债务人的债务连带承担补充责任。

追究本条第 2 和第 3 部分所指的人的补充责任的诉讼，在破产清算程序启动后发现债务人财产不足向债权人清偿时向经济法院提出。破产案件审理期间，此类诉讼向审理破产案件的经济法院提出。

管理人追究相关人补充责任的诉讼，在未得清偿的债权数额范围内提出，由经济法院在破产清算终结的裁定作出之前审理。

在本条第 2 部分所指的情形下，债权人及其权利继承人、国家机关、检察官、监督机关有权自破产案件受理之时起十年内向审理了此案的经济法院提出追究相关人补充责任的诉讼。

即使在对债务人财产的所有权终止、股东（设立人）退出债务人股东组成、同债务人的劳动关系终止以及发布债务人必须执行的指示或者以其他方式决定债务人行为的权力终止的情况下，本条第 2 部分所指的人仍需在本条第 6 部分规定的期限内承担补充责任。

第 12 条 提出要求债务人破产的债权人申请的理由

债权人〔因债务人致其人身损害或与人身损害相关的精神损害而应对其承担责任的自然人，被债务人拖欠退职金，以做工、提供服务或制作知识产权客体为标的的民事合同报酬、工资的自然人，以及由于参股关系债务人应对其承担债务的法人设立人（债务人）的股东，均不在此列〕和债务人职工代表（就由劳动关系及与之有关的关系产生的债务）有权提出要求宣告债务人破产的债权人申请（以下称"债权人申请"）。

本法关于债权人的规定适用于税务机关和国家机关。但税务机关和其他国家机关向经济法院提出要求城市支柱型或比照此类的组织，国家组织，股票（股份）由国家机关管理或者由国家法人经营、业务管理的法人以及有国家及（或）国际订单的法人或个体经营者破产的申请的，须由债务人、单一制企业的财产所有权人、法人的设立人（股东）、国家机关作出关于诉前康复对于上述主体已经不适用的决定。

除本法另有规定外，提出债权人申请必须同时具备以下理由：

债权人有可信的、经书面证实的信息，表明债务人的无偿付能力具备或取得了经常性特征；

对债务人采取了强制执行，但三个月之内未能得到执行，或者在强制执行过程中发现债务人没有足够财产清偿已经提出的债务偿还要求；

债务人对于提出了债权人申请的债权人的欠债为不少于一百基本单位；如果债务人为城市支柱型或比照此类的组织、国家组织、股票（股份）由国家机关管理或者由国家法人经营、业务管理的法人以及有国家及（或）国际订单的法人或个体经营者，则其欠债为不少于两千五百基本单位。

第13条　破产程序

审理法人债务人破产案件时，适用下列破产程序：

保护期；

重整；

和解协议。

审理个体经营者债务人破产案件时，可以适用下列破产程序：

保护期（如果诉前康复在破产案件受理之前尚未终结且有必要终结的情况下）；

重整；

和解协议。

重整包括下列程序：

案件开庭审理准备工作的完结；

挽救；

破产清算。

第 14 条　国家破产事务管理机关

国家破产事务管理机关在自己的权限范围内：

贯彻落实破产警告的国家政策，为破产程序的实施保障条件；

参加保障破产程序的干部的培养、职业培训和再培训体系的组织；

协商管理人培养、技能提高和再培训计划；

制定判断虚假破产、恶意破产、隐瞒破产或者阻挠赔偿债权人损失的情节是否存在的程序，以及就这些问题准备专家报告的程序；

规定对管理人的专业技能要求；

采用心理生理测试结果，按照规定程序对自然人是否符合管理人专业技能要求进行资格认定；

直接或通过组建的地方机构对管理人遵守关于破产的法律要求情况进行监督；

对国家组织的偿付能力进行登记和分析；

向经济法院提交关于国家组织债务人的偿付能力的初步结论，或者在其他情形下按照经济法院的要求提交此类结论；

对管理人的活动进行监管，包括每月分析和总结管理人依照本法第 77 条第 1 部分第 17 段提交的信息；

根据国家机关的要求，对向城市支柱型或比照此类的组织、国家组织以及有国家及（或）国际订单的法人和个体经营者委任的管理人候选人提出意见；

有权为维护国家利益向经济法院提出要求城市支柱型或比照此类的组织、国家组织破产的申请；

有权请求经济法院在本法第 121 条第 3 部分第 4 段规定的期限内暂停变卖有国家及（或）国际订单的法人和个体经营者债务人的财产或部分财产，以制订恢复债务人偿付能力的建议；

在自己的权限范围内制定（颁布）规范性法律文件；

行使本法和其他法律法规授予的其他职权。

国家机关、其他法人和个体经营者必须按照国家破产事务管理机关的要求无偿提供为该机关行使本法和其他法律规定的职权所必需的文件和其他信息，但须符合其他法律规定的提供文件和其他信息的程序和条件。

国家破产事务管理机关按法律规定程序组建地方机构，地方机构的权限由法律规定。

第 15 条　保障破产程序的干部的培养、职业培训和再培训

国家机关和其他国家组织以下列方式协助创建和发展保障破产程序的干部的培养、职业培训和再培训体系：

按规定程序通过教育机构进行干部的培养、职业培训和再培训，以及通过实施本领域内的国际经验交流计划和项目；

通过举办破产问题的专题研讨会、学习班和大会。

第 16 条　破产警告委员会

在国家机关下面设立和运营破产警告委员会，目的为：

制订并向国家机关提交关于采取诉前康复措施的建议（同依照本法和其他关于破产的法律有义务采取破产警告措施的人一道）；

在本法第 62 条第 7 部分规定的情形下，对从事破产管理人活动的人进行挑选、组织培训（同国家破产事务管理机关一道）和注册；

准备和解协议、保护期内诉前康复终结计划或挽救计划以及法人债务人破产清算、个体经营者停业计划的草案建议；

对诉前康复的效果、执行挽救计划和法人债务人破产清算、个体经营者停业计划的完成情况进行分析，并就分析结果准备建议。

委员会就本条第 1 部分所指问题的建议，由国家机关进行审查，此后国家机关不晚于制订建议的委员会会议召开之日十五日作出相应的决定。

委员会组成包括国家机关、国家破产事务管理机关和其他组织主要受过法律及（或）经济高等教育的代表。在采取破产警告措施期间委员会组成还包括决定进行诉前康复的单一制企业的财产所有权人、法人的设立人（股东）或其代表、个体经营者。

有犯罪记录的人不得成为委员会成员。被提名进入委员会组成的候选人必须依法经过护法机关和其他机关的审查。

委员会活动的缴费保障在国家机关经费范围内解决。

第 17 条　警告破产的措施

组织负责人、单一制企业的财产所有权人、法人的设立人（股东）、个体经营者、国家机关在自己的权限范围内应当及时采取警告破产的措施。

为进行诉前康复，本条第 1 部分所指的人应当采取措施，改善法人和个

体经营者财务状况，为其稳定和有效经营创造条件。为实现这些目标，上述人依法可以：

改变法人和其他组织的管理机构的结构和组成；

追讨应收款；

吸引投资；

协助达成法人和个体经营者同债权人之间关于债务重组的协议，包括为此提供必要的担保；

重组法人；

采取下列措施：

向法人和个体经营者拨出预算资金供其偿还债务，订立借款（贷款）合同，用其他来源偿还债务；

偿还国家订单的债务，对于强制性缴费和所消耗的能源的欠费进行重组，对法人和个体经营者的其他欠款进行重组；

改变法律法规规定的缴纳税、费、罚息和其他强制性缴款的期限，允许一次性延期缴款及（或）分期缴款，允许税务展期且展期期间一次性或者分期缴纳；

按法律规定程序提供信贷、财政借款、补贴和其他资金帮助；

采取其他与法律法规不相抵触的措施。

业务活动涉及国家机密的国家机关和其他组织、自然人，在审议采取破产警告和实施破产程序的措施问题时应当确保维护这些信息的秘密。

债权人和其他人根据与债务人之间的协议也可以采取改善债务人财务情况的措施。

第 18 条　对债务人的资金帮助

白俄罗斯共和国政府有权按照法律规定的程序向法人和个体经营者提供民事义务履行的展期（冻结），为后者稳定和有效的经营活动创造条件。

向债务人提供诉前资金帮助的，可以由债务人或其他人为提供这种帮助的人承担义务。

用中央预算资金包括国家专项预算基金以及国家预算外基金的资金向债务人提供诉前资金帮助的程序和条件，由白俄罗斯共和国总统及（或）法律规定。

用地方预算资金包括国家专项预算基金的资金向债务人提供诉前资金帮助的程序和条件，由法律法规规定。

银行按照法律法规规定的程序提供贷款，以开展诉前康复、执行保护期内诉前康复终结计划和债务人挽救计划。

法人债务人的设立人（股东）、单一制企业债务人的财产所有权人、个体经营者和其他人有权按照法律规定的程序向债务人提供资金帮助。

第 19 条　采取诉前康复措施期间强制性缴费责任的范围

采取破产警告措施期间，由于城市支柱型或比照此类的组织、国家组织不缴纳、不足额及（或）不及时缴纳强制性缴费而加算的罚息的数额，不得超过拖欠的强制性缴款的数额。

本条第 1 部分的规定在国家机关向加算罚息的机关提交证明破产警告措施采取的文件的情况下适用。

第 20 条　诉前康复

如果经济法院认为，追索的债务金额会让法人、个体经营者接下来无法经营，则经济法院作出并向该法人、单一制企业的财产所有权人、法人的设立人（股东）、个体经营者、债务人所归属的国家机关或者管理属于白俄罗斯共和国所有的或地方国有的债务人股票（股份）的国家机关送达程序令，责令其在经济法院规定的时间内采取诉前康复措施。

对其作出了程序令的法人或自然人、本条第 1 部分所指机关（组织）的负责人，应当在经济法院规定的时间内采取相应的诉前康复措施或者提交关于不适合采取诉前康复措施的理由充分的决定。

在委员会提议并由国家机关的相应决定批准的诉前康复措施期间，法人和个体经营者免于向经济法院提出债务人申请的义务。

如果在破产案件受理时诉前康复尚未终结，则单一制企业债务人的财产所有权人、债务人的设立人（股东）和国家机关所建议的恢复债务人偿付能力的必要措施的清单列入保护期内诉前康复终结计划，由经济法院批准。

第 21 条　破产案件信息公告

根据经济法院的司法决定，媒体出版物按照按司法决定规定的条件和时间发布破产案件公告。

依照司法决定，白俄罗斯共和国最高经济法院设立的媒体和经济法院确定的其他媒体出版物公告与破产案件有关的消息，费用由债务人承担；如果债务人没有财产或财产不足，由债权人承担费用。

由国家机关交由发布的与破产案件有关的公告，国家媒体免费发布。

依照本条应当公告的信息，录入破产信息统一国家登记簿。

破产信息统一国家登记簿形成和保持的程序、管理人和国家破产事务管理机关将信息录入破产信息统一国家登记簿的程序和期限、信息在互联网上发布的程序，由白俄罗斯共和国部长会议确定。

破产信息统一国家登记簿所包含的信息属公开和开放信息，但依法限制接触的信息除外。国家破产事务管理机关应通过在互联网发布的方式使这些信息能为大众所获取。

将信息录入破产信息统一国家登记簿的费用和信息公告的费用，由债务人承担；如果债务人没有财产或财产不足，按白俄罗斯共和国部长会议规定的办法承担。

在进行破产程序时，下列信息必须公告：

破产案件的受理；

保护期的引入和重整的启动；

破产案件的终止；

管理人的委任、停职和免职；

满足第三人关于准备清偿债务人债务的申请；

债务人财产的拍卖及拍卖结果；

已经公告的信息及（或）包含这些信息的司法决定的改变；

本法规定的其他信息。

公告的信息应当包含以下内容（本法另有规定的除外）：

债务人姓名（名称）、居住地（暂住地）或所在地、识别信息（法人和个体经营者在统一国家登记簿中的登记号、纳税人登记号）；

作出司法决定的经济法院的名称、作出决定的日期及对于破产案件所适用的程序名称的指明，以及案件的编号；

委任的管理人姓名（名称）及其联系地址（送达邮件）；

本法有规定的情况下的其他信息。

依照本法应当公告的信息，由管理人自收到相应的司法决定起五日内交由媒体发布，本法另有规定的除外。

第二编　破产案件审理的司法程序

第二章　经济法院对破产案件的审理

第 22 条　破产案件的审理程序

法人和个体经营者破产案件由经济法院按照白俄罗斯共和国经济诉讼法典规定的程序，考虑本法和白俄罗斯共和国总统法令的规定审理。

为保护构成国家机密的信息的需要，在法人和个体经营者破产的各程序中可进行只有有权接触国家机密的人才能参加的不公开庭审。在此情况下，被委任为管理人的人也应当具有相应的接触国家机密的权利。

第 23 条　破产案件的管辖

法人和个体经营者破产案件由经济法院依照白俄罗斯共和国经济诉讼法典规定的管辖原则审理。

破产案件不得交由仲裁庭审理。

第 24 条　参加破产案件的人

下列为参加破产案件的人：

债务人；

管理人；

包括重整债权人在内的债权人及其代理人；

单一制企业债务人的财产所有权人及其代理人；

法人债务人的设立人（股东）及其代理人；

债务人所归属的国家机关或者管理属于白俄罗斯共和国所有的或地方国有的债务人股票（股份）的国家机关；

法人债务人所在地的地方执行和支配机构；

国家破产事务管理机关（在由国家破产事务管理机关提出要求债务人破产的申请的情况下和在本法第 163 条第 2 部分规定的情况下）；

就强制性缴费享有请求权的税务机关和其他国家机关；

债务人职工代表；

在白俄罗斯共和国经济诉讼法典和关于经济法院案件办理的其他法律

以及本法规定的情况下向经济法院提出了请求的检察官；

其他由经济法院要求其作为破产案件参加人加入的相关国家机关；

在本法和其他法律有规定的情况下的其他人。

外国国家机关和国际组织（其授权代表），经其同意可以被经济法院要求作为有国家及（或）国际订单的法人和个体经营者破产案件参加人参加。

第 25 条 参加破产案件的人的权利

除白俄罗斯共和国经济诉讼法典规定的权利之外，参加破产案件的人有权依照本法第 54 条就管理人的行为（不作为）向债权人会议（委员会）或经济法院提出异议。

债权人会议（委员会）决定对就管理人的行为（不作为）的异议不予满足的，参加破产案件的人可以自债权人会议（委员会）召开之日起十日内向经济法院提起诉讼。

债权人会议（委员会）对就管理人的行为（不作为）的异议不予审议的，参加破产案件的人有权自提请审议该异议的债权人会议（委员会）召开之日起十日内向经济法院提起诉讼。

如果存在错过期限的合理理由，根据破产案件参加人的请求，经济法院可以重新起算本条第 2、3 部分规定的期限。

第 26 条 受理破产案件的理由

经济法院根据依照本法第 8、9 或 12 条提出的要求债务人破产的申请受理破产案件。

第 27 条 债务人申请的形式和内容

债务人申请以书面形式向经济法院提交，由债务人负责人或个体经营者债务人签字。在本法第 233 条第 2 部分规定的情形下，债务人申请由清算委员会主席（清算人）签字，在本法第 233 条第 3 部分规定的情形下，由提交债务人申请的人签字。

债务人申请应当注明：

申请所提交的经济法院的名称；

债务人姓名（名称）、居住地（暂住地）或所在地、银行开户账户信息；

债务人无异议的债权数额；

拖欠的人身损害赔偿金，与人身损害相关的精神损害赔偿金以及退职金，债务人职工劳动报酬和按照民事合同在债务人处做工、提供服务或者制作知识产权客体的人的劳动报酬、抚养费（在由个体经营者债务人提交申请的情况下）的数额；

根据著作权合同需要支付的酬金的数额；

强制性缴费的欠缴数额；

无法全额向债权人清偿的理由说明；

关于普通法院及（或）经济法院已经受理的针对债务人的诉讼的信息，以及关于执行文书的信息；

关于债务人现有财产的信息，包括现金和应收款；

有债务人资金往来的银行账户的账号，银行联系地址；

关于债务人是否具有足以支付破产案件诉讼费用的财产的信息；

关于债务人尚未到期的债务的信息；

关于债务人职工人数的信息；

关于债务人主要业务领域的信息；

关于债务人是否属于城市支柱型或比照此类的组织、国家组织、有国家及（或）国际订单的法人或个体经营者的信息；

证实本法第9条规定的提交债务人申请的理由和为正确办理破产案件所需要的其他信息；

附件。

除本条第2部分规定的信息外，个体经营者债务人的申请还应当注明关于债务人与经营活动无关的债务的信息。

债务人申请也可以包含债务人请求经济法院协助的事项。

债务人应当将债务人申请的副本向债权人和参加破产案件的其他人送达。

第28条 债务人申请的附件

债务人申请除了依照白俄罗斯共和国经济诉讼法典起诉书应当附具的文件之外，还应当附具：

证明债务存在以及债务人无力全额对债权人清偿或者其他债务人申请据以提出的事实的文件；

申请人的债权人和债务人名单，说明应付款和应收款的明细，标明债权人和债务人的联系地址和银行账户；

最近四季度的会计报表（对于采用简化税制、以收支登记簿记账的组织，为最近十二个月的收支登记簿或其经公证的复印件）、关于个体经营者债务人的财产组成和价值的文件或其经公证的复印件；

关于向经济法院提出债务人申请的决定或其经公证的复印件；

选举出参加破产案件司法程序的债务人职工代表的债务人职工及与债务人订有民事合同，为债务人做工、提供服务或制作知识产权客体的其他自然人的会议纪要（如果在提交债务人申请之前上述会议已经召开）或其经公证的复印件；

证明组织负责人、单一制企业的财产所有权人、法人的设立人（股东）、个体经营者、国家机关在自己的权限范围内制定了诉前康复措施且债务人实施了这些措施或者作出了关于不适合进行诉前康复的决定的文件；

法人债务人的设立文件或其副本；

证明债务人申请的副本已经向债权人和参加破产案件的其他人送达的文件。

除本条第 1 部分所指的文件之外，由国家组织、由国家单一制企业设立的子单一制企业所提交的债务人申请应当附具能够证明本法第 9 条第 4、5 部分规定的要求已经得到完成的文件。

除本条第 1、2 部分所指的文件之外，由本法第 233 条第 2、3 部分所指的人所提交的债务人申请应当附具能够证明按民法规定的程序清算措施已经采取的文件。此类文件可以是中间清算报告、证明财产变卖的文件、追索应收款的文件和其他文件。

第 29 条 债权人申请的形式和内容

债权人申请以书面形式向经济法院提交，由法人债权人负责人或包括个体经营者在内的自然人债权人签字。

债权人申请应当注明：

申请所提交的经济法院的名称；

债务人姓名（名称）、联系地址、银行开户账户信息；

债权人姓名（名称）、居住地（暂住地）或所在地、银行开户账户信息；

债权数额；

债权据以产生的债务人对债权人的义务及其履行期限；

债权依据的证明，包括已经生效的普通法院及（或）经济法院的判决、行政机关的决定，以及执行文书和其他文书；

根据本法第 12 条第 3 部分债权人申请提出的理由；

为破产案件正确办理所需要的其他信息；

附件。

债权人申请也可以包含债权人请求经济法院协助的事项。

债权人应当将债权人申请的副本向债务人送达。

第 30 条　请求权合并

债权人申请可以基于债务人的不同债务。

不同的债权人可以将其对同一债务人的债权合并，并向法院提出一份债权人申请。此类申请由合并了债权的各债权人签署。

第 31 条　债权人申请的附件

债权人申请除了依照白俄罗斯共和国经济诉讼法典起诉书应当附具的文件之外，还应当附具证明下列事实的文件：

债务人向债权人欠债的事实和金额；

提出债权人申请的理由；

向债务人送达了债权人申请的副本的事实；

对金钱债务和强制性缴费采取了强制执行措施的事实；

债权人申请所依据的其他事实。

本法第 8 条第 2 部分所指的人还应当附具文件，证明对强制性缴费的拖欠无法被依法认定为呆账加以核销的事实。

第 32 条　作为债权人的白俄罗斯共和国和白俄罗斯共和国的行政区域单位就金钱债务的申请

如果金钱债务的债权人为白俄罗斯共和国和白俄罗斯共和国的行政区域，则要求债务人破产的申请可由检察官、包括白俄罗斯共和国财政部在内的由法律授权的国家机关、国家破产事务管理局向经济法院提出。

前述申请的提交应当遵守本法对债权人申请所规定的要求，但其他法律另有规定或者从法律关系的实体可以得出不同结论的除外。

第 33 条 作为债权人的白俄罗斯共和国和白俄罗斯共和国的行政区域单位就强制性缴费的申请

检察官、税务机关和其他国家机关以债权人白俄罗斯共和国和白俄罗斯共和国的行政区域单位的名义就债务人欠缴强制性缴费向经济法院提出债权人申请的，应当遵守本法对债权人申请所规定的要求，但其他法律另有规定或者从法律关系的实体可以得出不同结论的除外。

在涉及经济法院裁定的行政罚款这种债务人强制性缴费拖欠的破产案件中，行使债权人职责的国家机关为税务机关。其他国家机关的权利要求向税务机关移交和合并的办法，由法律法规规定。

第 34 条 检察官要求债务人破产的申请

在下列情况下，检察官有权向经济法院提出要求债务人破产的申请：

如果检察官发现恶意破产和隐瞒破产的迹象；

如果债务人拖欠强制性缴费；

在金钱债务中为了债权人白俄罗斯共和国和白俄罗斯共和国的行政区域单位的利益；

在法律规定的其他情形下。

检察官要求债务人破产的申请向经济法院提交应当遵守本法对债权人申请所规定的要求，但其他法律另有规定或者从法律关系的实体可以得出不同结论的除外。

第 35 条 债务人对于要求债务人破产的申请的答辩

债务人自收到要求债务人破产的申请副本之日起七日内，应当向经济法院和提出要求债务人破产的申请的人送达答辩（以下称"债务人答辩"）。

除了白俄罗斯共和国经济诉讼法典对诉讼请求规定的答辩事项之外，债务人答辩应当指明：

债务人对于申请人的债权是否持有异议；

债务人对所有债权人的债务、职工劳动报酬和强制性缴费欠款的总额；

关于债务人财产的信息，包括银行账户内的资金的信息、账户号码、相关银行的联系地址。

债务人答辩应当附具：

最近一期的会计报表（对于采用简化税制、以收支登记簿记账的组织，为纳税期限最后一日的收支登记簿或其经公证的复印件）、关于个体经营者债务人的财产组成和价值的文件或其经公证的复印件；

关于提交要求债务人破产的申请的人的债权已经得到清偿的证据；

证明债务人已经向提出破产申请的人送达了债务人答辩副本的文件。

债务人不提交答辩不影响破产案件的审理。

第36条 要求债务人破产的申请的接受和案件受理

遵守白俄罗斯共和国经济诉讼法典和本法第9、12、27~34条的要求提交的要求债务人破产的申请，经济法院应当接受。经济法院应当将决定破产申请接受问题的开庭的日期、地点、时间通知债权人、债务人、管理人候选人和其他案件参加者。

关于要求债务人破产的申请是否接受的问题，应当自申请提交经济法院之日起不晚于三十日，在有债权人、债务人参加的开庭中决定；如果法人债务人为城市支柱型或比照此类的组织和国家组织，开庭须有国家破产事务管理机关及（或）其他国家机关参加。

债务人收到了通知但不出席开庭的，不影响经济法院在必要证据具备的情况下审理是否接受要求债务人破产的申请问题。

如果债务人为国家组织，国家破产事务管理机关及应当提交关于债务人偿付能力的初步报告；在其他情况下，在经济法院要求的情况下提供。该报告在经济法院审理是否接受要求债务人破产的申请问题时予以审查。

对于本条第4部分所指之外的债务人，关于债务人偿付能力（无偿付能力）的书面材料由债务人负责人、单一制企业债务人的财产所有权人、债务人的设立人（股东）、个体经营者债务人及（或）提交了要求债务人破产的申请的债权人提供。

受理债务人破产案件的，经济法院作出裁定。对裁定不服的关系人可以按照白俄罗斯共和国经济诉讼法典规定的程序提起上诉（抗诉）。

第37条 法院作出受理债务人破产案件的裁定的后果

自经济法院作出受理债务人破产案件的裁定之时起：

根据债务人负责人、临时管理人或其他人的请求，普通法院、经济法院或其他国家机关正在办理的向债务人追索金钱及（或）其他财产的案件中止；

根据经济法院裁定受理债务人破产案件以前已经生效的法院判决颁发的执行令以及追索财产的其他执行文书，中止执行，但人身损害赔偿金，与人身损害相关的精神损害赔偿金以及退职金，债务人职工劳动报酬和按照民事合同在债务人处做工、提供服务或者制作知识产权客体的人的劳动报酬，著作权合同项下的酬金，抚养费的欠款的执行，不在中止之列；

不得清偿法人债务人的设立人（股东）因退出或被开除出法人债务人的股东组成而形成的债权。

债务人破产案件程序依照本条第 1 部分第 2 段中止不涉及经济法院裁定受理债务人破产案件之前普通法院已经受理的关于债务人职工复职、追偿完成劳动义务的报酬的诉讼案件。

为采取本条第 1 部分规定的措施，管理人应当将经济法院受理债务人破产案件的裁定（其副本）向债务人与其订立有基本（结算）账户服务合同的银行以及普通法院和经济法院、相应的司法执行人、税务机关和裁定载明的或者法律规定的其他国家机关送达。

第 38 条 要求债务人破产的申请的退回

如果要求债务人破产的申请及其附件不符合本法第 9、12、27～34 条规定的要求，则经济法院将其退回。

在本条第 1 部分规定的情形下，经济法院可以不经开庭决定退回要求债务人破产的申请。

如果依照本法第 9 条第 2 部分向经济法院提交债务人申请属于强制性要求，但申请没有附具本法第 28 条规定的文件，则经济法院对于此等申请予以接受，但所缺文件按规定程序在审理之前补足。如果上述文件在开庭日之前没有提交，经济法院依照本条第 1 部分退回申请及其附件。

要求债务人破产的申请退回的，经济法院作出裁定。关系人对裁定不服的，可以按照白俄罗斯共和国经济诉讼法典规定的程序提出上诉（抗诉）。

经济法院退回要求债务人破产的申请的，并不使申请人丧失在提出申请的理由产生时再次向经济法院提出申请。

第三章　各破产程序适用的程序和特点

第 39 条　保护期

经济法院受理破产案件之时起，为了终结诉前康复以及检查启动重整的理由是否具备并确保债务人的财产完整，经济法院设立保护期。除本条第 2 部分规定的情形外，保护期不超过三个月。

为终结诉前康复，根据债务人、作出诉前康复的决定的机构的请求，经济法院有权设立期限不超过三年的保护期。

如果设立保护期，经济法院受理债务人破产案件的裁定应当指明临时管理人的委任以及经济法院审理破产申请以决定启动债务人重整和案件开庭审理的准备问题的日期。如果经济法院作出设立期限不超过三年的保护期，则受理债务人破产案件的裁定应当同时批准债务人诉前康复终结计划。受理债务人破产案件的裁定可以指明保障债权的措施。

第 40 条　保障债权的措施

经济法院有权根据破产案件参加者的申请依照白俄罗斯共和国经济诉讼法典规定的诉讼保全规则采取保障债权的措施。

除本条第 1 部分所指的措施外，经济法院有权：

责令债务人采取额外措施，确保债务人的有价证券、外币资产和其他财产完好；

采取其他旨在保障债务人财产完好的措施。

债权保障措施相应地在重整启动和管理人委任之前或经济法院作出破产案件终结的裁定之前采取。

经济法院有权在本条第 3 部分规定的情况发生之前撤销债权保障措施。

第 41 条　临时管理人的权利

临时管理人有权：

请求经济法院采取额外措施确保债务人财产（包括有价证券、外币资产）的完好，或者撤销这些措施；

请求经济法院将债务人负责人停职；

享有本法规定的其他权利，包括本法第 76 条第 1 部分和其他法律规定的权利。

除本条第 1 部分规定的权利外，依照本法第 64 条第 1、2 部分推举的临时管理人享有与其签订的合同和劳动法律所赋予的权利。

第 42 条　临时管理人的义务

临时管理人应当：

请求经济法院认定债务人订立的或者履行的、违反法律规定要求的交易无效，以及适用自始无效交易的无效后果；

向债务人索取标明款项金额的债权人和债务人的完整名单、详细的资产负债表、财务状况报告和其他包含在账册、账户和其他文件中的必要信息，债务人还应当根据临时管理人的要求向其提供任何与债务人经营活动有关的信息，但关于保护国家机密的法律另有规定的除外；

在发现能够客观证明法人债务人的负责人和公职人员恶意和滥用职权的情况下，自发现之日起不晚于三十日按相关机关的职责报告检察机关、其他护法机关和检查（监督）机关；

诉前康复终结计划执行结束时，向经济法院提交保护期内诉前康复终结计划执行结束报告和债务人财务状况和偿付能力分析；

保护期结束时，向经济法院提交关于自己活动的总结报告和债务人财务状况和偿付能力分析；

履行本法规定的包括本法第 77 条第 1 部分第 5、9～11、16、17 段规定的和其他法律法规规定的义务。

除本条第 1 部分规定的义务外，依照本法第 64 条第 1、2 部分推举的临时管理人应当履行与其签订的合同和劳动法律所规定的义务。

第 43 条　债务人财务状况和偿付能力分析

保护期程序中应当进行债务人财务状况和偿付能力分析，以确定是否具备启动重整的理由以及债务人所有的财产是否足够支付诉讼费用和管理人报酬（工资）。

重整程序中债务人财务状况和偿付能力分析是为了确定债务人偿付能力恢复的可能性、在具备恢复可能性的情况下的恢复措施，以及准备债务人挽救计划或法人债务人破产清算计划或个体经营者债务人停业计划。

债务人财务状况和偿付能力分析开展的程序由白俄罗斯共和国财政部和国家破产事务管理机关的联合规范性文件规定。

在必须开展债务人财务状况和偿付能力分析时如果债务人所有的财产不足于支付诉讼费用，经济法院根据管理人的建议有权组织对债务人财务状况和偿付能力的鉴定。

经济法院也可以根据参加破产案件的其他人的建议组织对债务人财务状况和偿付能力的鉴定，前提是建议人承担与此等鉴定有关的费用。

第44条 债务人财产的清点（盘点）和评估

债务人的拍卖财产必须进行评估。

重整程序中，管理人应当进行债务人财产的清点（盘点）、内部评估及（或）组织上述财产的独立评估。

关于债务人整体出售的企业和其他财产的内部评估及（或）独立评估以及定价形式的决定，按下列方式作出：

在保护期程序中，由债务人负责人经与临时管理人协商且经预先通知办理破产案件的经济法院作出（在债务人负责人被停职以及依照本法第45条第5部分与债务人负责人的劳动合同终止的情况下，由临时管理人作出）；

在重整程序中第一次债权人会议召集之前，由反危机管理人经与办理破产案件的经济法院初步协商后作出；

在重整程序中第一次债权人会议召集之后，由债权人会议（委员会）作出。

在各破产程序中，对债务人财产的评估自评估之日起十二个月内有效。

债权人会议（委员会）可以作出对债务人财产重新进行评估的决定。

在将债务人的企业整体出售和债务人的其他不动产出售前，应当按法律规定程序聘请依法从事评估活动的法人或个体经营者进行独立评估，但法律另有规定的除外。

在举办出售债务人国有财产的拍卖（竞标）时，确定起拍价的独立评估只能由国家组织、国家占股百分之五十以上的依法从事评估活动的组织或者由白俄罗斯工商会成立的组织进行，其名单由白俄罗斯共和国总统确定。

第45条 引入保护期后对债务人的管理

引入保护期并不是债务人负责人停职或者与其终止劳动合同或免除法

人债务人其他管理机构职责的依据。

在保护期程序中，根据破产程序参加人含有关于法人债务人负责人阻挠临时管理人履行职责或者关于债务人负责人实施损害债务人和债权人权益的行为和其他违法行为的可靠消息的请求，经济法院有权在其确定的期限内停止法人债务人负责人的职务，并将法人债务人的管理和负责人的职责交给临时管理人。经济法院应当作出债务人负责人停职的裁定。

依照经济法院关于将法人债务人负责人停职的裁定，有权同法人债务人的负责人签订劳动合同的人（机构）应当在经济法院确定的期限内将法人债务人的负责人或者法人债务人的代理负责人停职。

包括法人债务人的负责人在内的关系人，可以按照白俄罗斯共和国经济诉讼法典规定的程序对经济法院关于将法人债务人负责人停职的裁定或者不予停职的裁定提起上述（抗诉）。

如果经济法院批准保护期内诉前康复终结计划，同法人债务人负责人的劳动合同根据劳动法律规定的理由终止，委任临时管理人。经济法院就此作出裁定。关系人可以按照白俄罗斯共和国经济诉讼法典规定的程序对该裁定提起上述（抗诉）。

被停职或者被终止劳动合同的法人债务人负责人应当向临时管理人提供其所询问的、为其开展活动所必需的信息。

保护期程序中法人债务人的管理机构只有经临时管理人书面同意才能实施交易和履行债务。

保护期程序中法人债务人，除白俄罗斯共和国总统另有规定外，无权作出下列决定：

重组或清算；

设立组织、参加组织、退出组织、中止自己在组织中的会员资格、采取（不采取）由于参加组织可能恶化法人债务人财务状况的措施；

设立分支机构和代表处；

分红；

发行债券；

开除法人债务人股东；

向股东购买已经发行的股票〔股份（财产份额）或其部分〕。

自经济法院引入保护期之时起，只能在破产程序的框架内对法人债务人的财产实施查封及（或）对法人债务人财产处分设置其他限制。

个体经营者债务人的财产由临时管理人管理。

在保护期内不得进行债务人企业整体出售。

第 46 条　保护期的结束

保护期结束时，经济法院审查要求债务人破产的申请、临时管理人关于自己活动的报告和债务人财务状况和偿付能力的分析，以及关于结束实施保护期内诉前康复终结计划的报告。关于结束实施保护期内诉前康复终结计划的报告由经济法院审查并作出相应的裁定。关系人可以按照白俄罗斯共和国经济诉讼法典规定的程序对该裁定提起上述（抗诉）。

在债务人对债权人的债权要求包括税务机关和其他国家机关的要求存有异议的情况下，经济法院审查债务人的异议是否有合理依据。

根据审查要求债务人破产的申请的结果如果存在本法第 84 条规定的理由，经济法院作出启动对债务人进行重整和案件准备庭审的裁定（以下称"启动重整的裁定"），如果曾经引入保护期则免除临时管理人的职务，委任反危机管理人，或终止债务人破产案件的程序。

第 47 条　破产案件开庭审理的准备

破产案件开庭审理的准备由经济法院按照白俄罗斯共和国经济诉讼法典和本法规定的程序进行。

为了确定债务人可信和完整的财务状况和偿付能力，在准备破产案件的开庭审理时以及开庭审理时经济法院有权对债务人的财务状况和偿付能力依照白俄罗斯共和国经济诉讼法典包括按照自己的动议组织鉴定。

与对债务人的财务状况和偿付能力的鉴定有关的司法鉴定专家的活动，依照关于司法鉴定活动的法律法规进行。

第 48 条　破产案件的审理期限

破产案件应当由经济法院自收到要求债务人破产的申请之日起在不超过八个月的期限内开庭审理。

在经济法院引入为期不超过三年的保护期以终结诉前康复的情况下，破产案件应当由经济法院自收到要求债务人破产的申请之日起在不超过三年零五个月的期限内开庭审理。

开庭审理可以推迟不超过两个月的期限。

第 49 条　经济法院的权限

根据破产案件的审理结果，经济法院作出以下之一的司法决定：

挽救决定；

启动破产清算程序的决定；

终止破产案件程序的裁定。

第 50 条　挽救决定和启动破产清算程序的决定

在存在本法第 125 条第 1 部分规定的挽救理由的情况下，经济法院作出挽救决定。

在不具备挽救理由的情况下，经济法院作出启动破产清算程序的决定。

挽救决定和启动破产清算程序的决定应当立即执行，但关系人可以按照白俄罗斯共和国经济诉讼法典规定的程序提起上述（抗诉）。

如果有证据表明，债务人的流动资产足以清偿对债权人的债务，经济法院有权根据债务人或者参加破产案件的其他人的请求或者按照经济法院自己的动议推迟案件审理，建议债务人在经济法院限定的但不晚于本法第 48 条规定的期限内清偿债务。

第 51 条　终止破产案件程序的理由

经济法院在下列情形下终止破产案件程序：

在挽救程序中债务人的偿付能力恢复；

和解协议得到批准；

不存在债权人所指称的对债务人的债权，或者在经济法院就破产案件作出决定前债权已经得到全额清偿，如果债务人、其设立人（股东）或者其他第三人将支付债务人的全部金钱债务及（或）因劳动关系及与之有关的关系所产生的债务，或者第三人出具全额清偿债务的担保（如果全体债权人书面同意），则根据债务人的请求，经济法院终止破产案件程序；

作为破产案件受理理由的申请人请求在经济法院就破产案件作出决定之前被认定为缺乏依据，且没有按照本法规定的程序申报和认定的其他债权；

没有本法第 84 条规定的理由；

法人和个体经营者统一国家登记簿中没有关于债务人的信息；

经济法院正在办理同一债务人的破产案件；

虚假破产的事实得到确认；

本法第 234 条第 4 部分规定的理由。

第 52 条 经济法院作出终止破产案件程序的裁定的后果

自经济法院作出终止破产案件程序的裁定之日起，在宣告债务人破产以前行使职权的法人债务人负责人和法人债务人的其他管理机构、单一制企业债务人的财产所有权人恢复行使职权。因破产程序而设置的其他限制也一并取消。

第 53 条 诉讼费用和管理人报酬（工资）费用的承担

一切诉讼费用，包括国家规费、公告与破产案件有关信息的费用以及管理人报酬费用由债务人随时支付，无须事先打入经济法院监管账户，但本法另有规定的除外。

如果债务人没有资金或资金不足，则向管理人支付的款项应当以以下途径解决：

报酬——用中央预算资金解决；

工资——用相应的预算资金解决。

由于和解协议得到批准而终止破产案件程序的，诉讼费用由债务人承担，但和解协议另有规定的除外。

由于缺乏本法第 84 条规定的理由经济法院作出终止破产案件程序的裁定的，本条第 1 部分规定的费用由向经济法院提出债权人申请的债权人承担，多个债权人之间按照其请求的比例分担。

如果债权人申请含有明显虚假的信息，债权人应当对债权人申请给债务人带来的损害进行赔偿，包括赔偿对个体经营者债务人的精神损害。

诉讼费用和管理人报酬（工资）费用的承担方式，由经济法院在破产案件程序中作出的司法决定规定，但本条第 7 部分另有规定的除外。

如果债务人没有财产或者财产不足，办理债务人破产案件的经济法院在作出破产清算程序终结的裁定后确定用中央预算资金支付管理人的报酬。

关系人对经济法院确定诉讼费用和管理人报酬（工资）费用承担方式的司法决定不服的，可以按照白俄罗斯共和国经济诉讼法典规定的程序提起上述（抗诉）。

第 54 条　管理人申请、债权人和参加破产案件的其他人的投诉的审理

管理人申请包括就其与债权人之间产生的分歧的申请，以及债权人和参加破产案件的其他人关于其权益受到损害的投诉，按照以下程序审理：

保护期程序中——由经济法院自收到上述申请和投诉之日起不晚于三十日开庭审理；

在重整程序中——由债权人会议（委员会）审理；在无法达成协议的情况下以及在本条第 2 部分规定的情况下，由经济法院自收到上述申请和投诉之日起不晚于三十日开庭审理。

在重整程序中，债权人和参加破产案件的其他人关于其权益受到损害的投诉在无法向债权人会议（委员会）提交的情况下向经济法院提交。在这种情况下，投诉应当指明阻碍其向债权人会议（委员会）提交的原因。

对本条第 1 部分所述申请和投诉的审理结果，经济法院作出裁定。

经济法院就本条第 1 部分所述申请和投诉的审理结果作出的裁定关系人不服的，可以按照白俄罗斯共和国经济诉讼法典规定的程序提起上述（抗诉）。

第四章　债权人会议和债权人委员会

第 55 条　债权人委员会

在重整程序中债权人会议代表全体债权人的利益，并以债权人名义实施对债务人的一切行为。

自经济法院启动重整之时起，债权人只能按照本法规定的程序向债务人求偿。

重整债权人为参加债权人会议的有表决权的人。经济法院传唤的或者管理人要求的人也可出席债权人会议；审理破产案件的法官也有权出席。

债权人会议由管理人在经济法院监督下组织和召开。

债权人会议的权限包括：

保护债权；

作出关于批准债务人挽救计划及请求引入挽救的决定，或者关于批准法人债务人破产清算或个体经营者债务人停业计划及请求启动破产清算的决定；

决定对债务人挽救计划或法人债务人破产清算计划或个体经营者债务人停业计划进行修改及（或）补充；

决定订立和解协议并确定其内容；

决定不接受债务人挽救计划并请求经济法院启动破产清算程序；

决定不接受债务人挽救计划或法人债务人破产清算计划或个体经营者债务人停业计划并请求经济法院免除管理人职务及（或）批准新的管理人人选；

决定成立债权人委员会，确定债权人委员会人数，选举债权人委员会成员或决定提前终止债权人委员会成员的职权；

决定由债权人接受债务人未变卖的不动产和动产，确定其分配办法和所抵偿的债权的金额；

决定同意或者拒绝同意债务人依照本法第 100 条第 4~6 部分和第 118 条缔结的交易；

审理对管理人行为（不作为）的投诉；

决定破产案件程序中产生的其他问题。

每一个重整债权人拥有的表决权，根据该人债权人会议召开日被列入债权登记簿的债权占债权总额的份额确定，但本法第 60 条第 4、5 部分另有规定的除外。

在重整债权人以应有方式得到关于债权人会议召开的日期、时间、地点和目的且能够在该时间和该地点出席的情况下，不管实际参加债权人会议的重整债权人拥有多少表决权，会议都为有效召开。

重整债权人的权限在其债权得到清偿后终止。

第 56 条　债权人会议的召集程序

债权人会议根据管理人、经济法院的动议，根据债权人或重整债权人〔金钱债务、强制性缴费之债及（或）由劳动关系或与之相关的关系产生的债占列入债权登记簿的总债权数额不少于三分之一〕委员会的申请，或者根据占重整债权人总数不少于三分之一的重整债权人的动议召集。

债权人会议根据债权人或者重整债权人委员会的要求由管理人自其收到本条第 1 部分所指的申请之日起十四天内召集。

债权人会议在债务人所在地或办理破产案件的经济法院所在地召开，

但债权人会议（委员会）另有规定的除外。

第 57 条　债权人会议的决策程序

债权人会议的决定，以参加债权人会议的重整债权人的过半表决权通过，但本条第 2 部分和本法第 60 条第 4、5 部分规定的情形除外。

关于下列问题的决定，在债权人会议上以重整债权人全部表决权的过半通过：

批准债务人挽救计划并请求引入挽救，或批准法人债务人破产清算计划或个体经营者债务人停业计划并请求启动破产清算；

订立和解协议和确定其内容；

请求经济法院免除管理人职务；

同意重整条件。

如果债权人会议不具备为作出本条第 2 部分所指决定所需的重整债权人的表决权数，在三十日之内再次召集债权人会议，再次召集的债权人会议有权以出席会议的重整债权人的过半表决权通过此等决定，前提是重整债权人以应有方式得到了关于债权人会议召开的日期、时间、地点和目的的通知且能够在该时间和该地点出席。

债权人会议的决定形成纪要。纪要一式两份，其中一份自会议召开之日起五日内向经济法院送达。

向经济法院送达的债权人会议纪要应当附具会议召开之日的债权登记簿，以及：

会议参加者提交的供了解的及（或）供批准的材料；

证明以应有方式通知重整债权人和授权机构关于债权人会议召开的日期、时间和地点的文件；

债权人会议参加者签到表；

管理人认为需要的或债权人会议决定的其他文件。

本条第 5 部分所指的文件，应当在经济法院在破产案件的卷宗中保存。

第 58 条　第一次债权人会议的召集

管理人确定第一次债权人会议召开的地点和时间（除本法第 85 条第 4 部分规定的情形外），通知全体已知债权人，同时公告本法第 21 条规定的关于债权人会议的必要信息。第一次债权人会议应当自重整启动的消息公告之日起不超过七十五日的期限内召开。

参加第一次债权人会议的重整债权人在会议上有表决权。

管理人、办理本破产案件的法官、法人债务人的负责人、除重整债权人之外的债权人列席第一次债权人会议。

第一次债权人会议上在遵守本法第 59 条第 1 部分要求的前提下通过成立债权人委员会的决定，并初步决定关于法人债务人的挽救或破产清算或个体经营者的停业问题，也可决定本法归属于债权人会议权限的其他问题。

第 59 条　债权人委员会

在具备不少于十个重整债权人的情况下，第一次债权人会议上作出成立债权人委员会的决定，确定委员会人数。

债权人委员会的组成包括重整债权人，也可包括重整债权人的代表。代表的人数由债权人会议确定，但应不超过七人。

如果重整债权人的数量少于十人，第一次债权人会议的决定可以规定由债权人会议履行债权人委员会的职责。

债权人委员会的决定以债权人委员会成员总数过半作出。

债权人委员会按照本法第 56 条为债权人会议召集规定的程序召集。

第 60 条　债权人委员会成员的选举

债权人委员会成员只能是自然人。

债权人委员会成员在债权人会议上选举。

任何一个债权人委员会成员的职权可以根据债权人会议的决定提前终止。此等决定可以同时针对债权人委员会的全体成员或者针对个别成员。

债权人委员会成员的选举以累积制投票进行，决定根据累积票数作出，累积票数取决于重整债权人债权的数额。

每十个基本单位的重整债权代表的表决权数等同于债权人委员会成员人数，本法另有规定的除外。

选举债权人委员会成员时，重整债权人有权将其所有的表决权投给一个候选人或者分配给数个候选人。

获得选票最多的候选人当选。

债权人委员会成员可以从自己的成员中选举债权人委员会主席。

如果债权人委员会有三名以上成员，则必须选举债权人委员会主席。

第61条　债权人委员会的权限

债权人委员会有权决定：

召集债权人会议；

建议债权人会议审议管理人履行职责不当问题并请求经济法院免除管理人职务；

同意或者拒绝同意债务人依照本法第100条第4~6部分和第118条缔结的交易；

由债权人会议交由其决定的其他问题。

债权人会议不得将本法第55条第5部分第2~9段所指的问题交由债权人委员会决定。

债权人委员会为履行职责有权：

要求管理人提供债务人财务状况的信息和挽救进程或破产清算进程的信息；

向债权人会议投诉管理人的行为（不作为）。

第三编　破产案件程序中的管理人

第五章　对管理人的要求

第62条　对有权从事管理人活动的人的要求

接受过以经济或者法律为主的高等教育、具有必要的经营活动经验、无犯罪记录、通过对于破产案件程序中的管理人的职业技能要求的认证并取得认证证书的自然人，可以担任管理人。

管理人也可以为法人。法人管理人的负责人作为承担个人责任的人应当符合本法对于自然人管理人设定的条件。

通过对于破产案件程序中的管理人的职业技能要求的认证的人，取得"A"级、"B"级或"C"级管理人资格证书。

持有"A"级资格证书的人，有权在职工人数少于一百的债务人破产案件程序中担任管理人。

持有"B"级资格证书的人，有权在职工人数少于一千的债务人破产案件程序中担任管理人。

持有"C"级资格证书的人,有权在破产案件程序中担任管理人的债务人的职工人数不限。

拟委任担任城市支柱型或比照此类的组织、国家组织、有国家及(或)国际订单的法人或个体经营者的管理人,必须经过核准才能从事活动。

为向经济法院推举下列人担任管理人,下列人必须经过核准:

具有管理人资格认证的国家机关、国家组织正、副职负责人,专家,上述职位的后备人员,以及退休前曾经担任上述职位的人,在工作岗位表现积极,任职一般来说不少于两年,具有法人或个体经营者业务范围相应领域的工作经验,受过以经济和法律为主的高等教育,无犯罪记录的自然人;

按规定程序从事破产案件程序中的管理人活动的法人。

拟担任本条第7部分所指之外的组织或个体经营者的管理人的,应当注册法人或个体经营者。

国家破产事务管理机关工作人员、经济法院法官和工作人员不得从事管理人活动。

自然人管理人专业技术资格认证和重新认证的程序、对破产案件程序中的管理人的经营经验的要求、管理人资格证书失效的理由,由白俄罗斯共和国部长会议确定。

第63条 对管理人的要求;从事管理人活动的条件

管理人应当享有经济法院、债权人(重整债权人)和债务人的信任。

管理人不得为债务人及(或)债权人(重整债权人)的利害关系人,但本法第173条第2部分规定的情形除外。

如果管理人没有告知经济法院其依照本法为债务人及(或)债权人(重整债权人)的利害关系人,则根据经济法院的决定管理人免除本破产案件程序中的职务。

参加破产案件的人可以根据白俄罗斯共和国经济诉讼法典为申请法官回避规定的程序和理由申请管理人回避,也可因管理人不符合本条和本法第62条规定的要求申请管理人回避。

法人管理人除破产案件程序中的临时(反危机)管理人活动之外,还可以按法律规定的程序和条件从事下列活动:

提供法律服务；

就商业经营和管理问题提供咨询；

评估活动；

科研和研发；

教学活动。

法人管理人不得向处于破产程序中的个体经营者和法人以及其他管理人提供本条第5部分第2~6段所指的服务。

个体经营者管理人不得从事其他经营活动。

法人管理人和个体经营者管理人从事活动，必须按照法律规定的程序订立临时（反危机）管理人民事责任强制保险合同。

法人管理人和个体经营者管理人应当自其订立临时（反危机）管理人民事责任强制保险合同之日起五日内将合同副本向国家破产事务管理机关提交。

第64条 管理人候选人的提名和管理人的委任

城市支柱型或比照此类的组织、国家组织、有国家及（或）国际订单的法人或个体经营者的管理人候选人，由下列主体向经济法院提出：

国家法人债务人所归属的国家机关提出；

作为单一制企业债务人的设立人的国家法人所归属的国家机关提出；

管理属于白俄罗斯共和国所有的或地方国有的法人债务人股票（股份）的国家机关提出，如果债务人股票（股份）同时由数家国家机关管理，管理人候选人由管理债务人最多股票（股份）的国家机关向经济法院提出，但须与管理该债务人股票（股份）的其他国家机关协商；

无隶属关系、股票（股份）不属于国家所有的城市支柱型或比照此类的组织债务人所在行政区域单位的地方执行和支配机关提出；

向债务人下达国家及（或）国际订单的国家机关提出，但本部分第2~5段所指的债务人不在此列。

国家机关也可请求经济法院对本条第1部分所指之外的债务人从其推荐的候选人当中委任管理人。

本条第1部分规定的情形中，提出管理人候选人的决定在收到国家破产管理事务管理机关关于该候选人的结论后作出。对一个债务人提出数个管理人候选人的情况下，供经济法院批准的候选人由白俄罗斯共和国部长会议或其授权国家机关确定。

对本条第 1 部分所指之外的债务人，管理人由经济法院从参加案件的人所提出的，符合本法第 62、63 条规定要求的候选人当中委任。

向经济法院提出要求债务人破产的申请的人，应当提出不少于三名的管理人候选人。

如果提出破产申请的人在经济法院决定是否接受要求债务人破产的申请问题的期限届满之前没有向经济法院提出管理人候选人，经济法院按照本法第 38 条规定的程序退回破产申请。

委任管理人的消息由经济法院通知国家破产事务管理机关。

第 65 条　根据国家机关的提名被委任为管理人的自然人的法律地位的特点

依照本法第 64 条第 1、2 部分的提名被委任为管理人的自然人，在履行管理人职责期间其本职工作停止，但职务保留。

依照本法第 64 条第 1、2 部分的提名被委任为管理人的自然人（以下称"根据合同从事活动的管理人"），在履行管理人职责期间原工作单位不得对其降职、降级、降衔，或根据雇主的动议解雇（管理人犯罪或原工作单位撤销/清算的除外）。

如果因提名管理人的国家机关撤销导致管理人被原单位解雇，该机关的权利继承人应当解决该人的劳动就业问题。如果没有权利继承人，则该人的劳动就业问题由国家就业部门解决。

本条第 1~3 部分的规则不适用于委任退休人员担任管理人的情形。

提名管理人候选人的国家机关，自经济法院委任之日起同其订立合同。合同的格式由白俄罗斯共和国部长会议确定。

第六章　破产案件程序中管理人职权的行使

第 66 条　管理人的基本任务

破产案件程序中管理人以债务人的名义行事。

管理人的基本任务为：

恢复债务人的偿付能力；

最大限度地保护债务人和债务人职工集体的权益，以及债权人和其他人的权益；

调整债务人和债权人之间的关系；

依照规定顺序最大限度地向债权人清偿；

协助破产案件的办理。

当债务人继续经营已经没有可能或者缺乏理由时，管理人的基本任务为：

按规定程序开展无偿付能力的法人债务人的破产清算或个体经营者债务人的停业；

变卖债务人财产；

按比例向债权人清偿。

第 67 条　管理人联合会

管理人有权依法成立管理人和反危机管理专家联合会以维护自己的权益，在国家机关和其他组织中代表自己的利益，以及解决与自己的活动有关的其他问题。

第 68 条　管理人的报酬（工资）

依照本法第 62 条第 8 部分第 3 段和第 9 部分从事活动的管理人领取报酬，报酬的金额和支付办法由白俄罗斯共和国部长会议经与白俄罗斯共和国总统协商确定。

根据合同从事活动的管理人领取工资，工资的金额和支付办法由白俄罗斯共和国部长会议确定。

管理人的报酬计算是否正确，由国家破产事务管理机关进行监督。

第 69 条　在自己的居住地（所在地）之外开展活动的管理人的费用报销

管理人在自己的居住地（所在地）之外开展活动的费用，包括管理人临时居住的费用和往返债务人所在地的交通费用，在经济法院依法确定的数额范围内随时用债务人资金报销，或者根据债权人会议（委员会）的决定用债权人的资金报销。

本条第 1 部分所指的费用，依照本法第 119 条调整。

根据合同从事活动的管理人本条第 1 部分所指的费用，随时用债务人资金报销，或者根据债权人会议（委员会）的决定用债权人的资金报销，但与管理人之间订立的合同另有规定的除外。

第 70 条 临时行使管理人职权

在个体经营者管理人暂时失去工作能力的情况下，经济法院根据该管理人的请求，在管理人无法请求的情况下根据经济法院自己的动议，作出由符合本法第 62~63 条规定的对管理人要求条件的其他人临时行使管理人职权并办理相应移交的决定。经济法院应当在三日内将所作决定告知参加破产案件的人以及相关国家机关。

如果临时行使个体经营者管理人职权的人给债务人及（或）债权人的利益造成损害，债务人及（或）债权人有权请求经济法院考虑该人的替换问题。

本条的规定也可以适用于因客观情况暂时无法行使职权的法人管理人。

在根据合同从事活动的管理人暂时失去工作能力的情况下，经济法院根据与管理人订立了合同的国家机关的请求，作出由符合本法对根据合同从事活动的管理人的要求条件的其他人临时行使管理人职权并办理相应移交的决定，但法律另有规定的除外。经济法院应当在三日内将所作决定告知参加破产案件的人以及同管理人订立合同的国家机关。

对经济法院关于由其他人临时行使管理人职权的裁定，关系人可以按照白俄罗斯共和国经济诉讼法典规定的程序提起上诉（抗诉）。

同管理人订立了合同的国家机关，同临时行使管理人职权的人订立短期劳动合同，但法律另有规定的除外。

临时行使根据合同从事活动的管理人职权的人，按照本法为根据合同从事活动的管理人规定的条件和程序行使职权。

临时行使管理人职权的人，按照本法第 68 条规定的办法领取报酬（工资）。

第 71 条 在数个破产案件中履行管理人职责

被委任为管理人的人不得同时在一个以上的破产案件中行使管理人及（或）临时管理组代表（成员）的权利义务，但缺席债务人、个体经营者以及按规定程序决定清算（停业）的破产案件不在此列。

第 72 条　关于管理人的信息

关于管理人的信息应当录入破产信息统一国家登记簿，并依照媒体法在白俄罗斯共和国最高经济法院批准的媒体出版物及其他媒体出版物上公告。

第 73 条　管理人职权的开始

管理人自经济法院作出委任管理人的裁定或决定之时起行使职权，但经济法院的裁定或决定另有规定的除外。

第 74 条　管理人职权的终止

管理人职权在下列情况下根据经济法院关于免除管理人职务的裁定终止：

管理人非善意或不当履行职责；

管理人实施与履行管理人职责有关的违法行为；

因对管理人采取刑事案件程序中的强制措施而使其无法继续履行职责；

法院对管理人的有罪判决生效的情况下；

存在阻碍管理人履行职责的原因的情况下，根据管理人的申请；

在破产案件程序根据本法第 51 条规定的理由终止后，按照本法规定的程序；

在法律规定的其他情况下。

在本条第 1 部分第 2~5 段和第 7 段规定的情形下，经济法院根据自己的动议或者根据参加破产案件的人的建议免除管理人职务。

自将债务人从法人和个体经营者统一国家登记簿去除的记载录入登记簿之日起，管理人职权自行终止而无须经济法院将其免职。

第 75 条　新管理人的委任

除本法第 74 条第 1 部分第 6、7 段规定的情形外，自管理人免职之日起不晚于七日，经济法院应当依照本法第 64 条第 1、4 部分的规定委任新的管理人，原管理人在新管理人委任后不超过十四日的期限内将债务人事务向其移交。

如果原管理人不履行本条第 1 部分所指的义务，新委任的管理人应当在会计和其他文件、公章和印戳、财物和其他有价物移交期限届满后不晚于三日请求经济法院对原管理人采取强制执行措施。

如果管理人职权根据本法第 74 条规定的理由终止且新的管理人人选没

有按照本法第 64 条第 4 部分规定的程序产生，则管理人候选人根据经济法院的要求由国家破产事务管理机关向经济法院提出。

第 76 条 管理人的权利

经济法院作出委任管理人的裁定后，管理人有权：

取得报酬（工资）；

向经济法院申请由相关单位提供及（或）向相关单位索取同债务人业务活动有关的必要文件、报告和其他信息，以及在材料所在地了解这些材料；

请求经济法院聘请专家进行债务人财务状况和偿付能力鉴定；

请求经济法院传唤人员进行必要的解释；

进入债务人的办公和生产场地并进行查看；

要求取回债务人合法占有的财产；

以债务人名义提出诉讼，以及向普通法院和经济法院或解决债务人争议的其他机构提出申请；

对债权提出异议；

对债务人的财产实施交易；

在与债权人有分歧的情况下和法律规定的其他情形下请求经济法院解决；

声明不履行债务人的义务；

继续履行同债务人职工订立的合同和集体合同的条款，订立和延长合同；

依照本法第 97 条第 4 部分，根据民事合同为完成同破产案件程序有关的任务聘请会计、评估师、审计师和其他必要的人（以下称"完成同破产案件程序有关任务的人"）；

享有本法和其他法律法规规定的其他权利。

除本条第 1 部分规定的权利之外，根据合同从事活动的管理人享有合同和劳动法律所赋予的权利。

第 77 条 管理人的义务

管理人自其委任之时起应当：

在经济法院规定的期限内接管债务人的财产和事务；

采取法律规定的措施，寻找、发现和追回债务人财产，包括位于第三人处的财产，以及确定个体经营者债务人的工作地点和其他收入来源；

查明债务人的债权人，书面通知债权人破产案件受理和第一次债权人会议召开的信息，组织对债权进行答辩；

确保债务人财产完好并采取措施对之加以保护；

采取措施维护债务人职工集体的权益；

对债务人的财产进行清点（盘点）、内部评估及（或）组织债务人财产的独立评估并确定其债务；

采取措施缔结和解协议，实施挽救程序或破产清算程序；

组织债务人的经营活动；

对债务人的经营活动、财务状况和偿付能力进行分析；

确定是否存在虚假破产、恶意破产、隐瞒破产或阻挠补偿债权人损失的情况，及向经济法院、检察机关、其他护法机关和检查（监督）机关依其权限提交上述消息；

召集债权人会议（委员会）；

将第三人财产从债务人财产中分出和剔除；

在分析债务人经营活动、财务状况和偿付能力的基础上制定债务人挽救计划或法人债务人破产清算或个体经营者债务人停业计划；

组织债务人财产变卖，按照本法规定的程序向债权人清偿；

依照本法向债权人、债务人和经济法院提供信息；

不少于每月一次向经济法院、国家破产事务管理机关、提名其担任管理人的国家机关提交关于自己活动的报告，在保护期、重整程序中，还需根据上述人的要求期限提交关于债务人经营活动的报告；

向经济法院要求认定交易无效、适用交易无效的后果，以及提起诉讼要求追究法人债务人负责人及（或）债务人破产中有过错的其他人的补充责任；

将法律规定的债务人文件交付存档；

履行本法和其他法律法规规定的其他义务。

除本条第 1 部分规定的义务之外，根据合同从事活动的管理人应当履行合同和劳动法律规定的义务。

管理人无正当理由拒绝履行或者逃避履行破产案件职责的，承担白俄罗斯共和国行政违法法典规定的责任。

第78条 受聘执行与破产案件程序有关任务的人的报酬

受聘执行与破产案件程序有关任务的人的报酬，由管理人依照本法第119条确定并用债务人资金在管理人报酬之外支付，或者由债权人承担，但债权人会议（委员会）另有规定的除外。

受聘执行与破产案件程序有关任务的人的报酬，依照本法第141条第1部分的规定支付。

第79条 破产案件程序终结后管理人的职权

破产案件程序的终结导致管理人职权依照本法第74条终止。

如果破产案件程序因和解协议得到批准、全部债权得到清偿或法人债务人的偿付能力得到恢复而终结，管理人继续履行法人债务人负责人职责，直至法人债务人新的负责人委任（选举）且向后者或本条第5部分所指的人按照法律和债务人设立文件规定的程序移交债务人财产和事务。此时管理人报酬（工资）按照本法第68条规定的程序支付。

管理人向法人债务人新委任（选举）的负责人移交事务的期限，自经济法院作出破产案件程序终结的裁定之日起不得超过三个月。

如果自经济法院作出破产案件程序终结的裁定之日起两个月内没有委任（选举）法人债务人新负责人，管理人将此通知经济法院，单一制企业债务人的财产所有权人、设立人（股东）、债务人所归属的国家机关或管理属于白俄罗斯共和国所有的债务人股票（股份）的国家机关。

单一制企业债务人的财产所有权人、设立人（股东）、债务人所归属的国家机关，应当自收到管理人通知之日起一个月内接收债务人的财产和事务。

第80条 破产案件程序终结后管理人职务的解除

破产案件程序终结且管理人向新委任（选举）的负责人或本法第79条第5部分所指的其他人移交债务人财产和事务及提交关于自己活动的报告后，经济法院作出关于解除管理人职务的裁定。对裁定不服的关系人可以按照白俄罗斯共和国经济诉讼法典规定的程序提起上诉（抗诉）。

第81条　债务人经营活动有效恢复的情况下对管理人的奖励

在债务人的偿付能力得到恢复并经经济法院证实的情况下，根据经济法院的决定可以向管理人发放奖金，奖金由挽救程序中的债务人承担，数额由法律法规规定。

在管理人保障了债务人稳定和有效经营以及偿付能力恢复的情况下，履行管理人职责的自然人纳入相应的国家机关干部储备。此外，这些业绩计入个人档案。

第82条　对于因管理人过错所造成损失的责任

破产案件程序中的管理人民事责任的强制保险依照法律进行。

因投保了强制责任险的管理人的过错给债权人或债务人造成损失的，由保险组织在根据临时（反危机）管理人民事责任强制保险合同规定的保险金额范围内赔偿。

对于由管理人的过错造成的超出保险赔偿范围的损失，由管理人自己向债权人或债务人赔偿。

根据合同从事活动的管理人，结合确定组织负责人劳动调整特点的劳动法律的规则承担责任。

第83条　对管理人活动的监督

国家破产事务管理机关对于管理人是否遵守破产法律的要求进行监督。

提名了被经济法院委任的管理人人选的国家机关，按照法律规定的程序对管理人的活动进行检查。

国家破产事务管理机关每个月对管理人依照破产法律提交的信息进行分析和总结。

第四编　重整

第七章　启动重整

第84条　启动重整的理由

在下列情形下，经济法院启动重整：

债务人无偿付能力具有经常性特征；

由于获得了经常性特征的无偿付能力，债务人无力按期履行支付义务及（或）对由劳动关系及与之相关的关系产生的义务支付款项；

具备其他证明债务人无偿付能力的情况，包括本法规定的作为宣告个体经营者破产理由的情况，破产清算程序中的债务人无足够财产向债权人清偿的情况，以及个体经营者债务人或已经实际停业的债务人的负责人缺失的情况。

第85条　重整的一般规定

经济法院作出启动重整的裁定导致债务人重整的启动。

重整的总期限在进行破产清算的情况下为十六个月，在进行挽救的情况下为二十二个月。

重整的期限可以依照本法规定缩短或延长。

经济法院关于启动重整的裁决中可以规定第一次债权人会议召开的时间和地点。

关系人对经济法院启动重整（终止破产案件程序）的裁决不服的，可以按照白俄罗斯共和国经济诉讼法典规定的程序提起上诉（抗诉）。

依据启动重整的裁决发布的公告中，除了本法第21条第9部分第2~4段规定的信息外，还需要指明：

债权申报期限；

第一次债权人会议召开的时间和地点（如果启动重整的裁决中对此作出了规定）；

对重整程序具有意义的其他信息。

第86条　启动重整的后果

自经济法院作出启动重整的裁决之日（以下称"重整启动之时"）起：

有权同债务人组织的负责人订立劳动合同的人（机构），应当依照劳动法律终止同负责人的劳动合同；

除本法第100条第3部分和第126条第4部分规定的情形之外，债务人管理机构和单一制企业债务人的财产所有权人的职权中止；

法人债务人的负责人和法人债务人的其他管理机构以及单一制企业债务人的财产所有权人的职权向管理人转移；

债务人事务的管理由管理人承担，管理债务人财产的权利也向管理人转移；

法人债务人的管理机构、个体经营者债务人应当在经济法院规定的，但最多不超过十日的期限内确保向管理人移交会计和其他文件、公章和印戳、财物和其他有价物，如果法人债务人的管理机构、个体经营者债务人不履行上述义务，管理人应当在移交期限届满后不晚于三日请求经济法院对上述机构和人采取强制执行措施；

支付债务人所有金钱债务以及早先拖欠的、分期的强制性缴费的期限，以及债务人延后纳税的缴纳期限，视为已经到达；

停止对债务人任何种类的欠款加计利息、违约金、罚息，但启动重整后产生的欠款除外；

重整期间债务人财务状况的信息不属于保密信息和商业机密；

与债务人财产有关的交易，只能依照本法实施；

取消早先采取的债权保障措施，撤销早先民事法院和经济法院对债务人财产实施的查封；

撤销对债务人财产处分的其他限制（包括取消保障履行纳税义务和罚息支付的措施），但经济法院另有规定的以及债务人的相关财产为刑事案件或行政违法案件的物证或为确保判决书或行政违法案件裁定书的执行而查封的财产除外；

作为保障行政程序或判决执行措施由诉讼法授权的机构早先实施的对债务人财产的查封，按照白俄罗斯共和国行政违法诉讼执行法典及白俄罗斯共和国刑事诉讼法典规定的程序撤销，经济法院关于启动重整的裁定为撤销在民事或经济诉讼案件框架下对债务人财产实施的查封以及其他与此等诉讼有关的对债务人财产处分的限制的依据；

只有审理债务人破产案件的经济法院才能在民事和经济案件框架下对债务人财产实施新的查封、没收和其他限制处分的措施；

在破产清算程序终结或作出债务人破产案件程序终止的裁定之前，中止对债权人进行清偿，但本法允许的清偿除外；

对债务人的所有债权只能按照本法规定的程序申报；

债务人的义务依照本法规定履行；

必要的记载应当录入相应的债务人及其财产清册（登记簿）；

本法规定的其他后果成就。

自重整启动之时起，向债务人追索退职金和债务人职工以及在债务人处按照民事合同做工、提供服务或制作知识产权客体的人的劳动报酬以及抚养费不停止。

重整期间可以向债务人提供国家支持，包括按国家规定的特别比例支配收入。

第 87 条 中止清偿债务人的金钱债务

中止向债权人清偿包括中止清偿债务人的金钱债务，但白俄罗斯共和国总统另有规定的除外。

债务人金钱债务清偿中止期间：

不得对执行文书和其他可据以无条件扣款的文书进行执行；

停止执行依据在经济法院受理债务人破产案件的裁定作出前已经生效的司法判决颁发的财产执行令，但人身损害赔偿金、与人身损害相关的精神损害赔偿金、著作权合同项下的酬金、抚养费的欠款的执行，不在停止之列；

不得向法人债务人的设立人（股东）清偿因其退出或被开除出法人债务人的设立人（股东）组成而形成的债权，包括因股东向债务人出售债务人股票而形成的债权；

中止债务人至重整启动时形成的电力和热能、天然气消费的欠款按规定程序随物价指数调整。

对于依照本法第 6 条确定的在重整启动之时的金钱之债的债权数额，按照白俄罗斯共和国民法典第 366 条规定的办法加计利息，利息为利息支付日白俄罗斯共和国国民银行再贷款利率的四分之一。

中止清偿债务人的金钱债务也适用于债权人对因管理人拒绝履行债务人的合同义务所造成损失的赔偿请求权。

中止清偿债务人的金钱债务不适用于本法第 141 条第 1 部分所指的债务。

第 88 条 债务人的义务

由于破产程序的进行，债务人应当在不与关于国家秘密的法律法规相抵触的前提下向经济法院、管理人及债权人会议（委员会）提供上述人所要求的所有关于债务人财产和债务的信息，包括关于可以被追回的财产的信息。

个体经营者债务人、法人债务人的负责人或其他被授权人应当亲自参加法院开庭、债权人会议（委员会）、财产清点（盘点）以及经济法院或管理人要求其参加的破产案件其他程序活动。

个体经营者债务人、法人债务人的负责人或其他被授权人应当在第一次债权人会议召开前在经济法院签字确认关于债务人财产和债务信息的准确性，并在有必要的情况下对信息进行修改及（或）补充。

自重整启动之时起，经济法院依照法律可以作出临时限制个体经营者债务人、法人债务人的利害关系人在经济法院规定的，但不晚于破产案件终结的期限内离开白俄罗斯共和国的决定。经济法院就此作出裁定。关系人对裁定不服的，可以按照白俄罗斯共和国经济诉讼法典规定的程序提起上诉（抗诉）。

如果债务人为法人，经济法院根据管理人、债务人的建议或者根据经济法院自己的动议决定对哪些身为法人债务人的利害关系人的自然人施加本条规定的义务，对其中的哪些人施加本条第4部分规定的限制。经济法院就此作出裁定。关系人对裁定不服的，可以按照白俄罗斯共和国经济诉讼法典规定的程序提起上诉（抗诉）。

第89条　债权金额的确定

债权人有权自启动重整的公告发布之日起两个月内申报债权。债权按债务人的联系地址或启动重整的公告中指明的其他地址向管理人送达，同时也向办理破产案件的经济法院送达。债权申报随同可以确定其数额的文件一起向管理人送达。

管理人自收到债权申报后不晚于七日进行审核，审核结束后将相应的记载录入债权登记簿，并将审核结果自收到债权申报后不晚于七日书面通知债权人。

证明所申报的债权的文件应当经过公证，或者提交文件的原件随同复印件以供管理人核对。管理人对文件的复印件对照原件进行核对，在文件的复印件上面作出相应的标注，此后将文件的原件自收到债权申报之日起的七日内返还债权人。

如果债权体现方式不当或者没有提交必要的文件，管理人向债权人提供不少于七日的期限以供其消除上述缺陷。上述缺陷消除后，首次申报债权的日期视为债权申报日期。如果管理人规定的期限届满时债权人没有消除或者没有完全消除缺陷，债权视为没有申报，但经济法院认为缺陷没有消除存在正当理由的情况除外。

对于依照本条第1部分申报的数额视为确定的债权，管理人可以自收到上述债权申报之日起七日内提出异议，如果：

普通法院或经济法院的判决撤销或者变更了申报的债权所依据的相应的普通法院或经济法院的判决；

普通法院或经济法院作出判决之后或在债权人申报债权之前上述债权全部或部分得到了清偿。

管理人未在本条第2、4部分所指的期限内提出异议的债权，按申报的金额认定，并应依照本法第141条确定的顺序受偿。

管理人提出异议的债权，按照本法第92~96条规定的程序审理。

第90条　债权登记簿

债权登记簿由管理人按照递增的顺序自重整启动之时起记录。

债权登记簿载明：

对于自然人债权人——姓名、身份证明信息；对于法人债权人——名称；

债权人的联系地址；

债权人的银行账户信息（如果有）；

债权数额；

每个债权的受偿顺序；

每个债权录入登记簿的日期；

债权产生的依据；

债权受偿的信息，包括偿付的数额；

受偿数额与同顺位债权总额之间的百分比关系；

每个债权受偿的日期。

以外币表示的金钱债务，根据债权人的建议以该种外币或按照重整启动日白俄罗斯共和国国民银行规定的正式汇率换算成白俄罗斯卢布录入债权登记簿。如果债权以外币录入债权登记簿，该债权人的表决权数根据重整启动日按白俄罗斯共和国国民银行规定的正式汇率换算成的白俄罗斯卢布数额确定。

依照本法第 141 条第 1 部分随时受偿的债权，不录入债权登记簿。

如果管理人在债权登记簿中录入或者去除债权时或者确定债权数额或受偿顺序时犯有错误，经债权人会议同意在五日内进行相关的更改。

债权受偿时，管理人将相关信息录入债权登记簿，并将此告知债权人会议（委员会）。

管理人应当根据债权人或其授权代表的要求，在五日内向该债务人或根据债权人的申请向其授权代表提供包含上述债权数额和清偿顺序信息的债权登记簿摘录。

债权人保持债权登记簿的样式和程序由国家破产事务管理机关规定。

第 91 条　债权的抵消

自重整启动至经济法院终止破产案件程序或破产清算程序终结为止，不得进行债务人挽救计划或法人债务人破产清算计划或个体经营者债务人停业计划之外的债务人债权抵消，但依照税法进行的税、费和罚息抵消除外。

第 92 条　对管理人审核债权结果的异议

对管理人审核债权结果的异议（以下称"债权申请"）应当在债权人收到管理人关于该债权的审核结果的通知之日起不晚于七日以书面形式向管理人和审理破产案件的经济法院发出。

债权申请应当指明债权的内容、依据和数额。债权申请由债权人或其代理人签署。

债权申请应当附具证明债权的文件。

债权人向经济法院发送的债权申请，应当附具证明其已向管理人发送的证据。

第 93 条　提交债权申请的期限恢复的程序

本法第 92 条第 1 部分规定的提交债权申请的期限可以由债权人会议或经济法院根据本条第 2 部分规定的关于恢复错过的期限的请求予以恢复。

恢复错过的期限的请求由债权人向管理人发送，提交债权人会议审议或向经济法院发送。债权人会议或经济法院有权认定期限错过有正当理由并恢复提交债权申请的期限，或认定期限错过没有正当理由并拒绝恢复错过的期限。

该债权人或管理人对于债权人会议审议前述请求的结果的决定不服的，可以向经济法院起诉。

如果债权申请在本法第 92 条第 1 部分规定的期限届满后，但在保护债权的债权人会议或经济法院审核该债权以前提交，且提交债权的期限没有被恢复，则该债权相应地被接受参加答辩或由经济法院审理。但该债权应在其他及时提交的债权受偿后受偿。

恢复错过的期限（拒绝恢复）的，经济法院作出裁定。关系人不服的，可以按照白俄罗斯共和国经济诉讼法典规定的程序提起上诉（抗诉）。

第 94 条　债权答辩会议

经济法院根据管理人的建议考虑是否有必要在债权人会议上对债权进行答辩的问题，并就此作出裁定。

如果经济法院作出了在债权人会议上对债权进行答辩的裁定，管理人确定此等会议的时间和地点。

债权答辩会议的通知以及查阅所申报的债权和所提出的异议的地点，为通知经济法院、债务人和债权人之目的由管理人交由媒体出版物依照本法第 21 条不晚于会议召开日之前十日公告。

债务人应当出席债权答辩会议。如果债务人缺席，则债权人会议在其缺席的情况下决定债权是否成立。提交了债权申请的债权人缺席债权答辩会议不影响对其债权进行审核。

如果债务人为法人，经济法院根据债务人或管理人的建议确定作为法人债务人利害关系人的自然人，责成其出席债权答辩会议。

第 95 条　债权答辩

债权申请在债权答辩会议上依照其提交的顺序进行审核。就每一个债权申请债权人会议作出认定债权、其数额和受偿顺位的决定。

债权答辩会议的纪要应当注明对每一个债权申请审核的情况。

债权答辩会议上认定的债权列入专门的清册。该清册应当指明认定的债权数额和债权受偿顺位。

清册应由管理人、债权人委员会主席（如果该委员会依照本法第 59 条和 60 条组建）以及全体出席的债权人签字。

列入专门清册的债权由管理人录入债权登记簿。

在下列情形下债权视为认定：

管理人和出席债权答辩会的债权人对债权都没有提出异议；

对债权提出异议的人和债权人之间达成协议，协议为债权答辩会议所批准。

根据需要可以举行数次债权答辩会议，最后一次债权答辩会议应当在第一次债权答辩会议结束后不晚于二十日召开。

如果查明，在债权答辩会议上已经认定的债权是基于伪造，可以在第一次债权答辩会议结束后不晚于二十日在新的债权答辩会议上对该债权的申请进行再次审核。在此期限届满后债权的认定问题由经济法院根据管理人、债权人、债务人及（或）国家机关的申请解决。

第96条 债权认定争议

如果经济法院没有作出在债权会议上进行债权答辩的决定或者债权答辩会议上债权没有被认定，破产案件程序中的债权认定问题根据债权申请由经济法院审查，并根据审查结果作出裁定。债权申请应当在本法第92条第1部分规定的期限内提出，或者如果经济法院作出了在债权会议上进行债权答辩的决定，申请应当自不认定债权的债权会议召开之日起不晚于七日再次提交。七日期限届满后提出的债权申请，在债权人没有提出恢复错过的期限的请求的情况下，应当由经济法院退回债权人。在具备正当理由的情况下，根据债权人请求经济法院可以恢复该期限。

在规定期限内申报（第一和第二顺位的债权人除外），但没有被管理人或债权答辩会议认定的债权，如果具有生效的经济法院司法判决的认定，应当按债权登记簿上的相应顺位受偿。

在和解协议的建议提出的情况下，经济法院可以推迟债权认定问题的审查，直至和解协议审查结束。

经济法院关于债权认定问题和提交债权申请的期限恢复问题的裁定，关系人不服的，可以按照白俄罗斯共和国经济诉讼法典规定的程序提起上诉（抗诉）。

第97条 债务人财产的统计

重整程序中，管理人对债务人的全部财产进行统计。

在进行重整时，下列财产从债务人用于清偿的财产中剔除：

退出流通的财产，以及本法第 98 条第 4 部分所指的财产；

同债务人的人身相关的财产权，以及基于专门许可（许可证）从事某些种类活动的权利；

依照民事法律不列入债务人财产组成的其他财产。

海关监管的财产列入债务人财产组成。此外，此等财产的变卖价格不能低于已支付的海关税费和仓储费用。未能售出的海关监管财产，上缴国库。此等财产在无法售出的情况下上缴国库的办法，由海关法律规定。

为对债务人的财产进行统计以及管理债务人的财产和事务，管理人经债权人会议同意并经通知经济法院有权聘请人员执行与破产案件程序有关的任务。如果此等人员的聘请或行使职权给或者可能给国家利益以及公民和其他人的权利和自由、债权人的财产权利造成损害，经济法院作出拒绝聘用此等人员或责成管理人解除同上述人员之间的民事或劳动合同的裁定。关系人对本条规定的经济法院的裁定不服的，可以按照白俄罗斯共和国经济诉讼法典规定的程序提起上诉（抗诉）。

第 98 条　不列入债务人财产组成的财产的处分

如果在债务人的财产组成中有退出流通的财产，管理人在经济法院作出启动破产清算的决定后将此通知上述财产的所有权人、经济法院和检察院。

退出流通的财产的所有权人应当自收到本条第 1 部分所指的通知之日起一个月内从管理人手中接管该财产或交由其他人管理，但法律另有规定的除外。

如果退出流通的财产的所有权人不履行本条第 2 部分所指的义务，自其收到管理人通知之日起一个月届满后保管退出流通财产的所有费用由上述财产的所有权人承担。

在重整程序中，国家住房基金的客体和只能为国家所有的客体以及依照关于私有化的法律移交无偿使用或租赁的客体（以下如果无特别指明称"客体"）不列入经济法院裁定受理其破产案件的法人的财产组成。

管理人应当采取措施发现此等客体并自发现之日起不晚于七日通知下列单位：

如果客体属于中央国有，通知债务人所归属的或授权对债务人的股票

（股份）进行管理的中央国家管理机关和白俄罗斯共和国政府下属的其他国家组织、白俄罗斯国民银行、白俄罗斯共和国总统事务管理局、白俄罗斯国家科学院、白俄罗斯共和国总统下属的其他国家机关和国家组织（以下称"被授权管理国有资产的国家机关"）；

如果客体属于地方国有或者不属于国家法人经营或业务管理，通知客体所在地的州（明斯克市）执行委员会。

自收到管理人通知之日起三十日内，除白俄罗斯共和国总统另有规定外：

被授权管理国有资产的国家机关应当作出确定接收客体进行经营、业务管理或无偿使用（以下称"接收组织"）的决定，或者作出关于无法确定接收组织（无法接收客体）的说明理由的决定；

州（明斯克市）执行委员会应当作出确定接收组织的决定。

被授权管理国有资产的国家机关或州（明斯克市）执行委员会应当自作出前述决定之日起不晚于五日将决定书面告知管理人。

客体的交接由管理人根据确定接收组织的决定和交接书按照客体的实际状况不附加任何条件在前述决定作出之日起三十日内进行。在将客体移交无偿使用的情况下应当在上述期限内依照私有化法订立无偿使用合同。

被授权管理国有资产的国家机关在依照本条第6部分第2段作出无法确定接收组织（无法接收客体）的决定的情况下，客体按照白俄罗斯共和国部长会议规定的程序移交地方国有。

第99条　债务人在银行开立的账户

管理人在重整程序中应当仅使用一个债务人日常（结算）账户（以下称"债务人基本账户"），但经济法院作出了不同规定的除外。

重整启动后，管理人应当自收到确认其职权的文件之时起五个银行工作日内向银行提交申请办理签字和公章留样卡。在办理签字和公章留样卡时，管理人的签字可由委任管理人的经济法院或银行的授权工作人员和有权实施公证行为的机构证实。

重整启动时已知的以及重整程序中查明的债务人资金流动的所有银行账户，除债务人基本账户外，管理人应当边查明边关闭，但经管理人的请求经济法院允许使用的除外。

账户关闭时账户上的债务人资金余额应当转汇至债务人基本账户。重整程序中债务人的资金进项入债务人基本账户。

如果在破产案件受理之前债务人基本账户已经关闭，管理人开立此等账户。

所有交易，包括与债务人财产出售相关的交易，只能通过债务人基本账户进行。

管理人应当根据经济法院和债权人会议（委员会）的要求向其提供债务人资金使用情况报告。

经济法院作出破产清算程序终结的裁定后，管理人应当关闭债务人基本账户。

经济法院作出破产清算程序终结的裁定后十日内，管理人应当向相关银行提交前述裁定（其副本）。

第100条 债务人财产的处分

管理人在自己的权限范围内有权独立处分债务人财产，但本法和其他法律另有规定的除外。

禁止向被法院判处追究承担补充责任的人，犯有虚假破产、隐瞒破产、恶意破产、阻挠赔偿债权人损失罪的人及其近亲属实施出让债务人财产或部分财产的交易。

在破产程序中，下列关于企业整体出售或债务人其他财产出售的决定必须经过协商：

国家组织的决定，需要与国家组织（作为下属企业设立人的国家组织）所归属的或者管理属于白俄罗斯共和国的或地方国有的国家组织股票（股份）的国家机关协商；

其股票（股份）由国家法人经营或业务管理的法人的决定，需要与对债务人的股票（股份）进行经营或业务管理的国家法人所归属的国家机关协商；

无隶属关系、股票（股份）不属于国家所有的城市支柱型或比照此类的组织的决定，需要与所在行政区域单位的地方执行和支配机关协商。

本条第3部分所指的债务人的企业整体出售或其他财产出售的协商，在重整中在债权人会议（委员会）作出此等决定之后、拍卖开始之前进行，如果出售无须拍卖而根据买卖合同直接进行，则在买卖合同订立之前进行。

本条第 3 部分所指之外的债务人的企业整体出售或其他财产出售，在挽救和破产清算程序中根据管理人经与债权人会议（委员会）协商作出的决定进行。

重大交易和有管理人利益关联性的交易，管理人只有经债权人会议（委员会）同意且通知经济法院后才能订立，但法律另有规定的以及债务人挽救计划或法人债务人破产清算计划或个体经营者债务人停业计划另有规定的除外。

交易一方为管理人的利害关系人的交易为有管理人利益关联性的交易。

掌握有债务人财产的人，自其获知或应当获知经济法院作出启动重整的裁定之日起至破产案件程序终止或者破产清算程序终结，不得对该财产实施交易。

违反本条规定的交易无效。

占有属于债务人的财产或欠债务人账款的人，应当自其获知或应当获知经济法院作出启动重整的裁定之日起不晚于二十日将此通知管理人。

第 101 条　债务人财产的返还

管理人为确保包括资金在内的债务人财产的返还，可以采取下列措施：

向第三人提出相应的要求；

向普通法院或经济法院提出要求返还财产的诉讼；

对破产案件程序中债权人向其提出的要求进行抗辩；

对债权申请进行抗辩；

采用法律规定的其他办法。

第 102 条　管理人向第三人提出要求

管理人应当向对债务人负有欠款的第三人按照法律或合同规定的程序提出返还欠款的要求。

管理人行使职权时，在必要的情况下提起要求认定债务人实施的交易无效、第三人返还债务人财产、解除债务人订立的合同的诉讼，以及实施法律规定的旨在返还债务人财产的其他行为。

启动重整时诉讼时效尚未届满的，管理人可以在重整启动之日起三年内提起要求返还债务人财产的诉讼，以及向第三人提出追索欠款的要求。

第 103 条　涉及债务人的经济争议

如果已经启动重整的债务人向普通法院或经济法院或解决经济争议的其他机构就可以归属于债务人的财产提起了诉讼，且作出启动重整的裁定时诉讼尚未结案，则由管理人或其授权代表以债务人名义出庭。

由普通法院或经济法院在重整启动前受理的针对目前已经启动重整的债务人的以财产要求为标的的诉讼请求，中止审理。诉讼请求的附件材料退还申请人，同时向其解释按照本法规定的程序申报债权的权利。

本条第 2 部分规定的要求，不适用于由普通法院在重整启动前受理的债务人职工要求恢复工作、追索与履行劳动职责有关的欠款的诉讼。

债务人应当将本条第 1、2 部分所指的案件向经济法院和管理人报告。

第 104 条　对于从债务人处所取得财产的返还要求

如果向第三人提出返还其从债务人处取得的财产的要求，第三人有权从管理人处取回其交给债务人的财产，或者如果此等财产已经灭失，取得财产价值的补偿，但法律另有规定的除外。

如果债务人有从第三人处取得的财产，经济法院有权决定债务人补偿第三人财产价值而不返还财产。

第三人有权自重整启动之时起或自其没有管理人或经济法院相关决定的情况下向债务人交付财产两个月内向管理人提出割离其向债务人交付的财产的要求。

第 105 条　对于由他人占有的债务人财产的返还要求；共有财产的分割

管理人有权要求返还由他人占有的债务人财产，但法律另有规定的除外。

如果应当返还的财产属于债务人和他人共有，管理人应当依照法律的规定索取债务人在共有财产价值中的份额，包括可能的补偿，或者要求分得共有财产中债务人的实物份额。

第 106 条　将无关财产从债务人财产组成中剔除

将属于他人所有的财产从债务人的财产组成中剔除，依照法律根据该财产的所有权人或其授权机构的请求进行，但经济法院依照本条第 8 部分另有规定的除外。

将无关财产从债务人的财产组成中剔除时,财产返还其所有权人,包括返还由他人占有的无关财产。管理人应当确保该财产在返还所有权人之前完好。

本条第1、2部分的规定不适用于本法第98条第1、4部分规定的情形。

将无关财产从债务人的财产组成中剔除的请求可以自重整启动之日起两个月内向管理人提出。如果管理人拒绝将无关财产从债务人的财产组成中剔除,该财产的所有权人或其授权机构有权向经济法院提起诉讼。诉讼应当自收到管理人关于拒绝满足将无关财产从债务人的财产组成中剔除的请求的通知之日起十四日内提起,如果管理人没有答复此等请求,则应自送达此等请求之时起三周期限届满后但不晚于两个月内提起。

如果在本条第4部分规定的期限届满前管理人已经出售或以其他方式出让应当从债务人财产组成当中剔除的无关财产,则该财产的所有权人或其授权机构有权依照本法第141条规定的顺位从债务人处取得被出售财产的价值的赔偿,或者要求该财产的取得人将其返还,如果该取得人知道或者应当知道管理人无权出让该财产,或者如果具备根据交易无效返还原物的相应理由。如果财产的取得人不知道且不可能知道管理人无权出让其所取得的财产,财产所有权人或其授权机构有权向经济法院提起关于认定出让上述财产的交易无效的诉讼。

如果重整启动以前债务人已经将应当从债务人财产组成当中剔除的无关财产出让,该财产的所有权人或其授权机构在没有理由认定该交易无效的情况下有权请求经济法院:

如果财产取得人尚未支付价款,由财产取得人向其支付财产价款;

如果财产取得人在重整启动后已经支付价款,依照本条第5部分的规定用债务人的资金向其补偿被出售财产的价值;

如果债务人在重整启动前已经取得财产的价款,按照一般原则参加重整。

如果有权将无关财产从债务人财产组成当中剔除的人在本条第5部分规定的情形下要求财产取得人返还财产,则其有权自其得知或应当得知财产出让之日起一个月内提起针对该财产取得人的诉讼。

根据重整程序中的管理人的请求,在实施债务人挽救的情况下经济法院有权拒绝移交应当从债务人财产组成当中剔除的财产或支付该财产的价款。但是，使用应当从债务人财产组成当中剔除的财产的，管理人应当向该财产的所有权人、拥有财产的物权及因将财产留在债务人财产组成当中而致其权利受损的其他人支付补偿金，或支付已出售财产的价款的利息，利息金额应由管理人同该财产的所有权人、拥有财产的物权及因将财产留在债务人财产组成当中而致其权利受损的其他人之间的合同约定，但不低于白俄罗斯共和国国民银行再贷款利率。

第 107 条　被查封财产的移交

在破产案件受理之时或受理之后由相关有权机关实施查封的，但尚未出售及移交追索者的，按照本法第 86 条第 1 部分第 13 段规定的程序解除查封，移交管理人并列入债务人财产组成。

第 108 条　债务人义务的履行

管理人有权履行启动了重整的债务人的义务，也有权按照本条和民法规定的程序放弃履行。

根据关系人的请求，经济法院应当指定一个期限，在此期限内管理人应当告知，其是否将履行债务人的义务。经济法院指定的该期限不得超过自关系人向经济法院提出请求之日起一个月。

管理人只可以对各方当事人全部或部分没有履行的合同，在向合同各方当事人发出书面通知后，放弃履行，前提是：

相比于履行可比条件下订立的类似合同，履行债务人合同会对债务人造成损失；

合同期限超过一年，或者债务人只能在合同订立之日起一年后或从长久角度看才能取得积极的结果；

履行债务人合同会导致进一步损失；

存在其他在合同履行过程中扩大债务人的无偿付能力或者阻碍偿付能力恢复的因素。

债务人合同的相对人有权要求赔偿因管理人放弃履行合同对其造成的实际损失。

本条的规定不适用于经临时管理人同意订立的债务人合同。此等合同的解除按照民法规定的理由和程序进行。

债务人重整启动后，对债务人负有义务的人应当继续履行自己的义务，但法律另有规定的除外。如果债务人重整启动后，对债务人负有义务的人中止或者终止了履行自己的义务，管理人有权要求其履行。

如果债务人为出租人，财产承租人有权不解除租赁合同。

如果债务人为承租人，出租人有权要求解除租赁合同或者要求管理人提供破产案件办理期间租赁合同的履约保证。

第 109 条 债务人交易的无效

债务人的交易，包括债务人在对其启动重整之前实施的交易，根据管理人的诉讼请求可以由经济法院认定无效，如果：

交易在破产案件程序之前六个月之内或破产案件已经由经济法院受理之后实施，且交易导致对一些债权人的财产请求权比对另外一些债权人的财产请求权优先清偿，或者交易与向退出（被开除出）合作社的成员（人）支付股权的价款、交付其他财产或者合作社章程规定的其他给付相关，或者交易与法人债务人因股东退出而进行的债务人财产割离或其价款支付相关；

交易在破产案件程序之前一年之内或破产案件已经由经济法院受理之后实施，且通过交易债务人故意损害债权人利益，而交易其他各方知道或者应当知道此情况；

交易在破产案件程序之前三年之内或破产案件已经由经济法院受理之后实施，且债务人通过已经由生效法院判决确定的犯罪行为招致自己的无偿付能力，而交易其他各方知道或者应当知道此情况，或者如果债务人通过实施此等交易故意损害债权人利益，而交易其他各方为债务人的利害关系人，且可以推断知道债务人通过实施此等交易故意损害债权人利益。

必要时经济法院根据管理人、检察官的建议或者根据自己的动议，可以决定哪些作为法人债务人的利害关系人的自然人的行为等同于本条第 1 部分第 3、4 段规定的债务人行为，但法律另有规定的除外。

债务人的交易可以根据法律规定的其他理由被认定无效。

如果被提起无效认定诉讼的交易是在债务人知道或者根据实际情况判断应当知道债权人提出债权人申请的打算之后实施，则推定债务人故意损害债权人利益。

第 110 条　赠与合同和违反国家利益的交易的无效认定

根据管理人的诉讼请求，不管债务人和受赠人是否有损害债权人的意图，只要赠与合同在下列期间实施，经济法院认定包括在启动重整之前债务人已经实施的赠与合同无效：

在破产案件开始之前六个月之内或破产案件已经由经济法院受理之后实施，且合同实施同债务人无偿付能力的到来和扩大有着直接或间接的联系；

在破产案件开始之前一年之内实施，如果受赠人为债务人的利害关系人，则在破产案件开始之前三年之内实施，且受赠人或债务人无法证明，债务人在赠与之后还剩有与其债务规模相应的可供追索的财产。

认定债务人交易无效的诉讼请求可以由管理人根据自己的动议或债权人会议（委员会）的决定提出。

如果由于各方当事人权利义务不对等可以显著发现，买卖合同、互易合同或债务人的其他交易哪怕部分以实质性低于或高于同类商品（做工、服务）的价格使债务人处于不利地位（带有赠与的特征），经济法院依照本条第 1 部分认定此等交易无效。

依法不需要以书面形式订立的赠与合同不得依照本条认定无效。

违反国家或社会利益的交易，自始无效。如果事实表明有此等交易存在，经济法院根据自己的动议或其他人的要求依照白俄罗斯共和国民法典适用无效交易无效的后果。

第 111 条　对已经偿付的欠款的追索

经济法院根据管理人的申请追索债务人在重整启动前已经偿付的欠款：

在破产案件开始之前六个月之内或破产案件已经由经济法院受理之后偿付的，且偿付是以法律或者合同没有规定的支付手段进行的或者在偿还期还没有到达或金额上显著恶化债务人经济状况的情况下进行的，且偿付并非能够认为是正常的偿付；

在破产案件开始之前一年之内或破产案件已经由经济法院受理之后进行的向债务人的利害关系人的偿付，且该人或债务人无法证明，债务人当时并没有无偿付能力，且偿付欠款后也没有因此而失去偿付能力。

第 112 条 债务人违反法律或合同发放的退职金、工资及（或）其他报酬的追索

经济法院根据管理人的申请向相关过错责任人追索债务人在破产案件开始之前十八个月之内或破产案件已经由经济法院受理后至债务人重整启动期间违法反法律或合同发放的退职金、工资及（或）其他报酬。

第 113 条 财产分割的撤销

个体经营者债务人及其配偶之间或债务人和共有财产的其他所有权人之间的财产分割，如果债务人放弃了自己在共有财产中的份额或取得少于应得份额的，经济法院或普通法院根据管理人的申请认定此等分割全部或在相应部分无效，前提是此等分割在破产案件开始之前三年之内或破产案件已经由经济法院受理之后发生，共有财产的其他所有权人或债务人无法证明，债务人在财产分割之后还剩有与其债务规模相应的可供追索的财产。

第 114 条 抵押合同的无效认定

经济法院或普通法院根据管理人的诉讼请求认定抵押合同无效，如果抵押合同由债务人在重整启动之前与债务的出现同时或者在债务出现之后立即订立，或者：

在破产案件开始之前六个月之内或破产案件已经由经济法院受理之后订立；

在破产案件开始之前一年之内或破产案件已经由经济法院受理之后同债务人的利害关系人订立，且该人或债务人无法证明，债务人在该时间并没有无偿付能力也没有因移交抵押物失去偿付能力。

第 115 条 债务人的财产和债务清单

重整启动后，管理人编制债务人的财产和债务清单，指明财产价值、债务数额和种类。清单还应当包含每个已知债权人的姓名（名称）、联系地址和银行账户。

管理人应当在最短的，但自第一次债权人会议召开之日起不超过十日的期限内向经济法院提交债务人的财产和债务清单。

如果债务人的财产和债务清单已由债务人向经济法院提交，且管理人对此没有意见，则不需要编制新的清单。

第 116 条 管理人关于债务人财产的报告

管理人应当编制债务人财产报告，报告应当指明：

法人债务人无偿付能力或者个体经营者债务人无力清偿自己债务的原因和产生时间；

追回债务人财产的必要性、可能性和条件；

债务人对债权人的债权；

最近一期的会计报表数据（对于采用简化税制、以收支登记簿记账的组织，为纳税期限最后一日的收支登记簿的数据），关于个体经营者债务人的债务、财产组成和价值的信息；

关于与法人债务人无偿付能力或者个体经营者债务人无力清偿自己债务有关的刑事犯罪活动的信息；

其他对破产案件有着重要意义的情况。

管理人应当在最短的，但自第一次债权人会议召开之日起不超过十五日的期限内向经济法院、债权人会议（委员会）提交债务人财产报告，并供债权人查阅。如有正当理由，经济法院可以延长管理人提交债务人财产报告的期限。

第 117 条　关于犯罪及（或）行政违法的通知

如果管理人拥有关于与债务人的经营（经济）活动有关的犯罪及（或）行政违法的信息，管理人应当不晚于三十日将此报告相应的行政机关或刑事调查机关。

第 118 条　重整过程中债务人的支付义务

如果重整启动后产生的支付义务的数额超过列入债权登记簿的债权数额的百分之二十，导致债务人新的支付义务的交易，除债务人挽救计划规定的之外，管理人只能经债权人会议（委员会）同意才能实施。

第 119 条　债务人开支的调整

导致债务人开支增加，包括受聘执行与破产案件程序有关任务的人的报酬以及债务人职工工资增加的决定（依据白俄罗斯共和国总统法令和白俄罗斯共和国部长会议决议作出的劳动报酬上涨决定除外），管理人只能经债权人会议（委员会）同意且报告经济法院后才能作出，但本条第 2 部分规定的情形除外。

第一次债权人会议召开之前，本条第 1 部分所指的决定管理人只能经经济法院同意才能作出。经济法院就此作出裁定，关系人不服的，可以按照白俄罗斯共和国经济诉讼法典规定的程序提起上诉（抗诉）。

第 120 条　对债务人职工利益的保护

对债务人职工，管理人继续履行劳动合同的条件或依照劳动法终止劳动合同。

订立新的劳动合同和集体合同、对合同进行修改及（或）补充或合同的终止，由管理人依照劳动法进行。但是职工人数和编制的增加、新劳动合同和集体合同的订立管理人应当同债权人会议（委员会）协商一致。

在法律规定的情形下按照法律规定的程序，被授权的国家机关有权向国家组织的职工支付款项抵作其雇主债务人在重整启动前尚未支付的工资。在此情况下，支付了款项的被授权的国家机关有权在破产案件中以债权人身份出现，其代位求偿权按照本法第 141 条第 3 部分第 3 段为债务人职工劳动报酬规定的顺位受偿。

第 121 条　债务人挽救计划及（或）法人债务人破产清算计划或个体经营者债务人停业计划

在具备挽救理由的情况下，管理人依据对债务人经营（经济）活动的分析和财务状况和偿付能力的分析应当制定债务人挽救计划并自重整公告发布之日起不晚于七十五日提交债权人会议批准。

管理人以书面形式将债权人会议召开的日期和地点通知全体债权人，并在不少于上述会议召开前十日让债权人能够查阅债务人挽救计划及（或）法人债务人破产清算计划或个体经营者债务人停业计划。

有国家及（或）国际订单的债务人的挽救计划，管理人应当在提交债权人会议批准以前同下达订单的国家机关、国家组织及（或）国际组织协商。此外，按照一定的程序可以进行：

如果国家组织的唯一股东（财产所有权人）为白俄罗斯共和国，则国家组织债务人改组成为基于业务管理权的国有单一制企业（国库企业），债务人挽救计划可以规定由国家对股东股票（股份）进行预先回购；

对债务人就强制性缴费的欠款进行重组，包括对债务人向国家法人应当支付的债务和债务人对中央和地方预算的缴款的义务进行抵消；

经济法院根据国家机关的请求在不超过三个月的期限内中止债务人财产、部分财产的出售，以制订恢复债务人偿付能力的建议。

国家组织债务人的挽救计划由管理人同债务人所归属的或对属于白俄罗斯共和国的债务人股票（股份）进行管理的国家机关协商决定。

如果需要对已由经济法院批准的债务人挽救计划或法人债务人破产清算计划或个体经营者债务人停业计划进行修改及（或）补充，则管理人准备此等修改及（或）补充并提交债权人会议审议。

债务人挽救计划应当规定债务人偿付能力恢复的措施和期限。

如果不再存在本法第 84 条规定的启动重整的理由，则债务人的偿付能力认定已经恢复。

如果不存在进行债务人挽救的理由，管理人应当制定法人债务人破产清算计划或个体经营者债务人停业计划并在本条第 1 部分规定的期限内提交债权人会议批准。

管理人可以制订备用的债务人挽救计划或法人债务人破产清算计划或个体经营者债务人停业计划。

债务人挽救计划及（或）法人债务人破产清算计划或个体经营者债务人停业计划应当包括债务人经营（经济）活动和财务状况及偿付能力的分析结论。

第 122 条 债务人挽救计划及（或）法人债务人破产清算计划或个体经营者债务人停业计划的审查

债权人会议在审查债务人挽救计划及（或）法人债务人破产清算计划或个体经营者债务人停业计划时有权作出下列决定：

批准债务人挽救计划并请求实行挽救，或者在债务人无法继续营业或没有继续营业的理由的情况下批准法人债务人破产清算计划或个体经营者债务人停业计划并请求启动破产清算；

对债务人挽救计划或法人债务人破产清算计划或个体经营者债务人停业计划进行修改及（或）补充；

在债务人无法继续营业或没有继续营业的理由的情况下不采纳债务人挽救计划并请求经济法院启动清算，上述决定不得对具有国家及（或）国际订单的法人和个体经营者作出，但白俄罗斯共和国总统另有规定的除外；

不采纳债务人挽救计划及（或）法人债务人破产清算计划或个体经营者债务人停业计划，请求经济法院免除管理人职责，批准新的管理人人选，此等决定应当规定召集下一次债权人会议审查新的债务人挽救计划或法人债务人破产清算计划或个体经营者债务人停业计划的期限，下一次债权人会议召集的期限不得超过自本次债权人作出决定之日起一个月；

批准和解协议。

债权人会议批准的债务人挽救计划或法人债务人破产清算计划或个体经营者债务人停业计划，以及债权人会议的纪要和将债权人会议召开的日期和地点预先通知债权人的证据，由管理人不晚于债权人会议召开后五日向经济法院提交。

如果管理人和债权人会议之间就债务人挽救计划及（或）法人债务人破产清算计划或个体经营者债务人停业计划的审查结果存在分歧，经济法院有权批准债务人挽救计划或批准法人债务人破产清算计划或个体经营者债务人停业计划，并就此作出裁定。关系人不服的，可以按照白俄罗斯共和国经济诉讼法典规定的程序提起上诉（抗诉）。

经济法院延长挽救债务人期限或破产清算期限的情况下，管理人应当对债务人挽救计划或法人债务人破产清算计划或个体经营者债务人停业计划进行修改及（或）补充。

管理人不得在破产清算启动的决定作出前开始破产清算或继续进行重整启动前已经开始的清算。

管理人可以在重整启动后立即开始挽救。

第 123 条　挽救或破产清算期限的延长

如果债权人会议决定对债务人挽救计划或法人债务人破产清算计划或个体经营者债务人停业计划进行修改及（或）补充及批准新的债务人挽救计划或法人债务人破产清算计划或个体经营者债务人停业计划，而新的计划规定了比最初计划更长的挽救或破产清算期限，则经济法院可以，包括根据自己的动议在内，考虑本法第 125、140、170 条的要求，延长挽救或破产清算的期限，如果有充足的理由认为延长挽救或破产清算的期限会导致债务人偿付能力的恢复或总受偿债权数额的增加，包括在考虑到本法第 87 条第 3 部分要求的情况下。

第 124 条　破产案件开庭审理准备工作的完成

除本条另有规定外，经济法院根据债权人会议的决定作出进行挽救或启动破产清算的决定，或批准和解协议。

如果自重整启动的公告发布之日起四个月内债权人会议没有作出批准债务人挽救计划并请求实行挽救或不采纳债务人挽救计划并请求经济法院启动破产清算的决定，或批准和解协议的决定，或者如果没有向经济法院提交上述任何一个决定，则经济法院有权批准管理人准备和提交的债务人挽救计划并作出债务人挽救决定，或者如果没有充分的理由认为债务人的偿付能力能够得到恢复或者债务人继续营业没有可能性或缺少理由，则作出启动破产清算的决定。

经济法院批准债务人挽救计划的，作出裁定。关系人不服的，可以按照白俄罗斯共和国经济诉讼法典规定的程序提起上诉（抗诉）。

如果债权人会议请求经济法院启动破产清算，经济法院有权作出挽救的决定，如果：

有充分的理由认为，债权人会议请求经济法院启动破产清算的决定损害了大多数债权人的利益，或者债务人偿付能力的恢复具有实际的可能性；

最后一次债权人会议召开之后形成的局面表明，有充分的理由认为债务人的偿付能力能够得到恢复。

第八章 挽救

第 125 条 挽救的实施

经济法院根据债权人会议的决定或在本法第 122 第 3 部分、第 124 条和第 170 条第 3 部分规定的情况下根据自己的动议引入挽救。

挽救实施的期限自作出实施的决定之日起不超过十八个月。

根据债权人会议及（或）管理人的请求，经济法院可以缩短或延长挽救期限，但延长不得超过十二个月，但本法另有规定的除外。

根据国家机关经与白俄罗斯共和国部长会议协商的请求，经济法院可以延长挽救期限，但延长不得超过五年。上述延长请求应当附具理由，包括经济上的合理性、延长挽救的必要性以及破产警告委员会对挽救计划的结论。

在作出城市支柱型及比照此类的组织、国家组织的破产案件的挽救决定或延长挽救期限的决定前，经济法院有权考虑进行债务人财务状况和偿付能力鉴定的必要性和合理性问题。

挽救结束后，因债务人不履行或不当履行付款义务的违约金（罚金、罚息）和债务人应当向债权人支付的损害赔偿，可以按重整启动时的数额减除挽救程序中已经支付的数额，向债务人追索。

第 126 条　恢复债务人偿付能力的措施

为恢复债务人偿付能力，除本条第 2 部分另有规定外，可以采取下列措施：

收取应收款；

由单一制企业债务人的财产所有权人或债务人的设立人（股东）或其他第三人履行债务人的义务；

按照法定程序向债务人提供资金帮助；

转产；

关闭不盈利的生产；

变卖部分财产；

转让债务人的债权；

延期及（或）分期缴纳税、费；

将企业整体出售；

按规定程序增发债务人股票；

其他措施。

在对有国家及（或）国际订单的法人和个体经营者进行挽救时，不得：

转让属于债务人所有的企业整体或其重要部分的所有权，但向白俄罗斯共和国或其行政区域单位转让的除外；

转产或关闭与相关订单的执行有关的生产。

为恢复债务人偿付能力，挽救计划可以规定股份公司债务人通过增发股票的途径增加注册资本。在此情况下，增发的股票的价款只能用现金支付。

通过增发股票的途径增加注册资本只能根据债务人股东大会的请求列入挽救计划。

管理人收到上述请求后应当召集债权人会议审议请求以及将通过增发股票的途径增加注册资本列入挽救计划的问题。

债务人增发股票只能以债务人股东内部认购的形式进行。内部认购的期限不得超过三个月。

对债务人增发的股票进行国家登记的文件应当在不晚于挽救结束之前两个月提交。

如果股票增发失败或无效，债务人在以内部认购的形式进行增发的过程中收取的资金向参加认购的人返还，不受本法规定的债权受偿顺序的限制。

本条规定不适用于依法对债务人欠缴中央和地方预算以及银行贷款的债务进行重组的情况，以及白俄罗斯共和国总统规定的其他场合。

第 127 条　债务人财产变卖的一般规定

经济法院作出挽救决定后，管理人有权依照债务人挽救计划开始通过拍卖变卖债务人财产，包括债务人的应收款在内。

变卖债务人财产的拍卖，包括债务人的应收款拍卖在内，可以采取电子形式。

各破产程序中的电子形式的拍卖会，按照法律法规规定的程序进行。

挽救程序中债务人财产的变卖，不经拍卖会不得进行。

债务人财产的变卖依次进行：

不直接参加产品（做工、服务）生产流程的财产；

债务人的其他财产。

拍卖以拍卖会的形式进行，在本法第 165 条第 2 部分和第 169 条第 4 部分规定的情形下以竞标的形式进行（除本法另有规定之外，以下称"拍卖"）。

拍卖公开进行，但只能在依法进行的不公开拍卖会上拍卖的限制流通的债务人财产的变卖除外。

不公开拍卖的竞买人应当是依法可以对相应的限制流通的财产拥有所有权或其他物权的人。

如果拍卖以竞标形式进行，竞标的条件应当与债权人会议协商。

债务人财产的起拍价，除债务人的应收款之外，应当根据依照本法第 44 条进行的评估结果确定，应当经债权人会议（委员会）认可并根据管理人的请求由经济法院批准。

在作出通过拍卖会拍卖债务人的应收款的决定的情况下，应收款的起拍价由债权人会议（委员会）依照证实应收款存在的文件确定，可以下浮不超过百分之十。

在通过拍卖出售债务人财产的情况下，出卖人为债务人。

出卖人行使下列职能：

确保相关人可以查看拍卖标的物；

确定竞标条件；

办理拍卖标的的交接书。

拍卖的组织者为管理人或者依据委托合同的另外人，但不得为债务人、债权人或管理人的利害关系人。

拍卖举行前拍卖组织者批准（如果拍卖组织者为依据委托合同的其他人，则向管理人提交供管理人批准）拍卖费用预算单，费用不得高于组织和举行拍卖的实际开支，包括文件制作、拍卖师服务费用以及如果是第二次买拍先前举行的不成功拍卖的费用（以下称"拍卖费用"）；拍卖举行后，拍卖组织者提交拍卖报告。

如果债务人的资金不够组织拍卖，举办拍卖的费用可由债权人或债务人财产所有权人支付。

拍卖组织者行使下列职能：

确定参加拍卖的定金的数额、支付办法和期限，该信息在拍卖公告中载明；

成立拍卖委员会；

寻找潜在买家；

接受参加拍卖会的申请和附件；

举行拍卖，记录拍卖结果；

订立拍卖标的买卖合同；

解决在拍卖过程中产生的争议问题；

同拍卖参加者进行结算，但拍卖组织者为管理人聘请的人的情况下就拍卖标的买卖合同的结算除外。

除法律另有规定或拍卖公告另有指明的外，公开拍卖的组织者在拍卖债务人财产时在拍卖公告发布后有权取消拍卖：

在拍卖会的情况下，在拍卖日之前不晚于五日；

在竞标的情况下，在竞标日之前不晚于三十日。

如果拍卖组织者违反前述期限取消拍卖，应当赔偿拍卖参加者的实际损失。

拍卖组织者下达命令成立拍卖委员会，命令应当指明委员会的主席、副主席、秘书和成员组成。

拍卖委员会为进行具体的拍卖活动而成立。

拍卖委员会的会议由不少于三分之二成员出席为有效。会议决定由出席会议的委员会成员通过公开表决的方式以过半票数通过。在票数相等的情况下委员会主席（主席缺席的情况下为副主席）有决定票。

拍卖委员会的所有决定形成记录，由主席（主席缺席的情况下为副主席）和出席会议的成员签字。

拍卖组织者可以授予拍卖委员会以下权限：

组织拍卖和记录拍卖结果；

确定买受人或者就拍卖结果作出其他决定；

解决在拍卖过程中产生的争议问题。

定金数额由拍卖组织者就每个拍卖标的确定，不高于拍卖标的起拍价的百分之十，但法律另有规定的除外。

拍卖公告不晚于拍卖前三十日依照本法第 21 条在破产信息统一国家登记簿刊登；在出售属于中央国有的财产时在白俄罗斯共和国部长会议确定的媒体出版物公告；在拍卖属于地方国有的财产时在州（明斯克市）执行委员会确定的媒体出版物公告。

下列不动产客体的拍卖公告还应当在本条第 26 部分规定的期限内在互联网发布：

属于中央国有的不动产客体，在中央国有资产管理机关的官网发布；

属于地方国有的不动产客体，在州（明斯克市）执行委员会的官网发布。

组织者取消拍卖的公告，在拍卖公告发布的同一个媒体出版物发布，也在互联网发布。在发布取消拍卖的公告的同时，拍卖组织者应当在不晚于拍卖日期前五日以书面形式通知已经提交了申请的买拍参加者。

在首次拍卖的标的物的拍卖公告中应当指明：

拍卖日期、时间、地点和拍卖形式；

拍卖标的的起拍价；

每次叫价的递增数额；

关于标的物的信息以及查看标的物的办法；

出卖人信息、电话号码；

拍卖组织者信息、所在地和电话号码；

标的物所在地；

竞标条件；

定金数额、支付程序和期限，接收定金的出卖人银行日常（结算）账户的必要信息；

开始和结束接收参加拍卖的申请和附件材料的日期、时间、地点，提交购买债务人整体企业的申请的期限不得少于十四日，在拍卖前一日届满；

可以取消拍卖的期限；

关于买受人或本条第 31 部分所指的人需要承担与拍卖的组织和举行有关费用的信息；

参加拍卖的手续办理办法；

竞得者产生的标准；

拍卖结果记录的程序；

关于在流拍的情况下标的物可以按起拍价加百分之五卖给提交申请的唯一参加者或者来出席拍卖的唯一参加者（以下称"竞购者"）的可能性或者在流标的情况下如果竞购者的标书符合中标条件则按其标书的条件将标的出售给他的可能性的信息；

签订拍卖标的买卖合同的期限；

拍卖组织者确定的其他信息。

就具体拍卖标的的拍卖在下列情况下认定为流拍：

只有一位参加者提交了申请，或者没有一位参加者提交申请；

只有一位参加者前来参加拍卖，或者没有一位参加者参加。

如果拍卖流拍，但竞购者同意以起拍价加百分之五购买，则拍卖标的卖给竞购者。如果竞标流标，但竞购者的标书符合中标条件，则标的按其标书的条件出售给该竞购者。

竞购者同意还是拒绝购买拍卖标的的情况体现在流拍记录当中。

如果竞得者在本法第 129 条第 7 部分规定的期限内逃避或拒绝以下行为，则拍卖组织者应当将具体拍卖标的的拍卖结果作废：

签署根据拍卖结果制作的记录及（或）合同；

承担与拍卖的组织和举行有关的费用。

在根据本条第 33 部分所指的理由废除拍卖结果的情况下，竞得者所付的定金不予返还，而进入出卖人的财产组成。

债务人的财产，第一次拍卖中没有成交的，除挽救计划另有规定外，根据债权人会议（委员会）的决定可以再次拍卖，不管作出拍卖决定的时间为何时。

在挽救程序中再次举行拍卖的通知应当按照本条第 26 和 27 部分规定的程序不晚于第二次拍卖前十四日公告并发布于互联网。

再次拍卖的公告应当指明：

拍卖日期、时间、地点和拍卖形式；

拍卖标的的起拍价；

每次叫价的递增数额；

关于标的物的信息以及查看标的物的程序；

标的物所在地；

竞标条件；

定金数额、支付程序和期限，接收定金的出卖人银行日常（结算）账户的必要信息；

开始和结束接收参加拍卖的申请和附件材料的日期、时间、地点，提交购买债务人整体企业的申请的期限不得少于十日，在拍卖前一日届满；

关于竞得者（竞购者）需要承担与拍卖的组织和举行有关费用的信息；

签订拍卖标的买卖合同的期限；

对以前公告的通知的援引；

关于在流拍的情况下标的物可以按起拍价加百分之五卖给竞购者的可能性或者在流标的情况下如果竞购者的标书符合中标条件则按其标书的条件将标的出售给他的可能性的信息；

拍卖组织者确定的其他信息。

再次拍卖按照拍卖程序进行。

再次拍卖的债务人财产的起拍价，根据管理人的请求经济法院可以降低：

在第一次再次拍卖时，无须债权人会议（委员会）同意可以降低不超过百分之十；

在第二次和第三次再次拍卖时，经债权人会议（委员会）同意可以降低不超过百分之五十；

在第四次和更多次数的再次拍卖时，经债权人会议（委员会）同意可以降低超过百分之五十。

第127条第40部分删除。

拍卖标的以现金出售。

希望参加拍卖的人应当在拍卖公告规定的期限内向拍卖组织者提交参加拍卖的申请并附具下列文件：

银行认证的证明定金已经打入拍卖公告指明的银行账户的文件；

对个体经营者，个体经营者国家登记证书的复印件（无须公证）；

对于法人，给法人的代理人出具的委托书（法人由其负责人代表的情形除外）以及法人国家登记证书的复印件（无须公证）；

对外国法人、依照外国法律由外国国家及其行政区域单位成立的由授权机构代表的外国非法人组织、国际组织，按规定程序认证的设立文件的复印件、原在国工商登记摘要（摘要应当在提交参加拍卖申请之前六个月内制作）或者按照原在国法律证明法人地位的其他同类文件、开户银银行出具的资信证明文件（无须公证）；

对于白俄罗斯共和国公民的代理人，包括个体经营者的代理人，依法办理的委托书。

在提交参加拍卖的文件时，白俄罗斯共和国公民、外国公民和无国籍人以及常住白俄罗斯共和国领域外的白俄罗斯共和国公民，包括白俄罗斯共和国法人的代表，需要出示护照或其他身份证明文件。

参加拍卖的申请连同全部必要文件的接收，在拍卖组织者在规定的、拍卖公告指明的日期和时间结束，但不早于拍卖举行前三个工作日。规定时间之后收到的申请不予考虑。拍卖参加申请在申请登记簿登记的日期为申请收到时间。

在拍卖公告指明的期限内向拍卖组织者提交了附具必要文件的拍卖参加申请且申请在登记簿登记的人，才能参加拍卖。

拍卖参加者的信息保密。

希望参加数个拍卖标的拍卖的参加者，按为最高起拍价拍卖标的确定的数额支付定金。

拍卖参加者有权在拍卖开始前以书面形式撤回自己的拍卖参加申请。拍卖参加者不现身拍卖会视为放弃参加拍卖。在此情况下拍卖组织者自拍卖举行日起五个工作日内向其返还定金。

书面撤回拍卖申请或不现身拍卖会的情况在拍卖申请登记表登记。

第128条　拍卖程序

拍卖在拍卖公告指明的日期、时间和地点举行。

在拍卖举行日拍卖开始前参加者应当在组织者处登记，领取应价牌号，应价牌号在拍卖结束后返还拍卖组织者。在竞标的情况下参加者在登记时提交装有对拍卖标的出价和履约条件的密封信封。

拍卖会由拍卖组织者确定的拍卖师主持。拍卖师的服务报酬用与组织和举行拍卖有关的费用的资金支付。

每次应价的加价数额固定，由拍卖委员会确定，不得少于起拍价的百分之五，在整个拍卖过程中不变。每次应价的加价数额在拍卖公告中指明。

不得以起拍价开始拍卖和出售拍卖标的。

每场拍卖针对一个拍卖标的，在拍卖开始由拍卖师宣布：

拍卖标的名称、标的所在位置和简单描述；

拍卖标的起拍价；

每次应价的加价数额；

登记参加拍卖的人数；

与拍卖的组织和举行有关的费用的支付办法和期限，关于竞得者拒绝或者逃避签署拍卖结果记录文件、支付与拍卖的组织和举行有关的费用的后果的提示；

拍卖举行的规则；

竞得者支付所拍得财产的价款的期限。

拍卖开始拍卖师建议对拍卖标的价格以固定的加价幅度进行加价。

每一位愿意加价的参加者举起自己的牌号。参加者举起自己的牌号意味着其无条件地和不可撤回地同意按最后一个应价的价格购买拍卖标的。拍卖一直进行到最高出价为止。

拍卖师宣布出价更高的参加者，三次重复最后一个出价，如果没有再加价的，则宣布财产卖给在拍卖会上出价最高者。

在举行竞标的情况下，拍卖委员会在指定的日期和时间开会审查本法第 127 条和本条的规定在拍卖举行时是否得到遵守，确定所有的信息和文件已经具备。此后在有拍卖委员会成员在场的情况下对装有参加者对拍卖标的出价和履约条件的信封举行启封。

拍卖委员会从出卖人设定的竞标条件出发考量参加者给出的条件。拍卖公告上指明的条件对于所有参加者来说为强制性条件。

拍卖委员会主席（主席缺席的情况下为副主席）宣布各参加者给出的条件。此后对每一个参加者给出的条件进行单独讨论。

在熟悉参加竞标的参加者们给出的条件以后，拍卖委员会每一位成员发布自己的意见。其意见在拍卖结果记录（以下称"记录"）中体现。

给出拍卖委员会认为最佳条件的参加者为竞标竞得者。拍卖委员会主席（主席缺席的情况下为副主席）在竞标当天宣布关于竞得者的决定。

拍卖委员会经成员同意可以邀请专家、行家和其他人参加会议，专家、行家和其他人具有咨议权。

根据拍卖委员会的决定可以邀请竞标参加者（其代表）参加会议对给出的条件给予解释，解释体现在记录当中。

参加者提交竞标的密封信封中的条件为最终条件，在竞标过程中不得进行补充解释。

如果参加者给出的条件与竞标条件不符，拍卖委员会对之不予审查，这一点在记录中体现。

如果两个或以上的参加者给出的条件完全符合竞标条件且在实体上类同，则出价高的参加者为竞得者。

不同意委员会决定的成员应当签署保留特别意见的记录，并将特别意见以书面形式提交委员会主席。

自拍卖之日起五个工作日内，定金向没有拍得标的的参加者返还。

拍卖过程中产生的争议，由拍卖组织者或拍卖委员会解决。拍卖参加者有权请求法院认定拍卖无效。

拍卖竞得者应当在拍卖当天签署记录。

记录一式三份，由全体在场的拍卖委员会成员和拍卖竞得者签署。记录由拍卖组织者在拍卖当天批准。一份记录交给拍卖竞得者，作为证明竞得者有权订立拍卖标的买卖合同的证明。第二份记录交给拍卖组织者，第三份交给出卖人。

记录应当指明：

拍卖举行的日期、时间和地点；

拍卖标的；

关于出卖人的信息；

拍卖竞得者对拍卖标的出价和履约条件；

竞标的条件和拍卖竞得者产生的标准；

竞得者；

拍卖标的成交价格；

与拍卖的组织和举行有关的费用的数额和支付期限；

拍卖标的买卖合同签订的期限，此期限不得长于拍卖公告中指明的期限，如果拍卖以竞标的形式进行，拍卖标的买卖合同的签订不得晚于拍卖之后二十日；

竞得者补偿与拍卖的组织和举行有关的费用以及支付拍卖标价款的义务；

支付拍卖标价款的期限。

如果拍卖因只有一位参加者提交申请或者只有一位参加者来参加拍卖会而流拍，记录应当体现该参加者同意购买的信息：

以起拍价加百分之五的价格购买标的；

如果参加者给出的条件与竞标条件相符合，以参加者给出的条件购买竞标标的。

在第一次拍卖中没有售出的应收款，按照债权人会议（委员会）确定的起拍价再次拍卖。

在多次拍卖中未能售出的应收款，根据债权人会议（委员会）的决定可以依据按规定程序签订的买卖合同向特定的买方出售。但应收款出售的价格不得低于最后一次拍卖的起拍价。

第129条 拍卖标的物的价款支付程序

拍卖标的物的价款支付按照法律规定程序进行：

拍卖竞得者为白俄罗斯共和国居民的，用白俄罗斯卢布支付；

拍卖竞得者为白俄罗斯共和国非居民的，用白俄罗斯卢布或按支付当日白俄罗斯共和国国民银行规定的官方汇率折算成外币支付。

拍卖竞得者同意订立买卖合同的，定金不返还而折抵成拍卖标的物最终结算款。

如果拍卖竞得者拒绝或逃避签署记录及（或）买卖合同、补偿与拍卖的组织和举行有关的费用，或者竞购者拒绝或逃避签署买卖合同、补偿与拍卖的组织和举行有关的费用，或者在法律规定的其他情形下，定金不予返还，而算入债务人财产。

拍卖的竞得者（竞购者）应当补偿与拍卖的组织和举行有关的实际开支。拍卖的竞得者（竞购者）应当自拍卖之日起五日内向债务人的基本账户汇付上述实际开支的数额。实际开支应当体现在本法第127条第15部分所指的费用预算单中。

拍卖竞得者（竞购者）出示证明补偿与拍卖的组织和举行有关的费用已经支付的单证的复印件后，出卖人同拍卖竞得者（竞购者）按照规定程序根据拍卖条件订立拍卖标的买卖合同。

买卖合同应当不晚于拍卖公告指明的期限签订。

拍卖竞得者（竞购者）应当依照买卖合同支付拍卖标的的价款，但不得晚于拍卖日起三十日，但债权人会议（委员会）规定了另外期限的除外。

拍卖会上未能售出的债务人财产，包括如果拍卖流拍且财产未能向竞购者售出的，根据债权人会议（委员会）的决定可以依据按规定程序签订的买卖合同向特定的买方出售。但出售的价格不得低于最后一次拍卖的起拍价。

第 130 条　债务人的企业财产整体出售

对债务人引入挽救程序后，管理人有权依照债务人挽救计划按照本法第 127、128 条为债务人财产出售规定的程序在考虑本条规定的前提下着手准备整体拍卖债务人的企业财产（以下称"企业"）。

出售企业时财产作为统一的整体出让，包括房子、设施、设备、库存、原材料、产品在内的用于生产经营的所有类别的财产，请求权，对于将债务人、其产品、做工、服务个性化的标识（商号、商标、服务标志）的权利，属于债务人所有的其他专有权，但不得转移给他人的权利和义务除外，土地权利依照关于土地保护和利用的法律处理。

企业出售时，债务人的支付义务、由劳动合同及与之相关的关系产生的义务以及因债务人致其人身损害而对其负有责任的自然人的请求权，不列入企业组成。

拍卖企业的公告，除本法第 127 条第 26 部分规定的媒体之外，管理人还应当交由白俄罗斯共和国最高经济法院机关刊物公告。

评估确定的债务人企业价格为企业拍卖的起拍价。

企业拍卖所得价款计入债务人财产。

第 131 条　债务人请求权的转让

在重整程序中，作为对债务人债务的清偿可以根据管理人的决定向债权人转交属于债务人所有的基于债的关系的权利（请求权）。债务人的请求权向债权人转移须遵守本法第 141 条规定的清偿顺序。

第 132 条　由他人履行债务人义务，向债务人提供资金帮助

单一制企业债务人的财产所有权人、债务人的设立人（股东）或其他第三人在挽救结束前的任何时间为履行债务人的义务有权依照债权登记簿一次性全部或分次清偿对所有重整债权人的债务。

向债务人提供补贴以及给予其他形式的资金帮助按照法律规定的程序进行。

第 133 条　挽救程序中和挽救结束时的管理人报告

挽救程序中管理人应当不少于每月一次向债权人委员会，如果没有债权人委员会则向债权人会议提交关于自己活动的报告，报告应当包括载明已清偿债权数额的债权登记簿的复印件、关于债务人财务状况和偿付能力的信息、债务人挽救引入时的财产和相应的报告期的财产，以及债务人会

议（委员会）所要求的其他必要信息。

管理人依照本法第77条第1部分第17段向经济法院提交关于自己活动的报告和债务人经营活动的报告时，应当附具文件，证明：

挽救程序期间债务人基本账户的资金流动情况；

债务人财产变卖情况；

应收款追索情况。

本条第2部分所指的报告还应当附具不受清偿顺序限制的付款清单和经济法院所要求的其他文件。

管理人按照经济法院的要求应当向经济法院提交与债务人挽救程序有关的全部信息。

管理人应当不晚于挽救结束前十五日向重整债权人提交挽救结束时的管理人报告。

挽救结束时的管理人报告应当指明：

债务人盈亏信息；

债权登记簿数据，指明已经清偿的债权数额；

债务人是否有用于或者可以用于清偿金钱债务以及由劳动关系及与之相关的关系所产生的债的资金的信息；

债务人未了的应收款的明细和未受偿的债权的信息；

关于清偿债务人未了的应付款的可能性的其他信息。

挽救结束时管理人报告应当附具债权登记簿和最近一期的债务人会计报表（对于采用简化税制、以收支登记簿记账的组织，为纳税期限最后一日的收支登记簿）（其经公证的复印件），管理人报告编制月份首日个体经营者债务人的债务、财产组成和价值的信息。

提交挽救结束时管理人报告的同时，管理人向债权人会议提出如下建议：

债务人的偿付能力恢复的，终止挽救；

订立和解协议；

延长原先确定的挽救期限；

在不可能继续营业或继续营业没有理由的情况下，终止挽救并向经济法院请求启动破产清算。

第 134 条　债权人会议对挽救结束时管理人报告的审议

规定的挽救期限届满后不晚于十日或挽救提前终止的理由产生后不晚于一个月召集的债权人会议应当审议挽救结束时的管理人报告。

管理人应当不晚于规定的挽救期限届满前十五日向全体债权人发出召开债权人会议的通知。

召开债权人会议的通知应当指明会议召开的日期、时间和地点，以及查阅挽救结束时管理人报告的办法。

根据对挽救结束时管理人报告的审议结果，债权人会议有权作出下列决定：

债务人偿付能力恢复的，终止挽救；

订立和解协议；

请求经济法院延长原先确定的挽救期限；

请求经济法院启动破产清算。

如果债权人会议没有作出本条第 4 部分所指的任何一个决定，或者经济法院在本条第 1 部分规定的期限届满后十五日内没有收到上述任何一个决定，而本法规定的挽救的最大期限已经届满，则经济法院作出关于因债务人的偿付能力恢复终止挽救的决定或关于启动破产清算的决定。

第 135 条　经济法院对挽救结束时管理人报告的批准

在债权人会议上得到审议的挽救结果管理人报告和该会议的纪要在会议后不晚于五日发给经济法院供其批准。

挽救结束时的管理人报告应当附具债权登记簿和对债权人会议的决定投了反对票或者没有参加投票的债权人的不同意见。

挽救结束时的管理人报告和债权人的不同意见应当在经济法院的开庭中审理。

经济法院开庭的日期、时间和地点通知管理人和提出了不同意见的债权人。

如果经济法院认为债权人的不同意见合理或者没有迹象表明债务人的偿付能力得到了恢复，经济法院拒绝批准挽救结束时的管理人报告。

根据对挽救结束时的管理人报告和债权人的不同意见的审理结果，经济法院作出下列裁定：

批准挽救结束时的管理人报告；

拒绝批准挽救结束时的管理人报告；

延长挽救期限；

批准和解协议。

经济法院作出的裁定关系人不服的，可以按照白俄罗斯共和国经济诉讼法典规定的程序提起上诉（抗诉）。

如果在挽救程序中管理人对依照债务人挽救计划应当清偿的债务只清偿了不到百分之五十，则经济法院有权根据自己的动议作出裁定免除管理人职务并根据国家破产事务管理机关、其他国家机关的提名委任新的管理人。关系人不服的，可以按照白俄罗斯共和国经济诉讼法典规定的程序提起上诉（抗诉）。

经济法院在认定债务人没有继续营业的可能性或没有理由继续营业的情况下，根据债权人会议的请求有权作出关于启动破产清算的决定，或者在经济法院拒绝批准挽救结束时的管理人报告或上述报告自挽救期限届满后一个月内没有提交的情况下也可作出上述决定。

第136条　批准挽救结束时管理人报告的后果

经济法院批准挽救结束时管理人报告为审议终止破产案件程序的依据。

根据债权人会议的请求，经济法院有权规定债务人清偿债务的截止期限。在此情况下，经济法院在作出批准挽救结束时管理人报告的裁定时应当规定债务人清偿债务的截止期限，该期限不得超过自作出上述裁定起十二个月。

如果在经济法院规定的期限内债务人清偿了债务，则破产案件程序终止。

如果在经济法院规定的期限内债务人没有清偿债务，经济法院作出启动破产清算的决定。

证明债权人债权的文件及挽救程序终结后余下的其他文件，由管理人返还债权人或移交经济法院附入债务人破产案件卷宗材料。

第137条　挽救程序中债务人的债务清偿和债权人的债权受偿

债务清偿由管理人依照债务人挽救计划进行。

债务人债务清偿和债权人债权受偿按照本法第141～147条规定的程序

进行，应当考虑到本条第3、4部分和债务人挽救计划规定的特殊情况。

本法第141条第1部分所指债务人债务的清偿顺序，由管理人考虑债务人经营特点和财务经济情况确定。

首先清偿因债务人致其人身损害对其承担责任的债务。

第138条　债权的消灭

已经受偿的债权以及已经达成补偿协议或替代协议或者依据法律规定的其他理由终止的债权，为本法之目的视为已经消灭，但本法另有规定的除外。

第139条　对债务人的挽救结束后债务人的管理机构和单一制企业债务人的财产所有权人的职权

对债务人的挽救结束后债务人的管理机构和单一制企业债务人的财产所有权人的职权恢复，本法规定的其他限制取消。

第九章　破产清算程序

第140条　破产清算的一般规定

破产清算自经济法院作出启动破产清算的决定之日起启动。

经济法院作出债务人启动破产清算的决定后，向债务人所归属的或管理属于白俄罗斯共和国所有的债务人股票（股份）的国家机关和有义务采取措施创造新的就业岗位的国家机关以及负责债务人职工劳动安置的国家机关发出通知。

破产清算的期限不得超过一年。经济法院有权延长破产清算期限六个月。

必要时经济法院可以在本条第3部分规定的期限之外再延长破产清算的期限。经济法院在本条第3部分规定的期限之外再延长破产清算期限的裁定，关系人不服的，可以按照白俄罗斯共和国经济诉讼法典规定的程序提起上诉（抗诉）。

破产清算程序中，债务人只能在债权人会议（委员会）批准的法人债务人破产清算计划或个体经营者停业计划中规定的数额和期限范围内使用债务人基本账户和实施交易。

破产清算程序中债务人财产的变卖和拍卖标的价款的支付依照本法第

127~130条的规定进行，但须考虑本章的特别规定。

破产清算程序中，依照本法第44条确定的价值不超过一百基本单位的债务人动产，可以根据债权人会议（委员会）的决定不通过拍卖变卖。

自破产清算启动的决定作出之时起，管理人通知债务人职工，将依照劳动法进行解雇。

破产清算不适用于有国家及（或）国际订单的法人和个体经营者，但白俄罗斯共和国总统另有规定的除外。

第141条　债权受偿顺序

诉讼费用和发布本法规定公告的费用以及重整启动后产生的债务人债务的清偿，包括下列在内，不受清偿顺序的限制：

因债务人致其人身损害对其承担责任的债务；

退职金、在债务人处根据劳动合同工作的人的劳动报酬，以及著作权报酬；

税、费和其他向中央和地方预算的缴费，包括向国家专项预算基金的缴费，以及应当向白俄罗斯共和国劳动和社会保障部居民社会保障基金缴纳的强制性保险费和其他缴费。

在支付工资的同时按法律规定的程序向白俄罗斯共和国劳动和社会保障部居民社会保障基金缴纳强制性保险费和其他缴费。

重整启动前产生的债务按以下顺序清偿：

第一顺位清偿因债务人致其人身损害对其承担责任的债务，一次性支付原本按期支付的全部赔偿金；

第二顺位清偿退职金，根据劳动合同和民事合同在债务人处工作、提供服务或者制作知识产权客体的人的劳动报酬，向白俄罗斯共和国劳动和社会保障部居民社会保障基金缴纳的强制性保险、职业退休险保险费和其他缴费，以及工伤和职业病强制险保费；

第三顺位清偿强制性缴费（属于第二和第五顺位的除外）；

第四顺位清偿由债务人财产抵押的债务；

第五顺位清偿其他债务。

第142条　由债务人致其人身损害的自然人债权额的确定和清偿程序

管理人根据债务人最后一期会计报表（对于采用简化税制、以收支登记簿记账的组织，为纳税期限最后一日的收支登记簿）以及证明债务人对债权人欠款存在的其他文件（这些文件由管理人在收到后不晚于七日审核），确定第一顺位的债权并将其录入债权登记簿。管理人根据审核结果对债权登记簿作相应的标注，并通知第一顺位债权人。

管理人为确定本条第1部分所指的债权的数额以书面形式请求提供信息的，被授权的国家机关应当自收到请求之日起十五日内无偿提供相关信息。信息属于受法律保护的秘密的，在遵守规定此等信息的法律地位和传播办法的法律规定要求的前提下向管理人提供。

受到工伤和职业病损害的自然人的人身损害赔偿，依照法律规定进行。

债务人负有责任的受到工伤和职业病损害的自然人分期领取的人身损害赔偿和其他额外费用数额的清算，按照法律规定的程序和条件进行。

债务人负有责任的、与工伤和职业病无关的人身损害受害人分期领取的赔偿的清算，由管理人根据法院决定所确定的、以经济法院启动破产清算日为时间基准的债务人赔偿责任数额一次性付清。

应分期支付的赔偿款一次性付清，计算至以下期限：

自然人到七十岁，但不少于十五年，如果自然人的年龄已经超过七十岁，计算十五年；

由死亡的抚养人抚养的子女、孙子女（外孙子女）、兄弟、姐妹，到二十三岁，但残疾子女、自幼残疾者除外；

由死亡的抚养人抚养的子女、孙子女（外孙子女）、兄弟、姐妹，到十四岁，如果赔偿款是向照顾上述人的人支付。

管理人书面通知自然人其可以获得的一次性付清的赔偿款项，建议自然人在两个月之内书面答复是愿意领取一次性赔偿款还是拒绝领取或通过司法程序对数额提出异议。如果管理人两个月内没有得到自然人的答复，视为自然人同意领取管理人通知当中所指的一次性赔偿，管理人可以以此为依据向自然人发放该款项。

管理人一次性向自然人发放本应该按期支付的款项产生债务人相应债务终止的后果。

自然人拒绝一次性领取应当按期支付的赔偿的，债务人向自然人按期支付赔偿金的义务向白俄罗斯共和国转移。在此情况下，管理人应当将赔偿金的一次性付清的款项交给中央预算。白俄罗斯共和国向自然人按期支付赔偿金义务，按照白俄罗斯共和国部长会议规定的程序履行。向自然人按期发放赔偿金的资金由中央预算解决。

第143条 第二顺位债权

在确定退职金，根据劳动合同和民事合同在债务人处工作、提供服务或者制作知识产权客体的人的劳动报酬，向白俄罗斯共和国劳动和社会保障部居民社会保障基金缴纳的强制性保险、职业退休险保险费和其他缴费，以及工伤和职业病强制险保费这些债权数额时，考虑经济法院启动重整时已经形成的尚未支付的欠款，以及因违反支付退职金和其他应向债权人支付的款项的规定期限而依法定数额和程序所产生的债项。管理人根据本法第142条第1、2部分规定的信息和程序，确定第二顺位的债权并录入债权登记簿。

对罚息、行政罚款包括应当向各级预算缴纳的行政罚款的债权，在第五顺位清偿。

第144条 对强制性缴费的债权

在确定对强制性缴费的债权数额时，考虑经济法院启动债务人重整时已经形成的欠缴。

对罚息、行政罚款包括应当向各级预算缴纳的行政罚款以及依照刑事法律实施的罚款的债权，在第五顺位清偿。

第145条 设置了债务人财产担保的债权

在确定设置了债务人财产担保的债权时，考虑债务人有财产担保的欠款。

无财产担保的债务人欠款，列入第五顺位的债权。

设置了债务人财产担保的债权，应当由债务人用包括变卖非抵押的财产所得在内的款项清偿。

第146条 第五顺位债权

在确定第五顺位的债权数额时，考虑民事权利义务关系项下的债权（但自然人因人身损害应得的赔偿的债权，与人身损害相关的精神损害的赔偿的债权，根据民事合同在债务人处做工、提供服务或者制作知识产权客体的人的债权，有债务人财产担保的债权，退出股东组成的法人债务人股东的债权除外)。

在重整启动前产生的损害赔偿的债权,追索利息、违约金、罚息的债权,行政罚款包括应当向各级预算缴纳的行政罚款以及依照刑事法律实施的罚款的债权,在债权登记簿当中单独登记,并应当在本条第1部分所指的欠款清偿后受偿。

第 147 条 对债权人的清偿

管理人应当依照债权登记簿对债权人进行清偿。

债权数额的确定按照本法规定的程序进行。

每一顺位债权的受偿在上一顺位的债权完全受偿后进行。

在债务人资金不足的情况下,现有资金在相应顺位的债权人之间根据债权数额按比例清偿。向白俄罗斯共和国劳动和社会保障部居民社会保障基金缴纳的强制性保险费和其他缴费,按照法律规定的程序,按已经支付的工资数额按比例缴纳。

本法第 89 条第 1 部分规定的期限届满后申报,但在重整启动前产生的债权,用按期申报的债权受偿后的债务人剩余资金清偿。

在对全体债权人的清偿结束之前申报的第一和第二顺位的债权,包括本法第 89 条第 1 部分规定的期限届满后申报的,应当在第一、第二顺位受偿。

因债务人资金不足的原因没有受偿的债权视为消灭。没有被认定的和没有申报的债权,如果债权人没有付诸经济法院,也视为消灭。

债权清偿的信息由管理人录入债权登记簿。

在破产清算程序中因债务人财产不足或者没有财产债权未全额受偿的债权人,有权在未受偿的数额范围内,向非法取得债务人财产的第三人提出求偿请求。上述请求可以在债务人破产清算程序终结后十年内提出。

第 148 条 破产清算程序中的管理人报告

管理人应当不少于每月一次向债权人委员会,如果没有债权人委员会则向债权人会议提交关于自己和债务人经营(经济)活动的报告,报告应当包括指明已受清偿债权的数额的债权登记簿的复印件、启动破产清算时的债务人财产和相应的报告期的财产,以及债务人会议(委员会)所要求的其他必要信息。

管理人依照本法第 77 条第 1 部分第 17 段向经济法院提交关于自己活动的报告和债务人经营活动的报告时，应当附具文件，证明：

破产清算程序期间债务人基本账户的资金流动情况；

债务人财产变卖情况；

应收款追索情况。

本条第 2 部分所指的报告还应当附具不受清偿顺序限制的付款清单和经济法院所要求的其他文件。

管理人按照经济法院的要求应当向经济法院提交与债务人破产清算程序有关的全部信息。

第 149 条　破产清算结束时的管理人报告

向债权人清偿结束后，管理人应当就破产清算结果向经济法院提交报告。

破产清算结束时的管理人报告应当附具：

证明债务人财产变卖的文件；

债权登记簿，指明已经受偿的债权数额；

证明债权受偿的文件；

包含清偿债务后剩余的债务人财产及（或）未能变卖的债务人财产的信息的文件；

组织的公章、印戳或者组织的设立人（股东）关于公章、印戳没有制作过的声明或按规定程序发布的公章、印戳丢失公告的信息；

清算报告；

关于将文件交付相关档案机关保管的信息，包括证明债务人职工工龄和工资的人事档案材料，或者包含关于债务人没有雇员的信息的文件，如果管理人没有上述文件，管理人报告中应当有信息描述为寻找上述文件所采取的措施及寻找的结果。

第 150 条　债务清偿后剩余的债务人财产及（或）未能出售的债务人财产的移交及其核销

如果清偿全部债权及支付必要的缴费后债务人还有剩余财产，则该财产按照管理人向该财产的所有权人、债务人的设立人（股东）发出的通知或依照本法第 21 条发布的公告不晚于向最后一个债务人清偿之日起十日根据交接书交给该财产的所有权人、债务人的设立人（股东）或被其授权的人，但法律另有规定的除外。

如果该财产的所有权人、债务人的设立人（股东）或被其授权的人在其收到管理人通知或自本条第 1 部分所指的公告发布之时起十五日内没有提交关于接受债务人财产的申请，则管理人在两周的期限内发出由其签署的关于将该债务人财产移交财产所在地的相应白俄罗斯共和国行政区域单位（其授权机构）的交接书。

在债权没有全额受偿及（或）必要的缴费没有完全缴纳的情况下，破产清算过程中曾供出售但未能售出的债务人不动产（以下称"未能变卖的债务人不动产"）以及清算过程中曾供出售但未能售出的债务人动产和应收款（以下称"未能售出的债务人动产"），应由管理人推荐给债权人抵作债权人的债权受偿。

针对接受未能变卖的债务人不动产和未能变卖的债务人动产抵作债权人的债权受偿以及财产在债权人当中的分配和债权受偿的数额问题的债权人会议，管理人自上述财产最后一次拍卖举行后三十日内召集。该问题由债权人会议按照本法规定的程序作出决定。

在作出本条第 4 部分所指的决定的情况下，未能变卖的债务人不动产和未能变卖的债务人动产在债权人会议举行之日起十五日内按财产的现状无额外条件地向债权人转交。

如果债权人会议未能召开，或者债权人会议没有作出关于由债权人接受未能变卖的债务人不动产和未能变卖的债务人动产的决定，或者作出了接受部分财产的决定，但债权人会议召开后十日内未能订立债权人和管理人之间的相应合同，或者债权人没有依照债权人会议关于将该财产转交债权人的决定和上述合同自债权人会议召开之日起十五日内接受财产，未能变卖的债务人动产可以按照本条第 7 部分规定的程序核销，未能变卖的债务人不动产应当按照本法第 98 条第 5～9 部分规定的程序移交中央和地方国有。本法第 98 条第 1 部分规定的通知，管理人在债权人会议召开（如果债权人会议没有召开，则在原定的债权人会议日期）后不晚于二十日发出。

在破产清算程序中债务人动产因财产灭失（毁坏）、意外事件（包括火灾、事故、自然灾害、道路交通事故）而核销以及因无法售出而核销的，根据管理人经与债权人会议（委员会）协商的决定可由债务人承担。但是核销以下债务人的动产必须进行额外协商：

中央国有法人或股票（股份）属于白俄罗斯共和国所有且交由国家机关、国有联合体管理的非国家法人，组成国有联合体的法人的动产核销的决定，必须同债务人所归属的，或管理属于白俄罗斯共和国所有的债务人股票（股份）的国家机关协商；

地方国有法人或股票（股份）属于地方国有且交由授权机关管理的非国家法人的动产核销的决定，必须同财产所在地的州（明斯克市）执行委员会协商；

股票（股份）由中央国有法人经营或业务管理的法人的动产核销的决定，必须同以经营权或业务管理权的方式持有债务人股票（股份）的中央国有法人所归属的国家机关或其他国家组织协商；

股票（股份）由地方国有法人经营或业务管理的法人的动产核销的决定，必须同财产所在地的州（明斯克市）执行委员会协商；

股票（股份）不属于国家所有的城市支柱型或比照此类的组织的动产核销的决定，必须同组织所在地的州（明斯克市）执行委员会协商。

第 151 条　破产清算程序的终结

经济法院审查破产清算结束时的管理人报告且认为其合理，以及在没有理由认定破产清算结果无效的情况下，经济法院作出破产清算程序终结的裁定。

破产清算程序终结的裁定生效后十五日内，管理人应当将上述裁定和证明基本（结算）账户和其他银行账户关闭的文件，组织的公章和印戳或者组织的设立人（股东）关于公章、印戳没有制作过的声明或按规定程序发布的公章、印戳丢失公告的信息向实施法人和个体经营者国家登记的相关机构提交。

经济法院关于破产清算程序终结的裁定为将债务人从法人和个体经营者统一国家登记簿除名的记载录入该登记簿的依据。

自将债务人从法人和个体经营者统一国家登记簿除名的记载录入该登记簿之时起，管理人职权终止，破产清算程序终结，法人债务人注销，个体经营者债务人停业且不再受与其作为个体经营者的经营有关债务的束缚。

证明债权人债权的文件及破产清算程序终结后余下的文件，移交经济法院附入债务人破产案件卷宗材料。上述材料应当按照本法第11条第6部分规定的期限保存。

债务人的财产所有权人、债务人的设立人（股东）或包括债务人负责人在内的其他人，曾有权发布债务人必须执行的指令或者以其他方式决定债务人行为的，自将债务人从法人和个体经营者统一国家登记簿除名的记载录入该登记簿之时起一年内不得成为新的经营主体的设立人。

第十章　和解协议

第152条　和解协议的一般规定

和解协议可以自经济法院受理破产案件之时起在第一和第二顺位的债权受偿后订立，但不得早于第一次债权人会议。

重整债权人方面订立和解协议的决定由债权人会议作出。

债权人会议关于订立和解协议的决定依照本法第57条第2、3部分作出，如果全体由债务人财产抵押担保的债权人投票赞成，即为通过。

订立和解协议的决定，在法人债务人方面由管理人作出，在个体经营者债务人方面由个体经营者债务人或管理人作出。

承担和解协议规定的权利和义务的第三人也可参加和解协议。

和解协议须经经济法院批准。

批准和解协议时，经济法院作出裁定，并依据本法第51条终止破产案件程序。

终止破产案件程序和批准和解协议的裁定，关系人不服的，可以按照白俄罗斯共和国经济诉讼法典规定的程序提起上诉（抗诉）。

和解协议自经济法院批准之日起生效，对债务人、重整债权人和参加和解协议的第三人具有约束力。

关系人不得单方拒绝履行已经生效的和解协议。

对于破产案件中没有申请确认债权且至作出订立和解协议决定的债权人会议召开日没有取得重整债权人地位的债权人，和解协议的条件没有约束力。

如果债权人会议作出了订立和解协议的决定，但管理人拒绝以债务人名义签署该协议，对管理人的拒绝行为可以按本法规定的程序向经济法院提起诉讼。债权人也有权提议审议停止管理人在破产案件中的职务的问题。

破产案件管理人不得签署条件同白俄罗斯共和国法律相抵触的和解协议。

破产案件中的和解协议应当是现实可执行的，应当包含排除多种理解和解释的规定，包含重整债权人认同的债务人义务履行方式以及履行的数量、程序和期限。和解协议的条件应当是对每一个具体的债权人及其债权都清晰规定的。

经济法院无权变更在债权人会议上订立并提交经济法院批准的和解协议的内容。

第 153 条　和解协议的形式和内容

和解协议以书面形式订立。

和解协议可以规定下列条件：

对债务人的义务延期及（或）分期履行；

债务人转让请求权；

由第三人履行债务人的义务；

债务划转；

依照本条第 4 部分的规定债权转换成股权；

以不与白俄罗斯共和国法律相抵触的其他方法清偿债务。

和解协议应当包含关于履行债务人债务的数额、程序和期限的信息及（或）以通过支付补偿金替代义务履行、债务替换、债务放弃或白俄罗斯共和国法律规定的其他形式终止债务的信息。

和解协议可以规定开放式股份公司债务人的股东按照白俄罗斯共和国法律规定的程序将属于其所有的该股份公司的股票向重组债权人转让以清偿债务人对重组债权人的债务。

和解协议对没有参加和解协议订立问题表决的或投票反对和解协议订立的重整债权人的条件不得差于对同一顺位的投票赞成和解协议订立的重整债权人的条件。

管理人以法人债务人的名义签署和解协议，以个体经营者债务人的名义和解协议由个体经营者及管理人签署。以重整债权人的名义和解协议由债权人会议授权的人签署。

如果有第三人参加和解协议，和解协议应当也由第三人或其代表签署。

第 154 条　经济法院对和解协议的批准

管理人应当自订立和解协议的决定作出之日起五日内向经济法院提交批准和解协议的申请。

批准和解协议的申请应当附具：

和解协议文本；

作出订立和解协议决定的债权人会议的纪要；

全体重整债权人名单，包含每一个债权人的姓名（名称）、常住地（暂住地）或所在地、银行账户信息以及债权数额；

证明第一和第二顺位的债权已经受偿的文件；

没有参加和解协议订立问题表决的或投票反对和解协议订立的重整债权人的书面异议。

经济法院应当将审理批准和解协议申请的日期通知关系人，在本法第 153 条第 7 部分规定的情形下还应通知第三人。得到通知的人不出庭不影响审理。

第 155 条　和解协议批准的后果

和解协议的批准为破产案件程序终止的依据。

和解协议的批准为依照本法第 87 条中止清偿的后果终止的依据。

如果经济法院在破产清算程序中批准了和解协议，则经济法院关于启动破产清算的决定不应当执行。

经济法院批准和解协议之日起管理人的职权终止，但法人债务人的管理人在债务人新的负责人依照本法第 79 条第 2 部分的规定委任（选出）以前继续履行债务人负责人职责的除外。

经济法院批准和解协议之时起，债务人开始依照和解协议的条件清偿债务。

第 156 条　拒绝批准和解协议

如果第一和第二顺位的债权没有得到清偿，经济法院拒绝批准和解协议。

经济法院还有权在下列情形下拒绝批准和解协议：

订立和解协议的程序没有得到遵守；

和解协议的形式不合格；

和解协议损害他人的权利和合法利益；

和解协议的条件同白俄罗斯共和国法律相抵触。

经济法院拒绝批准和解协议的，应当作出裁定。

关系人对经济法院拒绝批准和解协议的裁定不服的，可以按照白俄罗斯共和国经济诉讼法典规定的程序提起上诉（抗诉）。

第 157 条　拒绝批准和解协议的后果

在经济法院作出拒绝批准和解协议的裁定的情况下，和解协议视为没有订立。

经济法院作出拒绝批准和解协议的裁定的，不影响当事人订立新的和解协议。

第 158 条　和解协议的无效

和解协议可以根据债务人、债权人、国家机关的申请及（或）检察官的抗诉由经济法院认定无效，如果：

和解协议规定对一些债权人的优惠条件或损害其他债权人的权利和合法利益；

履行和解协议的条件可能导致债务人重新破产；

和解协议包含有法律规定交易无效的理由。

和解协议可以在白俄罗斯共和国民法典为认定交易无效规定的诉讼时效内被认定无效。

和解协议无效为破产案件程序恢复的依据。经济法院作出关于破产案件程序恢复的裁定。

关系人对经济法院关于破产案件程序恢复的裁定不服的，可以按照白俄罗斯共和国经济诉讼法典规定的程序提起上诉（抗诉）。

在和解协议无效的情况下，规定了延期及（或）分期支付或数额减让的债权，在其未受偿部分恢复原状。

和解协议无效不导致债权人向债务人返还债权人在和解协议订立之前的受偿。

本条未作调整的和解协议无效的后果，适用法律关于交易无效的后果的规定。

依照和解协议的条件已经受偿的债权，认定为已经消灭。

规定了对一些债权人的优惠条件或损害其他债务人的权利和合法利益

的和解协议，债权已依照该和解协议的条件得到清偿的债权人应当向债务人返还其所取得的受偿。

在和解协议无效的情况下，关于破产案件程序恢复的通知应当由管理人依照本法第 21 条在媒体出版物和破产信息统一国家登记簿进行公告。

第 159 条　和解协议的解除

由经济法院批准的和解协议，不得根据个别债权人和债务人之间的协商一致解除。

和解协议根据经济法院的决定对于个别债权人解除，不导致对于其余债权人解除的后果。

在债务人对不少于三分之一的债权不履行和解协议条件的情况下，和解协议可根据经济法院的决定解除。在此情况下适用本法第 158 条的规定。

与和解协议的解除有关的问题由作出批准和解协议的裁定的经济法院审理。

第 160 条　不履行和解协议的后果

订立了和解协议的债权人，在债务人不履行和解协议条件的情况下有权在和解协议规定的数额范围内提出自己的权利要求。

债务人不履行破产案件的和解协议条件的，债权人可以在和解协议规定的数额范围内向债务人提出自己的权利要求，但不导致和解协议的解除。债权人有权按诉讼规则向债务人提出自己的权利要求。

在破产案件程序恢复的情况下，被和解协议所覆盖的债权数额根据和解协议规定的条件确定。

第五编　个别类别的法人和个体经营者债务人破产的特殊做法

第十一章　关于个别类别的法人和个体经营者债务人破产的特殊做法的一般规定以及在存在进行破产程序的理由时对国家国防能力的保障

第 161 条　同破产有关的、受特别调整的社会关系

对于同城市支柱型及比照此类的组织、农业组织、银行、保险组织及

其他民法主体的破产有关的、受特别调整的社会关系，特殊规定包含在本编的，适用本法调整法人债务人破产的规定，但本编另有规定的除外。

第 162 条　在存在进行破产程序的理由时对国家国防能力的保障

在担负有军事动员任务的法人破产的情况下，负责实施破产程序或与之相关程序的人应当按规定程序将上述程序准备和开始实施的消息通知负责保障国家国防能力的国家机关。负责保障国家国防能力的国家机关应当采取措施将军事动员任务转交其他从事与其相关活动或属于其管理的法人。

在出现债务人破产征兆的情况下，为维护国家国防利益可以采取白俄罗斯共和国总统确定的或按其规定的程序确定的、有别于本法规定措施的特别措施。

第十二章　城市支柱型及比照此类的组织的破产

第 163 条　城市支柱型及比照此类的组织的破产案件的审理

本章的规定适用于城市支柱型及比照此类的组织。

在审理城市支柱型及比照此类的组织的破产案件时，国家破产事务管理机关以及本法第 24 条所指的其他人为参加破产案件的人。

债务人应当向经济法院提交证据证明法人为城市支柱型组织或者有相应的职工人数。

第 164 条　在城市支柱型及比照此类的组织的挽救程序中债务人债务的清偿和债权人债权的受偿

以被授权机构所代表的白俄罗斯共和国或其行政区域单位有权在城市支柱型及比照此类的组织的挽救结束前的任何时候向全体债权人进行清偿或以法律规定的其他方式使债权人的债权消灭。

债权清偿按本法第 141 条规定的顺位进行。

在依照本条第 1、2 部分清偿债务人金钱债务以及由劳动关系及与之相关的关系产生的义务的情况下，破产案件程序应当终止。

第 165 条　破产清算程序中城市支柱型及比照此类的组织的企业和其他财产的变卖

城市支柱型及比照此类的组织的破产清算计划可以规定通过竞标或拍卖出售企业。

在主管城市支柱型及比照此类的组织的，或城市支柱型及比照此类的组织所归属的，且参加破产案件的国家机关请求的情况下，企业的出售应当以竞标的方式进行。

竞标的强制性条件为：

保留到出售日为止在岗的企业职工不少于百分之七十的工作岗位；

在企业基本业务改变的情况下，由买方出资进行转岗培训或安置到出售日为止在岗的企业职工不少于百分之七十。

竞标的其他条件只能根据债权人会议的决定设置。

如果本条第 2 部分所指的请求没有提出，或者企业没有以竞标的方式出售，企业应当在拍卖会上出售。

在破产清算程序中出售作为债务人的城市支柱型及比照此类的组织的财产时，管理人在最初几次拍卖中应当将企业作为整体出售。

如果城市支柱型及比照此类的组织的财产没有依照本条第 6 部分售出，则其出售依照本法第 127、128 和 130 条进行。

第十三章　农业组织的破产

第 166 条　参加农业组织破产案件的人

在审理农业组织债务人破产案件时，国家农业和粮食管理机关同本法第 24 条所指的人一同为参加农业组织破产案件的人。

第 167 条　农业组织债务人破产申请应当附具的文件

除本法第 28 条所指的文件之外，农业组织债务人破产申请应当附具包含下列信息的文件：

农业组织债务人的财产组成及其价值；

相应的农业季节结束后债务人可能取得的收入的数额。

本条第 1 部分所指的文件也应当附具在债务人对债权人申请、税务机关或其国家机关的申请或者检察官申请的答辩中。

第 168 条　对农业组织债务人的财务状况分析

在对农业组织债务人的财务状况进行分析时，应当考虑到农产品生产的季节性和对天气气候条件和其他农业生产条件的依赖，以及用相应的农业季节结束后农业组织债务人可能取得的收入清偿债务的可能性。

第 169 条　农业组织债务人财产的变卖

各破产程序当中农业组织债务人财产的变卖按照本法第 127、128 和 130 条规定的程序进行，须同时考虑本条规定的特别做法。

在变卖启动了重整的农业组织债务人用于农产品生产目的的不动产时，在同等条件下同地区的农业组织享有优先购买权。

在农业组织破产清算的情况下，农业组织所拥有的土地的权利依照关于土地保护和利用的法律终止。

农业组织债务人财产组成当中的不动产以及对不动产的财产权利，只能通过竞标出售。

竞标的强制性条件为农业组织债务人的不动产用于农产品生产的用途不能改变。

第 170 条　农业组织债务人挽救的特别做法

农业组织债务人挽救计划在有国家农业和粮食管理机关参加的债权人会议上审议。

农业组织债务人的挽救的实施期限不得少于农产品生产并考虑销售的完整周期。农业组织债务人的挽救的期限不得超过本法第 125 条第 2、3 部分规定的期限一年。

经济法院可以实施农业组织债务人的挽救，而不管债权人会议作出了关于批准债务人破产清算计划及申请启动破产清算的决定，只要经济法院能够确定债务人具有清偿债务及履行由劳动关系及与之有关的关系产生的义务的可能性，包括用相应的农业季节结束后债务人可能取得的收入清偿债务的可能性。

如果在本条第 2 部分规定的农业组织债务人挽救期间债务人的财务状况由于自然灾害、瘟疫和其他恶劣的气候天气条件发生恶化，挽救期限可以延长不超过两年。

对于在破产程序启动前依照关于重组亏损的农业组织的法律进行重组的农业组织，挽救的最大期限依照本法第 125 条第 2 部分确定。

根据管理人或任一债权人的申请，农业组织债务人挽救可以由经济法院提前终止，如果农业组织债务人继续经营不再可能或者没有理由。

提前终止农业组织债务人挽救导致经济法院作出关于启动破产清算的决定。

第十四章　银行破产

第 171 条　警告银行破产的措施及其采取的理由

采取警告银行破产的措施的理由是银行所处的以下境况：

在清偿/缴费期到达后三日内或更长时间内由于银行中转账户上没有资金或没有足够资金来清偿特定债权人的债权及（或）履行缴纳强制性缴费的义务，及（或）在最近六个月不止一次地没有在上述期限内清偿债务及（或）履行义务；

银行自有资本比最近十二个月的最高值下降超过百分之二十，同时银行违反白俄罗斯共和国国民银行规定的银行安全运营规范之一；

银行违反白俄罗斯共和国国民银行规定的自有资本充足率的要求；

银行在最近一个月内违反白俄罗斯共和国国民银行规定的流动性要求幅度超过百分之十。

为警告银行破产的目的应当采取下列措施：

改善银行财务状况；

委任管理银行的临时管理组（以下称"临时管理组"）；

对银行进行重组。

在出现本条第 1 部分规定的理由的情况下，银行、银行的股东应当采取必要措施改进银行的财务状况或者对银行进行重组。

在出现本条第 1 部分规定的理由的情况下，白俄罗斯共和国国民银行有权要求采取措施改善银行的财务状况或者对银行进行重组及（或）在本法第 183 条第 1 部分规定的情况下委任临时管理组。

第 172 条　审理银行破产案件时适用的程序

审理银行破产案件时适用重整或破产清算程序。

和解协议、保护期和挽救对银行不适用。

第 173 条　银行破产时的管理人

银行破产时的管理人应当符合本法第 62、63 条的要求，白俄罗斯共和国国民银行规定的专业技术要求，并具有额外的管理人专门资格证书。

在遵守本条规定的要求的前提下，银行破产时的管理人根据经济法院的决定可以为进行有保障的自然人储蓄（存款）兑付的组织。

对银行破产时管理人的专业技术要求、专门资格认证的程序和其他条件，包括管理人专门资格证书发放和吊销的理由和程序，由白俄罗斯共和国国民银行的法规规定。

在银行破产时的管理人不履行或不当履行自己的职责的情况下，白俄罗斯共和国国民银行有权吊销向管理人发放的管理人专门资格证书。

管理人对白俄罗斯共和国国民银行吊销专门资格证书不服的，可以向经济法院起诉。

白俄罗斯共和国国民银行及其员工不得被委任为银行破产时的管理人。

第 174 条　银行财务状况的改善

为改善银行财务状况可以采取下列措施：

由银行股东及（或）其他人向银行提供资金帮助；

改变银行的资产和负债结构；

改变银行的组织结构；

法律规定的其他措施。

第 175 条　向银行提供资金帮助

对银行的资金帮助可以以下列形式提供：

放资金在该银行作储蓄（存款），期限不少于六个月，利率不高于白俄罗斯共和国国民银行再贷款利率；

为银行获得的贷款提供保证、银行担保；

为银行的付款设置延期及（或）分期；

在债权人同意的情况下剥离银行债务；

不分配银行利润而将利润用于改善银行财务状况的措施；

给银行注册资本注资；

以债务豁免的形式放弃对银行的债权，但法律另有规定的除外；

银行股东向银行公积金注资或弥补银行亏损；

以有助于改善银行财务状况的其他形式。

早先放在银行的资金，债权人可以按照白俄罗斯共和国国民银行规定的程序用于增加银行注册资本。

关于向银行提供资金帮助的形式和条件的决定，由银行和向银行提供资金帮助的人作出。

第 176 条　银行资产和负债结构的改变

银行资产结构的改变可以规定：

改进信贷质量，包括用流动性资产替换非流动性资产；

将资产在期限上的结构同债务协调一致；

削减开支，包括服务债务的开支和银行行政开支；

变卖不带来收益的资产以及不影响银行业务运作的资产；

资产重组的其他措施。

银行负债结构的改变可以规定：

增加银行自有资本；

减少活期和短期债务的数额及（或）在总负债结构当中的比重；

增加中长期债务在总负债结构当中的比重；

负债重组的其他措施。

第 177 条　改变银行的组织结构

改变银行的组织结构可以下列形式进行：

改变银行职工构成和人数；

改变银行结构，包括撤销银行特设机构和下属机构；

以有助于改进银行财务状况的其他形式。

第 178 条　银行负责人关于采取银行破产警告措施的请求

银行的单人（集体）执行机构（以下称"银行负责人"）在出现本法第 171 条第 1 部分规定的理由的情况下，应当在三十日内请求银行最高管理机构采取措施改善银行财务状况及如果靠银行负责人自己的力量无法消除上述理由出现的原因则重组银行。

银行负责人关于采取改善银行财务状况或重组银行的请求应当包含对此等措施的形式、性质和期限的建议。

依照本条第 1 部分收到关于采取措施改善银行财务状况或重组银行的请求的银行最高管理机构，应当在四十日内就上述请求作出决定。

如果银行的股东拒绝采取措施改善银行财务状况或重组银行，或在本条第 3 部分规定的期限内没有作出相关决定，银行负责人自本条第 3 部分所指的期限届满后不晚于七日应当请求白俄罗斯共和国国民银行采取银行破产警告措施。

第 179 条　按照白俄罗斯共和国国民银行的要求采取措施改善银行财务状况

在具备本法第 171 条第 1 部分规定的理由的情况下，白俄罗斯共和国国民银行有权要求银行采取措施改善银行财务状况。白俄罗斯共和国国民银行在向银行提出的上述要求中应当指明提出要求的理由以及采取此等措施的性质和期限。

在收到白俄罗斯共和国国民银行前述要求的情况下，银行负责人应当在五日内请求银行最高管理机构采取措施改善银行财务状况。

自收到白俄罗斯共和国国民银行的前述要求之时起至得到其相应的允许为止，银行最高管理机构，除法律有规定的情形外，无权作出在银行股东间分配利润、派发（宣布）股息的决定，以及在银行股东间进行利润分配和股息派发。

如果白俄罗斯共和国国民银行要求银行采取措施改善银行财务状况的理由消除，白俄罗斯共和国国民银行向银行最高管理机构发出在银行股东间分配利润、派发（宣布）股息的允许。

第 180 条　改善银行财务状况的计划

白俄罗斯共和国国民银行有权要求银行负责制订改善银行财务状况的计划并实施该计划规定的措施。

改善银行财务状况的计划应当指明：

对银行财务状况的评估；

银行股东及（或）提供帮助的其他人参加银行财务状况改善的形式和幅度；

银行行政开支削减措施；

取得补充收入的措施；

追索逾期应收款的措施；

改变银行组织结构的措施；

恢复银行资本金充足率和流动性充足率的期限。

改善银行财务状况的计划的形式由白俄罗斯共和国国民银行法规规定。

改善银行财务状况的计划应当在白俄罗斯共和国国民银行规定的期限向其提交。白俄罗斯共和国国民银行监督改善银行财务状况的计划的执行。

第 181 条 银行不履行采取银行破产警告措施的义务的后果

在银行负责人不履行及（或）不当履行本法第 178 条第 1、2 部分和第 4 部分及第 179 条第 2 部分规定的义务的情况下，以及在不采取措施改善银行财务状况的情况下，银行负责人依法承担责任。

第 182 条 临时管理组

临时管理组为白俄罗斯共和国国民银行按照本法和白俄罗斯共和国国民银行的法规规定的程序委任的银行专门管理机构。临时管理组的活动办法由白俄罗斯共和国国民银行法规规定。

临时管理组依照本法和其他法律法规开展活动。

银行内部人士以及依照法律法规属于与银行内部人士相互关联的人以及包括储户在内的银行债权人和债务人不得进入临时管理组。

临时管理组活动期间可以根据白俄罗斯共和国国民银行的决定书按照本章规定的程序和条件限制或中止银行执行机构的职权。

本法的规定只适用于在出现本法第 183 条第 1 部分规定的理由的情况下委任的临时管理组。

第 183 条 采取银行破产警告措施时委任临时管理组的理由

白俄罗斯共和国国民银行有权委任临时管理组，如果：

在清偿/缴费期到达后七日内由于银行中转账户上没有资金或没有足够资金来清偿特定债权人的债权及（或）履行缴纳强制性缴费的义务；

银行自有资本比最近十二个月的最高值下降超过百分之三十，同时银行违反白俄罗斯共和国国民银行规定的银行安全运营规范之一；

银行在最近一个月内违反白俄罗斯共和国国民银行规定的流动性要求幅度超过百分之二十；

银行没有按期完成白俄罗斯共和国国民银行关于将银行负责人停职或采取措施改善银行财务状况或重组银行的要求；

依法存在向银行撤回银行业活动专门许可（许可证）的理由。

白俄罗斯共和国国民银行委任临时管理组的决定书自作出之日起十五日内由白俄罗斯共和国国民银行在其期刊公告并在白俄罗斯共和国国民银行的官方网站登载。

第 184 条　临时管理组的履职期限

临时管理组由白俄罗斯共和国国民银行委任，履职期限不超过十八个月。

白俄罗斯共和国国民银行有权在撤回银行业活动专门许可（许可证）后延长临时管理组履职期限不超过六个月，或者到实施银行重组或破产清算的机构组建为止，或者到管理人委任为止。

临时管理组的履职总期限不得超过三十个月。

第 185 条　临时管理组负责人

临时管理组由负责人领导，临时管理组的负责人应当符合本法第 173 条第 1 部分规定的要求。

临时管理组负责人：

对临时管理组的活动负责；

在银行执行机构职权中止的情况下以银行的名义开展活动；

确保临时管理组履行职责，包括发布对临时管理组成员和银行职员有约束力的指示；

履行白俄罗斯共和国国民银行规定的其他职责。

第 186 条　临时管理组负责人不履行或不当履行职责的后果

临时管理组负责人不履行或不当履行职责的，应当依法承担责任。

临时管理组负责人不履行或不当履行职责的，白俄罗斯共和国国民银行有权：

将临时管理组负责人停职；

禁止其在一年的期限内履行临时管理组负责人的职责；

吊销向其发放的管理人专门资格证书。

本条第 2 部分规定的白俄罗斯共和国国民银行的决定，临时管理组负责人不服的，可以向经济法院起诉。

第 187 条　银行的执行机构职权受限时临时管理组的职能

在银行的执行机构职权受限时，临时管理组：

参加改善银行财务状况的措施的制订并监督其实施；

监督本条规定范围内银行财产的处分；

依法行使其他职能。

在行使本条第 1 部分规定的职能时，临时管理组：

从银行管理机构取得与银行活动有关的必要信息和文件；

协商本条第 3 部分所指的、与银行的财产处分有关的银行交易并对这些交易登记造册；

请求白俄罗斯共和国国民银行中止银行管理机构的职权，如果银行的管理机构妨碍临时管理组行使职能或此为采取银行破产警告所必须。

银行管理机构只有经临时管理组同意才有权实施下列交易：

与将不动产出租、抵押、作为向第三人注册资本的出资以及以其他方式处分此等财产有关的交易；

与账面价值超过银行资产账面价值百分之一的其他财产的处分有关的交易，包括与信贷和借款的取得和发放、担保和保证的出具、请求让渡、不履约补偿金、债务替换、债务剥离和豁免以及将财产交付委托管理有关的交易；

与银行内部人士及与其相互关联的人之间的交易。

临时管理组负责人有权出席银行管理机构、其他机构就信贷、风险管理、内部控制、资产和负债管理、表外债务等问题进行的会议并享有咨议权。

第 188 条 银行的执行机构中止行使职权时临时管理组的职能

银行的执行机构中止行使职权时，临时管理组：

行使银行执行机构的职权；

制订和组织实施改善银行财务状况的措施并监督实施；

采取措施确保银行财产和文件完好；

确认银行债务人及其债权；

采取措施追索银行的应收款；

请求白俄罗斯共和国国民银行允许中止对银行债权人进行清偿；

依法行使其他职能。

在行使本条第 1 部分规定的职能时，临时管理组：

从银行管理机构取得与银行活动有关的必要信息和文件；

对于须经与董事会、股东大会协商的银行交易登记造册；

以银行名义向普通法院、经济法院及（或）仲裁院提起诉讼（仲裁）；

协商银行董事会或股东大会决定，但本条第 3 部分规定的决定除外；

有权将银行执行机构成员停职并停发工资。

临时管理组只有经银行董事会、股东大会在其由法律和银行设立文件规定的权限范围内给予的同意，才有权实施下列交易：

与将不动产出租、抵押、作为向第三人注册资本的非现金出资以及以其他方式处分此等财产有关的交易；

与账面价值超过银行资产账面价值百分之五的其他财产的处分有关的交易，包括与信贷和借款的取得和发放、担保和保证的出具、请求让渡、不履约补偿金、债务替换、债务剥离和豁免以及将财产交付委托管理有关的交易；

与银行内部人士及与其相互关联的人之间的交易。

银行董事会或股东大会在其由法律和银行设立文件规定的权限范围内有权扩大临时管理组处分银行财产的权限。

第 189 条 在临时管理组行使职权期间，停职的银行执行机构的职能

在临时管理组行使职权期间银行执行机构停职的情况下：

执行机构无权就法律和设立文件归属于其权限范围的问题作出决定；

银行其他机构的决定经与临时管理组协商后生效。

在临时管理组行使职权期间银行执行机构停职的情况下，银行执行机构应当不晚于临时管理组委任次日向其移交公章和印戳，且在与其协商的期限内向其移交银行的会计和其他资料、财物和其他有价物。

第 190 条 临时管理组负责人请求吊销银行从业专门许可（许可证）

在确定存在吊销银行从业专门许可（许可证）的理由的情况下，临时管理组负责人应当请求白俄罗斯共和国国民银行吊销银行从业专门许可（许可证）。

第 191 条 临时管理组行使职权期间银行的账户

临时管理组有权限制银行在其他银行开设的中转账户的数量。在限制银行中转账户数量的情况下，临时管理组确定哪些账户应当关闭。这些账户上的资金余额应当按规定程序转入银行在白俄罗斯共和国国民银行开设的中转账户（银行基本账户）。

第 192 条 与临时管理组的活动有关的争议

银行有权按法律规定的程序就白俄罗斯共和国国民银行对临时管理组

的委任决定向经济法院提起诉讼。

前述诉讼不中止临时管理组的活动。

临时管理组的过错行为给银行造成损失的，合计持有不少于百分之一的股份（股票）的银行股东有权向经济法院提起要求临时管理组负责人向银行赔偿实际损失的诉讼。

第 193 条 中止向银行的债权人清偿债务

在银行执行机构的职权中止的情况下以及如果存在本法第 183 条第 1 部分第 2 段规定的理由，白俄罗斯共和国国民银行有权在不超过三个月的期限内中止清偿债权。

中止清偿对银行债权人的债务适用于在临时管理组委任之前产生的金钱债务。

在中止清偿对银行债权人的债务期间：

不计算利息、因不履行或不当履行金钱债务的违约金；

不得根据执行文书和其他按无争议程序执行的文书进行追索；

对财产追索的执行中止，但根据在临时管理组委任以前已经生效的法院判决签发的执行文书追索人身损害赔偿金，与人身损害相关的精神损害赔偿金以及退职金，债务人职工劳动报酬和按照民事合同在债务人处做工、提供服务或者制作知识产权客体的人的劳动报酬，著作权合同项下的酬金，抚养费的欠款的执行，不在中止之列；

不得清偿银行股东因退出或被开除出银行股东组成而形成的债权。

对清偿中止时的债权数额（不计利息、违约金），按白俄罗斯共和国国民银行再贷款利率加计利息。

中止对银行债权人的清偿不涉及：

因致其人身损害银行对其承担责任的自然人的债权，以及与人身损害相关的精神损害赔偿的债权；

就退职金，债务人职工劳动报酬和按照民事合同在债务人处做工、提供服务或者制作知识产权客体的人的劳动报酬，著作权合同项下的酬金的债权；

与银行活动有关的组织业务开支的债权。

中止对银行债权人的清偿期间，白俄罗斯共和国国民银行可以为银行规定单独的安全运作要求。

第 194 条 拒绝履行银行的合同和银行交易的无效

在银行执行机构的职权中止的情况下,临时管理组负责人自临时管理组委任之时起有权按照本法第 108 条规定的程序和条件拒绝履行银行的合同。

在银行执行机构的职权中止的情况下,银行所实施的交易根据临时管理组负责人或其他人的申请可由经济法院依据法律规定的理由认定无效。

第 195 条 与临时管理组活动有关的费用

与临时管理组活动有关的费用,包括临时管理组负责人和成员的劳动报酬按照白俄罗斯共和国国民银行规定的办法承担。

与临时管理组活动有关费用的预算,由白俄罗斯共和国国民银行批准。

第 196 条 临时管理组关于自己活动的报告

临时管理组按照白俄罗斯共和国国民银行的法规规定的程序向白俄罗斯共和国国民银行提交关于自己活动的报告。

第 197 条 临时管理组活动的终止

白俄罗斯共和国国民银行在下列情况下作出临时管理组活动终止的决定:

委任临时管理组的理由已经消失;

案件移交管理人;

根据白俄罗斯共和国国民银行的法规规定的其他理由。

由于委任临时管理组的理由消失的情况下临时管理组活动的终止,导致本法规定的限制取消,银行执行机构的职权恢复。

临时管理组活动终止后,在临时管理组活动期间停职的银行负责人复职,但银行负责人已经依照劳动法律去职的除外。临时管理组活动终止的程序由白俄罗斯共和国国民银行的法规规定。

关于临时管理组活动终止的公告,由白俄罗斯共和国国民银行在其期刊发布,也登载于白俄罗斯共和国国民银行官方网站。

第 198 条 白俄罗斯共和国国民银行要求银行重组

在存在本法第 171 条第 1 部分规定的事实的情况下,白俄罗斯共和国国民银行有权要求银行重组。银行重组的要求应当按照本法第 179 条规定的程序向银行提出。

本条第 1 部分所指的情形下的银行重组，应当以新设合并或吸收合并的形式按照法律规定的程序进行。

第 199 条　银行收到白俄罗斯共和国国民银行的重组要求后的行为

收到白俄罗斯共和国国民银行的重组要求后，银行负责人应当在五日内向银行最高管理机构提出关于银行重组必要性的请求。

银行最高管理机构应当在收到银行负责人的前述请求后自收到白俄罗斯共和国国民银行关于银行重组的要求之日起不超过四十日告知白俄罗斯共和国国民银行其所作出的决定。

对于以新设合并形式组建的银行的要求由银行法规定。

第 200 条　银行破产案件受理的特别做法

经济法院只有在银行从业专门许可（许可证）吊销后才能根据本法第 201 条第 1 部分所指的人的申请受理银行破产案件。

第 201 条　有权向经济法院提出要求银行破产的申请的人

下列人有权向经济法院提出要求银行破产的申请：

银行；

银行的债权人；

白俄罗斯共和国国民银行；

检察官；

就强制性缴费的欠费，由税务机关和其他国家机关提出；

就银行根据银行储蓄（存款）合同及（或）日常（结算）银行账户合同对公民承担的义务，由负责保障赔偿自然人银行储蓄（存款）的组织提出。

本条第 1 部分第 2、3、5~7 段所指的人有权向白俄罗斯共和国国民银行提出吊销银行从业专门许可（许可证）的申请，如果存在本法第 12 条第 3 部分规定的理由且申请人附具了证明本法第 6 条所指的债务存在及其数额的文件。

本条第 1 部分第 2、3、5~7 段所指的、向白俄罗斯共和国国民银行提出了吊销银行从业专门许可（许可证）申请的人，自上述申请提交之日起两个月届满后尚未得到白俄罗斯共和国国民银行的答复的，有权向经济法院提出要求银行破产的申请。

经济法院收到要求银行破产的申请后在受理破产案件之前，应当建议白俄罗斯共和国国民银行提出关于吊销银行从业专门许可（许可证）是否合理的结论或者提供白俄罗斯共和国国民银行吊销银行从业专门许可（许可证）的决定书的复印件。白俄罗斯共和国国民银行应当在收到经济法院建议后一个月内向经济法院提供本部分所指的文件。

按本条第 4 部分规定的期限向经济法院提交白俄罗斯共和国国民银行吊销银行从业专门许可（许可证）的决定书的复印件为受理银行破产案件的依据。

经济法院在一个月内收到白俄罗斯共和国国民银行关于吊销银行从业专门许可（许可证）为不合理的结论的，拒绝接受要求银行破产的申请。

经济法院在一个月内未收到本条第 6 部分所指的白俄罗斯共和国国民银行的结论的，向债权人退回要求银行破产的申请。在此情况下，向白俄罗斯共和国国民银行提出了吊销银行从业专门许可（许可证）申请的人有权通过司法程序要求白俄罗斯共和国国民银行赔偿因其不作出吊销银行从业专门许可（许可证）的决定给申请人造成的损失，或者要求采取属于白俄罗斯共和国国民银行权限范围内的银行破产警告措施。

第 202 条　参加银行破产案件的人

以下为参加银行破产案件的人：

本法第 24 条所指的人；

白俄罗斯共和国国民银行——在根据白俄罗斯共和国国民银行的申请受理破产案件时；

负责保障赔偿自然人银行储蓄（存款）的组织——在根据该组织的申请受理破产案件时。

第 203 条　银行破产案件的受理

在受理银行破产案件的裁定中经济法院指明启动重整并委任管理人。

银行要求自己破产的申请的副本应当向白俄罗斯共和国国民银行送达。

白俄罗斯共和国国民银行要求银行破产的申请的副本应当向该银行送达。

本法第 201 条第 1 部分第 3、5～7 段所指的人要求银行破产的申请的副本，应当向该银行以及白俄罗斯共和国国民银行送达。

白俄罗斯共和国国民银行在提交要求银行破产的申请时可以向经济法院提出管理人的候选人。

第204条 要求银行破产的申请的退回

要求银行破产的申请，连同附件材料，如果不符合本法第9、12、27~34条规定要求的，以及在本法第201条第7部分规定的情况下，由经济法院退回提交申请的人。

第205条 经济法院司法决定文书的送达

经济法院的司法决定文书（其副本）应当自作出之日起五日内向参加银行破产案件的人送达。

第206条 银行的账户

管理人在重整程序中应当只使用启动了重整的银行在白俄罗斯共和国国民银行开设的中转账户。

自管理人向白俄罗斯共和国国民银行提交证明管理人有权对启动了重整的银行的中转账户进行操作的文件后十日内，银行在其他银行开设的中转账户上的资金余额以及银行储备在白俄罗斯共和国国民银行的其他资金应当按照白俄罗斯共和国国民银行的法规规定的程序转入上述账户。

第207条 银行破产信息公告的特别做法

关于银行启动重整的信息，自管理人向白俄罗斯共和国国民银行提交证明管理人有权对启动了重整的银行的中转账户进行操作的文件后十五日内应当由管理人交由白俄罗斯共和国最高经济法院和白俄罗斯共和国国民银行设立的媒体出版物、经济法院确定的媒体出版物公告，以及依照本法第21条录入破产信息统一国家登记簿，费用由银行承担。

第208条 银行破产清算的特别做法

经济法院应当在受理银行破产案件后四个月内作出启动破产清算的决定。

启动银行破产清算为将相应的记载录入法人和个体经营者统一国家登记簿的依据。

管理人应当每月向白俄罗斯共和国国民银行提交白俄罗斯共和国国民银行规定的被清算银行的会计和统计报表。

管理人应当在破产清算启动后不晚于六个月编制中间清算报告，报告应当包含关于被清算银行的财产组成信息、已申报债权的清册以及已申报债权的审核结果。

中间清算报告应当提交经济法院协商。

对债权人的清偿结束后，管理组应当编制清算报告，报告应当提交经济法院批准。

经济法院关于破产清算终结的裁定为将银行注销的记载录入法人和个体经营者统一国家登记簿的依据。

将银行从法人和个体经营者统一国家登记簿除名的记载录入登记簿之时起，银行破产清算终结，银行注销。

第209条　银行财产分配的特别做法

根据银行与其之间的银行储蓄（存款）及（或）日常（结算）账户合同为银行债权人的自然人的债权，银行发行的债券自然人持有者的债权，以及负责保障赔偿自然人银行储蓄（存款）的组织的债权连同本法第141条第1部分所指的债项一起用银行财产不受清偿顺序限制受偿。

第210条　正在被清算的银行破产的特别做法

如果依照民事法律作出了解散决定的银行的财产价值不足以清偿债权人的债权，此等银行应当按照本法规定的程序考虑本章规定的特别做法清算。

如果发现本条第1部分规定的情况，清算委员会应当自银行解散决定作出之日起三十日内向经济法院提交要求银行破产的申请。

第211条　个别银行破产的特别做法

在适用本法第236~239条规定的破产案件中，管理人的候选人可由白俄罗斯共和国国民银行提名。

第十五章　保险组织的破产

第212条　有权向经济法院提出要求保险组织破产的申请的人；参加保险组织破产案件的人

债务人、债权人、检察官、对保险法律的遵守进行监管的中央国家管理机关、其他国家机关有权向经济法院提出要求保险组织破产的申请。

本法第 24 条所指的人以及对保险法律的遵守进行监管的中央国家管理机关为参加保险组织破产案件的人。

第 213 条　保险组织破产清算时投保人（受益人）债权的受偿

在经济法院对保险组织启动破产清算的情况下，保险组织对投保人（受益人）的债务的清偿用保险储备金和自有资本金不受偿付顺序限制进行清偿。

第十六章　有价证券市场专业参加者的破产

第 214 条　参加有价证券市场专业参加者破产案件的人

本法第 24 条所指的人以及对有价证券市场进行国家调整的中央国家管理机关为参加有价证券市场专业参加者破产案件的人。

第 215 条　对于参加有价证券市场专业参加者破产案件的管理人的要求

参加有价证券市场专业参加者破产案件的管理人应当符合本法第 62、63 条对管理人规定的要求，并具有对有价证券市场进行国家调整的中央国家管理机关颁发的额外的管理人专门资格证书。

第 216 条　对有价证券市场专业参加者施加交易限制的特别做法

在适用破产程序时，本法规定的对有价证券市场专业参加者施加的交易限制不适用于根据客户的委托并由客户在破产案件受理后确认的客户的有价证券交易。

有价证券市场专业参加者破产案件的管理人应当自委任之日起十日内向将自己的有价证券交由作为有价证券市场专业参加者的债务人管理的客户送达关于对该债务人启动了重整及管理人接手管理的通知。通知应当指明对有价证券市场进行国家调整的中央国家管理机关颁发的管理人专门资格证书的种类和编号并给出对客户所有的有价证券需要实施的行为的建议。

第 217 条　对有价证券市场专业参加者的挽救和破产清算的特别做法

由有价证券市场专业参加者支配的客户的有价证券和其他财产，不列入作为有价证券市场专业参加者的债务人的财产组成。

自对有价证券市场专业参加者启动挽救或破产清算之时起，客户的剩余有价证券和其他财产应当向客户返还，但管理人同客户之间的协议另有约定的除外。

如果数个客户要求返还的属于其所有的一种有价证券（同一发行人、同一类、同一种、同一系列）的请求权多于有价证券市场专业参加者所支配的该有价证券的数量，该有价证券按客户请求权比例向客户返还。

客户未得满足部分请求权认定为金钱债务，按照本法第141条规定的程序清偿。

在对作为有价证券市场专业参加者的组织进行挽救的过程中，管理人经客户同意有权以客户名义将交给该组织管理的有价证券交由另外一家具有相应的有价证券专业活动和经纪活动从业专门许可（许可证）的组织管理。

第十七章 向自然人进行非法集资活动的组织的破产

第218条 向自然人进行非法集资活动的组织破产的特别做法

向自然人进行非法集资活动的组织的破产案件，按照本法第233～235条规定的程序办理，但须考虑本条规定的特别做法。

债务人、债权人、检察官和依照法律规定被授权向经济法院提出申请维护国家和社会利益的国家机关，有权向经济法院提交要求向自然人进行非法集资活动的组织破产的申请。

向自然人进行非法集资活动的组织作为债务人，对其债权人的清偿在考虑本法针对银行破产规定的特别做法的基础上进行。

第219条 向自然人进行非法集资活动的组织作为债务人时其负责人和设立人（股东）的责任

向自然人进行非法集资活动的组织作为债务人时，其财产不足以清偿自然人储户的债权的，该债务人的负责人、财产所有权人和设立人（股东）连带承担补充责任。

第十八章 个体经营者破产的特别做法

第220条 对个体经营者债务人破产的调整

对于与个体经营者债务人破产相关的关系，适用本法第一至四编的规定，但本章另有规定的除外。

第 221 条 宣告个体经营者破产的理由

宣告个体经营者破产的理由为个体经营者无力清偿与其所从事的经营活动有关的金钱债务,及(或)履行期限到达后六个月内无法履行强制性缴费的支付义务,或者存在一百及以上的基本单位的欠款。

第 222 条 要求个体经营者债务人破产的申请

个体经营者债务人、与个体经营者债务人的经营活动有关的债权人、检察官、就强制性缴费享有请求权的税务机关和其他国家机关,有权向经济法院提出要求个体经营者债务人破产的申请。

在对个体经营者债务人进行破产的各个程序时,与个体经营者的经营活动无关的债权人有权按本法第 89 条规定的程序申报自己的债权。

第 223 条 个体经营者债务人的债务清偿计划

个体经营者债务人的破产申请可以附具债务清偿计划,计划的副本向债权人和参加个体经营者债务人破产案件的其他人送达。

在债权人没有异议的情况下,经济法院可以批准个体经营者债务人的债务清偿计划。

经济法院对个体经营者债务人的债务清偿计划的批准为对破产案件程序进行为期不超过三个月的中止的依据。

个体经营者债务人的债务清偿计划应当指明:

计划的履行期限;

每月拟用于清偿债务的数额。

经济法院根据参加个体经营者债务人破产案件的人阐明理由的请求,有权变更债务清偿计划,包括延长或缩短计划履行期限,以及变更基本生活费的数额。

如果由于个体经营者债务人履行债务清偿计划使债权全额受偿,则破产案件程序应当终止。

第 224 条 不列入个体经营者债务人财产组成的财产

个体经营者债务人的财产组成不包括根据白俄罗斯共和国民事诉讼法典附件 1 不得被追索的财产。

如果经济法院对个体经营者债务人启动重整后个体经营者债务人进行了劳动就业,在其在工作单位取得的工资不列入个体经营者债务人的财产组成。

经济法院根据个体经营者债务人和参加个体经营者债务人破产案件的人阐明理由的请求，有权将无法变卖的或变卖收入不显著影响债务清偿的财产从个体经营者财产组成中剔除。在此情况下，经济法院应当作出关于批准从个体经营者财产组成中剔除财产的清册的裁定。

关系人对经济法院作出的关于批准从个体经营者财产组成中剔除财产的清册的裁定不服的，可以按照白俄罗斯共和国经济诉讼法典规定的程序提起上诉（抗诉）。

第 225 条 经济法院对个体经营者债务人破产案件的审理

经济法院在接受要求个体经营者债务人破产的申请的同时对除本法第 224 条第 3 部分规定之外的个体经营者债务人的财产实施查封。对于根据白俄罗斯共和国民事诉讼法典附件 1 不得被追索的财产，不得实施查封。

在由第三人对个体经营者债务人的债务履行提供保证或其他保障的情况下，经济法院根据个体经营者债务人的请求可以解除财产（部分财产）查封。

经济法院为了让个体经营者债务人清偿债务或订立和解协议，可以根据个体经营者债务人的申请推迟破产案件审理，为期不超过一个月。

如果有信息表明将有个体经营者债务人得益的继承启动，经济法院有权中止破产案件程序，直到继承按照民事法律规定的程序定局。

如果个体经营者债务人在本条第 3 部分规定的期限内没有提供清偿债务的证据，或上述期限内没有订立和解协议，经济法院应当作出关于启动重整的裁定。

第 226 条 通知债权人

在公告关于对个体经营者债务人启动重整的裁定的同时，管理人应当将指明债权申报期限的裁定书副本向个体经营者债务人的全体已知债权人送达。

债权人申报债权的期限不得超过自关于启动重整的公告发布之日起两个月。

管理人将关于启动破产清算的决定的副本送达税务机关、海关部门以及登记机关和白俄罗斯共和国劳动和社会保障部居民社会保障基金。

发送经济法院关于对个体经营者债务人启动重整的裁定书副本的费用

由该债务人承担,如果个体经营者没有财产或者财产不足,则由提出了要求个体经营者债务人破产的申请的人承担。

管理人应当将关于对个体经营者债务人启动重整的裁定书副本送达登记机关。

第 227 条　禁止从事经营活动

自经济法院作出关于对个体经营者债务人启动重整的裁定至破产案件程序终结,个体经营者债务人没有经济法院允许不得从事经营活动。

个体经营者自被宣告破产开始的一年内不得注册登记为个体经营者。

第 228 条　对个体经营者债务人从事经营活动的限制

在个体经营者债务人虚假破产、恶意破产和隐瞒破产的情况下,可以通过司法程序限制其在不超过三年的期限内从事经营活动的权利。

第 229 条　用个体经营者债务人的资金支付基本生活费

如果个体经营者因破产程序丧失了生活来源,根据个体经营者债务人或由其抚养的人的申请,经济法院用个体经营者债务人的资金在破产案件程序进行期间向其及（或）由其抚养的人支付必要的基本生活费。

基本生活费按每人不多于一份最低生活费计算,按月发放。

第 230 条　重整程序中个体经营者债务人债务的清偿和债权人债权的受偿

重整程序中个体经营者债务人债务的清偿和债权人债权的受偿按本法第 141 条规定的程序进行。

依照本法第 229 条指定的基本生活费以及抚养费的支付,同本法第 141 条第 1 部分规定的债项一道不受清偿顺序的限制。

第 231 条　个体经营者债务人的债务免除

向债权人的清偿终结后,宣告破产的个体经营者免除继续清偿在个体经营者债务人破产程序进行中所申报的债权的义务,但本法第 232 条规定的要求除外。

第 232 条　个体经营者债务人破产案件程序终结后的债权人请求权

债权人对人身损害赔偿或与人身损害有关的精神损害赔偿、抚养费的请求权,以及其他人身性质的请求权,在经济法院关于对个体经营者债务人启动破产清算的决定的执行程序中未受偿或部分受偿的,或在个体经营者债务人破产程序进行过程中未申报的，继续有效并可以在个体经营者债务人破产案件程序终结后全部或在未受偿部分提出。

如果发现个体经营者债务人有隐瞒自己财产或非法将自己的财产向第三人转移的事实，在个体经营者债务人破产案件程序过程中未全额受偿的债权人有权在债权未受偿的范围内对该财产提出追索要求。

第六编　简易破产程序

第十九章　正在被清算的法人债务人破产的特别做法

第233条　正在被清算的法人债务人的破产

如果依照民事法律作出了清算决定的法人债务人的财产价值不足以清偿对债权人的债权或者没有财产，在中间清算报告批准后法人按照本法规定的程序在考虑本章规定的特别做法的前提下清算。

如果发现本条第1部分规定的情况，清算委员会（清算人）应当在一个月内向经济法院提交要求法人破产的申请。

作出法人清算的决定后至清算委员会（清算人）委任前，在发现法人的财产价值不足以清偿对债权人的债权或者没有财产的情况下，单一制企业债务人的财产所有权人、法人债务人的设立人（股东）、法人债务人的负责人或依照法人债务人的设立文件有权作出清算决定的机构应当在本条第2部分规定的期限内提出债务人申请。

如果发现本条第1部分规定的情况，法人债务人的债权人有权提交要求债务人破产的申请。

债权人有权自收到债务人关于其处于清算过程中的相应通知之日起三个月期限届满后向经济法院提出债权人申请，如果届时债务人的欠款没有减少。

第234条　正在被清算的法人债务人破产案件审理的特别做法

在正在被清算的法人债务人破产案件受理裁定中，经济法院应当指明重整启动及管理人委任。

在法人债务人破产案件受理之前由于发现法人的财产价值不足以清偿债权人或者没有财产而成立了清算委员会（清算人）的，则法人债务人破产案件受理后该委员会（清算人）应当将全部事务在经济法院规定的，但自案件受理之日起不超过七日的期限内向管理人移交。

管理人的职责可以按照本法第 64 条规定的程序交由清算委员会主席（清算人）行使，如果清算委员会主席（清算人）符合本法第 62、63 条规定的对管理人的要求。

如果在破产案件审理中发现，法人债务人拥有的财产（资产）足以全额清偿全体债权人的债权，经济法院终止法人破产案件程序。经济法院关于终止破产案件程序的裁定不妨碍法人债务人在司法程序之外依照民事法律进行清算。

经济法院自受理正在被清算的法人债务人破产案件之日起四个月内应当作出启动破产清算的决定。如果本法规定的材料没有向经济法院提交，经济法院也可在本部分规定的期限届满后作出启动破产清算的决定，但不得晚于自启动重整之日起六个月。

挽救和和解协议在正在被清算的法人债务人破产案件程序中可以按照本法规定的程序在依照民事法律作出的法人债务人清算决定由作出该决定的机构或人取消后适用。在此情况下，破产案件的审理无须考虑本条第 4、5 部分规定的特别做法。

保护期对于正在被清算的法人债务人破产案件不适用。

第 235 条　法人拒绝按破产程序清算的后果

违反本法第 233 条第 2 部分规定的要求的，可以据此拒绝将法人债务人从法人和个体经营者统一国家登记簿中除名的记载录入该登记簿。造成上述违反的单一制企业债务人的财产所有权人、法人的设立人（股东）、法人的负责人和清算委员会主席（清算人）对法人的债务以及由劳动关系及与之相关的关系产生的义务以及本法第 141 条规定的其他支出在未清偿的范围内连带承担补充责任。

第二十章　缺席债务人的破产

第 236 条　要求缺席债务人破产的申请提交的特别做法

要求缺席债务人破产的申请可以由债权人、检察官、税务机关和其他国家机关提交。

第237条　缺席债务人破产案件的审理

缺席债务人破产案件受理的裁定中，经济法院应当指明重整的启动。

管理人依照本法第21条发布对缺席债务人启动重整的公告。缺席债务人的债权人自公告发布一个月之内可以申报自己的债权。

缺席债务人破产案件程序过程中管理人报酬（工资）以及本法第53、78条规定的费用的支出，按照本法第68条、第70条第8部分、第78条和第119条规定的程序进行。

经济法院应当自缺席债务人破产案件受理之日起三个月内作出启动破产清算的决定。如果本法规定的材料没有向经济法院提交，经济法院也可在本部分规定的期限届满后作出启动破产清算的决定，但不得晚于自启动重整之日起五个月。

缺席债务人的破产清算期限不得超过六个月。

保护期、挽救和和解协议在缺席债务人破产案件程序中不适用。

第238条　缺席债务人财产的查找和追回

管理人应当采取法律规定的一切可能的措施查找和追回缺席债务人的财产。

在管理人发现缺席债务人的财产足以支付诉讼费用、管理人报酬（工资）的情况下，根据管理人的请求，经济法院有权作出终止本章规定的简易破产程序而转为本法规定的其他破产程序的裁定。

第239条　关于缺席债务人破产的规定的适用

本章的规定也可由经济法院适用于法人债务人的财产不足以支付诉讼费用、管理人报酬（工资）的情形或者在经济法院受理破产案件之前十二个月之内债务人资金存放的银行账户没进行过任何操作的情形。

第七编　附则

第240条　宣告一部法律失效和若干部法律的某些规定失效

下列法律和法律的规定宣告失效：

2000年7月18日颁布的白俄罗斯共和国"破产法"；

2003年1月4日颁布的白俄罗斯共和国"关于对白俄罗斯共和国若干

法律进行修改的法律"第 20 条；

2006 年 6 月 29 日颁布的白俄罗斯共和国"关于对个别经营活动实施许可问题的白俄罗斯共和国法律进行修改和补充及宣告白俄罗斯共和国若干法律失效的法律"第 33 条；

2007 年 7 月 11 日颁布的白俄罗斯共和国"关于对白俄罗斯共和国若干法律进行修改的法律"第 10 条；

2007 年 12 月 26 日颁布的白俄罗斯共和国"关于对白俄罗斯共和国若干法律进行修改和补充以及宣告白俄罗斯共和国保险问题的若干法律和法律的若干规定失效的法律"第 11 条；

2008 年 7 月 8 日颁布的白俄罗斯共和国"关于对白俄罗斯共和国审计问题的若干法律进行修改和补充的法律"第 5 条；

2009 年 7 月 14 日颁布的白俄罗斯共和国"关于对白俄罗斯共和国若干法律进行修改和补充的法律"第 2 条；

2009 年 12 月 28 日颁布的白俄罗斯共和国"关于对白俄罗斯共和国土地关系调整问题的若干法律进行修改和补充的法律"第 6 条；

2009 年 12 月 31 日颁布的白俄罗斯共和国"关于对白俄罗斯共和国预算关系问题的若干法律进行修改和补充的法律"第 23 条。

第 241 条　本法规定的实施

责成白俄罗斯共和国部长会议在六个月期限内：

依照本法对白俄罗斯共和国政府的决定进行相应调整；

确保白俄罗斯共和国政府下属的中央国家管理机关依照本法对其法规进行相应调整。

采取其他措施实施本法规定。

第 242 条　本法的生效

本法自正式公布之日起六个月后生效，但本条和第 241 条除外。本条和第 241 条自本法正式公布之日起生效。

白俄罗斯共和国投资法

(2013 年 7 月 12 日颁布)

本法确立在白俄罗斯共和国进行投资的法律基础和基本原则,旨在吸引投资进入白俄罗斯经济、提供投资保证、保障投资者的权利和合法利益并对其加以平等保护。

第一章 总则

第 1 条 本法使用的基本术语及其含义

投资系指投资者按照本法规定的方式以获取利润(收益)及(或)别的有益结果为目的或者为其他与个人、家庭、家居及其他类似使用无关的目的在白俄罗斯共和国投入的其具有所有权或者其他允许其处分的合法依据的任何资产和民事权利的其他客体,其中包括:

包括股票、公司股权、在白俄罗斯共和国成立的商业组织的资产中的份额在内的动产和不动产,资金(包括借款和信贷等融资);

可以进行价值评估的求偿权;

可以进行价值评估的其他民事权利客体,但是不允许进入流转的民事权利的类别(退出流通的客体)除外。

投资者为:

在白俄罗斯共和国从事投资活动的包括个体经营者在内的常住白俄罗斯共和国的白俄罗斯共和国公民、外国公民和无国籍人以及白俄罗斯共和国法人;

在白俄罗斯共和国从事投资活动的不常住白俄罗斯共和国的外国公民和无国籍人、常住国外的白俄罗斯共和国公民、外国法人和国际法人(非法人组织)(以下称"外国投资者")。

第 2 条　本法适用范围

本法适用于与在白俄罗斯共和国从事投资活动相关的关系，除以下之外：

将资产投入非商业组织，而对于这些组织的资产，其设立人（参加者）不具有所有权或者其他物权；

购买有价证券，除股票外；

白俄罗斯共和国公民、外国公民和无国籍人购买或者建筑自住及（或）家庭成员居住的住房和住所；

借款、贷款的提供及其偿还，向银行存款（储蓄）。

第 3 条　白俄罗斯共和国在投资领域的法律

白俄罗斯共和国在投资领域的法律以宪法为基础，由本法和白俄罗斯共和国其他法律法规组成。

如果白俄罗斯共和国的国际条约设置了与本法规定不同的规则，则适用国际条约的规则。

第 4 条　投资的方式

在白俄罗斯共和国投资以以下方式进行：

成立商业组织；

购买、创立（包括建造）不动产物，除本法第 2 条第 4 段规定的情形之外；

购买对于知识产权客体的各种权利；

购买股票、公司股权、商业组织的资产中的份额，包括在商业组织增加注册资本的情形下；

特许经营；

其他白俄罗斯共和国法律所不禁止的方式。

第 5 条　投资的基本原则

投资活动依照以下基本原则进行：

投资者以及国家、国家机关和公职人员在白俄罗斯共和国宪法以及依照宪法通过的白俄罗斯共和国法律法规的范围内行事（法律至上原则）；

不同的投资者在法律面前平等和无歧视地享有权利（投资者平等原则）；

投资者善意和合理地进行投资活动，不对他人、环境和历史文化遗产造成损害，不损害他人的权利和受法律保护的利益，也不以其他形式滥用权利（投资活动的善意和合理原则）；

不得干预私人事务，除为了民族安全（包括环境和历史文化遗产的保护）、社会秩序、民众的道德和健康、他人的权利和自由且根据白俄罗斯共和国的法律而进行干预的情形之外（不允许肆意干预私人事务原则）；

保障投资者可以通过法院和包括白俄罗斯共和国国际条约在内的白俄罗斯共和国法律法规规定的其他方法维护自己的权利和合法利益（保障被损害的权利和合法利益予以恢复及其司法保护原则）。

在进行投资活动时承认国际法公认的原则具有优先地位。

第6条　进行投资活动时的限制

在白俄罗斯共和国反垄断法律法规有规定的情况下，未经白俄罗斯共和国反垄断机关的同意不允许对在白俄罗斯共和国商品市场占有支配地位的法人的资产进行投资，也不得对白俄罗斯法律法规禁止的活动种类进行投资。也可以为了民族安全（包括环境和历史文化遗产的保护）、社会秩序、民众的道德和健康、他人的权利和自由且根据白俄罗斯共和国的法律对投资活动设定限制。

第二章　投资领域的国家调节

第7条　投资领域国家调节的实施

投资领域的国家调节由白俄罗斯共和国总统、白俄罗斯共和国政府、在投资领域进行调节和管理的中央国家管理机关、其他中央国家管理机关、白俄罗斯共和国政府下属的其他国家组织、地方执行机关和支配机关、在吸引外资问题上被授权代表白俄罗斯共和国利益的国家组织在其权限范围内依照白俄罗斯共和国法律法规进行。

第8条　白俄罗斯共和国总统在投资领域的权限

白俄罗斯共和国总统在投资领域：

确定统一的国家政策；

确定在投资领域进行调节和管理的中央国家管理机关；

确定与白俄罗斯共和国订立投资合同的条件；

依照白俄罗斯共和国宪法、本法和白俄罗斯共和国的其他法律行使其他职权。

第 9 条　白俄罗斯共和国政府在投资领域的权限

白俄罗斯共和国政府在投资领域：

负责落实统一的国家政策；

确定投资活动的优先类别（经济领域）；

确定与白俄罗斯共和国的投资合同的订立、变更、解除和国家登记的程序；

行使由白俄罗斯共和国宪法、白俄罗斯共和国法律和白俄罗斯共和国总统文件所赋予的其他职权。

第 10 条　其他国家机关和国家组织在投资领域的权限

在投资领域进行调节和管理的中央国家管理机关、其他中央国家管理机关、白俄罗斯共和国政府下属的其他国家组织、地方执行机关和支配机关在自己的职责范围内负责投资领域的统一国家政策的实施。

在吸引外资问题上被授权代表白俄罗斯共和国利益的国家组织负责协调投资者与中央国家管理机关、白俄罗斯共和国政府下属的其他国家组织、地方执行机关和支配机关之间的关系，依照白俄罗斯共和国法律法规行使其他职权。

第三章　对投资者权利的保证和对投资的保护

第 11 条　保证外国投资者的补偿款和其他款项汇出

保证外国投资者可以将本法第 12 条第 2 和第 4 部分规定的补偿款不受阻碍地汇出白俄罗斯共和国。

保证外国投资者在支付白俄罗斯共和国法律法规规定的税费和其他应向国家和地方预算和国家预算外基金进行的强制性缴付后将利润（收益）和其他由于在白俄罗斯共和国进行投资而合法取得的资金以及投资者由于从事投资活动而获得的包括以下在内的款项不受阻碍地汇出白俄罗斯共和国：

外国投资者在白俄罗斯共和国境内的投资活动部分或者全部终止后获得的资金，包括由于出让投资或者由于投资而形成的资产以及其他民事权利的客体而获得的资金；

根据劳动合同从事劳动活动的外国公民和无国籍人的工资收入资金；

外国投资者根据法院裁定获得的资金。

本法第 12 条第 2 和第 4 部分规定的补偿款可由外国投资者选择以白俄罗斯卢布或者外国货币的形式汇往其指定的国家，除非此等汇付与白俄罗斯共和国的国际义务相抵触。

对于本条第 2 部分所指款项的汇出，可以根据白俄罗斯共和国法律规定的程序和条件及（或）依照白俄罗斯共和国法律作出的生效法院裁定加以限制。

第 12 条　财产国有化和征收时的保护

对于作为投资的财产或者投资活动结果形成的财产不得进行无偿国有化或者征收。

国有化只能根据公共需要的动机且在及时和完全补偿被国有化财产的价值和由于国有化而造成的其他损失的条件下才能实施。

国有化的程序和条件以及被国有化财产价值和由于国有化而造成的其他损失的补偿款支付的程序和条件，由依照白俄罗斯共和国宪法通过的关于该等财产的国有化的程序和条件的法律规定。

征收只能在发生自然灾害、事故、流行病、动物瘟疫和其他带有突发性质的事件的情况下为公共利益的需要根据国家机关的决定按照法律规定的程序和条件进行，且须向投资者支付被征收财产价值的补偿款。

财产被征收的投资者在据以征收的事由终止以后有权通过法院要求返还残存的财产。

投资者可以就本条第 2 和第 4 部分规定的补偿款金额向法院提起异议诉讼。

第 13 条　投资者与白俄罗斯共和国之间争议的解决

如果白俄罗斯共和国的法律未作不同规定，在实施投资活动过程中所产生的投资者与白俄罗斯共和国之间的争议在诉前程序通过谈判解决。

自收到解决争议的书面建议之日起三个月内在诉前程序中通过谈判没有解决的投资者与白俄罗斯共和国之间的争议，依照白俄罗斯共和国法律通过法院程序解决。

如果投资者与白俄罗斯共和国之间发生的、不属于白俄罗斯共和国法院排他管辖的争议自收到解决争议的书面建议之日起三个月内在诉前程序中通过谈判没有解决的，则此等争议也可以根据投资者的选择以以下方式解决：

在为解决具体个案争议而成立的仲裁庭根据联合国国际贸易法委员会（UNCITRAL）仲裁规则解决，除非争议双方同意适用别的规则；

如果此外国投资者为 1965 年 3 月 18 日《解决国家与他国自然人和法人投资争端公约》缔约国公民或法人，在国际投资争端解决中心（ICSID）解决。

如果白俄罗斯共和国的国际条约及（或）投资者与白俄罗斯共和国之间订立的合同在解决实施投资活动过程中所产生的投资者与白俄罗斯共和国之间的争议问题上作出了不同的规定，则从其规定。

第四章　投资者的权利和义务

第 14 条　投资者的权利

投资者有权依照白俄罗斯共和国法律实现自己的财产性质的和非财产性质的权利。

投资者对于知识产权客体拥有各项排他的权利。

投资者及（或）有投资者参加的依规定程序成立的商业组织有权依照白俄罗斯共和国关于保护和使用土地的法律法规的规定要求获得土地供其使用、租赁、所有。

第 15 条　成立商业组织的权利

投资者可以在白俄罗斯共和国以任何金额的投资以白俄罗斯共和国法律法规规定的任何法律组织形式成立商业组织，但须考虑本法第 6 条设置的限制。

不论是否有外国投资者参加其中，在白俄罗斯共和国成立和登记商业组织按照白俄罗斯共和国法律法规规定的程序进行。

外国投资者在成立商业组织，购买股票、股份、商业组织资产当中的份额包括在增加商业组织注册资本的情况下有权以外币及（或）白俄罗斯卢布出资，也可以按照白俄罗斯共和国法律法规的规定以具有价值评估的非货币资产出资。

第 16 条　享有优惠政策和优先权的权利

投资者在优先活动方向（经济部门）进行投资时以及在白俄罗斯共和国法律及（或）对白俄罗斯共和国具有约束力的国际法规定的其他情形下有权根据白俄罗斯共和国法律和对白俄罗斯共和国具有约束力的国际法的规定享有优惠政策和优先权。

第 17 条　与白俄罗斯共和国订立合同的权利

投资者有权根据白俄罗斯共和国法律法规规定的程序和条件与白俄罗斯共和国订立与实施投资有关的合同。

为开展投资创造补充条件，投资者有权与白俄罗斯共和国订立投资合同。

与白俄罗斯共和国的投资合同根据依照白俄罗斯共和国法律确定的国家机关或国家组织的决定订立。

与白俄罗斯共和国的投资合同应当确定：

投资对象、投资金额、实施期限和条件；

投资者和白俄罗斯共和国的权利和义务；

合同各方不遵守合同条件应当承担的责任；

根据白俄罗斯共和国法律确定的其他条件。

第 18 条　吸纳外国公民和无国籍人到白俄罗斯共和国从事劳务活动的权利

投资者及（或）有投资者参加按规定程序成立的商业组织有权根据劳动合同按照白俄罗斯共和国法律法规的规定吸纳包括没有白俄罗斯共和国常住许可的外国公民和无国籍人到白俄罗斯共和国从事劳务活动。

第 19 条　投资者的义务

投资者必须：

遵守白俄罗斯共和国宪法和依照宪法通过的白俄罗斯共和国法律法规；

不采用恶意竞争行为以及旨在不允许、排除或者限制竞争，损害他人权利、自由、合法利益的行为（不作为）；

履行白俄罗斯共和国法律法规规定的其他义务。

第五章　附则

第 20 条　对白俄罗斯共和国投资法典的修改

2001 年 6 月 22 日白俄罗斯共和国投资法典的第一、第二、第四和第五编删除。

第 21 条　过渡条款

在白俄罗斯共和国的相关法律法规调整至与本法相符之前，其不与本法相抵触的部分依然适用，除非白俄罗斯共和国宪法另有规定。

在本法生效之前被认定为有外国投资者参加的商业组织，有权：

在后者退出之前在名称中使用指向外国投资者参加的称谓；

如果至本法生效之时尚未按照章程（对于仅按照设立合同行事的商业组织，为设立合同）注明的金额形成注册资本，则在自本法生效之时起两年内按上述金额形成注册资本；

按照白俄罗斯共和国法律法规规定的程序变更章程（对于仅按照设立合同行事的商业组织，为设立合同）注明的注册资本，使其不低于白俄罗斯共和国法律法规所规定的最低限度。

第 22 条　实施本法规定的措施

责成白俄罗斯共和国部长会议在六个月期限内：

负责整理白俄罗斯共和国法规使其与本法相符；

采取实施本法规定所需要的其他措施。

第 23 条　本法的生效

本法依以下次序生效：

第 1~21 条，自本法正式公布之时起六个月后生效；

第 22 条，自本法正式公布后生效。

白俄罗斯共和国反垄断和发展竞争法

(2013 年 12 月 12 日颁布)

本法确定反垄断和反不正当竞争的组织和法律基础，旨在保障发展正当竞争、建立市场和让市场有效运作的条件。

第一章 总则

第 1 条 本法所使用的基本术语及其定义

1. 本法使用以下基本术语及其定义：

1.1 上下游协议系指不构成竞争对手关系的经营主体之间一方购买商品或者为潜在购买者，另外一方提供商品或者为潜在提供者之间的协议。

1.2 可相互替代（类似）商品系指就功能、使用、质量和技术特点、价格（费率）及其他特征而言不同的商品具有可比性，以至于用户在消费时，包括为生产目的消费时可以用一种来替代另外一种的商品。

1.3 国家垄断系指社会关系的体系，在该体系下只有个别国家机构或者法律专门授权的其他经营主体才有权代表国家从事个别种类活动包括经营活动。

1.4 国家特惠系指国家通过转交国有财产和其他民法客体或者提供国家支持措施的办法向个别经营主体提供的用以保障后者更为优惠的经营条件的优惠。

1.5 国家机构系指白俄罗斯共和国国民银行、白俄罗斯共和国总统事务管理局、白俄罗斯国家科学院、白俄罗斯共和国总统下属的其他国家机构和国家组织、白俄罗斯共和国政府下属的中央国家管理机构和其他国家组织、地方执行和支配机构。

1.6　组群系指符合以下一个或者数个特征的自然人及（或）法人的集合体：

公司（合伙）同自然人或法人，如果此等自然人或法人因参股该公司（合伙）或者依据他人授予的权限（包括根据协议取得的权限），拥有该公司（合伙）百分之五十以上的表决权；

经营主体同自然人或法人，如果此等自然人或法人履行该经营主体单人执行机构的职责；

经营主体同自然人或法人，如果此等自然人或法人根据该经营主体的设立文件或者与该经营主体之间订立的合同（协议）有权向该经营主体发出有约束力的指令；

多个经营主体，如果这些经营主体的集体执行机构及（或）董事会成员的百分之五十以上为同一些自然人；

自然人、其配偶、父母、收养人、子女（包括被收养人）、亲兄弟和亲姐妹；

其中的每一个人根据本项第2~6段所列明的任一特征与同一人属于一个组群的数人，以及同此等人当中之任何一位根据本项第2~6段所列明的任一特征属于一个组群的其他人；

公司（合伙）同根据本项第2~7段所列明的任一特征进入一个组群的数个自然人及（或）法人，如果此等数人因参股该公司（合伙）或者依据他人授予的权限拥有该公司（合伙）百分之五十以上的表决权。

1.7　歧视性条件系指在考虑到白俄罗斯共和国参加的国际条约所规定的条件、限制和特点的前提下，一个或者数个经营主体在商品的市场准入、生产、交换、消费、采购、销售和其他交流方面与其他一个或者数个经营主体相比较处于不平等地位的条件。

1.8　竞争对手系指在同一市场从事经营活动的经营主体。

1.9　竞争系指经营主体之间的博弈，在其中每一方以自己的独立行为排除或者限制任何一方单方面影响商品在市场流通的主要条件的可能性。

1.10　对经济活动的协调系指不与经营主体属于同一组群且不在同一市场从事经营活动的第三方对经营主体的行为所进行的协调。

1.11　间接控制系指法人或者自然人通过其能够直接控制的法人影响另

外法人的决策的能力。

1.12 垄断活动系指经营主体、国家机构与本法不相符合的，旨在不允许、限制或者排除竞争的行为（不作为）。

1.13 垄断高价系指占据支配地位的经营主体设定的高于生产和销售商品所需的支出及利润之和，以及高于就用户或销售者的组成、商品流通和市场准入条件、国家调整〔包括税收或早先在该市场上设立的价格（费率），如果此等价格（费率）系在竞争条件下形成〕等方面具有可比性的市场在竞争的条件下所形成的价格（费率）的价格（费率）。

1.14 垄断低价系指占据支配地位的经营主体设定的低于生产和销售商品所需的支出及利润之和，以及低于就用户或销售者的组成、商品流通和市场准入条件、国家调整（包括税收）等方面具有可比性的市场在竞争的条件下所形成的价格（费率）的价格（费率）。

1.15 不正当竞争系指一个或者数个经营主体以获取经营活动优势为目的，与本法、其他反垄断法律法规或者善意和合理原则不相符合的且可能导致或者已经导致其他竞争对手损失或对其商誉造成损害的行为。

1.16 用户系指有意订购、购买或者正在订购、购买及（或）使用商品的民法主体，如果在消费的情况下商品包括另外一个商品的组成部分为已经完成的或者正在实施的民事交易的标的物。

1.17 销售方系指让渡或者有意让渡商品的经营主体。

1.18 直接控制系指法人或自然人通过以下一个或者数个行为影响法人决策的能力：

在其执行机构履职；

取得法人经营决策的权利；

支配法人百分之五十以上的表决权。

1.19 协议系指包含在一份或者数份文件当中的书面一致意见，或者口头达成的一致意见。

1.20 商品系指所有种类的可以成为买卖、互易交易的标的物或者以其他方式进行流通的民法客体，以及法律所不禁止的包括金融服务在内的以有偿形式向用户提供的、可能提供的或者惯常提供的工作和服务。

1.21 市场系指在白俄罗斯共和国或其部分范围内没有替代物或者可相

互替代（类似）商品的商品流通领域，其根据用户在经济上、技术上或其他因素上是否能够或者值得在相应范围内购买商品以及在其范围之外缺乏此种可能性和合理性所确定。

1.22 经营主体系指从事及（或）有权从事经营活动的法人和个体经营者。

1.23 价格（费率）系指单位商品价值的金钱表述，以及任何的折扣、加价、租金、酬金。

1.24 经济集中系指对竞争态势产生或者可能产生影响的交易和其他行为，包括商业组织的设立及其以新设合并或吸收合并形式的重组、商业组织联合体的设立及重组，也包括经营主体的股权交易。

2. 其他术语的定义包含在本法的个别条文当中。

3. 为本法之目的，组群视作统一的一个经营主体。本法对于经营主体的规定同样适用于组群。

第2条 反垄断立法

1. 反垄断立法建立在白俄罗斯共和国宪法的基础上，由本法和其他法律法规组成，包括白俄罗斯共和国参加的国际条约。

2. 如果白俄罗斯共和国参加的国际条约作出了与本法不同的规范，以国际条约的规范为准。

第3条 反垄断和发展竞争领域国家政策的基本原则

反垄断和发展竞争领域的国家政策建立在以下原则之上：

反垄断法律以同等程度和同等条件适用于所有经营主体，与法人的所有制形式、法律组织形式和注册地、自然人的国籍、居住地、财产和职务状况及其他情况无关（反垄断法律规范适用的平等原则）；

禁止国家机构及其公职人员不允许、限制或者排除竞争的文书和行为（不作为）（不允许国家机构反竞争行为的原则）；

确保对反垄断法律的遵守包括对被认定为经济集中的交易和其他行为在为维护和发展竞争所需的程度上实施有效监督（确保对经济集中实施有效监督的原则）；

对于实施不允许、限制或排除竞争的行为的经营主体、法人经营主体的负责人、国家机构、国家机构公职人员以及不属于经营主体的自然人，根据有错必纠、罪罚相当的原则进行有效制裁（对破坏竞争的行为进行有效制裁的原则）；

反垄断机构在反垄断和发展竞争领域实施的国家政策的信息透明，包括通过在媒体和自己的官方网站登载关于自己活动的信息（信息透明原则）。

反垄断机构同其他国机构、被授权的外国机构为在反垄断和发展竞争领域实施有效的国家政策所需的程度上开展合作（有效合作原则）。

第4条　本法适用范围

1. 本法在白俄罗斯共和国全境内有效，适用于有经营主体、法人经营主体负责人、国家机构及其公职人员在市场活动过程中参与的关系，以及有经营主体、法人经营主体负责人、国家机构及其公职人员以及不属于经营主体的自然人参与的，与反垄断和反不正当竞争、市场创建和有效运转有关的关系。

2. 本法规范也适用于商品为有限流通客体的市场关系，除非包含此等商品流通规则的法律有不同规定。

3. 本法也在以下情况下适用：

3.1　经营主体、法人经营主体负责人、国家机构及其公职人员以及不属于经营主体的自然人在白俄罗斯共和国境外实施导致或者可能导致不允许、限制或排除在白俄罗斯共和国市场竞争的行为（不作为）；

3.2　在白俄罗斯共和国境内注册的经营主体在白俄罗斯共和国境外实施被本法界定为经济集中的行为。

4. 在考虑关于天然垄断的法律法规特别规定的前提下，本法适用于天然垄断主体。

5. 对于国家垄断的经营主体，本法规定完全适用，除非白俄罗斯共和国总统有不同规定。

第5条　支配地位

1. 支配地位系指一个或数个经营主体所具有的有能力对商品在相应市场的流通的主要条件施加关键影响及（或）从市场中排除其他经营主体及（或）给其他经营主体的准入造成困难的独有地位。

2. 占据市场份额百分之三十五及以上的经营主体认定具有支配地位，

或者虽然市场份额低于百分之三十五，但反垄断机构根据经营主体单方面决定价格（费率）及对商品在相应市场销售的主要条件的决定能力，其他经营主体进入市场的经济、技术、行政或其他的限制，经营主体已经在多长期间内有能力对商品在市场流通的基本条件施加关键影响等因素，认定经营主体具有支配地位，但本条第 4 款规定的情况除外。

3. 除本条第 4 款规定的情况之外，如果满足下列全部条件，则数个经营主体当中的每一个都认定为具有支配地位：

3.1 某一种商品在市场上占有最大份额的两个经营主体所占有的市场份额为百分之五十四及以上，或者占有最大份额的三个经营主体所占有的市场份额为百分之七十八及以上，或者每个的份额大于其他经营主体份额的四个及以上经营主体所占有的市场份额为百分之九十五以上；

3.2 在不少于一年的期间内，或者如果市场存在的时间还少于一年则在市场存在的时间内经营主体的市场份额没有改变或者改变极少，或者新的竞争者市场准入受阻。

4. 除本条第 5 款规定的情况之外，如果经营主体的市场份额不超过百分之十五，不得认定为具有支配地位。

5. 处于天然垄断状态的市场的经营主体认定为具有支配地位。在天然垄断条件下提供服务的经营主体应当按照关于天然垄断的法律所规定的程序列入天然垄断经营主体登记簿。

6. 一旦确定一个经营主体被确认具有市场支配地位，其即被列入具有市场支配地位经营主体国家登记簿，但本条第 5 款规定的情况除外。为了阻止滥用市场支配地位，一旦查明市场支配地位，反垄断机构在法律监督框架内对该经营主体的产量、价格（费率）水平和其他经营活动的指标进行监督。

经营主体丧失市场支配地位、经营主体注销（停止活动）为将经营主体从市场支配地位国家登记簿除名的依据。

第二章　反垄断和发展竞争领域的国家调整

第 6 条　反垄断和发展竞争领域的国家政策

1. 反垄断和发展竞争领域国家政策的基本方向由白俄罗斯共和国总统确定。

2. 白俄罗斯共和国部长会议确保反垄断和发展竞争领域国家政策的实施。

3. 被专门授权的国家机构（及其下属部门）执行反垄断和发展竞争领域的国家政策。

4. 其他国家机构在各自的权限范围内协助反垄断和发展竞争领域国家政策的执行。

第 7 条　反垄断机构

反垄断和发展竞争的职能由依照法律被授权的中央国家管理机构通过相应的下属部门（在白俄罗斯共和国层面的市场执法中）和州（明斯克市）执行委员会下属部门〔在州（明斯克市）层面的市场执法中〕履行。

第 8 条　反垄断机构的职能

反垄断机构履行以下基本职能：

执行反垄断和发展竞争领域的国家政策；

监督国家机构、经营主体和不属于经营主体的自然人遵守反垄断法律的情况；

查明违反反垄断法的事实，对国家机构、经营主体和不属于经营主体的自然人的垄断、不正当竞争和其他违反反垄断法的行为采取措施进行干预；

促进正当竞争的发展。

第 9 条　反垄断机构的权力

1. 反垄断机构有以下权力：

1.1 受理经营主体、国家机构和不属于经营主体的自然人关于违反反垄断法（包括不正当竞争）和关于经营主体的协议和其他行为是否符合反垄断法律的咨询（建议、申请、投诉）。

1.2 根据现有的或者收到的文件及（或）信息作出是否具有违反反垄断法律的事实。

1.3 根据法律规定的程序进行反垄断法遵守情况的检查，取得必要的文件和信息、书面及（或）口头解释。

1.4 依照法律对反垄断领域的行政违法案件立案办理。

1.5 向经营主体、法人经营主体负责人作出有强制执行力的决定：

要求经营主体停止滥用支配地位并采取旨在保障竞争的措施；

要求停止限制竞争的协议及（或）经营主体的一致行动并采取旨在保障竞争的措施；

要求停止不正当竞争；

要求不得实施可能成为竞争出现的障碍及（或）可能导致不允许、限制或排除竞争及违反反垄断法的行为；

要求停止其他违反反垄断法的行为；

要求消除违反反垄断法的后果；

在反垄断机构认定当事人违反反垄断法的事实，被侵权或者可能被侵权的当事人提出了相应的要求，反垄断机构对于反垄断法的实施包括经济集中进行监督的情况下，要求当事人改变商号或者限制商号使用；

为消除歧视性条件或者警告歧视性条件的产生，要求完成经济的、技术的、信息的和其他的条件。

1.6 向国家机构、国家机构公职人员作出具有约束力的以下指令：

关于取消或者改变与反垄断法律不相符合的法律文件；

关于终止或者变更与反垄断法律不相符合的协议；

关于终止其他违反反垄断法律的行为；

关于实施确保竞争的行为。

1.7 按照规定程序向法院提起针对违反反垄断法的行为的诉讼：

要求认定与反垄断法律不相符合的包括对经营活动造成不合理阻碍的国家机构法律文件全部或者部分无效；

要求认定与反垄断法律不相符合的合同全部或者部分无效；

要求责成订立合同；

要求变更或者解除合同；

要求强制执行反垄断机构的决定及（或）指令。

1.8 将违反反垄断法律的案件移交法院以追究当事人责任。

1.9 参加法院对与反垄断法律的适用及（或）违反反垄断法律案件有关的审理。

1.10 对市场状况进行分析和评估。

1.11 认定经营主体的支配地位。

1.12 在监督反垄断法实施的职责框架范围内监督经营主体、国家机构以及不属于经营主体的自然人的活动,包括在以下情况下:

占据支配地位的经营主体改组成股份公司;

商业组织以新设合并和吸收合并的形式重组;

以另外一家商业组织的股票(股份)及(或)其他财产作为注册资本设立商业组织,或者被设立的商业组织根据交接书或者资产负债分割表取得另外一家商业组织的股票(股份)及(或)其他财产但对于此等股票(股份)依照本项第6~9段设置了监管;

以控股集团、协会、联盟、国有联合体等形式设立经营主体联合体;

在某类市场占据支配地位的经营主体购买在同一类市场从事经营活动的另外一个经营主体的股票(股份);

经营主体或不属于经营主体的自然人购买占据市场支配地位的经营主体百分之二十五及以上股票(股份),或者其结果导致经营主体或不属于经营主体的自然人出现能够影响占据市场支配地位的经营主体决策的可能性的其他交易;

经营主体或不属于经营主体的自然人以包括资产托管合同、一致行动合同或委托合同在内的形式取得另外一个经营主体的股票(股份),以至于此等人取得后者百分之二十五以上的股票(股份),而在此之前经营主体或不属于经营主体的自然人并不支配后者的股票(股份)或者支配不超过百分之二十五,或者如果前者原先已经支配后者不少于百分之二十五但不多于百分之五十的股票(股份),但购买后将取得百分之五十的股票(股份);

同一些经营主体和不属于经营主体的自然人取得参加在可相互替代的(相似的)商品市场从事活动的两个及更多经营主体的执行机构、董事会或其他管理机构的权力,且上述经营主体和不属于经营主体的自然人能够决定该等经营主体经营活动的条件。

1.13 分析在相关市场占据支配地位的经营主体的经营活动。

1.14 保持占据市场支配地位的经营主体的国家登记簿。

1.15 根据在反垄断和发展竞争领域内被授权的中央国家管理机构规定的程序同占据市场支配地位的法人订立确定排除该等经营主体垄断活动的强制条件以及商品价格(费率)变化极限的协议。

此等协议生效的条件由反垄断机构确定。

1.16 向国家机构和经营主体提出在各自的权限范围内采取措施促进市场和竞争的建议。

1.17 行使本法和其他法律法规规定的其他职权。

2. 除本条第1款所列职权之外，在反垄断和发展竞争领域内被授权的中央国家管理机构还行使以下职权：

2.1 提出关于在反垄断和发展竞争领域国家政策制定和实施的建议。

2.2 制订及在自己的权限范围内颁布反垄断和发展竞争领域的规范性法律文件，包括确定：

占据市场支配地位的经营主体的国家登记簿启动和保持办法；

认定违反反垄断法事实的程序；

经营主体支配地位的确定办法。

2.3 参与可能限制或者排除市场竞争或者导致经营主体市场支配地位产生或者加强的规范性法律文件草案的协商。

2.4 全部或部分取消各州（明斯克市）执行委员会履行反垄断和市场监督职能的下属机构作出的不合法、没有合理依据的决定及（或）指令。

2.5 就反垄断机构权限范围内的问题开展国际合作。

2.6 归纳和分析反垄断法律适用的实践，制订反垄断法律实施的指导意见。

2.7 依照法律对反垄断法律法规的适用问题进行解释。

2.8 在法律规定的情况下并按照法律规定的程序，对经营主体、法人经营主体和国家机构的负责人、不属于经营主体的自然人违反反垄断法的行为追究责任。

2.9 确定以下问题是归属在反垄断和发展竞争领域内被授权的中央国家管理机构还是各州（明斯克市）执行委员会履行反垄断和市场监督职能的下属机构：

受理经营主体、国家机构和不属于经营主体的自然人提出的申请，包括本法第14条第3款、第17条第2款、第18条第2款和第19条第2款规定的申请；

提起诉讼，包括本法第20条第1款和第21条规定的诉讼。

第 10 条 反垄断机构保守商业秘密、公务秘密和其他受法律保护的秘密的义务

1. 反垄断机构在履行职责过程中获取的商业秘密、公务秘密和其他受法律保护的秘密，禁止泄露，但法律有规定的情况除外。

2. 反垄断机构工作人员泄露商业秘密、公务秘密和其他受法律保护的秘密的，依法承担责任。

第 11 条 反垄断和发展竞争领域内的相互协作

1. 反垄断机构和其他国家机构在各自的权限范围内就反垄断和反不正当竞争，对反垄断法律实施的国家监督包括对经济集中、发展市场竞争和信息互通方面进行相互协作。

2. 在反垄断和发展竞争领域内被授权的中央国家管理机构依照白俄罗斯共和国参加的国际条约同其他国家的反垄断机构通过向对方发送通报、要求对方提供信息、双方开展磋商、向对方通报涉及该国利益的案件的审理情况、按照其他国家的反垄断机构的请求审理案件（采取其他行动）并将结果通知对方的方式进行相互协作。

第三章 对垄断行为和不正当竞争的禁止

第 12 条 禁止经营主体滥用支配地位

占据支配地位的经营主体不得有导致或者可能导致不允许、限制或者排除竞争及（或）损害其他经营主体利益的行为（不作为），包括不得有以下行为（不作为）：

阻碍其他经营主体进入市场（离开市场）；

设立、维持对商品的垄断高价或者垄断低价；

将商品撤出流通以抬高商品价格（费率）；

在经济上或技术上没有依据地削减或停止生产某种商品，如果对该种商品存在需求或者下达了订单且生产该商品存在利润；

在有能力生产或供应的情况下，在经济上或技术上没有依据地拒绝或逃避与某些用户订立合同；

在经济上、技术上或者其他方面没有依据地对同一种商品设立不同的价格（费率）；

强迫用户接受经济上或技术上没有依据的对用户不利的或者与合同标的无关的合同条件，包括搭售商品；

订立限制他人在同第三人之间的合同中商议价格（费率）及（或）供货条件的自由的协议，以及强加此等条件或者如果用户拒绝接受此等条件则拒绝与用户订立合同；

与卖方及（或）用户之间订立导致对商品的生产或销售市场进行限制或设置监督的协议；

在同等条件下对不同的用户采用不同的态度，致使用户处于不平等的竞争条件，包括在合同中加入歧视性条件使一些用户同其他经营主体相比处于不平等地位。

第 13 条 对限制竞争的协议和经营主体一致行动的禁止

1. 除依照本法第 14 条第 2 款所允许的上下游协议外，禁止经营主体之间的协议和一致行动，如果能够认定其导致或可能导致不允许、限制或排除竞争，包括在同一市场经营的竞争者之间具有以下后果的协议和一致行动：

1.1 按区域原则、交易量、商品种类、数量和品种及其价格（费率）、卖方或用户群体划分市场；

1.2 排除或限制其他经营主体进入市场；

1.3 设定、抬高、压低或维持价格（费率），包括对同一种商品的不同价格；

1.4 抬高、压低或维持拍卖会的价格；

1.5 经济上或技术上没有依据地削减及（或）停止商品的生产；

1.6 经济上或技术上没有依据地拒绝同某些卖方或用户订立合同。

2. 依照本条第 1 款被禁止的经营主体的一致行动，系指市场上的经营主体满足全部下列条件的行动：

2.1 经营主体的行动为其中的每一个所预先知悉；

2.2 此等行动的结果符合每一个经营主体的利益；

2.3 上述每一个经营主体的行动系由其他参加一致行动的经营主体的行动所导致，而非为同等影响市场全部经营主体的事件的后果，此等影响市场全部经营主体的事件可以是受管控价格（费率）的改变、生产原料价格的改变、世界市场价格的改变、在不少于一年的时间内如果相应商品市场的存在还少于一年则在其存在期间对商品需求的重大改变以及其他事件。

3. 除本法第14条第2款所允许的上下游协议外，经营主体之间不得订立上下游协议，如果：

3.1 协议导致或可能导致规定商品转售的价格，但卖方规定最高转售价格的不在此列；

3.2 协议规定用户不得销售卖方竞争对手的商品，但用户销售特定商标的商品或者卖方或生产商特定化的商品的协议不受此限制。

4. 法人和自然人不得协商经营主体的经济活动，如果此等协商导致或者可能导致本条第1款及（或）第3款列明的后果。

5. 本条的要求不适用于实施智力活动成果专有权以及民事流通和商品个性化手段专有权的协议。

6. 本条规定不适用于构成一个组群的经营主体之间的协议，如果一个经营主体对另外一个经营主体具有直接或间接的控制，或者此等经营主体处于同一个人的直接或间接控制下。

第14条 经营主体之间可能被允许的协议和一致行动

1. 除本条第2款所允许的上下游协议之外，本法第13条第1款所规定的协议和一致行动也可被反垄断机构所允许，如果此等协议和一致行动并不向经营主体施加非为实现协议和一致行动的目的所必需的限制，且并不在相应市场造成不允许、限制或排除竞争的可能性，且经营主体能够证明，此等协议和一致行动具有以下结果：

1.1 有助于完善商品生产（销售）或鼓励技术（经济）进步，以及提高白俄罗斯共和国生产的商品在国际市场的竞争力；

1.2 用户从相关人实施此等行动获得的优势（益处）中相应得益。

2. 在以下情况下可以允许上下游协议存在：

2.1 此等协议为一揽子经营许可（特许经营）；

2.2 作为此等协议参加者的每一个经营主体的市场份额不超过百分之十五。

3. 有意订立依照本条第1款可能被允许的协议的经营主体，有权以书面形式申请反垄断机构审查协议草案是否与反垄断法律相符。

对于本款第1部分所指申请的必要信息的内容和提交形式的要求，以及申请审查方式,由在反垄断和发展竞争领域内被授权的中央国家管理机构确定。

第 15 条 对国家机构限制竞争的文件和行为(不作为)、协议、一致行动的禁止

1. 禁止国家机构以任何形式同其他国家机构或经营主体之间达成的,具有或可能具有不允许、限制或排除竞争及(或)损害法人和自然人的权利、自由和合法利益的后果的协议,包括以下为目的的协议和一致行动(不作为):

1.1 按区域原则、交易类别、交易量、商品种类、数量和品种及其价格(费率)、卖方或用户群体划分市场;

1.2 限制市场准入和市场退出,排除经营主体;

1.3 经济上、技术上和其他方面没有合理依据地对同一种商品设定不同价格(费率);

1.4 非法抬高、压低或维持商品价格(费率)。

2. 除非白俄罗斯共和国总统法令另有规定,国家机构不得通过(颁布)法律法规、其他法律文件、订立协议、实施其他行为(不作为),以限制经营主体的独立性,对特定经营主体造成歧视性经营条件,如果此等文件或行为具有或可能具有不允许、限制或排除竞争及(或)损害法人和自然人的权利、自由和合法利益的后果,包括:

2.1 不合理地阻碍在某个经营领域设立新的经营主体;

2.2 禁止经营主体从事特定类别的经营活动,包括禁止生产特定类别的商品;

2.3 非法限制经营主体从事交易的权利;

2.4 禁止或限制商品在白俄罗斯共和国自由流通,对经营主体销售、采购、以其他方式获得商品及交换商品的权利设置其他限制;

2.5 指令经营主体首先向特定用户供应商品或者优先订立合同;

2.6 允许某个经营主体优先获得信息;

2.7 在法律规定的情况之外提供国家优惠政策。

3. 除法律有规定情况以及经营主体被授予国家机构的职能和权力的情况外,国家机构和经营主体的职能不得混同。

第 16 条　对不正当竞争的禁止

1. 禁止包括以下行为在内的不正当竞争：

1.1　可能导致对经营主体、商品或竞争对手的经营活动认知混淆的行为，包括：

经营主体非法在商品、商品包装、招牌上，在展览会和交易会的展示中，在广告材料、媒体和其他文件中使用不属其所有的商号、商品（服务）标志、地理标识，包括将非法使用智力活动成果和民事流通和商品个性化手段的商品投入民事流通；

非法复制另外一个经营主体的商品外观，但复制商品或其部分（部件、零件）纯粹由于技术适用的情况除外；

在另外一个经营主体的商品上采用自己的个性化手段投入民事流通，除非两个经营主体之间就此订立有相关合同。

1.2　在从事经营活动过程中能够丑化经营主体、竞争对手的商品或经营活动，包括由于经营主体直接或者通过他人以任何形式及任何手段传播虚假、不实、不精确和歪曲的信息，包括损害经营主体或其设立人（股东、财产所有人）或其员工的商誉，及（或）能够颠覆人们对经营主体作为商品生产者的信任的行为。

1.3　在从事经营活动过程中能够误导对生产者、特征、消费特性、质量、制作方法和地点、竞争对手商品的适用性或数量的行为，包括通过不正确地比较经营主体自己生产的商品和竞争对手的商品及以任何形式及任何手段传播含有虚假或不实的商品特征比较的、能够影响消费者购买商品时或订立交易时自由选择的信息。

1.4　呼吁其他经营主体，直接或者通过其他人采取行动或以行动相威胁阻挠竞争对手建立业务关系、破坏竞争对手的业务关系、阻碍在本地市场经营的或试图进入本地市场的竞争对手的经营活动。

1.5　以任何形式及任何手段传播关于自己商品的虚假声明和信息以掩盖商品与其用途或其应有的质量、使用特性和其他特性的不符。

1.6　经营主体直接或通过其他人对竞争对手的经营活动的内部捣乱行为，包括向竞争对手的员工提供各种物质的和其他好处以使后者不履行劳动职责或跳槽。

1.7 经营主体在竞争对手从事经营活动或有意进入的市场创造竞争对手亏损或极难经营的条件的行为。

2. 禁止与购买和使用民事流通参加者和商品个性化手段的专有权利有关的不正当竞争。

第四章 经济集中，占据市场支配地位的经营主体的重组

第 17 条 经反垄断机构同意重组经营主体、设立经营主体及其联合体

1. 在实施本法第 9 条第 1 款第 1.12 项第 3~5 段规定的监督的情况下，如果白俄罗斯共和国总统无不同规定，如果被重组的商业组织之一、被设立的商业组织的创设人之一（法人）和被设立的经营主体联合体在以本条第 2 款所指的申请提出前最后一个统计日期为基准的会计报表数据确定的资产账面价值超过十万个基本单位，或者如果被重组的商业组织之一、被设立的商业组织的创设人之一（法人）和被设立的经营主体联合体在重组和设立的年度的上一个会计年度的销售收入超过二十万个基本单位，或者如果上述主体之一被列入占据市场支配地位的经营主体国家登记簿或天然垄断主体国家登记簿，则商业组织的重组、商业组织和经营主体联合体的设立，须经反垄断机构的同意方可实施。基本单位按反垄断机构收到相应申请之日的金额确定。

2. 为取得对本条第 1 款规定的重组商业组织、设立商业组织和经营主体联合体的同意，经营主体向反垄断机构提交申请以及白俄罗斯共和国部长会议规定的文件及（或）信息。

3. 本条第 2 款所指的申请、文件及（或）信息的审查程序，以及对于需要提交的申请、文件及（或）信息的格式和其他要求，由在反垄断和发展竞争领域内被授权的中央国家管理机构在考虑本条规定的前提下确定。

4. 反垄断机构自收到相应申请后三十日内有权根据审查结果作出：

4.1 同意重组商业组织、设立商业组织和经营主体联合体的决定，如果这样做不会导致经营主体市场支配地位的产生或加强，及（或）不允许、限制或排除竞争，不过反垄断机构的同意决定可以包含确保经营主体在市场竞争行为的条件；

4.2 阐明理由的不同意重组商业组织、设立商业组织和经营主体联合

体的决定，如果此等行为会导致经营主体市场支配地位的产生或加强，及（或）不允许、限制或排除竞争，以及如果在审查所提交的文件及（或）材料时发现，其所包含的对于作出决定有关系的信息不实及（或）不完整。

5. 反垄断机构自收到申请后十日内作出拒绝受理申请的决定，如果本条第2款所指文件及（或）信息没有被提交或不符合规定要求。

6. 在可能出现或加强经营主体市场支配地位及（或）不允许、限制或排除竞争的情况下，反垄断机构仍有权作出同意重组商业组织、设立商业组织和经营主体联合体的决定，如果被重组的、被联合的经营主体，被设立的商业组织的设立人证明，其行为具有或可能具有以下结果：

6.1 完善商品生产（销售）或鼓励技术（经济）进步，以及提高白俄罗斯共和国生产的商品在国际市场的竞争力；

6.2 用户从相关人实施此等行动获得的优势（益处）中相应得益。

7. 反垄断机构同意重组商业组织、设立商业组织和经营主体联合体的决定自取得之日起一年内有效。

8. 如果本条第1款规定的商业组织重组、商业组织和经营主体联合体设立由根据本法第1条第1款第1.6项第2段所规定特征属于同一组群的人所实施，则本条规定的关于取得反垄断机构同意的要求不适用。

在本法第9条第1款第1.12项第3～5段规定情况下由根据本法第1条第1款第1.6项第2段所规定特征属于同一组群的人所实施的商业组织重组、商业组织和经营主体联合体设立，在不晚于实施之日起一个月必须书面通知反垄断机构。

第18条 经反垄断机构同意的经营主体股票（股份）交易

1. 在实施本法第9条第1款第1.12项第6～9段规定的监督的情况下，如果其股票（股份）或其权利被购买的经营主体以最后一个统计日期为基准的会计报表数据确定的资产账面价值超过十万个基本单位，或者如果上一个会计年度的销售收入超过二十万个基本单位，则实施该经营主体的股票（股份）交易需要取得反垄断机构的同意。基本单位按反垄断机构收到本条第2款所指的申请之日的金额确定。

2. 为取得本条第1款规定的反垄断机构的同意，法人和自然人向反垄断机构提交申请以及白俄罗斯共和国部长会议规定的文件及（或）信息。

3. 本条第 2 款所指的申请、文件及（或）信息的审查程序，以及对于需要提交的申请、文件及（或）信息的格式和其他要求，由在反垄断和发展竞争领域内被授权的中央国家管理机构在考虑本条规定的前提下确定。

4. 反垄断机构自收到相应申请后三十日内有权根据审查结果作出：

4.1 同意实施交易的决定，如果这样做不会导致经营主体市场支配地位的产生或加强，及（或）不允许、限制或排除竞争，不过反垄断机构的同意决定可以包含排除或减少交易对竞争负面影响的要求，此等要求可以涉及对管理、对财产使用和支配的限制；

4.2 阐明理由的不同意实施交易的决定，如果此等交易可能导致经营主体市场支配地位的产生或加强，及（或）不允许、限制或排除竞争，以及如果在审查所提交的文件及（或）材料时发现，其所包含的对于作出决定有关系的信息不实及（或）不完整。

5. 反垄断机构自收到申请后十日内作出拒绝受理申请的决定，如果本条第 2 款所指文件及（或）信息没有被提交或不符合规定要求。

6. 在可能出现或加强经营主体市场支配地位及（或）不允许、限制或排除竞争的情况下，反垄断机构仍有权作出同意交易的决定，如果交易参加者证明，正在被实施的交易具有或可能具有以下结果：

6.1 完善商品生产（销售）或鼓励技术（经济）进步，以及提高白俄罗斯共和国生产的商品在国际市场的竞争力；

6.2 用户从相关人实施此等行动获得的优势（益处）中相应得益。

7. 反垄断机构同意实施经营主体股票（股份）交易的决定自取得之日起一年内有效。

8. 如果本条第 1 款规定的交易由根据本法第 1 条第 1 款第 1.6 项第 2 段所规定特征属于同一组群的人所实施，则本条规定的关于取得反垄断机构同意的要求不适用。

由根据本法第 1 条第 1 款第 1.6 项第 2 段所规定特征属于同一组群的人所实施的交易，按照本条第 1 款规定不需要取得反垄断机构同意的，在不晚于交易实施之日起一个月必须书面通知反垄断机构。

第 19 条 占据支配地位的经营主体的重组

1. 在实施本法第 9 条第 1 款第 1.12 项第 2 段规定的监督的情况下，占据市场支配地位的经营主体改组为股份公司，需要由反垄断机构作出同意的决定。

2. 为取得本条第 1 款规定的反垄断机构的同意，经营主体向反垄断机构提交申请以及白俄罗斯共和国部长会议规定的文件及（或）信息。

3. 关于占据支配地位的经营主体改组为股份公司的相关申请、文件及（或）信息的审查程序，以及对于需要提交的申请、文件及（或）信息的格式和其他要求，由在反垄断和发展竞争领域内被授权的中央国家管理机构在考虑本条规定的前提下确定。

4. 反垄断机构自收到相应申请后三十日内有权根据审查结果：

4.1 作出同意占据支配地位的经营主体改组为股份公司的决定。

4.2 在占据支配地位的经营主体强制剥离所属部门组成法人的前提下，作出同意占据支配地位的经营主体改组为股份公司的决定，如果：

下属部门在组织上及（或）地域上可以单独存在；

下属部门之间不存在紧密的技术上的相互联系；

下属部门的经营领域分成狭窄的门类；

由于经济上或政治上的原因不可能引入其他经营主体到相应的市场来。

5. 本条第 4 款规定的反垄断机构的同意决定，可以包含确保经营主体在市场竞争行为的条件。

6. 反垄断机构自收到申请后十日内作出拒绝受理申请的决定，如果本条第 2 款所指文件及（或）信息没有被提交或不符合规定要求。

7. 反垄断机构同意占据市场支配地位的经营主体重组的决定自取得之日起一年内有效。

第 20 条 法人经营主体的强制拆分，从经营主体中强制性分离出一个或数个经营主体

1. 如果占据支配地位的法人经营主体违反本法第 12、13、15 和 16 条规定的禁止行为，法院根据反垄断机构的诉讼有权作出强制拆分此等法人经营主体或从其中强制性分离出一个或数个法人经营主体的决定。

如果法人经营主体在一年当中两次因违反本法第 12、13、15 和 16 条规定的禁止行为被追究责任的，反垄断机构可以提起本款第 1 部分规定的诉讼。

2. 如果具备以下全部条件，法院为发展竞争的目的作出强制拆分法人经营主体或从其中强制性分离出一个或数个法人经营主体的裁定：

2.1 下属部门在组织上及（或）地域上可以单独存在；

2.2 下属部门之间不存在紧密的技术上的相互联系；

2.3 下属部门的经营领域分成狭窄的门类；

2.4 由于经济上或政治上的原因不可能引入其他经营主体到相应的市场来。

3. 法院关于强制拆分法人经营主体或从其中强制性分离出一个或数个法人经营主体的裁定应当由法人财产所有人（设立人、股东）、由其授权的法人经营主体机构或由法人设立文件授权进行重组的法人经营主体机构执行，在法律法规规定的情况下，也可由外部管理者在遵守法院裁定要求的前提下在法院裁定规定的不少于六个月的期限内执行。

4. 如果市场支配地位系由生产的商品性能优于可相互替代（类似）商品所造成，则自此种商品出现在市场之日起一年内，反垄断机构不得提起强制拆分法人经营主体或从其中强制性分离出一个或数个法人经营主体的诉讼，除非法律有不同规定。

第 21 条 在不取得反垄断机构同意的情况下实行经济集中和占据市场支配地位的经营主体重组的后果

1. 如果需要取得本法第 17 条第 1 款和第 19 条第 1 款规定的反垄断机构同意的行为没有取得同意，或者本法第 17 条第 4 款第 4.1 项和第 19 条第 4、第 5 款规定的反垄断机构同意决定里包含的条件没有被履行，而需要反垄断机构同意的行为已实际实施并导致经营主体市场支配地位的产生或加强，及（或）竞争的限制或排除，法院可以根据反垄断机构的诉讼认定此等行为无效。

2. 如果需要取得本法第 18 条第 1 款规定的反垄断机构同意的经营主体股票（股份）交易没有取得同意，或者本法第 18 条第 4 款第 4.1 项规定的反垄断机构同意决定里包含的条件没有被履行，而需要反垄断机构同意的交易已实际实施并导致经营主体市场支配地位的产生或加强，及（或）竞争的限制或排除，法院可以根据反垄断机构的诉讼认定此等交易无效。

第五章 违反反垄断法律的责任，履行反垄断机构要求的义务

第 22 条 违反反垄断法律的责任

1. 违反反垄断法律的，经营主体、法人经营主体的负责人、国家机构工作人员、不属于经营主体的自然人依照法律承担责任。

2. 本条第 1 款所列被追究责任的人，并不免除执行反垄断机构的决定及（或）指令及实施反垄断法律规定的其他行为的义务。

第 23 条 向反垄断机构提供信息的义务

1. 经营主体、法人经营主体的负责人、国家机构、国家机构负责人、不属于经营主体的自然人，应当根据反垄断机构的要求在其规定的时间内按自己的权限以书面及（或）口头形式向反垄断机构提供文件、解释、信息，包括构成商业秘密、公务秘密和其他受法律保护的秘密的信息。

构成商业秘密、公务秘密和其他受法律保护的秘密的信息，依照法律规定的要求向反垄断机构提供。

2. 经营主体、法人经营主体的负责人、国家机构、国家机构负责人、不属于经营主体的自然人，不在规定期限内按照反垄断机构的要求按自己的权限以书面及（或）口头形式向反垄断机构提供必要的文件、解释、信息的，以及阻挠反垄断机构行使职权及不执行反垄断机构合法指令的，承担法律规定的责任。

第 24 条 执行反垄断机构决定及（或）指令的义务

经营主体、法人经营主体的负责人、国家机构、国家机构负责人、不属于经营主体的自然人，应当在决定及（或）指令规定的期限内执行反垄断机构的决定及（或）指令。

第六章 附则

第 25 条 宣告若干法律及法律的若干条文失效

宣告以下法律及法律条文失效：

白俄罗斯共和国 1992 年 12 月 10 日《反垄断和发展竞争法》；

白俄罗斯共和国 2000 年 1 月 10 日"修改及补充白俄罗斯共和国《反垄断和发展竞争法》的法律"；

白俄罗斯共和国2002年12月2日"修改及补充白俄罗斯共和国《反垄断和发展竞争法》的法律";

白俄罗斯共和国2008年1月5日"关于修改及补充白俄罗斯共和国若干法律及宣告白俄罗斯共和国关于行政责任的若干法律及法律条文失效的法律"第2条;

白俄罗斯共和国2010年1月4日"关于修改及补充白俄罗斯共和国关于办理行政手续的若干法律的法律"第2条;

白俄罗斯共和国2011年12月22日"关于修改及补充白俄罗斯共和国关于预算和税务关系问题的若干法律的法律"第5条;

白俄罗斯共和国最高苏维埃1992年12月10日"关于白俄罗斯共和国反垄断和发展竞争法生效的程序的决定"。

第26条 本法实施措施

1. 责成白俄罗斯共和国部长会议2014年7月1日之前:

将行政法规修改至与本法相符;

采取其他为实施本法所必需的措施。

2. 在法律法规修改至与本法相符之前,其与本法不相抵触的部分适用,除非白俄罗斯共和国宪法另有规定。

第27条 本法的生效

本法以以下程序生效:

第1~25条,自2014年7月1日起生效;

其他条款自本法正式公布之日起生效。

白俄罗斯共和国国家私人合作法

（2015年12月30日颁布）

本法旨在吸引投资发展白俄罗斯共和国经济，确定国家私人合作的法律条件，调整在国家私人合作协议签订、履行和解除过程中形成的社会关系。

第一章 总则

第1条 基本术语及其定义

1. 本法使用以下基本术语及其定义：

国家合作方系指订立国家私人合作协议的，由白俄罗斯共和国总统所授权的国家机构或其他国家组织，由白俄罗斯共和国部长会议所授权的、白俄罗斯共和国部长会议下属的中央国家管理机构或其他国家组织所代表的白俄罗斯共和国和由地方执行和支配机构所代表的行政区域单位；

私人合作方系指订立国家私人合作协议的法人（除单一制国有企业、国家单位和国有联合体以及白俄罗斯共和国或其行政区域单位持有百分之五十以上股权的公司之外）、不具备法人资格的外国组织、个体经营者；

国家私人合作系指国家合作方和私人合作方为整合资源、分担风险，以国家私人合作协议的形式办理一定期限内存续的，符合本法规定的目的、任务和原则的，具有法律效力的互利合作关系；

国家私人合作项目系指符合本法规定的目的、任务和原则的基础设施客体的项目；

国家私人合作项目咨询者系指附随国家私人合作项目的一期或者几期提供咨询、工程、市场、法律和其他服务的法人，不具备法人资格的外国组织、个体经营者；

私人合作方的债权人系指向私人合作方为实施国家私人合作项目提供贷款及（或）借款的银行、非银行金融信贷组织、其他组织；

国家私人合作协议系指国家合作方和私人合作方之间确定双方权利、义务和责任以及国家私人合作项目其他实施条件的书面协议；

相互合作合同系指国家合作方、私人合作方、私人合作方的债权人及（或）其他方之间为实施国家私人合作项目而订立的，确定由于国家私人合作协议的履行而相互合作的条件的民事合同；

基础设施项目系指白俄罗斯共和国及（或）其行政区域单位所有的，或者在国家私人合作项目框架范围内建造的工程、生产、社会和交通基础设施项目；

国家私人合作领域内被授权的国家机构或组织系指由白俄罗斯共和国总统授权代表白俄罗斯共和国的国家机构或其他国家组织，或者由白俄罗斯共和国部长会议授权代表白俄罗斯共和国的白俄罗斯共和国部长会议下属的中央国家管理机构或其他国家组织，由地方代表大会授权代表相关行政区域单位的地方执行和支配机构；

基础设施项目的改造系指通过采用新技术，生产机械化和自动化，用新的、生产效率更高的设备替换老化和磨损设备的方法完善基础设施项目的措施；

对基础设施项目的技术维护系指将基础设施项目按其用途保持在正常、安全和适用状态的措施；

基础设施项目的运营系指按用途对基础设施项目的使用，包括为生产产品和提供服务之目的而加以使用。

2. "设计""建造""改建""修复""修理"等术语在本法中按照2004年7月5日颁布的白俄罗斯共和国《建筑、城建和施工活动法》所确定的含义使用。

第 2 条 国家私人合作的目的和任务

1. 国家私人合作的目的在于集中物质、资金、智力、科技和其他资源，保证各方利益和风险的平衡，吸引非财政资金投入基础设施项目发展。

2. 国家私人合作的基本任务在于：

为白俄罗斯共和国社会经济的稳步发展和国家安全创造条件；

提高居民生活水平；

提高国有资产包括土地资源的利用效率；

发展创新活动和高科技生产；

提高生产的技术水平，完善工艺流程；

发展基础设施项目；

完善用于预警和发现恐怖与其他违法活动的工程技术手段；

有效利用财政资金；

提高向居民销售（提供）的产品（服务）的质量；

提高居民就业水平。

第3条　国家私人合作的原则

国家私人合作建立在以下原则基础之上：

法律至上；

对经济活动进行调节时的社会导向；

公共利益优先；

公开性；

正当竞争；

国家私人合作项目的高效性；

国家合作方和私人合作方之间利益和风险的平衡；

国家合作方和私人合作方的权利平等；

契约自由；

保护环境。

第4条　白俄罗斯共和国关于国家私人合作的立法

1. 白俄罗斯共和国关于国家私人合作的立法建立在白俄罗斯共和国宪法基础之上，由本法和白俄罗斯共和国其他法律法规组成。

2. 如果白俄罗斯共和国参加的国际条约规定了与本法不同的规则，则以国际条约的规则为准。

第5条　国家私人合作的实施领域

国家私人合作可以实施于下列领域的基础设施项目：

道路和交通；

公用事业和公共服务；

卫生；

社会服务；

教育、文化；

体育、运动和旅游；

电力供应；

能源；

石油加工、运输、储存和供应；

天然气运输、储存和供应；

农工生产；

国防和护法活动；

科学和科技活动；

其他领域。

第 6 条　国家私人合作项目的阶段

国家私人合作项目包括以下阶段：

关于实施国家私人合作项目的建议的准备、审议和评估阶段；

作出实施国家私人合作项目决定的阶段；

招标确定签订国家私人合作协议的私人合作方（以下称"招标"）的阶段；

订立和履行国家私人合作协议的阶段。

第二章　国家私人合作领域的国家调整

第 7 条　白俄罗斯共和国总统在国家私人合作领域的权限

白俄罗斯共和国总统在国家私人合作领域：

确定统一的国家政策；

对国家机构和其他国家组织实施国家私人合作项目进行总体领导；

依照白俄罗斯共和国宪法、本法和白俄罗斯共和国其他法律履行其他职权。

第 8 条　白俄罗斯共和国部长会议在国家私人合作领域的权限

白俄罗斯共和国部长会议在国家私人合作领域：

确保落实统一的国家政策。

确定：

关于实施国家私人合作项目的建议的准备、审议和评估程序；

组织和实施招标的程序；

国家私人合作协议国家登记簿的保有程序。

履行白俄罗斯共和国宪法、本法、白俄罗斯共和国其他法律和白俄罗斯共和国总统法令赋予部长会议的其他职权。

第 9 条 白俄罗斯共和国经济部在国家私人合作领域的权限

白俄罗斯共和国经济部在国家私人合作领域在自己的权限范围内：

确保执行统一的国家政策；

协调白俄罗斯共和国部长会议下属的中央国家管理机构和其他国家组织以及地方执行和支配机构的活动；

审议和评估关于实施国家私人合作项目的建议；

审议和会签招标文件；

以派遣代表参加的方式参与招标委员会的工作；

确定对实施国家私人合作项目的建议进行可行性论证的要求；

制定对实施国家私人合作项目的建议进行评估的方法论；

对于与白俄罗斯共和国国家私人合作的法律适用有关的问题进行解释；

同外国和国际法人和不具备法人资格的外国组织进行合作；

给予方法论帮助，提供咨询并制定建议；

依照本法和白俄罗斯共和国其他法律法规履行其他职权。

第 10 条 白俄罗斯共和国财政部在国家私人合作领域的权限

白俄罗斯共和国财政部在国家私人合作领域在自己的权限范围内：

审议和评估关于实施国家私人合作项目的建议；

审议和会签招标文件；

以派遣代表参加的方式参与招标委员会的工作；

依照本法和白俄罗斯共和国其他法律法规履行其他职权。

第 11 条 白俄罗斯共和国国家资产委员会在国家私人合作领域的权限

白俄罗斯共和国国家资产委员会在国家私人合作领域在自己的权限范围内：

审议和评估关于实施国家私人合作项目的建议；

审议和会签招标文件；

以派遣代表参加的方式参与招标委员会的工作；

依照本法和白俄罗斯共和国其他法律法规履行其他职权。

第 12 条　白俄罗斯共和国总统下属的国家机构和其他国家组织、白俄罗斯共和国部长会议下属的中央国家管理机构和其他国家组织在国家私人合作领域的权限

白俄罗斯共和国总统下属的国家机构和其他国家组织、白俄罗斯共和国部长会议下属的中央国家管理机构和其他国家组织在国家私人合作领域在各自的权限范围内：

确保执行统一的国家政策；

准备、审议和评估关于实施国家私人合作项目的建议；

参与国家私人合作；

依照本法和白俄罗斯共和国其他法律法规履行其他职权。

第 13 条　地方代表大会、地方执行和支配机构在国家私人合作领域的权限

1. 地方代表大会在国家私人合作领域内在相应的行政区域单位的范围内在白俄罗斯共和国宪法、本法和白俄罗斯共和国其他法律法规确定的权限范围内推行统一的国家政策。

2. 地方执行和支配机构在国家私人合作领域内在自己的权限范围内：

在行政区域单位的范围内依照本法和白俄罗斯共和国其他法律法规确保执行统一的国家政策；

准备、审议和评估关于实施国家私人合作项目的建议；

审议和会签招标文件；

以派遣代表参加的方式参与招标委员会的工作；

参与国家私人合作；

依照白俄罗斯共和国宪法、本法和白俄罗斯共和国其他法律法规履行其他职权。

第 14 条　被授权的国家机构或者组织在国家私人合作领域的权限

被授权的国家机构或者组织在国家私人合作领域：

组织招标，组建招标委员会，确定招标日期，批准招标条件和招标文

件，接受投标申请；

以白俄罗斯共和国的名义或其相关的行政区域单位的名义签订国家私人合作协议；

依照本法和白俄罗斯共和国其他法律法规履行其他职权。

第三章 关于实施国家私人合作项目的建议的准备和关于实施国家私人合作项目的决定的作出

第 15 条 关于实施国家私人合作项目的建议的准备

1. 提出国家私人合作项目动议的白俄罗斯共和国总统下属的国家机构和其他国家组织、白俄罗斯共和国部长会议下属的中央国家管理机构和其他国家组织、地方执行和支配机构（以下称"国家机构和组织"）准备关于实施国家私人合作项目的建议。

2. 法人、不具备法人资格的外国组织、个体经营者有权对国家私人合作项目的实施提出建议。

3. 实施国家私人合作项目的建议的准备、审议和评估按照白俄罗斯共和国部长会议确定的程序进行。

4. 关于实施国家私人合作项目的建议应当包含：

可行性论证；

国家私人合作协议草案；

白俄罗斯共和国部长会议确定的其他文件。

5. 国家机构和组织在自己的年度预算规定的资金范围内，或者利用白俄罗斯共和国法律所不禁止的其他资金来源，有权依照白俄罗斯共和国法律法规在项目的任何阶段聘请国家私人合作项目咨询人员。

招标文件及（或）国家私人合作协议可以规定，支付国家私人合作项目咨询服务的费用由私人合作方全部或者部分补偿。

第 16 条 国家私人合作项目实施决定的作出

国家私人合作项目实施决定按以下方式作出：

如果国家合作方是白俄罗斯共和国总统所授权的国家机构或者其他国家组织所代表的白俄罗斯共和国，则决定由白俄罗斯共和国总统作出；

如果国家合作方是白俄罗斯共和国部长会议所授权的、白俄罗斯共和国部长会议下属的中央国家管理机构或者其他国家组织所代表的白俄罗斯共和国，则决定由白俄罗斯共和国部长会议作出；

如果国家合作方是由相关地方执行和支配机构所代表的白俄罗斯共和国行政区域单位，则决定由地方代表大会作出。

第四章 招标

第 17 条 签订国家私人合作协议的私人合作方的选定

1. 签订国家私人合作协议的私人合作方依照本法按照白俄罗斯共和国部长会议确定的程序通过招标选定，但本条第 3 款和第 23 条第 3 款规定的情形除外。

2. 招标由投标者初选和确定中标者两个阶段组成。

3. 在以下情况下可以不经招标确定签订国家私人合作协议的私人合作方：

由于不可抗力或者其他紧急状态导致无法招标的情况下国家合作方需要对基础设施项目进行设计、建造及（或）改建、修复、修理、升级以及技术维护及（或）运行的；

为保障白俄罗斯共和国国防能力和国家安全。

第 18 条 招标的基本原则

招标需要准守本法第 3 条所确定的国家私人合作关系原则和以下原则：

透明和公开；

各投标方权利和合法利益平等；

对各投标方的要求一致；

招标委员会对标书客观评价。

第 19 条 招标委员会

1. 为组织和进行招标，在国家私人合作领域内被授权的国家机构或组织组建招标委员会。

招标委员会成员包括相关国家机构和组织的代表，也可包括白俄罗斯共和国国民会议代表院代表及共和国院成员、相关地方代表大会代表、社会团体、法人及（或）个体经营者联合体（协会和联盟）和其他组织的代表。

2. 招标委员会工作规程由在国家私人合作领域内被授权的国家机构或组织批准。

3. 招标委员会：

对投标者的标书进行评审；

确定中标者；

依照本法和白俄罗斯共和国其他法律法规履行其他职权。

4. 根据招标结果招标委员会形成纪要。

第 20 条　投标者初选

1. 招标委员会对于投标者是否具备履行国家私人合作协议所需要的能力和资质进行初步筛选。

2. 投标者（法人、不具备法人资格的外国组织）应当：

不处于破产和重组阶段（有另外一个法人并入的法人除外），其财产没有被查封，其财务和经营活动没有依照白俄罗斯共和国及其注册国的法律被中止；

不是早前由于不履行或者不当履行自己的义务而被终止的与白俄罗斯共和国之间的国家私人合作协议、特许或者投资合同的当事一方；

拥有不少于招标文件所确定数额的自有资金，所谓自有资金是指以合法手段获得、投标者拥有所有权和经营权的资金，但借贷资金除外；

符合招标文件向投标者所提出的其他要求。

3. 投标者（个体经营者）应当符合本条第 2 款第 3～5 段所规定的要求，其财产没有被查封，其经营活动没有处于终止状态。

4. 投标者为证明其符合本条第 2 款第 2～4 段所规定的要求，应当按照招标文件的规定向招标委员会提交以下文件：

对于白俄罗斯共和国法人和个体经营者而言，国家登记证书的复印件；

对于外国和国际法人、不具备法人资格的外国组织而言，经认证的注册国工商登记目录的摘录或者依照注册国法律证明组织的法律地位的其他同等证明〔摘录的日期不应晚于投标申请提交日一年，应译成白俄罗斯语或者俄语（翻译签字的真实性应经公证）〕；

依照本条第 2 款第 4 段证实投标者具有自有资金的审计结论。

5. 不符合要求及（或）没有依照本条第 2～4 款提交文件或者提交了含

有不实信息的投标者，不得参加招标。

投标者所提交信息是否完整由招标委员会在审查本条第 4 款规定的文件时检查。

投标者对依照本条所提交的文件所包含的信息的真实性负责。

6. 通过初步筛选的投标者允许继续参加后续招标流程。

第 21 条　招标文件

招标文件可以包含以下招标条件：

基础设施项目的经济技术指标；

基础设施项目设计、建造的期限和程序；

基础设施项目改建、修复、修理和升级的期限和程序；

基础设施技术维护及（或）运营的期限和程序；

资金来源；

私人合作方开支补偿和利益取得的来源；

国家合作方和私人合作方各自承担的风险；

其他提交。

第 22 条　中标者的确定

1. 招标中需要对通过初步筛选的标书进行评审。

标书应当符合招标文件所确定的招标条件。

2. 根据招标委员会的决定标书条件在所有投标者的标书中最为优越的投标者中标。

3. 招标委员会对于标书的评判和中标者的确定应当说明理由并且符合招标条件。

4. 对于招标委员会就标书评判和确定中标者的决定、招标委员会及（或）其成员的作为（不作为），投标者可以向组建招标委员会的、在国家私人合作领域被授权的国家机构或组织提请行政复议以及（或者）向法院提起诉讼。

第 23 条　招标不成立、不成功

1. 在以下情况下，招标不成立：

没有一家投标者提交了申请或者没有一家投标者被允许参加招标；

只有一家投标者提交了申请或者只有一家投标者被允许参加招标；

没有出现一家投标者；

只出现了一家投标者。

2. 如果没有一家投标者的标书符合招标条件，则招标不成功。

3. 如果只有一家投标者提交了申请或者只出现一家投标者（以下称"唯一投标者"），招标委员会审议该投标者的标书并作出其标书是否符合招标条件的结论。如果唯一投标者的标书符合招标条件，则根据该唯一投标者的条件与之订立国家私人合作协议。

4. 在以下情况下可以再次进行招标：

如果由于本条第 1 款第 2 和 4 段列明的理由招标不成立；

如果由于本条第 1 款第 3 和 5 段列明的理由招标不成立且唯一投标者拒绝订立国家私人合作协议；

如果招标不成功。

第五章　国家私人合作协议

第 24 条　国家私人合作协议的签订

1. 国家私人合作协议由国家私人合作领域被授权的国家机构或组织同中标者或者标书符合招标条件的唯一投标者或者依照本法第 17 条第 3 款选定的当事方之间订立。

2. 国家私人合作协议的标的是设计、建造及（或）改建、修复、修理、升级基础设施项目，以及对基础设施项目进行技术维护及（或）运营。

3. 国家私人合作协议的适用法律为白俄罗斯共和国法律。

4. 国家私人合作协议需要在白俄罗斯共和国经济部进行登记。

5. 国家私人合作协议国家登记簿保有的程序由白俄罗斯共和国部长会议确定。

第 25 条　国家私人合作协议项下国家合作方的义务

1. 依照国家私人合作协议国家合作方有权承担以下义务：

依照白俄罗斯共和国关于土地保护和利用的法律向私人合作方出租、供长期或临时使用基础设施所处或应当所处的地块，以履行国家私人合作协议规定的义务；

将供履行国家私人合作协议规定义务的基础设施项目交由私人合作方

占有和使用，包括无偿使用；

将为履行国家私人合作协议规定义务所必需的智力活动成果排他权交给私人合作方；

将供履行国家私人合作协议规定义务的其他不动产及（或）动产交由私人合作方占有和使用，包括无偿使用；

按照国家私人合作协议规定的条件、程序和期限接收私人合作方建造的基础设施项目；

依照白俄罗斯共和国预算法律和国家私人合作协议的条件向私人合作方拨付中央和地方财政资金。

2. 国家合作方有权承担与国家私人合作协议规定活动有关的其他义务。

第26条　国家私人合作协议项下私人合作方的义务

1. 依照国家私人合作协议私人合作方有权承担基础设施项目设计、建造及（或）改建、修复、修理、升级以及技术维护及（或）运行的义务。

私人合作方按照国家私人合作协议确定的条件和程序负责其所承担义务的全部或者部分资金保障。

2. 私人合作方有权承担与国家私人合作协议规定活动有关的其他义务。

3. 私人合作方为履行国家私人合作协议可以依照白俄罗斯共和国法律法规成立商业组织。

国家合作方有权依照白俄罗斯共和国法律法规并根据国家私人合作协议所确定的条件成为此等商业组织的共同设立人。

第27条　为履行国家私人合作协议而交给私人合作方的基础设施和其他财产的法律属性

1. 对于国家所有、根据国家私人合作协议进行技术维护及（或）运营的基础设施项目所作的改进，归国家所有。

履行有中央及（或）地方财政资金参与的国家私人合作协议条件时产生的智力活动成果排他权，归属国家。

2. 作为履行有中央及（或）地方财政资金参与的国家私人合作协议条件而建造的基础设施项目的所有权，按照白俄罗斯共和国法律法规和国家私人合作协议规定的条件、程序和期限交给国家，除非国家私人合作协议另有规定。

3. 国家所有的及（或）使用中央及（或）地方财政资金建造的基础设施项目不得抵押。

4. 基础设施项目和其他财产在国家私人合作协议有效期内不得让渡，但根据国家私人合作协议一方合作者依照本法更换的情况除外。

5. 私人合作方承担根据国家私人合作协议交由其占有和使用（包括无偿使用）的基础设施项目和其他财产以及作为实施此等协议的结果而建造的财产的偶然灭失或者偶然损坏的风险，除非国家私人合作协议另有规定。

第 28 条　国家私人合作协议实施的资金来源，私人合作方费用补偿和利润（收入）获取

1. 国家私人合作协议实施的资金来源可通过以下途径解决：

私人合作方的自有资金；

私人合作方的贷款及（或）借款；

中央及（或）地方财政资金；

白俄罗斯共和国法律所不禁止的其他资金。

2. 私人合作方因履行国家私人合作协议的费用补偿和利润（收入）获取可以通过以下途径实现：

在运营基础设施项目过程中生产的产品（服务）的销售，通过向消费者收取费用；

依照白俄罗斯共和国预算法律和国家私人合作协议条件由中央及（或）地方财政拨款；

白俄罗斯共和国法律所不禁止的其他资金。

3. 私人合作方费用补偿和利润（收入）获取的来源根据招标结果由国家私人合作协议确定。

第 29 条　国家私人合作协议条件

1. 国家私人合作协议应当包含以下必须的条件：

国家私人合作协议的标的；

双方的权利和义务；

按年度细分的资金来源；

按年度细分的私人合作方费用补偿和利润（收入）获取的来源；

根据每个资金来源的比例按每个资金来源细分的付款进度表；

协议双方的结算办法；

基础设施项目技术维护及（或）运营的期限和程序；

与履行国家私人合作协议有关的风险在协议双方之间分配的程序和条件；

双方不履行或者不当履行自己在国家私人合作协议项下的义务应承担的责任；

修改和解除国家私人合作协议的依据和程序；

国家私人合作协议解除时补偿和损害赔偿的确定程序；

双方整理实施国家私人合作协议的场地及保护环境的义务，包括收集和以其他方式处理作业残余以及采取其他措施避免对环境造成有害影响的义务；

双方不得披露的保密信息；

国家私人合作协议的有效期限。

如果国家私人合作协议规定由私人合作方建造基础设施项目并把所有权移交白俄罗斯共和国或其行政区域单位，则除本款第 1 部分所列的必要条款之外，协议还必须包含：

设计和建造基础设施项目的期限和程序；

建好的基础设施项目所有权移交的期限和程序。

如果需要将基础设施项目交给私人合作方占有和使用（包括无偿使用），则除本款第 1 部分所列的必要条款之外，协议还必须包含：

对基础设施项目的描述，包括技术经济指标；

基础设施项目改建、修复、修理和升级的期限和程序。

国家私人合作协议还可以包含与白俄罗斯共和国法律法规不相抵触的其他条款。

2. 国家私人合作协议中不得含有关于将国家机构所有的国家管理及（或）监督职能转交私人合作方的规定。

第 30 条　国家私人合作协议的变更和解除

1. 除非白俄罗斯共和国法律法规和国家私人合作协议另有规定，国家私人合作协议可以根据当事双方的协商一致变更或解除，或者按照一方的要求依据法院的判决变更或解除。

2. 一方关于变更或解除国家私人合作协议的要求只有在收到另外一方拒绝变更或解除国家私人合作协议的答复或者没有在建议书指明的或者国家私人合作协议确定的期限内收到另外一方的答复的情况下才能向法院提出。

第 31 条　关于国家私人合作协议履行的信息

1. 国家合作方必须在自己的互联网官方网站刊登关于国家私人合作协议履行的信息，但国家秘密、商业秘密、银行秘密和法律所保护的其他秘密以及国家私人合作协议规定当事人不加以披露的信息除外。

2. 关于国家私人合作协议履行的信息应当是完整的、现行有效的和真实的。

第 32 条　对国家私人合作协议履行的监督

对国家私人合作协议履行的监督依照白俄罗斯共和国法律法规实施。

第六章　对国家合作方、私人合作方和私人合作方债权人权利的保证

第 33 条　国家私人合作协议条件的稳定性

如果在国家私人合作协议有效期内白俄罗斯共和国法律发生变化以至于私人合作方在相当大的程度上失去了其在订立协议时有权期望的条件，则如果协议有此规定，协议双方可以在保障私人合作方权利的部分对协议条件加以修改。

第 34 条　国家私人合作协议项下负有义务的合作方的更换

1. 通过请求权让渡及（或）债务转让，或者以其他白俄罗斯共和国民事法律规定的其他方式更换国家私人合作协议项下负有义务的私人合作方，除非协议另有规定，必须经国家合作方同意，且通过招标进行，但本法第 17 条第 3 款规定的情形除外。

2. 在以下情形下允许更换私人合作方：

在国家私人合作协议本身规定的情况下；

在为国家安全（包括环境保护、文物保护）、公共秩序、维护居民的公序良俗和健康、他人的权利和自由所需的情况下；

法院依照白俄罗斯共和国关于破产的法律对私人合作方作出启动破产程序的裁定。

3. 国家私人合作协议项下负有义务的国家合作方的更换无须私人合作方同意，国家合作方更换时国家私人合作协议的条件不变。

在以下情况下允许更换国家合作方：

行政区域设置改变；

作为国家合作方的国家机构或组织撤销；

白俄罗斯共和国总统确定的其他情况。

第 35 条 对国家合作方权利的保证

1. 私人合作方必须允许国家合作方自由进入基础设施项目，按照国家合作方的要求提供与履行国家私人合作协议有关的全部信息和文件，除非白俄罗斯共和国法律另有规定。

2. 私人合作方根据国家私人合作协议规定的程序提供关于协议履行的报告。

第 36 条 对私人合作方权利的保证

1. 私人合作方享有白俄罗斯共和国法律规定对于投资者的权利保证。

2. 除国家私人合作协议本身规定的情况以及为国家安全（包括环境保护、文物保护）、公共秩序、维护居民的公序良俗和健康、他人的权利和自由依照白俄罗斯共和国法律实施的情况之外，不得干预私人合作方的活动。

3. 私人合作方依照白俄罗斯共和国法律和国家私人合作协议获得的和享有的财产权与其他权利，予以保护。

4. 在支付白俄罗斯共和国法律规定的税费和应向中央及（或）地方财政与国家预算外基金进行的强制性缴费后，保证外国私人合作方（外国和国际法人、不具备法人资格的外国组织）可以无阻碍地将利润（收入）和其他由于在白俄罗斯共和国履行国家私人合作协议而合法取得的资金以及外国私人合作方由于履行国家私人合作协议而获得的包括以下在内的款项汇出白俄罗斯共和国：

外国私人合作方在白俄罗斯共和国境内履行国家私人合作协议部分或者全部终止之后获得的资金，包括外国私人合作方由于出让投资以及作为履行国家私人合作协议结果的财产和其他民事权利客体而获得的资金；

根据劳动合同从事劳动活动的外国公民和无国籍人的工资收入；

根据依照白俄罗斯共和国法律作出的已经生效的白俄罗斯共和国法院

判决应当归属外国私人合作方的资金。

5. 国家机构和其他国家组织在各自的职权范围内保证国家私人合作协议项下国家合作方义务的履行。

第37条 对私人合作方债权人权利的保证

国家合作方、私人合作方、私人合作方的债权人及（或）其他人有权订立关于在国家私人合作协议履行期间、在协议变更或者解除的情况下相互合作的合同，规定以下条件：

国家合作方有义务将私人合作方不履行国家私人合作协议项下义务从而可能导致协议解除的情况告知私人合作方的债权人；

将私人合作方建造的、没有使用中央及（或）地方财政资金的基础设施项目及（或）未建完未封存的基础设施项目交给私人合作方的债权人抵押或置于其他负担之下以保证其履行国家私人合作协议及（或）其与债权人之间合同项下的义务的程序；

私人合作方的债权人有权要求更换该私人合作方如果其不履行国家私人合作协议项下义务从而可能导致协议解除的；

其他与白俄罗斯共和国法律法规不相冲突的条件。

第38条 吸纳外国公民和无国籍人在白俄罗斯共和国从事劳动活动的权利

私人合作方有权吸纳在白俄罗斯共和国没有长期居留许可的外国公民和无国籍人，包括在白俄罗斯共和国临时逗留或临时居留的外国人和无国籍人依照白俄罗斯共和国法律法规根据劳动合同在白俄罗斯共和国从事劳动活动。

第39条 争议解决

1. 国家合作方与私人合作方之间在履行国家私人合作协议过程中产生的争议，按诉前程序通过谈判解决，除非白俄罗斯共和国法律有不同规定。

2. 国家合作方与私人合作方之间的争议，自一方收到另外一方关于争议解决的书面建议后三个月内按诉前程序通过谈判无法解决的，依照白俄罗斯共和国法律通过司法程序解决。

如果国家合作方和外国私人合作方之间产生的不属于白俄罗斯共和国法院排他管辖的争议自一方收到另外一方关于争议解决的书面建议后三个

月内按诉前程序通过谈判无法解决，则此等争议按照外国私人合作方的选择可以通过以下途径解决：

在为解决某一特定争议而成立的仲裁庭根据联合国国际贸易法委员会（UNCITRAL）仲裁规则（如果双方没有约定别的仲裁规则）仲裁；

如果外国私人合作方为1965年3月18日《解决国家和他国自然人和法人投资争端公约》的缔约国，则在国际投资争端解决中心（ICSID）解决。

3. 如果白俄罗斯共和国参加的国际条约及（或）国家私人合作协议对争议解决作出了另外的约定，则适用白俄罗斯共和国参加的国际条约及（或）国家私人合作协议的规定。

第七章 附则

第40条 实施本法规定的措施

责成白俄罗斯共和国部长会议在六个月之内：

将白俄罗斯共和国行政法规修改至与本法相符。

确定：

国家私人合作项目实施建议的准备和评审的程序；

招标组织程序；

国家私人合作协议国家登记簿保有程序。

采取其他实施本法规定的措施。

第41条 本法的生效

本法按以下程序生效：

第1~39条，自本法正式公布六个月后生效；

其他规定自本法正式公布之日起生效。

白俄罗斯共和国自由经济区法

(1998年12月7日颁布，2013年7月12日最近一次修订)

第一章 总则

第1条 本法使用的基本术语及其含义

本法使用以下术语及其含义：

自由经济区系指有明确边界的白俄罗斯共和国国土之一部分，在其范围之内对其居民企业从事投资和经营活动确立和实行特殊的法律制度安排；

自由经济区居民企业系指由自由经济区管委会按照关于自由经济区的法律法规规定的程序登记成为自由经济区居民企业的白俄罗斯共和国法人或个体经营者；

自由经济区特殊法律制度安排系指对于投资和经营活动规定的相比于一般条件更为优惠的法律性质的规范的总和；

自由经济区管委会系指根据本法规定的程序和形式成立的自由经济区管理机构。

第2条 关于自由经济区的法律法规

关于自由经济区的法律法规以白俄罗斯共和国宪法为基础，由本法、白俄罗斯共和国总统发布的规范性法律文件以及其他法律法规组成，包括调整自由经济区的设立、运行和撤销问题的白俄罗斯共和国国际条约。

如果白俄罗斯共和国的国际条约设立了与本法所包含的规则不同的规则，则以白俄罗斯共和国国际条约的规则为准。

第3条 设立自由经济区的目的

设立自由经济区是为了促进白俄罗斯共和国及其个别行政区域单位的社会经济发展、吸引投资创建和发展建立在高新技术基础之上的出口导向和进口替代产业，及（或）在设立自由经济区时确定的其他目的。

第4条 自由经济区的类别

在白俄罗斯共和国可以设立不同功能类别的自由经济区，功能类别由设立该经济区的目的以及计划在其中实施的活动的性质确定；也可以为实现多种功能类别和活动特点的自由经济区的目的而设立综合性自由经济区。

第5条 在自由经济区禁止从事的活动

在自由经济区不得从事法律禁止在白俄罗斯共和国从事的活动，以及依照白俄罗斯共和国国际条约禁止在海关同盟和统一经济空间成员国的自由（特殊、特别）经济区内从事的活动。

自由经济区居民企业在自由经济区范围内也禁止从事下列活动：

枪支及其零部件、弹药、爆炸装置的生产、储存、销售、修理，以及炸药的生产、储存、销售；

放射性和其他危险物质的生产、加工、储存、无害化处理和销售；

毒品、致幻物及其原料的流通；

含有有毒物质的作物的栽种、加工、储存、销售；

含酒精饮料的生产，除香槟酒、葡萄酒和啤酒之外；

卷烟制品的生产；

有价证券、货币、硬币、邮票的制作；

彩票业活动；

广播、电视节目的制作和播出，除对广播和电视的技术维修之外；

对于患有威胁民众健康的疾病的患者的治疗；

对于患有特别危险的疾病的动物的治疗；

与白俄罗斯共和国公民和常住白俄罗斯共和国的外国人与无国籍人劳务输出有关的活动。

第二章 在自由经济区的国家调整

第6条 在自由经济区的设立、运行和撤销方面实施国家调整的国家机关

在自由经济区的设立、运行和撤销方面的国家调整由白俄罗斯共和国

总统、白俄罗斯共和国部长会议、相关州（明斯克市）执行委员会、其他国家机关在其职权范围内实施。

第 7 条 白俄罗斯共和国总统在自由经济区的设立、运行和撤销方面的权限

白俄罗斯共和国总统在自由经济区的设立、运行和撤销方面：

确定国家政策；

作出关于设立自由经济区、延长其运行期限及提前撤销、变更其边界的决定；

依照本法和其他法律实施其他职权。

第 8 条 白俄罗斯共和国部长会议在自由经济区的设立、运行和撤销方面的权限

白俄罗斯共和国部长会议在自由经济区的设立、运行和撤销方面：

负责执行国家政策；

协调自由经济区运行和发展的保障工作；

提出关于设立自由经济区、延长其运行期限及提前撤销、变更其边界的动议；

作出关于成立自由经济区管委会的决定并批准其章程；

根据相关州（明斯克市）执行委员会的提议任命（免除）自由经济区管委会主任；

批准自由经济区管理条例和自由经济区发展计划；

确立法人和个体经营者登记成为自由经济区居民企业的证书样式，除非海关同盟和统一经济空间的授权机关确立了别的样式；

根据自由经济区管委会的提议批准自由经济区发展基金管理条例；

作出关于成立自由经济区理事会的决定，批准其人员组成及其条例；

在自由经济区撤销时成立清算组，确定清算组人员组成及其权限，以及在自由经济区提前撤销时批准清算程序；

审议自由经济区管委会就自由经济区运行问题准备规范性法律文件的建议，包括完善自由经济区特殊法律制度安排的建议；

确定自由经济区居民企业登记簿保有程序；

依照本法和其他法律实施其他职权。

第 9 条　相关行政区域单位的地方代表会议以及地方执行机构和支配机构在自由经济区的权限

相关行政区域单位的地方代表会议以及地方执行机构和支配机构在自由经济区行使本法和其他法律法规规定的职权，除了依照本法和其他法律法规该等职权系由自由经济区管委会行使的情形之外。

地方执行和支配机构可以将自己的个别权限在后者整个的活动期限或者较短的期限内授予自由经济区管委会，除法律另有规定的情形之外。

第 10 条　对于自由经济区的运行和活动效率的总的监督

对于自由经济区的运行和活动效率的总的监督由白俄罗斯共和国部长会议、白俄罗斯共和国国家督查委员会以及相关州（明斯克市）执行委员会实施。

第三章　自由经济区的设立、延长运行期限和撤销以及其边界的改变

第 11 条　自由经济区的设立

自由经济区根据白俄罗斯共和国总统的决定设立。

白俄罗斯共和国部长会议、相关州（明斯克市）执行委员会可以提出设立自由经济区的动议。

相关州（明斯克市）执行委员会关于设立自由经济区的建议向白俄罗斯共和国部长会议提出，并附具本条第 4 部分列明的文件。

为决策自由经济区设立问题所需要提交的文件应当包括：

关于设立自由经济区的白俄罗斯共和国总统令草案，其中应指明自由经济区的名称、设立期限、设立的目的和自由经济区的类型、自由经济区法律制度安排的特殊性、自由经济区的总面积和边界描述、自由经济区设立和发展的保障措施；

自由经济区管理条例草案；

自由经济区管委会章程草案；

自由经济区开发计划草案，指明具体措施、负责实施人员和单位、开发自由经济区的资金来源；

标注有自由经济区拟定边界的地籍图副本；

拟定的自由经济区范围内的土地组成和土地所有人、占有人、使用人

和租赁人名单；

处于拟定的自由经济区地域范围内正在经营的法人和个体经营者名单；

设立自由经济区及确定其类型的可行性论证，该结论须依据对于相应区域的社会、生态和经济条件的分析，该区域具有材料和劳动力资源以及交通网络的保障，也需要对于自由经济区特殊法律制度安排作出财务和经济的可行性论证。

白俄罗斯共和国部长会议按规定程序将本条第4部分列明的文件提交白俄罗斯共和国总统审议、决策。

根据白俄罗斯共和国总统关于设立自由经济区的总统令和本法的规定，白俄罗斯共和国部长会议批准自由经济区开发计划、自由经济区管理条例，作出成立自由经济区管委会的决定并批准自由经济区管委会章程。

白俄罗斯共和国经济部在自由经济区设立后三十日的期限内将此信息发送海关同盟和统一经济空间的授权机构。

第12条　自由经济区边界的改变

自由经济区边界的改变根据白俄罗斯共和国总统的决定进行。

白俄罗斯共和国部长会议、相关州（明斯克市）执行委员会、自由经济区管委会可以提出自由经济区边界改变的动议。

相关州（明斯克市）执行委员会关于自由经济区边界改变的建议向白俄罗斯共和国部长会议提出，并附具本条第4部分列明的文件。自由经济区管委会就此问题的建议通过相关州（明斯克市）执行委员会向白俄罗斯共和国部长会议提出，并附具本条第4部分列明的文件。

为决策自由经济区边界改变问题提交的文件应当包括：

关于自由经济区边界改变的白俄罗斯共和国总统令草案；

考虑到拟进行的边界改变以后标注边界的地籍图副本；

拟纳入自由经济区范围内的土地组成和土地所有人、占有人、使用人和租赁人名单；

拟纳入自由经济区的区域范围内经营的法人和个体经营者名单；

拟从自由经济区划出的区域范围内经营的自由经济区居民企业名单；

自由经济区边界改变的必要性和可能性的论证，包括财务和经济上的论证。

白俄罗斯共和国部长会议按规定程序将本条第4部分列明的文件提交白

俄罗斯共和国总统审议、决策。

第 13 条　自由经济区运行期限的延长

自由经济区运行期限的延长根据白俄罗斯共和国总统的决定进行。

白俄罗斯共和国部长会议、相关州（明斯克市）执行委员会、自由经济区管委会可以提出延长自由经济区运行期限的动议。

相关州（明斯克市）执行委员会关于延长自由经济区运行期限的建议向白俄罗斯共和国部长会议提出，并附具本条第 4 部分列明的文件。自由经济区管委会就此问题的建议通过相关州（明斯克市）执行委员会向白俄罗斯共和国部长会议提出，并附具本条第 4 部分列明的文件。

为决策延长自由经济区运行期限问题提交的文件应当包括：

关于延长自由经济区运行期限的白俄罗斯共和国总统令草案；

关于延长自由经济区运行期限的可行性论证。

白俄罗斯共和国部长会议按规定程序将本条第 4 部分列明的文件提交白俄罗斯共和国总统审议、决策。

白俄罗斯共和国经济部在延长自由经济区运行期限后三十日的期限内将此信息发送海关同盟和统一经济空间的授权机构。

第 14 条　自由经济区的撤销

自由经济区设立的期限届满，如果白俄罗斯共和国总统没有决定延长，则自由经济区视为解散。

在自由经济区期限届满之前，其只能在下列情形下根据白俄罗斯共和国总统的决定撤销：

为保护民众的生命和健康、保护环境和文物、保障国家安全和国防的需要；

自自由经济区设立之日起一年内没有一家法人或者自然人登记成为该自由经济区居民企业；

连续十二个月的时间内在自由经济区内其居民企业没有实施所承诺的投资方案；

由于该自由经济区最后一个居民企业丧失居民企业资格之日起的一年内没有一家法人或者自然人登记成为该自由经济区居民企业从而自由经济区没有居民企业；

由于其他原因，实现关于设立自由经济区的总统令当中确定的自由经济区目标变得不再可能。

在自由经济区依据本条第 2 部分第 2 和第 6 段规定的理由提前撤销的情形下，可以根据白俄罗斯共和国总统的决定向该自由经济区的居民企业提供保证及（或）补偿款。

白俄罗斯共和国部长会议、相关州（明斯克市）执行委员会可以提出提前撤销自由经济区的动议。

相关州（明斯克市）执行委员会关于提前撤销自由经济区的建议向白俄罗斯共和国部长会议提出，并附具本条第 6 部分列明的文件。

为决策提前撤销自由经济区问题提交的文件应当包括：

提前撤销自由经济区的白俄罗斯共和国总统令草案，其中应规定保障撤销自由经济区的组织措施和其他措施以及在必要情况下对于居民企业的保证和补偿；

规定清算组人员组成和权限以及清算程序的白俄罗斯共和国部长会议决议草案；

在依据本条第 2 部分第 2 和第 6 段规定的理由提前撤销自由经济区的情况下，编制自由经济区居民企业的名单并注明其正在实施的投资项目；

提前撤销自由经济区的可行性论证，注明提前撤销的原因及在仔细分析相关区域的社会、生态、经济和其他条件以及拟撤销的自由经济区的效益指标的基础上阐述提前撤销对于相关行政区域单位和整个白俄罗斯共和国以及居民企业可能产生的后果。

白俄罗斯共和国部长会议按规定程序将本条第 6 部分列明的文件提交白俄罗斯共和国总统审议、决策。

为解决与自由经济区撤销有关的财产和其他问题，协调自由经济区管委会与其居民企业、其他组织和自然人之间的关系，白俄罗斯共和国部长会议成立清算组，确定其人员组成和权限，批准自由经济区在提前撤销的情况下的清算程序。

白俄罗斯共和国经济部在自由经济区撤销后三十日的期限内将此信息发送海关同盟和统一经济空间的授权机构。

第四章　自由经济区的管理和拨款

第 15 条　自由经济区管委会

自由经济区管委会为机构形式的中央级法人，由白俄罗斯共和国部长会议创设。

自由经济区管委会：

依照法律法规、根据白俄罗斯共和国部长会议批准的章程行事；

在自己的活动中服从白俄罗斯共和国部长会议，在州（明斯克市）社会经济发展计划的实施问题上服从相关的州（明斯克市）执行委员会。

自由经济区管委会的权限由本法、自由经济区管委会章程和其他法律法规规定。

自由经济区管委会由自由经济区管委会主任领导，主任由白俄罗斯共和国部长会议根据相关州（明斯克市）执行委员会的提名任免。自由经济区管委会主任的权限由本法、自由经济区管委会章程和其他法律法规规定。

自由经济区管委会副主任由自由经济区管委会主任经与相关州（明斯克市）执行委员会协商任免。

为解决自由经济区管委会职权范围内的问题，自由经济区管委会主任可以成立自由经济区管委会咨议局。自由经济区管委会咨议局的权限和工作程序由自由经济区管委会章程规定。

包括主任在内的自由经济区管委会工作人员的劳动报酬数额由白俄罗斯共和国部长会议或其授权机构确定。

第 16 条　自由经济区管委会的权限

自由经济区管委会：

参加制定和实施相关行政区域单位的社会经济发展计划，并在制定地方预算时提出建议；

协同相关州（明斯克市）执行委员会组织自由经济区的开发工作及实施开发计划；

就自由经济区运行的问题包括完善自由经济区特殊法律制度安排提出准备规范性法律文件的建议；

提出改变自由经济区边界、延长其运行期限的动议；

就自由经济区范围内的生产、工程、交通和其他基础设施项目的设计和施工担任业主；

在白俄罗斯共和国和国外进行广告和信息发布活动以宣传自由经济区投资和经营条件，吸引外国和本国投资者；

按规定程序审议计划在自由经济区实施的投资项目；

在自由经济区进行法人和个体经营者的国家登记，银行、非银行金融信贷机构、保险机构、保险代理人和保险人联合体除外；

批准在自由经济区活动条件的合同的范本；

订立（延长）在自由经济区活动条件的合同并监督其执行；

按照关于自由经济区的法律法规规定的程序将法人和个体经营者登记成为自由经济区居民企业；

向自由经济区居民企业获取法律法规以及在自由经济区活动条件的合同规定的关于其活动的统计数据（信息）以及与其作为自由经济区居民企业的活动有关的其他信息；

在与国家机关和其他组织的关系中代表自由经济区的利益；

与海关机构协商作出关于确定保税区边界、撤销自由经济区某个具体的居民企业的保税区的决定；

出具关于自由经济区居民企业投资计划实施结果的结论；

作出关于法人或自然人丧失自由经济区居民企业资格的决定；

按规定程序在自由经济区范围内征用并向自由经济区居民企业提供土地，必要时办理改变土地类别性质的手续〔如果管委会被相关州（明斯克市）和市（州辖市）的执行委员会授予此等权力且（或）白俄罗斯共和国总统未作不同规定〕；

依照法律法规支配交由其经营管理的资产，包括出租上述资产；

本段删除；

制定自由经济区发展基金管理条例草案，依照法律法规支配该基金的资金；

在自己的权限范围内协助白俄罗斯共和国监督和执法机关的工作；

保有自由经济区居民企业登记簿；

负责在自由经济区的官方网站刊登并及时更新自由经济区居民企业登记簿；

行使本法、自由经济区管委会章程和其他法律法规规定的其他职权。

第 17 条　自由经济区理事会

为确保中央和地方利益的和谐结合、保障自由经济区居民企业和其他组织以及个体经营者的利益，白俄罗斯共和国部长会议可以设置自由经济区理事会，理事会由自由经济区管委会主任、白俄罗斯共和国部长会议、相关州（明斯克市）执行委员会、自由经济区居民企业、其他组织和个体经营者代表组成。

自由经济区理事会的人员组成和管理条例由白俄罗斯共和国部长会议批准。

第 18 条　自由经济区的拨款、自由经济区发展基金

自由经济区的设立和开发（包括生产、工程、交通和其他基础设施）、属于中央所有交由自由经济区管委会经营管理的财产的维护、与自由经济区运行有关的其他开支（包括维持管委会的费用）的资金来源，依照法律法规由中央财政和其他来源解决。

为解决自由经济区基础设施、广告、出版活动、物质奖励自由经济区管委会工作人员及其他目的资金来源，成立自由经济区发展基金。

自由经济区发展基金的资金由自由经济区管委会支配，管委会为合理使用进项资金设立基金理事会。

自由经济区发展基金的具体来源、资金使用方向、基金理事会的组成和权限由自由经济区发展基金管理条例规定，条例由白俄罗斯共和国部长会议根据自由经济区管委会的提议批准。

第五章　自由经济区居民企业

第 19 条　自由经济区居民企业的登记

自由经济区居民企业的登记由自由经济区管委会根据关于自由经济区的法律法规所规定的程序并考虑本条的要求进行。

自由经济区居民企业登记依照法律规定收取手续费。

只有住所在自由经济区范围内且与自由经济区管委会签订了关于在自由经济区活动的条件的合同的白俄罗斯共和国法人或个体经营者才能登记成为自由经济区居民企业。为本法之目的，个体经营者的住所地系指个体经营者国家登记证书上注明的居住地。

将法人或个体经营者登记成为自由经济区居民企业以在订立关于在自由经济区活动的条件的合同的当日以将该法人或者个体经营者的信息列入自由经济区居民企业登记簿的方式进行，期限与合同期限一致。自登记之日起三个工作日之内，自由经济区管委会按照白俄罗斯共和国部长会议确立的样式（除非海关同盟和统一经济空间的授权机构确立别的样式）颁发关于将法人或者个体经营者登记成为自由经济区居民企业的证书。

第19条第5部分删除。

自法人或者个体经营者登记成为自由经济区居民企业之日起十个工作日之内，自由经济区管委会将此信息发送白俄罗斯共和国经济部、白俄罗斯共和国司法部、白俄罗斯共和国税务部的相关税务局和相关国家统计机构，且在法律有规定的情形下并依其程序通知其他国家机关。

白俄罗斯共和国经济部自将自由经济区居民企业录入相关自由经济区登记簿之日起三十个工作日之内将此通知海关同盟和统一经济空间的授权机构。

在自由经济区管委会拒绝登记为自由经济区居民企业的情况下，其应当在三个工作日之内书面告知法人或者个体经营者。

法人或者个体经营者可以自相关拒绝登记的决定作出之日起一个月的期限内向经济法院提起异议诉讼。

第20条 自由经济区居民企业活动的一般条件，关于在自由经济区活动的条件的合同

自由经济区居民企业依照本法、自由经济区管理条例和其他法律法规以及关于在自由经济区活动的条件的合同从事活动。

关于在自由经济区活动的条件的合同在法人或者个体经营者与自由经济区管委会之间订立，规定自由经济区居民企业实施其计划投资方案的程序和条件。

关于在自由经济区活动的条件的合同的期限与投资方案实施期限一致。关于在自由经济区活动的条件的合同的范本由自由经济区管委会批准。

除本法第21条第3部分列明的情形外，自由经济区居民企业不得将关于在自由经济区活动的条件的合同项下的权利和义务转给别的法人或者个

体经营者。

关于在自由经济区活动的条件的合同可以根据合同双方的协商且根据居民企业的申请延长期限，申请应当在不晚于上述合同期满前一个月向自由经济区管委会提出。申请应当附具正在自由经济区实施的投资项目的商业计划，说明项目继续实施的必要性和可能性。

自由经济区管委会自收到之日起十个工作日内审议所提交的文件，作出延长或者拒绝延长关于在自由经济区活动的条件的合同的决定并在三个工作日之内将此书面通知自由经济区居民企业。

关于在自由经济区活动的条件的合同延长的情况下同时延长自由经济区居民企业登记的有效期。

自由经济区管委会自延长关于在自由经济区活动的条件的合同之日起十个工作日内将自由经济区居民企业登记的有效期延长的信息通知本法第19条第5部分列明的国家机关。

自由经济区居民企业可以自拒绝延长关于在自由经济区活动的条件的合同的决定作出之日起一个月的期限内向经济法院提起异议诉讼。

自由经济区居民企业有权在遵守法律法规规定的一般规则的前提下在自由经济区范围之外从事投资和经营活动。此等活动不适用自由经济区特殊法律制度安排。

法律规定目录里的特定类别的活动，公司只能在取得专门允许（许可证）的前提下从事。

除法律规定情形之外，国家不对自由经济区居民企业的债务承担责任，自由经济区居民企业也不对国家的债务承担责任。

第 21 条 登记成为自由经济区居民企业的法人的重组

在登记成为自由经济区居民企业的法人在以吸收合并、分离出一个或者数个法人或者改变组织形式的方式进行重组时，自由经济区居民企业的资格允许保留或者转移。

在登记成为自由经济区居民企业的法人在以吸收合并、分离出一个或者数个法人的方式进行重组时，自由经济区居民企业的资格由重组的法人保留。

在登记成为自由经济区居民企业的法人在以改变组织形式的方式进行

重组时，自由经济区居民企业资格自新设立的法人国家登记之时起向新设立的法人转移。

第 22 条　自由经济区居民企业资格的丧失

法人或者个体经营者在以下情况下丧失自由经济区居民企业资格：

自由经济区撤销；

法人或者个体经营者住所所在区域被划出自由经济区范围；

法人（个体经营者）解散（终止活动）；

法人以新设合并、分立和并入另外一个法人的形式重组；

法人或者个体经营者的住所变更，而其新的住所在自由经济范围之外；

关于在自由经济区活动的条件的合同终止；

自由经济区管委会作出关于居民企业资格丧失的决定；

根据自由经济区居民企业的申请；

由于自由经济区居民企业不履行或者不适当履行关于在自由经济区活动的条件的合同的条件；

由于作为自由经济区居民企业的法人不遵守注册资本出资期限；

法律规定的其他情形。

自由经济区管委会在依据本条第 1 部分第 10~12 段载明的理由作出居民企业资格丧失的决定之前不晚于一个月必须书面告知自由经济区居民企业关于管委会即将作出的决定并给出决定的理由。

在依据本条第 1 部分第 10~12 段载明的理由作出居民企业资格丧失的决定的情况下，自由经济区管委会必须在作出决定之日起三个工作日之内将其已经作出的决定书面告知法人和个体经营者。

法人或者个体经营者可以对依据本条第 1 部分第 10~12 段载明的理由作出的居民企业资格丧失的决定自决定作出之日起一个月的期限内向经济法院提起异议诉讼。

关于自由经济区居民企业的登记资料应按以下日期从相关的自由经济区居民企业登记簿中去除：

本条第 1 部分第 2、3、6、7 段载明的使自由经济区居民企业丧失资格的理由产生的日期；

在自由经济区居民企业以本条第 1 部分第 4 段载明的理由丧失自由经济

区居民企业资格的情况下，按作出将法人或者个体经营者从法人和个体经营者国家统一登记簿中除名的记录录入该登记簿的决定作出的日期；

在自由经济区居民企业以本条第 1 部分第 5 段载明的理由丧失自由经济区居民企业资格的情况下，按将法人终止活动的记录录入法人和个体经营者国家统一登记簿的日期；

以自由经济区管委会依据本条第 1 部分第 9~12 段载明的理由作出居民企业资格丧失的决定的日期，除非在依据本条第 1 部分第 9 段载明的理由丧失居民企业资格的情况下自由经济区居民企业的申请中注明了另外的日期。

自法人或者个体经营者的信息从相关自由经济区的居民企业登记簿中除去后，法人或者个体经营者认定为丧失了自由经济区居民企业的资格。法人或者个体经营者认定为丧失自由经济区居民企业资格的日期根据本条第 5 部分确定。

自由经济区管委会在自由经济区居民企业的资料信息从相关自由经济区的居民企业登记簿中去除之日起的十日内将此信息向本法第 19 条第 5 部分列明的国家机关发送，注明自由经济区居民企业资格丧失的日期和理由。

白俄罗斯共和国经济部自法人或者个体经营者丧失自由经济区居民企业资格之日起三十日的期限内将此通知海关同盟和统一经济空间的授权机构。

自由经济区居民企业资格的丧失导致在关于在自由经济区活动的条件的合同以及其他以法人或者个体经营者具备自由经济区居民企业资格为前提订立的合同项下的义务的终止。

法人或者个体经营者自丧失自由经济区居民企业资格之日起无权享受自由经济区特殊法律制度安排，也无权利用提供给自由经济区居民企业的国家保证。

将法人或者个体经营者登记成为自由经济区居民企业的证书自自由经济区居民企业资格丧失之日起视为无效。该证书应自自由经济区居民企业资格丧失之日起不晚于十个工作日内交还自由经济区管委会。如果证书正本缺失，应当向自由经济区管委会提交关于正本遗失的声明，并附具在媒体出版物刊登关于将法人或者个体经营者登记成为自由经济区居民企业的证书遗失的声明的证据。

法人或者个体经营者在丧失自由经济区居民企业资格的情况下可以解

散（终止活动），也可以在法律法规规定的一般原则基础上继续从事经营活动，无须补充进行国家登记（重新登记）。

如果由于本条第1部分第2、3段载明的理由丧失自由经济区居民资格的法人或者个体经营者继续从事经营活动，属于国家所有但原先向上述法人或者个体经营者出租的土地、基本构筑物（楼房、建筑物）、单独的场所、车位、上述客体的部分、其他不动产，依照本条第9部分合同义务终止的，根据该等法人或者个体经营者的意愿可以由国家机关和有权支配上述财产的其他组织与其重新订立期限不短于原租期剩余部分期限的租赁合同。除土地租赁合同之外，此等合同按原条件订立。

第六章　自由经济区特殊法律制度安排、对于自由经济区居民企业的国家保证

第23条　自由经济区税收的特殊做法

自由经济区税收的特殊做法依照白俄罗斯共和国税法典、白俄罗斯共和国其他法律及（或）白俄罗斯共和国总统文件、白俄罗斯共和国国际条约确立。

第24条　保税区

在自由经济区范围内为其居民企业设立保税区，在保税区范围内按规定程序施行保税区海关手续。

保税区设立和终止的程序、对于保税区设施和设备的要求、保税区持有人的责任由法律规定。

第25条　自由经济区内土地关系的调整

自由经济区内的土地关系由关于土地保护和利用的法律法规调整。

自由经济区内土地租金的设立、收取和使用由法律调整，须考虑到关于自由经济区的法律法规确立的特殊性。

第26条　自由经济区内劳动及与劳动有关的关系的调整

自由经济区内劳动及与劳动有关的关系由关于劳动的法律法规调整。

自由经济区劳动力资源的保障通过优先吸纳本地劳动力资源以及根据雇主的意愿吸收白俄罗斯共和国其他地区的劳动力资源和依照法律法规吸引外国劳动力解决。

第 27 条 对于自由经济区居民企业的国家保证

对于自由经济区居民企业的国家保证由关于自由经济区的法律法规和其他法律法规规定。

对于自由经济区居民企业适用投资领域的法律法规规定的对投资者权利的保证和对投资的保护。

白俄罗斯共和国不动产、不动产权利及不动产交易国家登记法

(2002 年 7 月 22 日颁布，2016 年 1 月 5 日最近一次修订)

本法确立白俄罗斯共和国境内的不动产、不动产权利和不动产权利限制（负担）以及不动产交易的国家登记的法律基础和程序，以便国家承认和保护按照本法进行了登记的不动产权利、不动产权利限制（负担）及不动产交易。

第一章 总则

第 1 条 基本术语和概念

为本法之目的采用以下基本术语、概念及其定义：

新造不动产——从尚未在不动产、不动产权利及不动产交易统一国家登记簿中登记的土地中划分出来的地块；新建成的永久建筑物（房屋、设施）、未完工封存的永久建筑物、单独处所、车位。

不动产、不动产权利及不动产交易统一国家登记簿——位于白俄罗斯共和国境内的已登记的不动产客体的信息和文件的系统性汇总。

身份信息——公民的姓、名、父称、出生年月日、身份证件号码、国籍、居住地；法人或个体经营者的全称、登记号码和国家登记日期，个体经营者的出生年月日，法人或个体经营者的纳税登记号，法人住所地址或者个体经营者居住地。

地块边界的改变——地块转弯点坐标及（或）地块面积的改变，但地块的地籍号和用途不变。

单独处所——永久建筑物（房屋、设施）内部空间的一部分，由顶、墙和隔断与建筑物的其他相邻部分隔开，具有从辅助处所（前厅、走廊、

回廊、楼梯平台或者梯阶、电梯间等）或者从公用场地（屋旁场地、街道等）的独立的直接入口或者通过设置地役权经过其他场所和场地的入口，其用途、在建筑物内部的位置及其面积在不动产、不动产权利及不动产交易统一国家登记簿文件中描述。

清点号——在永久建筑物（房屋、设施）、未完工封存的永久建筑物、单独处所、车位存续的整个期间内其在白俄罗斯共和国境内不重复的号码。

地籍图——包含相应的登记区地域范围、地块的边界、地役权、保护区、永久建筑物（房屋、设施）、未完工封存的永久建筑物在地块上的所处位置的平面图以及关于地块的地籍号、永久建筑物（房屋、设施）、未完工封存的永久建筑物的清点号的信息及白俄罗斯共和国法律规定的其他信息的不动产、不动产权利及不动产交易统一国家登记簿文件。

地籍号——在地块存续的整个期间内其在白俄罗斯共和国境内不重复的号码。

永久建筑物（房屋、设施）——任何一个以长期使用为目的建在地上或者地下、与土地牢固连接、将其移动就会对其用途产生不成比例的损害、按照白俄罗斯共和国法律建设已经完成的客体，其用途、所处位置和大小在不动产、不动产权利及不动产交易统一国家登记簿文件中描述。

车位——用于停放车辆且为永久建筑物（房屋、设施，包括停车场）之一部分，属于法人或者自然人所有并依照白俄罗斯共和国关于不动产、不动产权利及不动产交易国家登记的法律对于非居住性单独处所确立的规则登记为不动产客体的停车位置。

未完工封存的永久建筑物——封存的建筑客体，其作为永久建筑物的建造依照白俄罗斯共和国法律得到许可，但并未完成，与土地有牢固连接，其用途、所处位置和大小在不动产、不动产权利及不动产交易统一国家登记簿文件中描述。

权利限制（负担）——非为其所有权人的人对于具体不动产的权利，包括地役权、按揭抵押、委托管理、租赁、无偿使用；限制权利人的条件或者禁止，包括查扣，赋予不动产具有历史文化价值的地位，由于服务于输电线、管道和其他工程设施而对不动产设定的限制，在国家财产私有化时对于不动产设定的负担。

不动产客体的基本资料——地块的地籍号、用途、边界描述、所处位置和面积；永久建筑物（房屋、设施）、未完工封存的永久建筑物、单独处所、车位的清点号、用途、所处位置、面积及（或）其他尺寸，以及在白俄罗斯共和国法律有规定的情况下不动产客体的其他特征。

非技术错误——不动产、不动产权利及不动产交易统一国家登记簿文件中存在的，将其修正可以导致不动产权利或权利限制（负担）的产生、转移或者终止或者对关系人损害的错误。非技术错误当中包括错标权利人、权利和权利限制（负担）种类的名称、共有中的份额大小。

登记本——包含对已经完成的登记行为的记载及对位于相应登记区范围内的不动产客体的其他记载的不动产、不动产权利及不动产交易统一国家登记簿文件。

登记卷宗——包含国家登记申请书在内的申请书原件，作为不动产具体客体国家登记依据的文件的复印件以及白俄罗斯共和国法律规定的其他文件的不动产、不动产权利及不动产交易统一国家登记簿文件。

登记区——在一个或数个行政区域单位范围之内的白俄罗斯共和国领土之一部分，相应的地方国家登记组织在此范围内进行活动。

不动产地方登记簿——不动产、不动产权利及不动产交易统一国家登记簿之一部分，包含对位于相应登记区的已登记的不动产客体的信息和文件的系统性汇总。

不动产技术清点——根据对不动产实物核查的结果收集、固定、整理关于不动产存在、所处位置、组成、面积及其他特征、状态、价格的信息。

技术错误——不动产、不动产权利及不动产交易统一国家登记簿文件中存在的，将其修正不会导致不动产权利或权利限制（负担）的产生、转移或者终止的错误。技术错误当中包括词汇拼写错误、单词、数字遗漏、计算错误。

第 2 条　白俄罗斯共和国关于不动产、不动产权利及不动产交易国家登记的法律

在白俄罗斯共和国与不动产、不动产权利及不动产交易国家登记有关的关系，由白俄罗斯共和国民法典、白俄罗斯共和国土地法典、本法和白俄罗斯共和国其他法律调整。

第 3 条　本法的适用

1. 本法确立以下种类的不动产客体国家登记的规则：

1.1　地块；

1.2　永久建筑物（房屋、设施）；

1.2-1　未完工封存的永久建筑物；

1.3　单独处所，包括住宅；

1.3-1　车位；

1.4　作为财产综合体的企业；

1.5　在白俄罗斯共和国法律有规定的情况下的其他种类的不动产。

2. 如果本法和白俄罗斯共和国其他法律未作不同规定，对于矿藏地块、特定水体、森林、古老种植物、航空器和航海器、内河航行器、河海通用航行器、航天器的国家登记规则由白俄罗斯共和国政府设定。

3. 白俄罗斯共和国总统可以设定与本法规定不同的不动产、不动产权利及不动产交易国家登记规则。

第 4 条　国家登记的客体

国家登记的客体为：

不动产创建、改变和存续终止；

不动产权利包括权利份额（以下称"权利"，但房屋合占共同财产的共用权的份额除外）以及依照本法和白俄罗斯共和国其他法律的不动产权利限制（负担）的产生、转移和终止；

依照白俄罗斯共和国法律应当进行国家登记的不动产交易。

第 5 条　国家登记的主体

1. 不动产、不动产权利及不动产交易国家登记的主体为不动产、不动产权利及不动产交易国家登记中央组织（以下称"中央国家登记组织"），不动产、不动产权利及不动产交易国家登记地方组织（以下称"地方国家登记组织"），登记员，以及不动产所有人和不动产其他权利的权利人（以下称"权利人"）、主张获得不动产权利的人（以下称"权利主张者"）。

2. 以下主体可以为权利人和权利主张者：

白俄罗斯共和国及其行政区域单位；

白俄罗斯共和国法人、外国法人和国际法人；

个体经营者；

白俄罗斯共和国公民、外国公民、无国籍者；

外国国家。

第6条 在由白俄罗斯共和国关于不动产、不动产权利及不动产交易国家登记的法律所调整的关系中的代表权

1. 如果白俄罗斯共和国的法律没有作出不同规定，公民、个体经营者和法人可以通过自己的代表参加由本法调整的关系。公民和个体经营者的代表的权限应当由经公证的授权委托书确证，除非白俄罗斯共和国法律有不同规定。

如果不动产、不动产权利及不动产交易国家登记的依据为由公证员公证的或者出具的文件，实施了相应公证行为的公证员有权经申请实施该等公证行为的人的书面申请在中央或者地方国家登记组织代表该等人之利益。

在代表申请实施公证行为的人的利益时，公证员有权按照白俄罗斯共和国关于不动产、不动产权利及不动产交易国家登记的法律规定的程序签署国家登记申请，向国家登记组织递交该申请及为实施登记行为所需要的其他文件（包括本款第二部分所指的申请的复印件），取得国家登记证明（证书）及（或）其他文件，以及对登记员的行为（不作为）提出异议。

2. 公民、个体经营者和法人亲自参加由本法所调整的关系并不使其丧失委托代表的权利，代表的参加也并不使其丧失亲自参加上述法律关系的权利。

第7条 不动产的国家登记

1. 不动产国家登记——国家承认和确证不动产创建、改变和存续终止的法律文书。

2. 不动产自其创建、改变和存续终止的国家登记之时起相应视为创建、改变和存续终止，除非白俄罗斯共和国法律有不同规定。

3. 不动产创建、改变和存续终止的国家登记只有通过司法程序才能被认定无效。

第8条 不动产权利和不动产权利限制（负担）的国家登记

1. 不动产权利和不动产权利限制（负担）国家登记——国家承认和确证不动产权利和不动产权利限制（负担）的产生、转移和终止的法律文书。

2. 不动产所有权以及不动产的以下权利和权利限制（负担）的产生、转移和终止应当进行国家登记：

2.1 地块的终身可继承占有；

2.2 地块的长期使用；

2.3 地块的临时使用，除非白俄罗斯共和国法律作出了不同的规定；

2.4 管理；

2.5 经营；

2.6 委托管理；

2.7 不动产的租赁、转租、无偿使用，除白俄罗斯共和国法律另有规定的情形之外；

2.8 删除；

2.9 删除；

2.9－1 删除；

2.9－2 删除；

2.10 地役权；

2.11 住房按揭；

2.11－1 地租；

2.11－2 已登记的不动产租赁权的抵押；

2.11－3 已登记的不动产所有权当中的份额的抵押；

2.12 查扣；

2.13 对于被赋予历史文化价值地位的不动产设置的限制（负担）；

2.14 删除；

2.15 对于国有财产私有化时的不动产设置的限制（负担）；

2.15－1 地块使用中的权利限制（负担）；

2.16 其他由于白俄罗斯共和国法律而产生或者被授权的国家机关依照白俄罗斯共和国法律设立的不动产权利限制（负担）。

3. 应当进行国家登记的不动产权利和不动产权利限制（负担），自其进行相应的产生、转移和终止国家登记且以证书（证明）确证国家登记之时起产生、转移和终止。

4. 不动产权利和不动产权利限制（负担）产生、转移和终止的国家登记只有通过司法程序才能被认定无效。

第 9 条 不动产交易的国家登记

1. 不动产交易国家登记——国家承认和确证交易完成事实的法律文书。

2. 删除。

3. 作为或者可能成为依照本法第 8 条第 2 款应当进行国家登记的不动产权利和不动产权利限制（负担）的产生、转移和终止的依据的合同，应当进行国家登记，其中包括：

3.1 不动产让渡（买卖、互易、馈赠、年金等）；

3.2 按揭，除白俄罗斯共和国法律另有规定的情形之外；

3.3 不动产委托管理；

3.4 不动产租赁、转租、无偿使用，除白俄罗斯共和国法律另有规定的情形之外；

3.5 删除；

3.5－1 删除；

3.5－2 已登记的不动产租赁权的抵押；

3.5－3 已登记的不动产所有权当中的份额的抵押；

3.5－4 从永久建筑物（房屋、设施）中分割出单独处所、车位；

3.6 作为共有财产的不动产分割成两个或者更多不动产客体；

3.7 两个或者更多不动产客体合并成一个不动产客体形成共有财产；

3.8 确立或者改变不动产所有权当中的份额；

3.9 改变或者解除已登记的不动产合同。

在白俄罗斯共和国法律有规定的情形下，其他不动产交易也需进行国家登记。

4. 应当进行国家登记的不动产交易自国家登记之时起视为订立，除非白俄罗斯共和国法律作出了不同规定。

5. 不动产交易的国家登记只有通过司法程序才能被认定无效。

第 10 条 国家登记的次序

1. 永久建筑物（房屋、设施）的创建、未完工封存的永久建筑物的创建的国家登记，不得早于其所处地块的创建的国家登记。

2. 单独处所和车位的创建的国家登记，不得早于其所处永久建筑物

（房屋、设施）的创建的国家登记。

3. 不动产的改变和存续终止，不动产权利的产生、转移和终止的国家登记，以及不动产交易的国家登记，不得早于相应不动产创建的国家登记。

4. 不动产权利的转移和终止，不动产权利限制（负担）的产生、转移和终止的国家登记，不得早于相应权利产生的国家登记。

5. 以应当进行国家登记的交易为依据的不动产权利和不动产权利限制（负担）的产生、转移和终止的国家登记，不得早于相应交易的国家登记。

以已经登记的交易为依据的永久建筑物（房屋、设施）和未完工封存的永久建筑物的权利和权利限制（负担）的产生、转移和终止的国家登记，与该等建筑物（房屋、设施）和未完工封存的永久建筑物所处地块权利和权利限制（负担）的产生、转移和终止的国家登记同时进行。

6. 依据关于从永久建筑物（房屋、设施）中分割出单独处所、车位的合同或者关于分割作为共有财产的不动产的合同或者将关于两个或者更多不动产客体合并成一个不动产客体形成共有财产的合同而创建的不动产的国家登记，不得早于相应合同的国家登记。

7. 在遵循本条所规定的次序的情况下，可以同时进行不动产创建、改变和存续终止的国家登记，数个不动产权利和权利限制（负担）的产生、转移和终止的国家登记和数个不动产交易的国家登记。

第二章 在国家登记领域内国家组织的体系

第 11 条 在国家登记领域内国家组织的体系

1. 国家登记领域内国家组织体系包括：

1.1 从属于白俄罗斯共和国政府的、在国家登记领域被专门授权的白俄罗斯共和国国家管理机关（以下称"被专门授权的国家管理机关"）；

1.2 中央国家登记组织；

1.3 地方国家登记组织。

2. 中央国家登记组织和地方国家登记组织的法律组织形式为共和国级单一制企业。

3. 删除。

第 12 条 被专门授权的国家管理机关及其权限

被专门授权的国家管理机关：

依照自己的职权发布不动产、不动产权利及不动产交易国家登记领域的规范性法律文件；

保障不动产、不动产权利及不动产交易国家登记领域统一国家政策的执行；

制定和落实不动产、不动产权利及不动产交易国家登记领域的国家纲领；

成立登记区；

批准不动产、不动产权利及不动产交易统一国家登记簿文件和登记员使用的其他文件办理的形式和规则；

确定授予地籍号、清点号以及登记本记载号的程序；

确定需要在登记本中描述的不动产特征的明细；

确定白俄罗斯共和国境内不动产客体地址的授予、改变和存续终止的统一程序；

确定除本法规定之外的其他将信息列入地籍图的情形；

确定在实施登记行为时指定不动产技术清点以及不动产特征核查的依据及其程序；

确定指定为实施国家登记所提交文件的真实性进行鉴定的依据及其程序；

确定登记员资格认证程序；

批准为实施国家登记所必须提交的文件的格式（如果白俄罗斯共和国其他法律没有规定文件的格式），不动产、不动产权利及不动产交易统一国家登记簿中的信息向外提供的形式，此等信息由中央和地方国家登记组织向外提供时的文件填写规则、制作和提交程序，以及向外提供了的信息的统计程序；

批准国家登记证明（证书）格式，关于不动产、不动产权利及不动产交易统一国家登记簿文件修正及登记本记载作废告知书的格式，登记本摘录的格式及确保上述文件信息免于伪造的要求；

确定为实施登记行为所需的、后续将通过邮寄发送或者以电子文件形式传输的文件的递交和制作程序；

确定中央国家登记组织对于登记行为进行监督的程序；

确定从不动产、不动产权利及不动产交易统一国家登记簿中向外提供的，本法所没有规定的信息类别；

依照白俄罗斯共和国法律行使其他职权。

第13条　中央国家登记组织及其权限

1. 中央国家登记组织：

1.1　对于地方国家登记组织的活动进行方法论上的和总的领导；

1.2　批准地方国家登记组织公文办理规则；

1.3　删除；

1.4　删除；

1.5　删除；

1.6　在被专门授权的国家管理机关规定的情形下并依其规定的程序，进行不动产技术清点和不动产特征核实；

1.7　确定地方国家登记组织向中央国家登记组织报告的规则；

1.8　删除；

1.9　协调地方国家登记组织的活动，包括与不动产、不动产权利及不动产交易统一国家登记簿的设立和保持有关的活动，确定地方国家登记组织相互协作及信息交换的程序；

1.10　保持不动产、不动产权利及不动产交易统一国家登记簿，防止其遭受非法侵入、盗窃和毁灭；

1.11　进行登记员资格认证，保持登记员名册；

1.12　批准登记员公章、印戳和公文纸样式、发放和收缴程序；

1.13　按被专门授权的国家管理机关规定的程序监督登记行为；

1.14　收集、分析、整理并每年在大众媒体公布白俄罗斯共和国不动产、不动产权利及不动产交易国家登记数据汇总；

1.15　依照白俄罗斯共和国法律在不动产、不动产权利及不动产交易国家登记领域行使其他职权。

1-1　中央国家登记组织有权请求法院改正非技术性错误或者认定国家登记无效，如果此等错误或者国家登记系因中央或者地方国家登记组织的登记员的过错而实施。

2. 中央国家登记组织从属于被专门授权的国家管理机关并对其负责。

3. 中央国家登记组织的负责人按照白俄罗斯共和国政府规定的程序任免。

第 14 条 地方国家登记组织及其权限

1. 地方国家登记组织——共和国级单一制企业，登记员在此以工作人员的身份行使自己的职权，依照本法完成职能。地方国家登记组织以及相应的登记员的活动针对相应登记区地域范围内的不动产进行。

2. 地方国家登记组织在被专门授权的国家管理机关规定的情形下并依照其规定的程序进行不动产技术清点和不动产特征核实。

3. 地方国家登记组织按白俄罗斯共和国政府规定的程序成立、重组和解散。地方国家登记组织从属于中央国家登记组织并对其负责。

4. 地方国家登记组织负责人由被专门授权的国家管理机关的负责人根据中央国家登记组织负责人的提名并经与相应州（明斯克市）执行委员会主席协商任免。

5. 地方国家登记组织有权请求法院改正非技术性错误或者认定国家登记无效，如果此等错误或者国家登记系因相应地方国家登记组织登记员的过错而实施。

第 15 条 国家对于中央和地方国家登记组织活动的保障

国家保障国家登记组织活动：

除白俄罗斯共和国法律规定情形之外，禁止没收登记本、登记卷宗、地籍图、申请登记册，也禁止没收国家登记组织用于保障不动产、不动产权利及不动产交易统一国家登记簿文件在机器载体制作和保存的财产，对于不动产、不动产权利及不动产交易统一国家登记簿文件，也不得施行禁止或者限制登记员接触文件的其他行为；

国家机关和其他国家组织经国家登记组织或者登记员请求，必须自收到请求之日起七日内提供其所拥有的，为国家登记组织进行在不动产、不动产权利及不动产交易国家登记领域活动所需要的信息和文件。

第 16 条 登记员，登记员的任免

1. 登记员——相应的中央和地方国家登记组织的工作人员，具有以下权力：

1.1 按规定程序接受为进行国家登记所提交的文件。

1.2 实施登记行为：

进行不动产创建、改变和存续终止的国家登记；

进行不动产权利和不动产权利限制（负担）的产生、转移和终止的国家登记；

进行不动产交易的国家登记。

1.3 授予不动产客体地籍号、清点号。

1.4 将记载录入登记本。

1.5 将文件放入登记卷宗，在卷宗所包含的申请和文件的目录中作记载。

1.6 将信息录入申请登记册。

1.7 删除。

2. 经过登记员资格认证的白俄罗斯共和国公民可以担任登记员。登记员应当具有大学法律文凭，或者大学"地籍"专业文凭，或者具有大学文凭且至本法正式公布之日已有不少于三年从事登记行为的经验。

3. 被专门授权的国家管理机关有权设置登记员任职补充要求。

4. 登记员必须在任职前以及不少于五年一次通过资格认证。

5. 中央国家登记组织的登记员由中央国家登记组织负责人任免。地方国家登记组织的登记员由相应的地方国家登记组织负责人任免。

第 17 条 登记员的独立性

1. 登记员在自己的活动中只服从白俄罗斯共和国法律的要求。

2. 登记员在以下情况下无权实施登记行为：

2.1 登记行为的结果对于登记员有着财产或者其他个人关系；

2.2 登记行为系为自己的名义及以自己的名义，为自己的配偶、配偶的亲戚和自己的亲戚的名义及以上述人〔父母、子女、孙子女（外孙子女）、祖父（外祖父）、祖母（外祖母）、亲弟兄姐妹〕的名义。

3. 登记员无权：

3.1 亲自或者通过代理人从事经营活动，就与不动产、不动产权利及不动产交易国家登记有关的问题成为他人的受托人；

3.2 因利用自己的职位为公民、个体经营者和法人提供任何协助而接受酬劳、为个人目的使用服务和优惠；

3.3 独立或者通过代理人参加法人管理，除白俄罗斯共和国法律规定的情形之外；

3.4 删除。

第 18 条 登记员公章、印戳和公文纸

1. 登记员拥有带白俄罗斯共和国国徽图案、国家登记组织名称及与登记员代码相对应的序列号的公章。

2. 登记员还拥有签名密匙、印戳和公文纸。

3. 登记员公章、印戳和公文纸的发放和收缴的程序由白俄罗斯共和国法律规定。

第 19 条 国家登记组织活动的资金来源

1. 国家登记组织活动的资金来源，由本法规定的经营活动的收费和白俄罗斯共和国法律规定的其他来源解决，包括按照地方代表大会规定的程序为某些类别的公民进行不动产技术清点而拨出的地方预算资金。

2. 不动产技术清点，不动产、不动产权利及不动产交易统一国家登记簿信息的提供，登记行为的实施，根据申请人的申请对不动产、不动产权利及不动产交易统一国家登记簿文件进行改正，就登记行为的实施提供法律咨询，编制必须进行国家登记的交易的草案和必要的申请书，制作文件和文件摘录的复印件，提供与不动产、不动产权利及不动产交易国家登记有关的其他法律和技术服务，收取费用，但本法和白俄罗斯共和国其他法律另有规定的情形除外。

第三章 不动产、不动产权利及不动产交易统一国家登记簿

第 20 条 创建和保持不动产、不动产权利及不动产交易统一国家登记簿的目的

不动产、不动产权利及不动产交易统一国家登记簿为以下目的创建和保持：

在不动产管理和不动产征税领域有效执行国家政策；

在与不动产有关的法律关系中保护国家和个人利益；

对不动产的利用和保护进行国家监督；

对于投资者、不动产市场的其他参加者，包括税务和统计机关在内的国家机关提供信息保障。

第 21 条 不动产、不动产权利及不动产交易统一国家登记簿文件办理的原则

不动产、不动产权利及不动产交易统一国家登记簿文件的办理，依照以下原则进行：

一致性——不动产、不动产权利及不动产交易统一国家登记簿文件的办理，在白俄罗斯共和国全境内按照统一的规则进行；

可信性——不动产、不动产权利及不动产交易统一国家登记簿的信息为可信信息，除非法院作出了不同的确认；

公开性——除本法另有规定的情形之外，不动产、不动产权利及不动产交易统一国家登记簿信息为公开信息，白俄罗斯共和国法律可以规定必须将实施登记行为的信息书面告知关系人的情形；

可比性和兼容性——不动产、不动产权利及不动产交易统一国家登记簿信息与其他国家登记簿、地籍簿、名册和其他信息资源所包含的信息应当具有可比性和兼容性。

第 22 条 不动产、不动产权利及不动产交易统一国家登记簿文件

1. 不动产、不动产权利及不动产交易统一国家登记簿由登记本、登记卷宗、地籍图、申请登记册组成。白俄罗斯共和国法律可将其他文件（街道和道路名录、地址名录、不动产客体价值目录、土地资源目录、行政区域单位目录、其他文件）归属于不动产、不动产权利及不动产交易统一国家登记簿文件。

2. 登记本、地籍图、申请登记册在机器载体保持。登记卷宗在纸质载体或者机器载体保持。

登记本、登记卷宗、地籍图、申请登记册用任何一种白俄罗斯共和国官方语言保持。

3. 在纸质载体和机器载体信息不一致的情况下，以纸质载体的信息为准。

4. 在登记本信息与不动产、不动产权利及不动产交易统一国家登记簿其他文件的信息不一致的情况下，以登记本信息为准，但存在技术错误的

情形除外。

第 23 条　不动产、不动产权利及不动产交易统一国家登记簿文件的保存

1. 中央和地方国家登记组织保护不动产、不动产权利及不动产交易统一国家登记簿文件免受非法侵入、盗窃和销毁。

2. 登记本、登记卷宗、地籍图、申请登记册应当长期保存。除白俄罗斯共和国法律有规定的情形之外，不得销毁上述文件，也不得从中撤走任何信息和文件。

3. 为妥善保管应当长期保存的文件，在中央和地方国家登记组织设立档案。上述档案文件为白俄罗斯共和国国家档案的组成部分。

4. 国家登记组织的档案的组织和活动，由 2011 年 11 月 25 日白俄罗斯共和国《档案公文和公文办理法》规定。

第 24 条　登记本

1. 登记本分篇。一篇在不动产创建国家登记时开立，具有对相应的登记卷宗的援引。

2. 包含永久建筑物（房屋、设施）和未完工封存的永久建筑物的信息的篇放置于紧临包含其所处地块的信息的篇之后。包含单独处所和车位信息的篇放置于紧临永久建筑物（房屋、设施）的相应的篇之后。

3. 每一篇包含针对具体不动产客体的如下信息：

3.1　关于已经登记的不动产的记载——作为不动产创建、改变和存续终止的国家登记的依据的文件的名称和要项，不动产特征的描述，包括不动产的基本数据，关于不动产用途的信息按照白俄罗斯共和国政府批准的不动产客体用途统一分类表记载；

3.2　关于已经登记的不动产所有权的记载——作为所有权产生、转移和终止的国家登记的依据的文件的名称和要项，所有权产生和转移的日期，所有权人的身份信息，在不动产共有的情况下，记载每个所有权人的身份信息和共有的种类，在不动产按份共有的情况下，记载所有权中每个所有权人的份额；

3.3　关于其他已经依照白俄罗斯共和国法律登记的或者录入不动产、不动产权利及不动产交易统一国家登记簿的不动产权利和不动产权利限制

（负担）的记载——权利名称，权利限制（负担）的名称和内容，作为权利和权利限制（负担）产生、转移和终止的依据的文件的名称和要项，权利和权利限制（负担）产生、转移和终止的日期（时刻），权利人和权利限制（负担）受益人的身份信息，权利和权利限制（负担）的期限，以及本法规定的其他信息；

3.4 关于已经登记的不动产交易的记载——体现了交易内容的文件的名称和要项，交易指向其产生、转移和终止的权利或者权利限制（负担）的名称，在对附延时条件的交易以及权利和权利限制（负担）可能将来产生、转移或者终止的交易进行国家登记时，记载权利和权利限制（负担）产生、转移或者终止的条件，以及候任权利人的身份信息。

3-1 登记本还包含：

3-1.1 关于国家登记组织收到的以下申请（声明）的标注（以下称"关于申请的标注"）：

关于国家登记的申请；

关于更正不动产、不动产权利及不动产交易统一国家登记簿文件的申请；

关系人关于将就另外一个关系人正在申请国家登记的交易、权利或者权利限制（负担）向法院提出异议的声明；

关系人关于将就已经实施的登记行为向法院提出异议的声明；

关系人关于法律事实的声明，该等法律事实可能导致权利或权利限制（负担）产生、转移或者终止，其中包括即将发生的不动产征收和拆迁、灭失或者销毁。

3-1.2 关于国家登记组织收到作为不动产、不动产权利及不动产交易统一国家登记簿文件更正依据的法院裁定或者国家机关和其他国家组织的信息，以及关于即将发生的不动产征收和拆迁、灭失或者销毁的信息的标注。

3-1.3 关于中止实施登记行为的标注。

4. 每个记载和标注应当包含作出的日期、号码和作出或者废止记载或标注的登记员的代码。记载和标注可以依照白俄罗斯共和国法律包含更多的信息。

5. 登记本上的记载只有根据法院裁定才能废止，只有在本法规定的情形下才能更正。

6. 记载的更正以向登记本录入新记载的方式进行。废止记载按照本法第28－1条规定的程序进行。

6－1 向登记本录入关于房屋合占的产生或者终止的记载不是永久建筑物（房屋、设施）权利和权利限制（负担）的国家登记。

7. 关于申请（声明）的标注在被专门授权的国家管理机关规定的期限内有效，但该期限自标注录入之时起不得超过一个月，但关于不动产灭失或者销毁的标注除外，此等标注永久有效，关于即将发生的征收和拆迁的标注也除外，此等标注在应当被拆迁的不动产客体的所有权终止的国家登记之前或者地方执行和支配机构撤销关于为国家需要征收地块且拆迁地块上的不动产客体的决定之前一直有效。

第25条 登记卷宗

1. 登记卷宗在不动产创建国家登记时开立，在不动产存续终止国家登记时关闭。卷宗拥有号码，该号码同时为不动产的地籍号和不动产清点号。

2. 每个卷宗设有其所包含的申请/声明及文件（文件的复印件）的目录。目录按记载的次序保持。目录的修改以向目录录入新的记载的方式进行。

3. 按规定程序录入登记卷宗的文件，除白俄罗斯共和国法律规定的情形之外不得撤出。

第26条 地籍图

将信息录入地籍图（包括信息的更改和删除）与地块、永久建筑物（房屋、设施）、未完工封存的永久建筑物的创建、改变和存续终止的国家登记同时进行，以及在被专门授权的国家管理机关规定的其他情形下进行。地籍图内容应当与登记本上的记载和登记卷宗所包含的文件相一致。

第27条 申请登记册

1. 登记员向申请登记册录入以下信息：

1.1 国家登记组织收到申请的日期和时间；

1.2 申请人身份信息；

1.3 为国家登记所提交的文件清单；

1.4 关于接受申请或者拒绝接受申请的标注；

1.5 对国家登记组织收到的申请审核的结果；

1.6 向申请人发放的文件的清单；

1.7 白俄罗斯共和国法律规定的其他信息。

2. 申请登记册根据记载的次序保持。对于申请登记册的更正以录入新的记载的方式进行。

3. 删除。

第28条 不动产、不动产权利及不动产交易统一国家登记簿文件的更正

1. 对不动产、不动产权利及不动产交易统一国家登记簿文件的更正（以下称"更正"）由登记员根据以下依据进行：

1.1 在更正技术性错误时，依据权利人、其他关系人的申请或者国家机关、其他国家组织的信息，以及登记员的动议；

1.2 在更正非技术性错误时，根据法院裁定；

1.3 在更正非技术性错误时，如果没有理由认为更正非技术性错误会导致对于依赖相应记载的权利人或者第三人的权利及合法利益造成损害，根据全体关系人的联合申请；

1.4 在更正权利人身份信息、自然村和街道的名称、房屋编号等时，根据权利人的申请或者国家机关、其他国家组织的相关信息。

2. 登记员在收到申请或者法院裁定，国家机关、其他国家组织关于更正的相关信息时，应当立即在登记本中作收文标注。关于根据权利人、候任权利人和其他关系人的申请作出更正以及更正技术性和非技术性错误的信息登记员应当以书面形式告知相关的权利人、候任权利人以及其他关系人。

3. 对不动产、不动产权利及不动产交易统一国家登记簿文件的更正及发放相应的证明或者说没理由的拒绝更正决定自递呈申请以及证明制作和发放证明的规费已经支付的单据（本条第1款1.2项和第4款规定的情形除外）及（或）收到本条第1款列明的其他文件之日起三个工作日之内进行。在需要向其他国家机关、其他国家组织获取信息及（或）文件的情况下本

期限可以延长至一个月，除非白俄罗斯共和国法律、白俄罗斯共和国部长会议决议规定了别的期限。

4. 更正登记员所犯的错误以及替换包含此等错误的文件，免费进行。

第28-1条　登记本记载的废止

1. 收到关于认定不动产创建、改变和存续终止，不动产权利和不动产权利限制（负担）产生、转移和终止，不动产交易的国家登记无效的生效法院裁定不晚于第二个工作日，中央或者地方国家登记组织进行登记本相应记载的废止。

2. 如果法院认定数个国家登记无效，则登记的废止按本法第10条规定的国家登记次序的相反次序进行。

3. 在替换登记本原先记载的记载被废止的情况下，原先的记载成为有效。

4. 关于废止登记本记载的消息，登记员在废止之日起三个工作日之内告知法院、权利人及（或）候任权利人。

第29条　不动产、不动产权利及不动产交易统一国家登记簿的信息和文件的提供

1. 中央和地方国家登记组织仅有义务向任何人提供关于具体的不动产客体的权利和权利限制（负担）是否存在〔以下称"现行有效的权利和权利限制（负担）〕的必要信息。此等信息以登记本摘录的形式提供。

2. 关于属于某一个具体人的不动产客体权利的汇总信息只能提供给：

2.1　权利人；

2.2　不动产权利以全部承让的方法向其转移的人；

2.3　在白俄罗斯共和国法律规定的情形下给国家机关、其他国家组织、公证员；

2.4　在处理法院案件时编制与案件有关文件所必需的情况下且在亲自出示律师证及按照白俄罗斯共和国法律规定程序办理的授权委托书或者法院命令时，给律师。

关于属于某一个具体的法人的不动产客体权利的汇总信息在白俄罗斯共和国法律规定的情形下也可向其他人提供。

3. 关于作为不动产客体权利国家登记依据的交易的条件的信息、为实

施国家登记所提交的文件的复印件只能向该交易参加者提供。只有在白俄罗斯共和国法律规定的情形下才能向其他人和国家机关提供上述信息和文件。

4. 关于不动产客体历史的信息〔关于不动产创建、改变、先前的所有权人、其他权利和权利限制（负担）的权利人、进行过的交易的信息，以及关于具体的不动产客体的其他信息〕只能向本条第 2 款第 1 部分第 2.1～2.4 项列明的人提供，以及在白俄罗斯共和国法律规定的情形下向其他人提供。

5. 构成国家机密的不动产信息只能按照白俄罗斯共和国关于国家机密的法律所规定的程序提供。

5-1 被专门授权的国家管理机关可以规定从不动产、不动产权利及不动产交易统一国家登记簿向外提供必须遵守本条限制的其他类别的信息。

6. 信息或者说明理由的关于拒绝提供信息的决定，自递呈申请之日起或自收到书面请求函并缴费之时起三个工作日之内提供，除非白俄罗斯共和国法律有不同规定。在拒绝提供信息的情况下，缴费予以退还。

不动产、不动产权利及不动产交易统一国家登记簿的信息也可以通过远程接入登记簿的方式提供。

7. 包含不动产、不动产权利及不动产交易统一国家登记簿信息的文件，由登记员签字并加盖登记员公章或者由国家登记组织其他被授权人签字并加盖组织公章。此等文件可以依照白俄罗斯共和国关于电子文件和电子数字签名的法律施加电子数字签名。

8. 对于拒绝提供信息的决定以及不实施提供信息的行为可以向法院提起诉讼。

不提供信息或者提供不真实信息的行为导致白俄罗斯共和国法律规定的责任。

9. 已经向外提供信息的情况应当进行记录。中央和地方国家登记组织必须根据权利人的申请或者函询提供已有哪些人和机关取得关于其拥有权利的不动产的信息的资讯。

第 30 条 登记本摘录

1. 登记本摘录的样式由被专门授权的国家管理机关批准。

2. 登记本摘录包含：

2.1 不动产客体基本数据；

2.2 不动产所有权人的身份信息，在按份共有的情况下指出不动产每个所有权人的份额和身份信息；

2.3 现行有效的不动产权利和权利限制（负担）清单（除所有权之外），权利和权利限制（负担）的期限，权利人和权利限制（负担）受益人身份信息，由按揭房屋所担保的债务数额或者确定该债务数额的程序和条件的数据；

2.4 在提供摘录之时登记本上关于声明的有效标注（以下称"现行有效标注"）的清单；

2.5 登记本上关于中止登记的现行有效标注的清单；

2.6 出具登记本摘录的日期和时间；

2.7 关于不动产客体的其他信息，清单由被专门授权的国家管理机关确定。

3. 为对交易进行公证而提供的登记本摘录应当包含"为交易公证而出具"的专门标注。带有专门标注的摘录自出具之日起一个月之内有效。不得在上述期限内向同一人重复出具带有专门标注的摘录。如果再次出具摘录发生在对相关不动产客体实施国家登记或者对不动产、不动产权利及不动产交易统一国家登记簿文件进行更正之后，则其不被视为重复出具。只有地方国家登记组织才有权出具带有专门标注的摘录。

第四章 实施登记行为的一般规则

第 31 条 实施登记行为的程序，登记员在实施登记行为时的权利和义务

1. 登记行为按以下程序实施：

1.1 接受为进行国家登记所提交的文件；

1.2 作出关于实施登记行为的决定；

1.3 实施登记行为；

1.4 对已经进行的国家登记加以证实。

2. 除本法第 40 条、第 41 条规定的情形之外，登记行为由地方国家登

记组织的登记员实施。

3. 登记行为可以由相应国家登记组织的任何一位登记员实施，除了依照白俄罗斯共和国法律登记行为应当由特定登记员实施的情形之外。

4. 在实施登记行为时登记员有权：

4.1 向国家机关、其他国家组织获取为实施登记行为所需要的信息和文件；

4.2 制作文件和文件摘录的复印件，确证其真实性；

4.3 就登记行为的实施问题给予解释和咨询；

4.4 在被专门授权的国家管理机关规定的情形下并依其规定的程序，委托进行不动产技术清点和特征核查；

4.5 在被专门授权的国家管理机关规定的情形下并依其规定的程序，对为了进行国家登记所提及的文件委托进行真实性鉴定；

4.6 在本法第35条第3、第4款规定的情形下，中止实施登记行为；

4.7 在本法第36条第1款规定的情形下，拒绝实施登记行为。

5. 对于请求实施登记行为的人，登记员必须协助其实现自己的权利，维护合法利益，向其解释权利和义务，提示实施登记行为的后果。

6. 对于属于不在白俄罗斯共和国常住的白俄罗斯共和国公民、外国公民、无国籍人以及在白俄罗斯共和国没有住所的外国或者国际法人（非法人组织）的应纳税不动产的未经公证的让渡交易实施国家登记的登记员，在实施上述登记行为之前必须从税务机关取得关于相关税款缴纳的信息。

第32条 对于为进行国家登记所提交的文件的一般要求

1. 为进行国家登记所提交的文件应当包括：

1.1 国家登记申请；

1.2 包含有在实施登记行为时应当录入登记本的身份信息的文件，证明代理人和公职人员权限的文件及（或）证明签署体现了交易内容的文件的人权限的文件，除非白俄罗斯共和国法律、白俄罗斯共和国总统和部长会议规范性法律文件有不同规定；

1.3 作为国家登记依据的文件，除非白俄罗斯共和国法律、白俄罗斯共和国总统和部长会议规范性法律文件有不同规定；

1.4 证明国家登记费缴纳的文件；

1.5 在白俄罗斯共和国法律规定的情形下证明国家规费缴纳的文件。

2. 本条第 1 款的要求不适用于依照白俄罗斯共和国法律有权向登记员发出有强制执行力的执行令或者作出司法裁定的国家机关向国家登记组织发出的文书。在上述机关发出实施登记行为的执行令的情况下，所缺少的信息由登记员自行获取。

3. 为进行国家登记所提交的文件不应当有涂改、添改、划掉的单词，没有给出说明的更正，不应当以铅笔制作或者违反公文办理规则，也不应当有足以导致内容理解分歧的重大破损。

4. 在白俄罗斯共和国境外依照外国法律制作的文件应当经过认证，除非白俄罗斯共和国法律有不同规定。

5. 对于所有根据公民申请实施登记行为的情形，由白俄罗斯共和国法律、白俄罗斯共和国总统和部长会议规范性法律文件规定为进行国家登记需要提交的文件的完整清单。

对于所有根据法人或者个体经营者的申请实施登记行为的情形，由白俄罗斯共和国政府规定为进行国家登记需要提交的文件的清单。

为进行国家登记需要提交的文件的清单及其样式和填写规则，张贴于国家登记组织处所内供大众知悉。

6. 删除。

7. 包含身份信息的文件可以经公证的复印件形式提供，除非白俄罗斯共和国法律有不同规定。

8. 为按照被专门授权的国家管理机关规定的程序实施登记行为，可以提交与白俄罗斯共和国关于电子文件和电子数字签名的法律要求相符合的电子文件。

第 33 条 对于国家登记申请及作为国家登记依据的文件的一般要求

1. 国家登记申请应当符合固定格式。

2. 国家登记申请的格式及其签署程序由被专门授权的国家管理机关规定。

3. 在白俄罗斯共和国法律规定的情形下，作为国家登记依据的文件应当经过公证或者由出具文件的国家机关加盖公章。

4. 由两页或者两页以上组成的作为国家登记依据的文件应当缝制在一

起或者以其他不可拆散的方式固定在一起，每页标明页码。缝制在一起或者以其他不可拆散的方式固定在一起的文件的页数，公证员在接受文件时应当以签字加以确认且加盖其公章，如果出具文件的国家机关、公证员和有权实施公证行为的其他公职人员没有如此作为。

5. 国家登记申请可以包含同时对数个国家登记的请求，但本法第 10 条的要求不得违反。在此情况下，作为数个国家登记依据的共同文件提交一份。

第 34 条 为进行国家登记所提交文件的接受

1. 为进行国家登记所提交的文件应当由签署国家登记申请的人（以下称"申请人"）在登记员亲自接待时向登记员提交，除非本法有不同规定。

通过邮政发送的为进行国家登记所需文件的递呈和办理程序，由被专门授权的国家管理机关规定。

2. 申请人提交的包含身份信息的文件和作为国家登记依据的文件的原件，除地政文件外，应当予以退还，国家登记组织索要和制作的文件，凡申请人已经支付费用的，除地政文件之外，应当交给申请人。申请人提交的文件、国家登记组织索要和制作的文件的复印件，应当保存在登记卷宗当中。

3. 为进行国家登记所提交的文件，由登记员在不动产所在地相应国家登记组织处所接受。

4. 在被专门授权的国家管理机关规定的情形下并依其规定的程序，为进行国家登记所提交的文件也可由登记员在国家登记组织处所以外接受。

5. 在以下情况下登记员拒绝接受为实施登记行为所提交的文件：

5.1 此等文件不符合白俄罗斯共和国法律的要求；

5.2 此等文件由不适格人员或者以不适当程序提交；

5.3 国家登记申请由不适格人员签署；

5.4 登记行为应当在别的国家登记组织或者由别的登记员实施；

5.5 没有提交为进行国家登记所需的全部文件；

5.6 提交了包含不真实信息或者与不动产、不动产权利及不动产交易统一国家登记簿文件的信息不符的信息的文件，除非此等不符属于技术性错误；

5.7 为进行国家登记所提交的文件的内容自相矛盾；

5.8 国家登记申请上所指的财产、权利和权利限制（负担）、交易依照白俄罗斯共和国法律不需要进行国家登记。

6. 在接受为进行国家登记所提交的文件时，以及在接受国家登记组织索要或制作的文件时，登记员应当立即将关于申请人、收到文件的日期和时间以及文件清单的信息录入申请登记册。

7. 在登记员拒绝接受为进行国家登记所提交的文件的情况下，文件返还申请人。申请人应当被书面告知拒绝的理由。

8. 在登记员接受为进行国家登记所提交的文件的情况下，登记员应当立即：

8.1 当面交给申请人标明接受日期、时间和接受文件清单的证明文件接受的文件，除非白俄罗斯共和国法律规定了此等文件出具的不同做法；

8.2 将接受国家登记申请的标注录入登记本。

9. 登记员应当在不晚于接受为进行国家登记所提交的文件的第二个工作日用挂号信将接受文件的信息通知：

在接受为进行不动产改变的国家登记所提交的文件时不在场的权利人；

在接受为进行国家登记所提交的文件时不在场的、其权利被登记或限制的关系人。

在对经公证员公证或者登记员确证的合同以及基于此等合同的权利和权利限制（负担）进行国家登记时，不要求通知本款第 1 部分所列之人。

10. 接受了为进行国家登记所提交的文件的登记员，实施登记行为的后续步骤。在实施登记行为的过程中更换登记员只有在登记员无法履行自己的职责或者在其他极端情况下才能允许。更换登记员的决定由相应国家登记组织的负责人或其授权人员作出。

第 35 条 实施登记行为决定的作出

1. 为进行国家登记所提交的文件，按照申请登记册记载的次序审核，除非白俄罗斯共和国法律和白俄罗斯共和国部长会议有不同规定。

2. 登记行为自为进行国家登记所提交的文件提交之日起七个工作日内实施，除非本法、白俄罗斯共和国其他法律和白俄罗斯共和国部长会议决议有不同规定。

如果登记行为的实施是依据关于国家登记的执行令，则本款第1部分所指的期限自关于国家登记的执行令到达国家登记组织之日起算，或者如果执行令没有包含国家登记所需的全部信息，则自包含登记员所索要的缺失信息的最后一份文件到达之日起算。

3. 在有必要索要补充信息或者文件、对不动产进行技术清点或者核实其特征、对于文件的真实性进行鉴定以及根据白俄罗斯共和国法律登记员必须确信关系人对于实施登记行为没有异议的情况下，登记员可以在不超过一个月的期限内中止登记行为，但根据法院裁定实施登记行为时除外。

4. 根据对于另外一个关系人正在请求进行国家登记的交易、权利或者权利限制（负担）准备诉诸法院提出异议的关系人的书面申请，登记行为应当按申请中所指的期限中止，但不得超过一个月。此种情况下，申请应当附具文件（文件复印件）证明，如果实施相关的交易或者不动产权利或者权利限制（负担）产生、转移和终止，该关系人的权利将受到损害或者限制，或者申请应当指向能够证实包含在不动产、不动产权利和不动产交易统一国家登记簿当中的上述情况的信息。

在收到关系人准备对于另外一个关系人正在请求进行国家登记的交易、权利或者权利限制（负担）诉诸法院提出异议的书面申请后，登记员应当立即将相关标注录入登记本，并在不晚于收到申请的第二个工作日将对于不动产作出此等标注的信息登载于相应国家登记组织的网站。

如果在中止登记行为的期限内没有任何一个关系人向国家登记组织提交关于已经根据申请中止登记的人或者其他关系人的诉讼请求立案（办案）的书面信息，则登记行为应当实施。

如果国家登记组织收到了法院立案（办案）的书面信息，则登记行为中止，直到案件审结。

5. 登记员应当在作出中止登记行为决定的三个工作日之内用挂号信通知提交国家登记申请的人关于登记中止的信息，并说明中止的期限和理由，以及对于中止决定提出异议的程序。

6. 向国家登记组织提交了申请的人有权在行政行为作出以前撤回自己的申请，但须以书面形式告知相关组织。

第 36 条　登记员拒绝实施登记行为

1. 登记员在以下情形下拒绝实施登记行为：

1.1　如果发现拒绝接受为进行国家登记所提交的文件的依据；

1.2　如果发现不动产特征的核实结果与为进行国家登记所提交的文件当中所包含的数据不相符，但通过继承获得的不动产权利的产生和转移的国家登记以及依据不动产、不动产权利和不动产交易统一国家登记簿文件的数据进行的对于改建的不动产权利的产生和转移的国家登记除外；

1.3　如果在国家登记时损害了其他人的合法权利；

1.4　如果在国家登记时违反了白俄罗斯共和国法律的要求；

1.5　如果申请登记交易或者权利的不动产有着查扣或者限制处分的登记记载，除非白俄罗斯共和国法律有不同规定；

1.6　不同的申请人对于不可能同时进行国家登记的同一个不动产，同一些交易、权利和权利限制（负担）同时提交了两个或者两个以上的国家登记申请，以此依据拒绝实施登记行为仅适用于针对两个或者两个以上的申请人没有其他依据拒绝实施登记行为的情形。

2. 登记员必须自作出拒绝实施登记行为的决定起三个工作日之内用挂号信或者以申请人签字认可的方式当面告知申请人拒绝决定，并说明拒绝的理由，以及对于拒绝决定提出异议的程序。

3. 如果拒绝实施登记行为是依据本条第 1 款第 1.6 项的理由，则在全体申请人达成书面一致的情况下或者根据法院裁定登记行为可以实施。

第 37 条　登记行为的实施

1. 登记行为的实施通过向登记本录入相关记载的方式实施。

2. 登记员将相关文件归入卷宗，信息录入地籍图，将关于正在实施的登记行为和已经向申请人出具的文件的信息录入申请登记册并将登记行为实施同时将相关记载录入登记本的信息书面告知申请人。

第 38 条　已经进行的国家登记的证实

1. 对于已经进行的不动产创建、改变和存续终止，不动产权利和权利限制（负担）产生、转移和终止的国家登记的证实，按被专门授权的国家管理机关规定的程序以向申请人颁发国家登记证明（证书）的方式进行。

对于根据国家登记组织收到的由依照白俄罗斯共和国法律有权的国家

机构作出的具有强制执行力的执行令或者法院裁定已经进行的不动产创建、改变和存续终止，不动产权利和权利限制（负担）产生、转移和终止的国家登记的证实，通过向关系人发送国家登记通知及随后颁发国家登记证明（证书）的方式进行。

2. 对于已经进行的不动产交易的国家登记的证实按被专门授权的国家管理机关规定的程序通过在表达已登记交易内容的文件原件上作出登记标注的方式进行。

第39条　国家登记的时间

在实施登记行为的情况下，国家登记的时间为接受为进行国家登记所提交的文件的时间和日期，该时间和日期录入申请登记册。

第40条　对于位于一个以上登记区的不动产的登记行为

1. 在需要对位于一个以上登记区的不动产实施登记行为时，为进行国家登记所提交的文件由中央国家登记组织登记员接受。后续登记行为的步骤由相关地方国家登记组织的登记员按照中央国家登记组织登记员的指示实施。

2. 不同的地方国家登记组织的决定应当相同且同时作出。国家登记的时间为中央国家登记组织登记员接受为进行国家登记所提交的文件的日期和时间。

第41条　对于作为财产综合体的企业的登记行为

1. 对于作为财产综合体的企业的登记行为由中央国家登记组织登记员按照白俄罗斯共和国政府规定的程序实施。

2. 对于作为财产综合体的企业的登记行为为地块、永久建筑物（房屋、设施）、未完工封存的永久建筑物、单独处所、车位的权利国家登记的基础，如果相关的客体或者财产权利构成作为财产综合体的企业一部分。

在实施构成作为财产综合体的企业一部分的地块、永久建筑物（房屋、设施）、未完工封存的永久建筑物、单独处所、车位或者这些客体的财产权利的交易之前，应当先对企业进行由于剥离有关的不动产或者不动产权利而导致的改变进行国家登记。

3. 由对作为财产综合体的企业的登记行为所派生的对于地块、永久建筑物（房屋、设施）、未完工封存的永久建筑物、单独处所、车位权利的国家登记，由相关地方国家登记组织的登记员按照中央国家登记组织的登记员的指令进行。

4. 由对作为财产综合体的企业的登记行为所派生的对于地块、永久建筑物（房屋、设施）、未完工封存的永久建筑物、单独处所、车位权利的国家登记的时间，为中央国家登记组织的登记员接受为进行国家登记所提交的文件的日期和时间。

第 41-1 条　对于与有专门用途的区域的组建、变更和撤销登记有关的地块的登记行为

对于与有专门用途的区域的组建、变更和撤销登记有关的地块权利限制（负担）产生、转移和终止的国家登记，由地方国家登记组织的登记员根据中央国家登记组织的被授权人的指令按照被专门授权的国家管理机关规定的程序进行。

第 42 条　删除

第 43 条　对登记员行为（不作为）的异议

1. 认为登记员的行为（不作为）损害了其民事权利的关系人有权向法院提出异议，或者在一年之内向相关地方或者中央国家登记组织投诉。

2. 国家登记组织收到关系人关于其将向法院就已经实施的登记行为提起异议诉讼的声明时，登记员应当立即将收到相应声明的标注录入登记本。

第五章　不动产国家登记

第 44 条　不动产创建国家登记的依据

不动产创建国家登记的依据有：

新确立的地块的划出；

永久建筑物（房屋、设施）、单独处所、车位的建设和投入使用；

未完工永久建筑物的建设和封存；

对于未经审批自行建设的永久建筑物（房屋、设施）、单独处所、车位依照白俄罗斯共和国法律的规定允许进行创建国家登记；

不动产的分割；

不动产的合并；

从永久建筑物（房屋、设施）分割出单独处所和车位；

白俄罗斯共和国法律规定的其他依据。

第 45 条　不动产改变的国家登记的依据

不动产改变的国家登记的依据有：

地块边界改变；

永久建筑物（房屋、设施）、单独处所、车位的上盖物、侧盖物的建设和投入使用；

永久建筑物（房屋、设施）、单独处所、车位的改建和投入使用；

对于未经审批自行对永久建筑物（房屋、设施）、单独处所、车位加盖上盖物、侧盖物和进行改建，依照白俄罗斯共和国法律的规定允许进行不动产改变的国家登记的；

永久建筑物（房屋、设施）、未完工封存的永久建筑物、单独处所、车位的一部分灭失或者销毁的；

不动产用途改变；

未完工封存的永久建筑物完成建设和封存客体投入使用；

白俄罗斯共和国法律规定的其他依据。

第 46 条　不动产存续终止的国家登记的依据

不动产存续终止的国家登记的依据有：

在土地利用和保护领域进行国家调整和管理的国家机关依照白俄罗斯共和国法律作出了规定地块存续终止的决定；

永久建筑物（房屋、设施）、未完工封存的永久建筑物、单独处所、车位灭失或者销毁（拆除）；

不动产的分割；

不动产的合并；

白俄罗斯共和国法律规定的其他依据。

第 47 条　作为不动产国家登记依据的文件

作为不动产创建、改变和存续终止的国家登记依据的文件为证明不动产创建、改变和存续终止的相应文件。

第 48 条　证明新确立的地块创建的文件

证明新确立的地块创建的文件为：

地政卷宗；

依照白俄罗斯共和国法律确定地块用途的文件。

第 49 条 证明新建永久建筑物（房屋、设施）、单独处所、车位创建的文件

1. 证明新建永久建筑物（房屋、设施）、单独处所、车位创建的文件为：

委任验收委员会的人（机关）关于批准客体验收文件的决定（命令、决议、指令）；

确定永久建筑物（房屋、设施）、单独处所、车位的用途的地方执行和支配机构的决定，或者依照白俄罗斯共和国法律有权确定永久建筑物（房屋、设施）、单独处所、车位的用途的其他机构的决定；

永久建筑物（房屋、设施）、单独处所、车位的技术护照。

2. 果蔬副业种植合伙的成员所拥有的地块上为进行集体生产所需要的小屋、辅助建筑物和设施的创建的国家登记不需要本条第 1 款第 2 和第 3 段列明的文件。

第 50 条 证明未完工封存的永久建筑物创建的文件

证明未完工封存的永久建筑物创建的文件有：

被授权的国家机关颁发的施工许可；

证明未完工的永久建筑物封存的文件；

未完工封存的永久建筑物的技术护照。

第 51 条 不动产的分割，不动产分割时国家登记的特点

1. 不动产分割根据所有权人及（或）经营权人或管理权人之间按规定程序订立的将作为共有财产的不动产分割为两个或者两个以上的不动产客体的合同，根据所有权人或者经营权人或管理权人按规定程序作出的将不动产分割为两个或者两个以上的不动产客体的决定，或者法院裁定进行。证明作为分割结果的不动产创建和存续终止的文件为相应的合同、决定或者法院裁定。为对作为分割结果的不动产创建进行国家登记，永久建筑物（房屋、设施）、单独处所、车位需补充提交技术护照，地块需补充提交地政文书。

2. 某个类别的不动产客体由于分割产生两个或者两个以上原先类别的不动产客体。

3. 被分割的不动产客体视为终止存续。

4. 分割时被分割的不动产客体的登记卷宗关闭，对新创建的不动产客体开立新的登记卷宗。

5. 分割时对于被分割的不动产客体的现行有效的权利和权利限制（负担）转移到新创建的不动产客体。

6. 对于产生了房屋合占的永久建筑物（房屋、设施）的分割，根据在此等建筑物（房屋、设施）中的单独处所和车位的全体所有权人之间的合同或者法院裁定进行。

7. 未完工封存的永久建筑物不得分割。

第 52 条 从永久建筑物（房屋、设施）中分割出单独处所和车位，从永久建筑物（房屋、设施）中分割出单独处所和车位时不动产国家登记的特点

1. 从永久建筑物（房屋、设施）中分割出单独处所和车位根据永久建筑物（房屋、设施）的所有权人、经营权人或者管理权人按规定程序作出的决定，所有权人及（或）经营权人或者管理权人之间按规定程序订立的合同，或者根据法院裁定进行。证明从永久建筑物（房屋、设施）中分割出来的单独处所和车位的创建文件为相应的决定、合同或者法院裁定。从永久建筑物（房屋、设施）分割出来的单独处所和车位的创建国家登记需要补充提交技术护照。

2. 分割单独处所和车位不改变永久建筑物（房屋、设施）的特征。

从永久建筑物（房屋、设施）分割单独处所和车位时不进行施工工作。

由一个单独处所组成的永久建筑物（房屋、设施）不得再分割出单独处所。

3. 从永久建筑物（房屋、设施）分割出单独处所和车位时对于分割出来的单独处所和车位开立新的登记卷宗。永久建筑物（房屋、设施）的卷宗保留。

4. 分割单独处所和车位时永久建筑物（房屋、设施）被分割部分的权利和权利限制（负担）向被创建的单独处所和车位转移。

第 53 条 不动产合并，不动产合并时国家登记的特点

1. 不动产合并根据所有权人及（或）经营权人或管理权人之间按规定程序订立的关于将两个或者两个以上的不动产客体合并成一个不动产客体

并形成共同财产的合同，所有权人、经营权人或者管理权人按规定程序作出的关于将两个或者两个以上的不动产客体合并成一个不动产客体的决定，或者根据法院裁定进行。证明作为合并结果的不动产创建和存续终止的文件为相应的合同、决定和法院裁定。作为合并结果的不动产的创建的国家登记，如果是永久建筑物（房屋、设施）、单独处所和车位，需要补充提交技术护照，如果是地块，需要补充提交地政文书。

2. 不动产的合并只能对同类并且相邻的不动产客体进行。对于不同的永久建筑物（房屋、设施），如果由于施工工作而形成了一体的永久建筑物（房屋、设施），也可进行合并。

3. 两个或者两个以上的不动产客体合并的结果产生一个同类的不动产客体。

4. 由于合并而被合并的不动产客体视为终止存续。

5. 不动产合并时，被合并的不动产客体的登记卷宗关闭，对新创建的客体新建登记卷宗。

6. 不动产合并时对于被合并的不动产客体的现行有效的权利和权利限制（负担）向被创建的不动产客体转移。

7. 对于产生了房屋合占的永久建筑物（房屋、设施）的合并，根据在此等建筑物（房屋、设施）中的单独处所和车位的全体所有权人之间的合同进行。

8. 未完工封存的永久建筑物不得进行合并。

第 54 条　不动产灭失或者销毁（拆除）时国家登记的特点

如果不动产存续终止的依据为其灭失或者销毁（拆除），则在进行不动产存续终止的国家登记的同时进行此不动产全部权利和权利限制（负担）终止的国家登记。

第六章　不动产权利和不动产权利限制（负担）的国家登记

第 55 条　不动产权利和不动产权利限制（负担）产生、转移和终止的国家登记的依据

不动产权利和不动产权利限制（负担）产生、转移和终止的国家登记的依据有：

白俄罗斯共和国法律规定的合同和其他交易，以及尽管白俄罗斯共和国法律没有规定但与白俄罗斯共和国法律不相抵触的合同和其他交易；

白俄罗斯共和国法律规定为不动产权利和不动产权利限制（负担）产生、转移和终止的依据的国家机关和地方管理及自治机关的文书；

确立或者终止不动产权利和不动产权利限制（负担）的法院裁定；

已经进行的拍卖（拍卖会上购得财产）的法院执行文书复印件，或者关于财产向声索者转移的法院执行文书；

收入上缴国库、根据白俄罗斯共和国法律在公开拍卖会上售出的不动产的拍卖结果的纪要；

公民、个体经营者和法人的其他行为，如果白俄罗斯共和国法律将不动产权利和不动产权利限制（负担）的产生、转移和终止与此等行为相关联的；

白俄罗斯共和国法律将不动产权利和不动产权利限制（负担）的产生与之相关联的事件。

第 56 条　作为根据获得时效对不动产所有权产生国家登记依据的文件

作为根据获得时效对不动产所有权产生国家登记依据的文件为地方执行和支配机关证明获得时效的决定，或者法院关于确定获得时效事实的裁定。

第 57 条　作为地役权产生国家登记的依据的文件

1. 作为地役权产生国家登记的依据的文件为：

1.1　规定对不动产设置地役权的合同；

1.2　法院裁定。

2. 作为地役权产生国家登记的依据的文件应当包含地役权的实质内容、边界、效力期限及对价金额（如果有对价的话）。

第 58 条　不动产共同共有权国家登记的特点

1. 共同共有权产生的国家登记根据候任权利人之一的申请进行，除非白俄罗斯共和国法律有不同规定。

2. 共同共有权的转移和终止的国家登记根据所有共同所有权人的申请进行，除非白俄罗斯共和国法律或者权利人之间的协议有不同规定。

第 59 条　相互关联的不动产权利和不动产权利限制（负担）国家登记的特点

如果依照白俄罗斯共和国法律权利和权利限制（负担）是相互关联的〔永久建筑物（房屋、设施）的所有权的转移与地块权利和权利限制（负担）的产生、转移和终止；所有权与经营权或者管理权；地块租赁权的终止与与之不可分离的转租权的终止或者作为财产综合体的企业的转租权的终止；依据不动产分期付款的买卖合同的所有权转移与按揭贷款；其他相互关联的权利和权利限制（负担）〕，则其国家登记应当同时进行。

第 60 条　按揭贷款国家登记的特点

在按揭贷款国家登记时，向登记本录入按揭物业所担保的债务金额或者确定债务金额的程序和条件的数据，除非白俄罗斯共和国法律有不同规定。

第 61 条　年金国家登记的特点

在年金国家登记时，向登记本录入年金金额或者确定年金金额的程序和条件的信息。

第 62 条　委托管理国家登记的特点

委托管理国家登记时，向登记本录入委托管理处分不动产的权限。

第 63 条　对不动产查扣的国家登记的特点

1. 由法院执行人员、法庭和其他被授权机关依照白俄罗斯共和国法律实施的对不动产的查扣及其取消应当在收到相关申请时立即进行国家登记。

2. 对不动产实施的查扣，根据实施查扣的机关（公职人员）的决定或者依照白俄罗斯共和国法律作出的法院裁定取消（撤销）。

第 64 条　根据被授权国家机关的决定设置的对于不动产权利的限制（负担）产生的国家登记通知权利人和候任权利人

根据被授权国家机关依照白俄罗斯共和国法律作出的决定所设置的对于不动产权利的限制（负担）产生的国家登记，必须立即用挂号信通知相关的权利人和候任权利人。

第 65 条　关于申请的标注

1. 关于申请的标注由登记员在收到相应申请时立即录入登记本。

2. 关于申请的标注只有在白俄罗斯共和国法律规定的情形下才具有法律后果。

第 65-1 条 有期限的不动产权利和不动产权利限制（负担）终止的国家登记的特点

1. 已经登记的有期限的不动产权利和不动产权利限制（负担）在期限届满时终止而无须进行国家登记，除不动产委托管理权之外，如果委托管理合同并没有规定委托管理权期限届满委托管理合同就终止。

2. 如果委托管理合同并没有规定委托管理权期限届满委托管理合同就终止的，不动产委托管理权自其终止国家登记之时起终止。

第七章　不动产交易的国家登记

第 66 条　作为不动产交易国家登记依据的文件

1. 体现了交易内容的文件为不动产交易国家登记的依据。

2. 如果依照白俄罗斯共和国法律交易的订立需要交易人之外的其他主体的同意，则需向相应的国家登记组织补充提交按白俄罗斯共和国法律规定程序制作的证明此等同意的文件。

3. 如果依照白俄罗斯共和国法律交易的订立需要交易人之外的其他主体放弃优先购买权，则需向相应的国家登记组织补充提交按白俄罗斯共和国法律规定程序制作的证明此等放弃的文件。

第 66-1 条　数个不动产客体交易的国家登记

如果交易标的为数个不动产客体，则此等交易进行一个国家登记。

第 67 条　对于作为不动产交易国家登记依据的文件的要求

1. 体现了公民的意思表示、作为不动产交易国家登记依据的文件，应当进行公证或者由登记员证实。

2. 体现了法人的意思表示、作为不动产交易国家登记依据的文件，应当由法人负责人或者设立文件授权的其他人签字并加盖法人公章，或者由白俄罗斯共和国法律规定的其他被授权人签字。体现了个体经营者的意思表示、作为不动产交易国家登记依据的文件，应当由其签字并加盖个体经营者章，在没有章的情况下应当进行公证或者由登记员证实。

3. 体现了国家机关的意思表示、作为不动产交易国家登记依据的文件，应当由其负责人或者关于该国家机关的管理规定或者规范性法律文件授权的其他人签字并加盖公章，并（或）需要在相应国家机关的公文纸上记载。

第 68 条 登记员对于作为不动产交易国家登记依据的文件的证实

1. 合同、申请和作为不动产交易国家登记依据的其他文件的草案可由交易各方提供或者由登记员编制。如果合同草案由交易各方提供，登记员应当检查合同内容与交易各方的真实意愿是否相符，交易是否违反白俄罗斯共和国的法律，合同是否列出了全部实质性条件。登记员根据交易任何一方的请求编制合同、申请和作为不动产交易国家登记依据的其他文件的草案。

2. 所提及的文件的文本应当书写明确、清楚，属于交易内容的日期和期限至少一次应当用文字表述，法人名称不用缩写，指明住所的地址。公民和个体经营者的姓、名和父称、居住地地址应当在文件中完整写出。

3. 登记员必须客观、全面和完整地向交易的全部参加者解释交易的意义、各方的权利和义务，提醒交易的后果，并就国家登记的其他问题进行解释。如果有交易参加者不掌握官方语言，文件的文本应当由译员为其进行翻译。

4. 登记员应当采取可能的措施查明，所有参加交易的人是否能够理解自己行为的意义及主导自己的行为，有无被误导，有无欺诈、暴力、威胁，交易各方有无恶意串通或者乘人之危的情况。

5. 登记员核实每个交易参加者的身份及其签名的真实性，参加交易的公民的行为能力和法人和个体经营者的权利能力。在合同、申请、其他文件由代理人签署的情况下，核实代理人的权限。公民和个体经营者的代理人的权限应当由经公证的授权委托书证实，除非白俄罗斯共和国法律有不同规定。

6. 如果公民由于身体缺陷、疾病或者其他可以接受的原因无法亲笔签字，则受其委托且在其在场和登记员在场的情况下，交易、申请或者其他文件可由另外一位公民（交易受益公民除外）签字，但需指明文件不能由公民本人亲笔签字的原因。

7. 登记员可以不要求其所认识的法人的公职人员（代表）在场，如果其拥有该等人此前当面预留的签字样本，且文件上签字的真实性无可疑之处。

8. 对于体现不动产交易内容的文件的证实，以登记员在文件上作出确证标注的方式进行。

9. 对于作为不动产交易国家登记依据的文件的证实，由登记员在不动产所在地的国家登记组织处所按被专门授权的国家管理机关规定的程序进行。

10. 在被专门授权的国家管理机关规定的情形下且依照其规定的程序，对于作为不动产交易国家登记依据的文件的证实也可由登记员在国家登记组织的处所之外进行。

第八章　责任和保证

第 69 条　国家登记时的责任

1. 中央和地方国家登记组织对于以下情形下给公民、个体经营者和法人所造成的损失承担责任：

1.1　从不动产、不动产权利及不动产交易统一国家登记簿提供不真实的信息；

1.2　不当拒绝登记行为的实施；

1.3　不当实施登记及其他行为；

1.4　不动产、不动产权利及不动产交易统一国家登记簿中所保存的文件或者信息的丢失、损坏；

1.5　违反申请审查的规定期限。

2. 中央和地方国家登记组织必须全额赔偿损失。如果损失数额超过白俄罗斯共和国政府为相应国家登记组织设定的数额，则赔偿的数额从保证基金中补偿。

3. 国家登记组织向受害人支付的赔偿的数额，向因其故意加害行为导致损失的人追偿。

第 70 条　保证基金

1. 保证基金由中央国家登记组织为补偿相应的国家登记组织向受害人支付的赔偿而设立。

2. 保证基金从国家登记组织收取的费用当中提取。

3. 保证基金设立和支配的程序，由白俄罗斯共和国政府规定。

第九章　附则

第 71 条　过渡期间

1. 过渡期间为以下时间段：

1.1　组建国家登记组织体系；

1.2　形成不动产、不动产权利及不动产交易统一国家登记簿文件。

2. 每个州和明斯克市过渡期间的长短和组建地方不动产登记簿的计划由被专门授权的国家管理机关与相应州、明斯克市执行委员会协商确定。过渡期间自本法生效之时起不得超过一年。

3. 在过渡期内部门间协调以及被专门授权的国家管理机关与相应州、明斯克市执行委员会之间的协调由白俄罗斯共和国政府进行。

4. 过渡期内在国家登记组织活动开始以前，国家登记由本法通过时实施国家登记的国家组织进行。

第 72 条　国家登记组织体系的组建

1. 白俄罗斯共和国在国家登记领域被专门授权的国家管理机关和中央国家登记组织在本法正式公布之日起不晚于三个月之内，由白俄罗斯共和国总统根据白俄罗斯共和国政府的建议确定。

2. 在本法通过之时用于地块国家登记（统计）的市政所有财产以及在本法通过之时实施建筑物国家登记（统计）的市政法人的财产，应当按照白俄罗斯共和国政府规定的程序无偿由市政所有财产转变为中央所有。上述财产归属于地方国家登记组织。

第 73 条　不动产、不动产权利及不动产交易统一国家登记簿文件的形成

1. 在本法通过之时实施不动产、不动产权利及不动产交易国家登记的国家组织，在过渡期内在收到中央国家登记组织的请求之日起三个月内应将与不动产、不动产权利及不动产交易国家登记有关的所有文件无偿移交。相关的国家登记组织应当进行文件接收。在文件移交期内可以终止文件接受或者额外中止登记行为的实施，但不得超过十个工作日。

2. 不动产、不动产权利及不动产交易统一国家登记簿文件的最初形成以将所移交文件中的记载、信息和文件转移到新文件中的方式进行。

3. 如果在本法生效之前实施不动产国家登记（统计）的国家组织已经具有了为开立登记卷宗和将记载录入登记本所需要的信息，则不动产视为已经完成登记。对于此等不动产，开立登记卷宗和将记载录入登记本的程序由中央国家登记组织确定。如果具有为开立登记卷宗和将记载录入登记本所需要的不完整的信息，则所缺的信息由相关的国家登记组织自行填补。

4. 在本法生效之前已经在使用（利用）的不动产客体，但在此前实施不动产登记（统计）的国家组织没有必要信息的，其国家登记按照白俄罗斯共和国政府规定的程序进行。

5. 如果在本法生效之前实施不动产权利登记（统计）的国家组织已经具有了将记载录入登记本所需要的信息，则不动产权利和权利限制（负担）视为已经完成登记。对于此等不动产权利和权利限制（负担），将记载录入登记本的程序由中央国家登记组织确定。如果具有为将记载录入登记本所需要的不完整的信息，则所缺的信息由相关的国家登记组织自行填补。

6. 如果不动产权利和权利限制（负担）的产生、转移或者终止的依据为本法生效之前订立的交易而且交易符合订立之时的白俄罗斯共和国法律的要求，即便交易订立的程序符合本法的要求，不动产权利和权利限制（负担）的产生、转移或者终止也需要进行登记。

本法生效之前订立的、根据交易订立时的白俄罗斯共和国法律不需要进行国家登记的交易，不需要进行国家登记。

第 74 条　以前进行的国家登记的效力

在本法生效之前由被专门授权的土地资源和地政机关，白俄罗斯共和国部长会议下属土地资源、勘丈和绘图委员会国有单一制企业"全国地籍署"，白俄罗斯共和国住房公用服务部下属的国有单一制企业"全国不动产统计和登记中心"，以地政处和登记及技术清点组织所代表的地方执行和支配机构按照规定程序所进行的不动产、不动产权利及不动产交易国家登记，具有法律效力。

第 75 条　本法的生效

1. 本法正式公布九个月之后生效，但第 72 条第 1 款和第 76 条自本法正式公布之日起生效。

2. 在白俄罗斯共和国的法律法规修改至与本法相符之前，其在不与本法相抵触的部分适用，除非白俄罗斯共和国宪法有不同规定。

第 76 条 执行本法规定的措施

1. 白俄罗斯共和国政府自本法正式公布之日起不超过九个月的期限内：

1.1 保障地方国家登记组织的组建，将其活动以及中央国家登记组织的活动调整至与本法相符；

1.2 制定和批准不动产、不动产权利及不动产交易国家登记体系的逐步发展纲要；

1.3 制定和批准为执行本法规定所需的规范性法律文件；

1.4 就将白俄罗斯共和国法律调整至与本法相符提出建议；

1.5 将白俄罗斯共和国政府决定调整至与本法相符；

1.6 确保各部和其他中央国家管理机关审查部门规范性法律文件，取消与本法相抵触者。

2. 白俄罗斯共和国政府在 2006 年 1 月 1 日之前制定并向白俄罗斯共和国国民大会代表院提交确定不动产客体组成、不动产部分（现实份额）的民事流转、不动产部分（现实份额）的权利和交易的国家登记的规则。

白俄罗斯共和国国际仲裁院法

(1999年7月9日颁布，2014年7月1日最近一次修订)

本法调整与国际仲裁院的组建和活动相关的关系。

第一章 总则

第1条 本法采用的基本概念

本法采用以下基本概念：

国际仲裁院（庭）是为审理有关争议而设立的常设仲裁机构（以下称"常设国际仲裁院"），或者根据争议双方协议在常设国际仲裁机构之外为审理某一特定争议而专门组建的公断人机构（以下称"审理特定争议的国际仲裁庭"）；

仲裁员是由争议双方根据协议选定或者按照规定程序委任的解决争议的具有行为能力的自然人；

仲裁决议是国际仲裁院（庭）的决定或者裁定；

决定是仲裁庭审理争议实体的仲裁决议；

裁定是仲裁庭就程序性质的问题作出的仲裁决议；

决议是常设国际仲裁院主席团在自己的权限范围内作出的文书；

仲裁规则是规范常设国际仲裁院的组织规则的汇总和该院解决争议的程序；

仲裁庭是独任仲裁员或者一组仲裁员；

国家法院是白俄罗斯共和国国家司法体系中的相关法院；

公共秩序是白俄罗斯共和国法制秩序的基础。

第2条 国际仲裁院的任务

国际仲裁院的基本任务是正确和及时解决由其管辖的争议。

国际仲裁院同时还旨在促进法人和个体经营者对外经济活动的发展和效率提高。

第 3 条　国际仲裁院活动的原则

国际仲裁院在自己的活动中遵循以下原则：

各当事人权利平等；

当事人有权选择仲裁庭、适用法律、案件审理的程序和语言；

所有案件协议管辖；

公认的国际法准则优先适用；

国际仲裁院和仲裁员独立；

案件不公开审理；

鼓励通过订立和解协议结案；

一裁终局。

国际仲裁院也遵循白俄罗斯共和国经济诉讼法中与本条第 1 部分不相抵触的原则。

第 4 条　本法适用范围

本法适用于依照本法第二章设立的常设国际仲裁院和在白俄罗斯共和国领土上为解决某一特定争议而专门组建的国际仲裁庭。

任何权利主体之间因从事外贸及其他种类的国际经济往来而产生的民事法律争议，只要其中一方的住所地或居住地位于白俄罗斯共和国之外的，均可根据当事人之间的协议提交国际仲裁院仲裁；其他经济争议，如果当事人之间的协议规定提交国际仲裁院解决且此等协议不为白俄罗斯共和国法律所禁止的，也可提交国际仲裁院仲裁。

如果根据白俄罗斯共和国其他法律某些争议不得提交国际仲裁院仲裁或者只能根据本法规定以外的理由提交仲裁，则本法并不取消此等其他法律的效力。

第 5 条　国际仲裁院活动的法律调整

国际仲裁院的活动由本法、白俄罗斯共和国其他法律、白俄罗斯共和国参加的国际条约以及仲裁规则调整。

如果白俄罗斯共和国参加的国际条约规定了与本法不同的规范，则以国际条约的规范为准。

第二章 常设国际仲裁院

第 6 条 常设国际仲裁院的性质

常设国际仲裁院为有偿从事活动的非以营利为目的的民间组织。

常设国际仲裁院为法人。

除本法和其他法律规定的情形外,国家法院不得干预常设国际仲裁院的活动。

第 7 条 常设国际仲裁院的设立

常设国际仲裁院由以促进与外国的法人和个体经营者之间的外经往来为主要目的的非营利组织设立。

常设国际仲裁院有自己的章程,需要按照白俄罗斯共和国法律规定的程序进行国家登记。

第 8 条 常设国际仲裁院的架构

常设国际仲裁院的架构及其机构的权限,由章程和仲裁规则在考虑本法规定的情况下确定。

第 9 条 常设国际仲裁院的机构

常设国际仲裁院的机构为主席和主席团。

常设国际仲裁院主席团由主席、副主席和从仲裁员当中委任的其他主席团成员组成。

常设国际仲裁院主席由该院设立人委任,副主席和主席团成员由该院设立人根据主席的提名委任。

常设国际仲裁院的主席、副主席和主席团成员任期五年。

第 10 条 常设国际仲裁院的机构的权限

常设国际仲裁院主席团根据该院主席的提名批准推荐性的仲裁员名册并依照该院章程履行其他职责。

除本法或常设国际仲裁院章程归属于主席团的专属权限内的行为之外,主席实施管理仲裁院的一切行为。

常设国际仲裁院副主席实施主席所授予的权限。

第三章 仲裁协议、仲裁费用

第 11 条 仲裁协议的概念和形式

仲裁协议是双方关于将把双方联系在一起的法律关系中已经产生的或可能产生的全部或个别争议提交国际仲裁院（庭）解决的协议。仲裁协议可以以仲裁条款（民事法律合同中的单个条款）或者单独合同的形式订立。

仲裁协议以书面形式订立。仲裁协议如果包含在由双方共同签署的文件里，或者通过使用邮政或任何其他确保书面记录双方意思表示的通信手段进行的函件往来中，包括一方发送了提议将争议提交国际仲裁院（庭）仲裁的申请而另外一方进行了答辩且答辩中对此不加以反对，则仲裁协议视为订立。合同中对包含仲裁条款的文件的援引也构成仲裁协议，前提是合同以书面形式订立且援引的表述使被援引的仲裁条款成为合同的一部分。

第 12 条　仲裁协议和审理程序

如果双方在仲裁协议中规定将争议提交常设国际仲裁院解决，则如果双方没有不同约定视为双方同意依照该院的仲裁规则审理争议。

第 13 条　仲裁协议和就争议实体向国家法院起诉

一方就仲裁协议项下的争议向国家法院提起诉讼的，如果另一方在作出实体答辩之前提出异议，则法院对此类诉讼不予审理。如果国家法院认为仲裁协议无效、失效或者不可实施，则驳回异议。

一方就仲裁协议项下的争议向国家法院提起诉讼的，不妨碍国际仲裁院（庭）对该案件进行受理和作出裁决。

第 14 条　仲裁协议和保全措施

国际仲裁院（庭）对仲裁案件进行审理之前或者审理过程中，一方当事人向国家法院申请采取保全措施以及国家法院裁定采取保全措施的，并不取消仲裁协议的效力。

第 15 条　仲裁费用

国际仲裁院（庭）在受理每个案件时收取仲裁费和与案件审理有关的实际费用（仲裁费用）。

仲裁费和实际费用的数额及其收取办法，对于常设国际仲裁院而言由仲裁规则规定，对于为审理某一特定争议而组建的仲裁庭而言由争议当事人和仲裁员协议确定。

第四章 仲裁庭，仲裁员、专家、翻译的回避

第 16 条　仲裁员人数

解决争议的仲裁庭的人数由双方当事人协议规定，在无此协议的情况下为三人。

第 17 条　仲裁员的委任

除非当事人另有约定，不得因任何人的国籍或归属地而剥夺其担任仲裁员的权利。

在遵守本条第 3、4、5 部分规定的前提下，争议双方可以商定仲裁员的委任程序。

如果当事人没有就本条第 2 部分事项达成一致：

如果仲裁庭由三名仲裁员组成，则申请人在仲裁申请书中委任一名仲裁员，被申请人在答辩中委任第二名仲裁员，两名以上述方式委任的仲裁员选定第三名仲裁员（首席仲裁员）。如果在被申请人收到仲裁申请书副本之时起三十日内双方当事人没有委任仲裁员，或者如果两名仲裁员在十日内没有选定第三名仲裁员，则在常设国际仲裁院仲裁的情况下，缺位的仲裁员由该院主席委任，而在为审理某一特定争议而组建的仲裁庭仲裁的情况下，缺位的仲裁员由白俄罗斯工商会主席委任，除非当事人协议或者国际条约另有规定；

如果仲裁庭由一名仲裁员组成，且在被申请人收到或者视为收到仲裁申请书之时起三十日内双方当事人没有就仲裁员人选达成一致，则在常设国际仲裁院仲裁的情况下，仲裁员由该院主席委任，而在为审理某一特定争议而组建的仲裁庭仲裁的情况下，仲裁员由白俄罗斯工商会主席委任，除非当事人协议或者国际条约另有规定。

如果在双方当事人依照本条第 2 部分商定仲裁员委任程序的情况下一方不遵守该程序，或者双方当事人或两名仲裁员无法根据规定的程序达成一致，或者第三人不履行应由其承担的职责，则在常设国际仲裁院仲裁的情况下，由该院主席就仲裁庭组成采取必要措施，而在为审理某一特定争议而组建的仲裁庭仲裁的情况下，由白俄罗斯工商会主席就仲裁庭组成采取必要措施，除非当事人协议或者国际条约另有规定。

常设国际仲裁院主席或白俄罗斯工商会主席在委任仲裁员时应考虑为确保仲裁员合格、独立和公正所需要遵守的所有条件。对于依照本条第 2、3、4 部分所作的决定不得提告。

第 18 条　仲裁员、专家和翻译回避的理由

只有存在对仲裁员的公正和独立性进行合理怀疑的事由或者仲裁员不具备当事人协议约定的能力的情况下，才能申请仲裁员回避。委任仲裁员或者参与仲裁员委任的一方当事人，只有基于委任以后为其所知的事由才能申请仲裁员回避。

当一人得知自己可能被委任（选定）担任仲裁员时，必须披露可能导致对其公正性、独立性和能力产生合理怀疑的事由。如果仲裁员在委任（选定）之前没有作出此等披露，其必须在案件审理过程中尽早向双方当事人披露任何此等事由。

仲裁员可以自行回避。

专家和翻译也可按本条第 1 部分所指的理由回避。

第 19 条　仲裁员、专家、翻译的回避程序

双方当事人可以协商确定仲裁员、专家、翻译的回避程序。

若无商定仲裁员回避程序，相关方以书面形式向仲裁庭提出说明理由的仲裁员回避申请。当事人应当自其得知相关仲裁员委任或仲裁员回避的理由之日起十五日内提出仲裁员回避申请。如果被申请回避的仲裁员不自行回避，或另外一方当事人不同意仲裁员回避，则仲裁员的回避问题由仲裁庭的另外两名仲裁员在案件开始审理之前决定。如果两名仲裁员在案件开始审理之前无法达成一致，或者如果当事人申请两名及更多仲裁员或独任仲裁员回避，则在常设国际仲裁院仲裁的情况下，由该院主席，在为审理某一特定争议而组建的仲裁庭仲裁的情况下，由白俄罗斯工商会主席在五日内就仲裁员回避问题作出决定。

专家或翻译的回避问题由仲裁庭合议决定。

仲裁员、专家和翻译的回避问题审议期间，仲裁庭对案件的审理押后。

就仲裁员、专家、翻译的回避事项，对于常设国际仲裁院主席的决议、白俄罗斯工商会主席的决定和仲裁庭的裁定不得提告。

第 20 条　仲裁员权限的终止

如果仲裁员在法律上或事实上不能够履行职责或者由于其他原因造成案件审理的显著延误，则其应当拒绝接受仲裁员职权或履行相应职能。双方当事人可以协议终止仲裁员职权。如果双方当事人无法达成一致，则在常设国际仲裁院仲裁的争议一方可以请求该院主席，在为审理某一特定争议而组建的仲裁庭仲裁的争议一方可以请求白俄罗斯工商会主席作出终止仲裁员职权的决定。对于此等决定不得提告。

常设国际仲裁院仲裁员职权终止的其他情形由仲裁规则规定。

仲裁员、独任仲裁员的职权也在仲裁员回避或自行回避时终止。

第21条 仲裁员替换

如果仲裁员的职权按照本法第18～20条规定的理由和程序终止，则依照被替换的仲裁员委任的程序委任另外一名仲裁员。

第五章 仲裁庭的权限

第22条 作出仲裁庭管辖权决议的权利

仲裁庭可以就仲裁庭自己的管辖权作出决议，包括对仲裁协议是否存在或是否有效的抗辩作出决议。作为合同一部分的仲裁条款应视为独立于合同其他条件的协议。仲裁庭作出合同无效的决定并不导致仲裁条款无效。

当事人关于仲裁庭没有管辖权的异议应当在不晚于提交答辩时提出。当事人委任仲裁员或参与仲裁员委任并不使其丧失提出此等异议的权利。

关于仲裁庭越权的异议，当事人应当在审理过程中出现其认为越权的事项后立即提出。但如果仲裁庭认为上述异议的延迟提出有着合理的原因，也可以受理没在上述要求的时间内提出的异议。

对于本条第2、3部分所指的异议，仲裁庭应当在就争议实体作出裁决之前作出裁定。

如果仲裁庭认定自己有管辖权，任何一方当事人可以在收到通知后十五日内请求国际仲裁院主席就仲裁庭的管辖权作出最终决定。

在管辖权问题解决期间案件审理中止。

第23条 国际仲裁院（庭）在保全措施方面的职权

如果当事人之间的协议未作不同规定，仲裁庭可以根据任何一方当事人的请求裁定由一方当事人对于争议标的作出仲裁庭认为必要的保全措施。

仲裁庭可以要求一方当事人提供与保全措施有关的担保。

仲裁庭或一方当事人经仲裁庭同意可以请求国家法院或外国法院作出财产保全或证据保全。

国家法院应在自己的权限范围内并依照白俄罗斯共和国程序法规定的程序满足此等请求。

第六章　案件审理

第 24 条　对各方当事人的平等态度

仲裁庭遵循各方当事人平等原则，在审理案件时应当为每一方提供阐述立场、维护权利的一切机会。

第 25 条　案件审理程序的确定

在遵守本法规定的前提下，双方当事人可以自行商定仲裁庭审理案件的程序。

如果双方当事人没有商定上述程序，则仲裁庭按照其认为为作出合法和合理的裁决所需要的程序审理案件。仲裁庭必须遵守本法的规定并考虑双方当事人的意见，常设国际仲裁院的仲裁庭还必须遵守仲裁规则的规定。

第 26 条　开庭地

双方当事人可以自行商定仲裁庭开庭地点。如果双方当事人没有商定，则开庭地点由仲裁庭在考虑案件各方面因素及双方当事人意见的基础上确定。

如果双方当事人没有不同约定，仲裁庭可以在任何其认为适合仲裁员磋商、聆询证人、专家或双方当事人以及查看货物、其他财产或文件的地方进行开庭。

第 27 条　案件审理语言

如果双方当事人没有约定审理语言，仲裁庭在考虑双方当事人愿望及仲裁员能力的基础上自行决定。除非双方当事人另有协议，双方当事人对审理语言的约定或者仲裁庭就审理语言的裁定适用于当事人的书面申请、案件庭审、仲裁庭的裁决、决议或者裁定。

仲裁庭可以要求所有的书面证据必须附具双方当事人约定语言或者仲裁庭所确定语言的译文。

第 28 条　仲裁程序的开始

如果双方当事人没有不同约定，审理特定争议的国际仲裁庭的案件程序，从被申请人收到仲裁申请之日开始。

常设国际仲裁院的案件程序，从仲裁规则规定的日期开始。

第 29 条　仲裁申请书和答辩

对仲裁申请书的要求由双方当事人商定，或者由审理特定争议的国际仲裁庭确定，在常设仲裁院仲裁的情况下由仲裁规则规定。

如果双方当事人无不同约定，任何一方当事人在案件审理过程中均可修改或补充仲裁请求或答辩，只要仲裁庭不认为其提出过晚延误程序。

第 30 条　书面通知的收取

如果双方当事人无不同约定，则如果书面通知送达给收件人本人，或投递至其惯常居住地，或其企业所在地，或其通信地址，就视为收取。如果经合理查询无法确定送达地址，则如果书面通知以挂号信或记录投递企图的任何其他方式向收件人最后一个为人所知的惯常居住地，或企业所在地，或通信地址发送，就视为收取。

书面通知在本条第 1 部分所指的投递或者试图投递（转交）之日视为收取。

第 31 条　放弃提出异议的权利

如果当事人知道，本法的某些非强制性条款或者仲裁协议规定的某些要求没有被遵守，不过还是继续参加案件审理而没有在合理的期限内或者本法或仲裁规则规定的期限内就此提出异议，则提出异议的期限届满后该当事人视为放弃提出异议的权利。

第 32 条　开庭和根据书面材料审理

如果双方当事人没有不同约定，由仲裁庭确定对案件进行开庭审理还是仅依据文件和其他书面材料进行审理。但是如果双方当事人没有约定不进行开庭审理，则只要一方当事人请求开庭审理，仲裁庭就应当进行开庭审理。

开庭通知和仲裁庭为了查看货物、其他财产或文件而召集的会议的通知在向双方当事人发送时应当考虑为其参加预留足够的时间。

一方当事人向仲裁庭提交的声明、文件和其他信息，也应当交给另外一方当事人。仲裁庭可能据以作出裁决的专家报告或其他书面证据应当交给双方当事人。

第 33 条 不答辩、不提交证据或不出庭

如果被申请人没有给出正当理由不作出答辩，且双方当事人就此情形没有约定，则仲裁庭应当继续审理，不把不作答辩的事实本身视作对申请人要求的承认。

如果任何一方当事人不出庭或者不提交书面证据，仲裁庭有权继续审理并根据已有证据作出裁决。

第 34 条 仲裁庭聘请的专家证人

如果双方当事人没有不同约定，仲裁庭有权：

聘请一名或数名专家证人就仲裁庭确定的具体问题提供意见；

要求当事人向仲裁庭提交、由仲裁庭转交专家证人任何与案件有关的信息，以及出示或者允许查看任何与案件有关的货物、其他财产或文件。

如果双方当事人没有不同约定而一方当事人请求，或者如果仲裁庭认为必要，专家证人在出具了书面意见之后应当出席开庭，接受当事人提问。

第 35 条 协助取证

仲裁庭或当事人经仲裁庭同意可以请求国家法院或外国法院协助取得与仲裁庭审理案件有关的证据。

国家法院在自己的职权范围内并按照白俄罗斯共和国诉讼法规定的程序应当满足此等请求。

第七章 裁决的作出和仲裁程序的终止

第 36 条 适用于争议实体的法律规范

仲裁庭根据依照双方当事人选择适用于争议实体的法律解决争议。对一个法律或法律体系的提及应当解释为是对该国实体法而非法律冲突规则的直接援引。

如果双方当事人没有不同约定，仲裁庭可以适用根据仲裁庭认为合适的法律冲突规则确定的法律。

审理案件时仲裁庭应当立足于当事人之间的合同，考虑国际交易惯例和司法实践。

第 37 条 外国法律规范的确定

在适用外国法律时仲裁庭应依照该外国的正式解释、适用实践和法理确定法律规范的内容。

双方当事人应当提交证实外国法律规范内容的证据，以支持自己的请求或答辩主张，或者以其他方式协助仲裁庭确定该等规范的内容。

为确定外国法律规范的内容，仲裁庭可以按照规定程序向白俄罗斯共和国司法部或者白俄罗斯共和国其他主管国家机构（包括在境外的机构）请求协助和解释，也可邀请专家证人。

第 38 条 仲裁庭作出裁决

仲裁庭以仲裁员多数意见作出裁决。如果双方当事人或者其他仲裁员授权，首席仲裁员可以就程序问题作出决定。

第 39 条 和解协议

如果在案件审理过程中双方当事人缔结和解协议，则仲裁庭终止审理并按照双方当事人达成的条件以裁决书的形式记录和解协议。

按照双方当事人达成的条件作出的裁决书应当依照本法第 38 条的规定作出，并应当指明其为裁决书。此等裁决书与仲裁庭就争议实体作出的任何其他裁决书具有同等的效力且同样可以执行。

第 40 条 裁决书的形式和内容

裁决书应当以书面形式作出并由独任仲裁员或仲裁庭成员签字。在仲裁庭仲裁的情况下，如果裁决书说明了其他仲裁员没有签字的原因，则仲裁庭多数仲裁员的签字即为足够。

如果双方当事人没有不同约定，且从本法第 39 条不能推导出别的结论，则裁决书应当说明裁决理由。

裁决书应当标明作出的日期和依照本法第 26 条确定的开庭地点。裁决书视为在开庭地作出。

裁决书作出后发给每方当事人一份依照本条第 1 部分规定由仲裁员签字的文本。

第 41 条 案件审理的结束

裁决书作出后或者终止案件审理的裁定作出后，案件审理结束。

仲裁庭在以下情况下作出终止审理的裁定：

申请人放弃请求，被申请人不反对审理终止，仲裁庭不认为被申请人获取争议最终解决的主张合法；

双方当事人协商终止案件审理；

仲裁庭认为，由于某些原因继续案件审理变得不再可能。

裁决书是终局的，自作出之时起生效，除本法第43条规定的情形之外不得对之提出异议。

仲裁庭权限在案件审理结束时同时结束，但本法第42条和第43条第4部分规定的权限除外。

第42条 裁决书的更正和解释，补充裁决

如果仲裁规则或双方当事人协议未作不同规定，任何一方当事人在收到裁决书后三十日内在知会另外一方当事人后可以请求仲裁庭更正裁决书当中的计算错误、笔误、打印错误或者其他类似错误，也可以请求仲裁庭就裁决书内容的某一具体点或者部分作出详细解释。

仲裁庭如果认为请求合理，则应在三十日之内（如果仲裁规则未规定其他期限）作出相应的更正或者详细解释。此等更正或详细解释构成裁决书的一部分。

仲裁庭在裁决书作出后三十日内（如果仲裁规则未规定其他期限）可在知会双方当事人后自行更正本条第1部分所指的错误。

如果双方当事人未作不同约定，任何一方当事人在收到裁决书后三十日内（如果仲裁规则未规定其他期限）在知会另外一方当事人的情况下，可以请求仲裁庭就案件审理过程中提出的但是裁决书中未予论及的主张作出补充裁决。仲裁庭如果认为请求合理，应在六十日之内（如果仲裁规则未规定其他期限）作出补充裁决。

仲裁庭在必要情况下可以延长依照本条第2和第4部分作出更正、详细解释或补充裁决的期限。

本法第40条的规定适用于裁决书的更正和详细解释，也适用于补充裁决。

第八章 对裁决书的异议

第43条 作为对裁决书提出异议唯一手段的裁决撤销申请

根据本条 2、3 部分规定的理由向国际仲裁院（庭）所在州（明斯克市）的经济法院提出撤销裁决书的请求是对裁决书提出异议的唯一途径。

如果请求撤销裁决书的当事人举证证明以下事项，则国际仲裁院（庭）所在州（明斯克市）的经济法院可以撤销裁决书：

一方当事人在订立仲裁协议时完全或部分无行为能力，或者根据双方当事人约定采用的准据法仲裁协议无效，如果无此约定，则根据白俄罗斯共和国法律仲裁协议无效；

一方当事人没有以应有的方式得到关于仲裁员委任或案件审理的通知，或者由于其他正当理由未能阐述自己的立场；

裁决所解决的争议不在仲裁协议规定范围之内，或者不符合仲裁协议条件，或者裁决中包含了超出仲裁协议范围的事项，但是如果非超裁事项可以与超裁事项区分，则只能撤销裁决书超裁部分；

仲裁庭组成或案件审理程序不符合双方当事人协议，除非协议本身与本法相抵触。

如果依照白俄罗斯共和国法律争议标的物不能成为仲裁事项，或者裁决违反白俄罗斯共和国公共秩序，则国际仲裁院（庭）所在州（明斯克市）的经济法院可以撤销裁决书。

当事人撤销裁决书的请求应当在该当事人收到裁决书之日起，或者如果依照本法第 42 条提出了请求，自收到就该请求的裁决之日起的三个月内提出。

在一方当事人向国际仲裁院（庭）所在州（明斯克市）的经济法院提出撤销裁决书的申请后，法院可以根据任何一方当事人的请求，将撤销裁决书的申请的审理押后一定期限，以让仲裁庭能够恢复仲裁程序或者采取其他措施消除裁决书撤销的依据。

第九章　裁决执行

第 44 条　裁决执行

依照本法第二章设立的常设国际仲裁院的裁决，以及白俄罗斯共和国境内为解决某个特定争议而组建的仲裁庭的裁决，按照白俄罗斯共和国经济诉讼法规定的程序执行。

第 45 条 承认和执行外国国际仲裁庭的裁决

外国国际仲裁庭的裁决，不论在何国作出，均依据白俄罗斯共和国经济诉讼法及白俄罗斯共和国参加的国际条约的规定进行承认及执行。

第十章 附则

第 46 条 本法生效

本法自公布之日起两个月后生效。

白俄罗斯共和国的法律法规在修改至于本法相符之前，在与本法不相抵触的范围内适用，但白俄罗斯共和国宪法规定的规范除外。

第 47 条 将行政法规内容修改至与本法相符

责成白俄罗斯共和国部长会议自本法生效之日起三个月之内采取措施将白俄罗斯共和国行政法规的内容修改至与本法相符。

关于完善"巨石"中白工业园特殊法律制度的白俄罗斯共和国总统令

(2017 年 5 月 12 日签署 第 166 号 明斯克市)

为了完善对"巨石"中白工业园特别经济区特殊法律制度的调整,进一步创造条件吸引投资打造具有竞争力的经营组织,发展创新活动,兹决定:

1. 批准所附《关于"巨石"中白工业园特殊法律制度的规定》。

2. 确定:

2.1 在"巨石"中白工业园(以下称"园区")实行由中白工业园政府间协调委员会、国家机构"巨石"中白工业园管委会(以下称"园区管委会")和白中合资园区开发公司(以下称"合资公司")组成的三级架构管理体系。

园区各管理机构的职能和任务、其相互协作的办法,由本总统令批准的《关于"巨石"中白工业园特殊法律制度的规定》和白俄罗斯共和国部长会议批准的《"巨石"中白工业园条例》予以规定。

2.2 合资公司的活动和股份的管理只能由合资公司各管理机构依照各自的职能,按照合资公司章程规定的程序,在考虑本总统令要求的前提下进行。

白俄罗斯共和国的国家机关和其他组织不得任意干涉合资公司的活动,合资公司据此原则从事活动。

2.3 在白俄罗斯共和国监督(督察)框架内对园区居民企业和投资者、合资公司的检查,未经与园区管委会协商不得进行。

园区管委会工作人员必须保守就本款第 1 部分所指的检查进行协商的过程中获悉的当事人税务、银行方面的机密和商业机密。

2.4 业主和承包商为建设园区项目聘用的没有白俄罗斯共和国长期居住许可的外国公民和无国籍人，允许将居住地址和逗留地址登记在不构成不动产及（或）不属于不动产名录的居住场所。

2.5 园区项目建设的业主和承包商、受聘参加园区项目建设的工程组织，在建筑设计、城建和施工活动领域的行政违法案件，以及园区居民企业和投资者、合资公司在园区范围内造成的违反生态安全、环境和自然资源利用办法的案件，一律由法院排他管辖。

3. 对下列白俄罗斯共和国总统令进行修改：

3.1 2005年6月13日第274号白俄罗斯共和国总统令批准的《关于因公派遣境外出差办法的规定》第3条中增加3.32款，内容如下：

"3.32 国家机构'巨石'中白工业园管委会主任由白俄罗斯共和国总理决定，副主任由主任决定。"

3.2 2008年6月3日《关于白俄罗斯共和国居民证件管理》的第294号白俄罗斯共和国总统令批准的《关于出入白俄罗斯共和国证件的规定》第23条第3段中，在"国家机构国家投资和私有化署"之后增加"国家机构'巨石'中白工业园管委会"。

3.3 在2012年6月5日《关于成立"巨石"工业园中白工业园》的白俄罗斯共和国第253号总统令中：

从总统令名称中删除第一个"工业园"一词；

在第1条中：

条文和行下注脚表述如下：

"1. 在根据附件①所确定的面积和土地构成的边界内成立'巨石'中白工业园（以下称'中白工业园'）特别经济区，实施特别经济区特殊法律制度②，该制度在税务特别调整部分的有效期为自本总统令生效之日起五十年。

本总统令附件作新的表述（见附件）③。"

---

① 不散发。

② 为本总统令之目的，特别经济区特殊法律制度系指由本总统令和其他法律法规规定的在税务调整和其他调整、经营主体登记、土地和其他自然资源利用上的特别做法，并在此经济区范围内根据白俄罗斯共和国的法律法规及（或）白俄罗斯共和国参加的国际条约规定的办法采用保税区海关制度。

③ 不散发。

3.4 在2014年6月30日《关于"巨石"工业园中白工业园活动》的第326号白俄罗斯共和国总统令中：

从总统令名称和序言中删除第一个"工业园"一词。

删除第1~6条。

4. 责成白俄罗斯共和国部长会议：

4.1 在三个月期限内确保：

通过调整按照白俄罗斯共和国的技术类规范性文件、中华人民共和国和其他国家的技术规范（规范性做法）制定的园区项目设计文件的转换、协商和国家鉴定简化程序以及园区项目验收特别做法的、包括技术类规范性文件在内的规范性法律文件；

通过确定园区管委会"一站式"办公的内容和程序，以及园区管委会召集其他国家机关和组织办理行政事项清单的规范性法律文件；

通过确定证实为只在园区实施投资项目的目的而使用的进口商品（工艺设备及其部件和备件、原料和材料）符合免缴进口关税和海关征收增值税条件办法的规范性法律文件；

在考虑到本总统令批准的《规定》所规定的特别做法的基础上，通过确定由合资公司出资建造的交通基础设施的保有、维修、组织专门运营单位检修办法的规范性法律文件；

对园区管委会的章程和组织架构进行必要的修改（改变），以确保管委会妥善行使其职能；

将行政法规修改至与本总统令相符，并采取实施总统令的其他措施。

4.2 就本总统令的适用问题进行解释。

4.3 在起草调整2017年中央预算个别指标和制定后续年份的中央预算的规范性法律文件时，按照规定程序安排园区管委会经费，其中包括"一站式"办公的经费。

5. 责成建筑和建设部、国家资产委员会、国家标准化委员会、明斯克州执行委员会、园区管委会协助园区居民企业和投资者、合资公司办理许可文件、组织园区项目的同步设计和建设、园区范围内不动产客体以及不动产权利和限制（负担）的国家登记。

6. 责成国家统计委员会在六个月期限内同园区管委会协商，批准园区居民企业和合资公司最低限度必须提交的国家统计报表清单。

7. 责成中央国家管理机关和白俄罗斯共和国部长会议下属的其他国家组织、地方执行和支配机构：

7.1 指定级别不低于单位副职的负责人在其职权范围内负责相关国家机关（组织）同园区居民企业和投资者、园区管委会、合资公司在园区业务上进行有效协作。

7.2 确保中白工业园政府间协调委员会作出的决定得到实施。

8. 责成明斯克州执行委员会无偿将其持有的合资公司股份转交白俄罗斯共和国所有，以便后续将股份交由园区管委会进行业务管理。

9. 责成园区管委会在三个月期限之内制定并批准：

确认园区投资者和园区项目建设参加者资格的程序；

作出园区投资项目实施结束决定的程序。

10. 白俄罗斯共和国的法律法规与本总统令不相抵触的部分有效。

园区法律制度的改变只能以对本总统令进行修改的方式进行。

11. 对于本总统令执行的监督，由白俄罗斯共和国总统办公厅负责。

12. 本总统令自正式公布之日起生效。

关于"巨石"中白工业园特殊法律制度的规定

(2017年5月12日第166号白俄罗斯共和国总统令批准)

第一章 总则

1. 本《规定》确定了"巨石"中白工业园（以下称"园区"）特殊法律制度的基础、本区域内税务和土地关系的特殊做法以及国家对经营活动进行调整的其他特殊做法。

2. 园区为白俄罗斯共和国的区域单位，按照白俄罗斯共和国法律对于具有专门用途的区域所规定的程序进行登记。

3. 园区活动的目的是吸引投资，打造具有竞争力的经营组织，发展现代经济领域的生产，同时也包括创新活动、科研、商贸、物流、住宅和其他领域的发展。

园区活动的主要任务是创造新的工作岗位，促进各地区的经济社会发展以及白俄罗斯共和国整体出口能力的提高。

4. 本《规定》采用以下术语和定义：

"总体规划"系指根据国家城建地籍资料制定的、由白俄罗斯共和国部长会议批准的园区总体规划城建方案，是制定详细规划城建方案、建筑和施工活动规划的强制性依据，旨在规定园区规划布局和功能区划的空间和地域开发战略、区域利用的流程、建筑的基本尺度、干线工程技术基础设施和交通基础设施及社会公共服务型基础设施的发展计划，以及创建本区域内安全和生态宜居的生活环境的条件。

"投资项目"系指在园区范围内实施的投资项目。

"园区投资者"系指为园区项目建设及（或）装备提供资金，但非为园区居民企业的人。

"'一站式'综合服务"系指国家机构"巨石"中白工业园管委会（以下称"园区管委会"）高效优质地为园区居民企业和投资者、白中合资中白工业园区开发公司（以下称"合资公司"）、园区项目建设参加者、在园区内注册的其他经营主体办理事项的活动。上述活动在园区管委会所在地进行，其中包括办理属于园区管委会职责范围内的行政事项和属于其他国家机关和组织的职责范围、由园区管委会召集这些单位的工作人员办理的行政事项。

"园区项目"系指依照园区城建规划文件正在建设及（或）已建设完成的项目。

"招待费"系指用于与在园区范围内实施（计划实施）投资项目的人（不受经营方向和投资金额的限制）举行谈判的费用，用于会议、专题会、研讨会、联席会议、协商会的费用，接待和正式招待代表团和个人的费用，包括用于接待和招待进行合作或有意向建立业务往来活动的费用。

"自产产品（服务）的销售"系指园区居民企业和合资公司销售由按照法定程序颁发的自产产品（自己提供的服务）证书证实的自产产品（服务）的活动。销售全部或者部分在园区范围之外生产（提供）的产品（服务）不属于园区自产产品（服务）销售。园区居民企业和合资公司对相应证书有效期内生产（提供）的自产产品（服务）进行单独统计。

"园区居民企业"系指住所在园区范围内、由园区管委会按照规定程序登记成为园区居民企业并在园区范围内实施（计划实施）投资项目的白俄罗斯共和国法人。

"园区项目建设"系指创建、改造、修理、修缮、修整园区项目以及拆除、封存未建完的园区项目的活动，包括采取组织技术措施、准备许可和设计文件、完成建安和调试工作。

"园区项目建设参加者"系指受聘参与园区项目建设的总设计者、总承包商、设计者、承包商、工程和其他组织。

本《规定》中，"创新活动""创新项目""创新活动主体"三个术语具有2012年7月10日《白俄罗斯共和国国家创新政策和创新活动法》第1条所确定的含义。

5. 园区居民企业在园区从事活动时享有同白俄罗斯共和国其他经营活

动相比较最惠的经济条件。

如果将来白俄罗斯共和国对于白俄罗斯共和国的其他自由（专门、特别）经济区施行更为优惠条件的法律，则该等法律文件的相应规定将列入本《规定》并适用于园区。

6. 在园区发展的任何阶段，园区居民企业、非为居民企业的其他人，包括园区投资者和没有参与园区项目投资建设的其他经营主体，均有权在园区范围内从事活动。

本条第1部分所指的人，有权按照白俄罗斯共和国法律规定的程序和条件享受其他优惠政策。

7. 在白俄罗斯共和国成立、住所在园区范围内，或者正在园区内成立（重组）的法人，包括有外国投资者参加的法人，在园区范围内实施（计划实施）同时符合以下条件的投资项目的，可以登记成为园区居民企业：

法人提供的在园区从事经营活动的投资方案应符合园区活动方向，即主要是在电子和通信、制药、精细化工、生物技术、机械制造、新材料、综合物流、电子商务领域、大数据的储存与处理、社会文化活动的创建与发展，以及科研、设计试验和工艺试验（以下称"研发"）；

承诺的投资金额不少于五百万美元等值货币，在实施研发项目投资时不少于五十万美元。

如果在与园区管委会签订关于在园区活动条件的合同之日起三年内全额投入，拟注册成为园区居民企业的法人承诺的投资金额（"研发"项目除外）可以为不少于五十万美元等值货币。

园区管委会有权对在园区范围内实施（计划实施）符合园区活动的主要任务，但不符本条第1、2部分规定的活动方向及（或）投资金额的投资项目的法人作出登记成为园区居民企业的决定。

8. 在园区实施（计划实施）以下种类活动的投资项目的法人，不得登记成为园区居民企业：

放射性和其他危险物质及废物的生产、加工、储存、无害化处理和销售；

毒品、精神药物及其原料的流通；

含有有毒物质的作物的栽种、培育、加工、储存、销售；

含酒精饮料的生产；

烟草制品的生产；

空白有价证券、纸币、硬币、邮票的制作；

彩票业活动；

广播和电视节目的制作和播出，但对广播和电视的技术维护除外；

对于患有威胁民众健康疾病患者的治疗；

对于患有特别危险疾病的动物的治疗。

第二章 园区管理机构

9. 园区管理体系由中白工业园政府间协调委员会（以下称"政府间协调委员会"）、园区管委会和合资公司组成。

10. 政府间协调委员会为园区最高管理机构，由白中政府间合作委员会经贸分委会履行其职能。

政府间协调委员会确定园区总体发展战略，对需要白中双方共同参与的园区业务活动中产生的问题作出决定。

11. 园区管委会是被授权负责吸引投资入园和为园区范围内的经营主体提供综合服务以及协调白俄罗斯共和国国家机关按照"一站式"原则在园区内办理行政、许可及其他事项（服务）的园区管理机构。

园区管委会为国家机构，由白俄罗斯共和国部长会议设立，对白俄罗斯共和国部长会议负责，并依照白俄罗斯共和国法律批准的章程进行活动。

园区管委会由园区管委会主任领导，园区管委会主任由白俄罗斯共和国总统任免。园区管委会主任的权限在园区管委会章程中予以规定。

园区管委会副主任由园区管委会主任与白俄罗斯共和国部长会议协商任免。

维持园区管委会的经费以及创造园区管委会"一站式"办公条件所需的经费由中央预算资金以及法律所不禁止的其他来源解决。

园区管委会主任出国出差，包括参加培训（实习、研讨会、专题会及其他与技能提升有关的活动）的费用预支和报销的程序和条件，依照白俄罗斯共和国法律确定。园区管委会主任出差的往返路费和住宿费报销，按照对白俄罗斯共和国副总理的报销办法进行。

12. 园区管委会：

就权限范围内的问题作出对国家机关和其他组织以及在园区范围内开展活动的经营主体和决定所指向的公民具有约束力的决定；

负责向园区居民企业和投资者、合资公司、园区项目建设参加者、在园区内登记的其他经营主体提供"一站式"综合服务，确保上述人同国家机关和其他组织之间就园区内经营问题进行相互协作，园区管委会"一站式"办公的内容和程序由园区管委会确定，由白俄罗斯共和国部长会议批准；

负责召集相关国家机关和其他组织工作人员为园区居民企业和投资者、合资公司、园区项目建设参加者以及在园区内登记的其他经营主体在园区管委会所在地办理白俄罗斯共和国法律规定的行政手续，国家机关和组织必须确保在管委会指定的工作日有本单位的授权工作人员驻在园区管委会所在地；

协调国家机关和其他组织的工作，确保按照"一站式"原则在园区内办理行政、许可和其他事项（提供服务）；

作出对国家机关和其他组织具有约束力的、要求上述单位在园区管委会所在地办理白俄罗斯共和国法律规定的行政和其他事项以及提供其他服务的决定；

同合资公司、国家机关和其他组织就园区活动问题进行协作，并确保合资公司同国家机关和其他组织之间就上述问题进行协作；

对园区内的经营主体进行国家登记，对于商业和非商业组织的章程（对于仅依据设立合同进行活动的商业组织而言，为设立合同）的修改及（或）补充以及对个体经营者的国家登记证书的变更进行国家登记，在对园区内的经营主体进行国家登记时，在街道建成并按规定程序命名之前，允许住所仅指明园区的名称，但在街道建成并按规定程序命名之后，该等经营主体必须在十个工作日内将住所变更消息告知园区管委会；

按照园区管委会规定的程序，结合本《规定》第7条规定，将法人登记成为园区居民企业；

按照园区管委会规定的程序，确认园区投资者和园区项目建设参加者的资格；

按照法律规定的程序并结合本《规定》规定的特殊做法，在园区范围内征用土地及将地块提供给合资公司长期或临时使用、由合资公司租赁或购买，必要时改变园区内地块的用途以及土地的等级和类别，但自然保护、疗养、休闲、历史文化目的的土地，被宣布为应当予以特殊和专门保护的自然区域的林业土地和水域土地，以及饮用水供应地水源和水域卫生保护区域除外，园区管委会作出地块征用和供给决定的期限，自其从国家资产委员会下属的地政组织收到地块征用和供给资料之日起不得超过三个工作日；

批准依照总体规划制定的城建详细规划方案；

命名园区范围内的街道道路网络组成部分（街道、里、巷、胡同、下坡道、入口、公园、花园、大街、干道、广场、街心花园街、大道、河滨路、公路），以及改变其名称；

制定与园区活动有关的规范性法律文件和其他文件的草案，与有关机构和白俄罗斯共和国总统办公厅进行协商，并按法律规定程序向白俄罗斯共和国部长会议提交上述文件；

负责为在园区范围内开设海关派出机构、设立海关临时仓库和海关监管仓库创造法律规定的条件，关于将海关临时仓库、海关监管仓库所有人列入海关临时仓库所有人登记簿和海关监管仓库所有人登记簿的决定和在园区范围内开设海关派出机构的决定，由国家海关委员会按照白俄罗斯共和国法律规定的程序作出；

如果在园区内从事活动的组织负责人不履行园区管委会在其权限范围内作出的决定，向上述组织所属的国家机关或上述组织的管理机构提出免除该组织负责人职务的建议；

履行本《规定》和白俄罗斯共和国其他法律法规规定的其他职能。

园区管委会作出的不符合法律法规的决定由白俄罗斯共和国部长会议撤销。

对园区管委会作出的限制或侵犯公民和法人权利、自由和合法利益的决定，以及其他白俄罗斯共和国法律规定情形下的决定，可依照白俄罗斯共和国民事诉讼法或经济诉讼法向法院提起诉讼。

13. 合资公司由白俄罗斯和中国设立人共同成立。对合资公司进行国家登记后，合资公司的股东可以是白俄罗斯共和国、中华人民共和国以及其他国家的公民和法人。

合资公司的成立是为吸引居民企业和投资入园，通过建设园区内部基础设施、管理园区项目和开发园区地块，保障中白工业园的发展。

合资公司：

负责制定园区城建方案、建设和管理园区项目、开发园区基础设施（包括明斯克市在内的居民点区域、依照明斯克市总体规划属于明斯克市未来开发范围内的土地、居民自留地合伙区和别墅共建合作社的区域除外）；

有权从事土地开发、将园区设施（其部分）交由园区居民企业和投资者使用，将园区的地块转让给（交给）园区居民企业和投资者所有、租赁和转租以用于园区项目的建设及（或）维护，在园区范围内交由合资公司使用、租赁和所有的地块上从事其他经营活动；

有权独立作为业主及（或）包括按照本《规定》第21条规定的程序吸纳其他经营主体制定园区城建方案、建设园区项目及履行与保障园区运营有关的其他职能；

从事白俄罗斯共和国法律所不禁止的经营、投资、创新或其他活动。

第三章 土地关系

14. 园区开发按照总体规划进行。

合资公司负责总体规划的制定和修改，园区管委会负责审议总体规划并按白俄罗斯共和国关于建筑和城建活动的法律所规定的程序提交白俄罗斯共和国部长会议批准。

15. 园区范围内地块的征用和供给，按照为国家需要征用和供给地块所规定的程序，用于依照总体规划进行的园区项目建设及（或）维护以及为园区发展和有效运营为目的的其他开发。

16. 在园区范围内征用和向合资公司供给地块时：

不适用法律规定的就农用地和林用地的地块具体位置进行协商的特殊做法；

除"沃尔缅斯基"国家生物保护区和"灯塔"地方保护区范围内的地块外，地块的位置无须进行事先协商；

不需要制作地块建设规划说明书；

在对因征用、临时占用土地及（或）移除地块上的不动产设施而给土地使用者造成的损失进行补偿时，预期收益不予补偿；

在对占用场地超过园区总体规划划定的一个街区（区块）的投资项目进行布局和设计时，生产性区域和公用事业、仓库区域的路网可以根据这些项目的布局需要进行调整，经与总体规划编制者、园区管委会和合资公司协商，与这些项目相邻的街道允许并入项目占地界限之内、移位、变更尺寸或者取消，在此情况下，对相邻区域和项目的交通和公共管网服务仍应得到保障，带有工程管网的园区主干道布局部分的城建规划仍然必须得到执行；

向合资公司供给的地块不得从包括明斯克市在内的居民点土地和依照明斯克市总体规划属于明斯克市未来开发范围内的土地、居民自留地合伙区和别墅共建合作社范围供给。

17. 征用（形成）和向合资公司供给园区地块的办法，由 2007 年 12 月 27 日《关于地块征用和供给》的第 667 号白俄罗斯共和国总统令批准的《关于为布局不动产和维护国家所有的待售不动产而形成和供给地块程序的规定》进行调整。

在园区内形成地块和改变地块用途的，根据园区管委会决定，依照园区城建方案进行。

18. 园区范围内的地块按照园区开发的实际进度需要，根据合资公司的申请并结合本《规定》规定的特殊做法向合资公司提供，由其长期或临时使用、租赁期限不超过 99 年，或者归其所有，提供上述地块时不进行相关的土地拍卖，不支付地块租赁合同签约权的费用，在办理必要的地块出让手续的同时即可进行园区项目的建设。

19. 向合资公司出售地块，依照白俄罗斯共和国法律规定以 2012 年 1 月 1 日地块地籍价的百分之二十五，按照提出购买地块申请之日白俄罗斯国民银行确定的美元与白俄罗斯卢布官方汇率收取土地价款，且不采用地籍价校正系数。

出售园区范围内地块所获得的款项存入园区管委会结算账户，由园区管委会按照白俄罗斯共和国部长会议批准的程序进行支配，用于保障园区开发和园区管委会的有效运行，包括用于招商引资活动。

20. 合资公司免除：

在园区范围内向合资公司出租的地块在整个租赁合同有效期内的租金，包括合资公司转租地块的情况；

在合资公司将所租赁的地块转租、将自己在地块租赁合同项下的权利和义务转交他人、将地块租赁权用作抵押或作为对经营合伙和公司的出资，以及对地块及（或）地块权利实施白俄罗斯共和国法律所不禁止的其他行为的情况下，合资公司按法律规定对于地块租赁签约权付费的义务。

21. 为取得园区地块，园区居民企业和投资者向合资公司提出申请，后者将其所租赁的（所有的）地块以转租（出租或者出售）的形式转让（出让）给为非白俄罗斯共和国国家所有制法人的园区居民企业和投资者；而对于园区其他投资者，予以转租（出租），且在办理必要的地块手续的同时即可进行园区项目的建设。地块转让（出让）的依据、对于上述转让（出让）申请的审议和决策程序由合资公司确定。合资公司转租（出租）地块时，转租（出租）合同的条件由合同双方商定，地块用途应当保持不变。

合资公司有权在园区开发的任何阶段向园区投资者转让（出让）地块。

22. 合资公司将地块转租给园区居民企业和投资者，需征得园区管委会书面同意。

园区居民企业和投资者将转租的地块再转租他人，需征得园区管委会和合资公司书面同意。

23. 包括非白俄罗斯共和国居民企业在内的银行和其他法人，在其与合资公司和园区居民企业签订借贷合同时被列入白俄罗斯共和国部长会议批准名单的，可以成为园区地块及地块租赁权的抵押权人。

24. 园区居民企业和投资者、合资公司应当在园区管委会作出允许进行设计勘测工作的决定起不超过两年的时间内开始对用于园区项目建设而提供的地块进行开发。

25. 允许合资公司、园区居民企业和投资者在取得地上永久建筑物（房屋、设施）确权文件之前，将其所有的用于建设园区项目的地块出让（买卖、互易）、出租，也可以将为上述目的租赁地块的租赁合同项下的权利义务转让。

第四章 项目建设和验收

26. 在园区范围内进行施工活动时：

选择园区项目建设参加者、建设商品供应商及与之订立契约时无须适用白俄罗斯共和国法律规定的采购、招标、交易所招标、邀标以及其他规范项目建设环节商品（服务）采购的程序；

不适用白俄罗斯共和国法律规定的对于建设环节中商品（服务）的价格和费率确定和形成机制进行的调节和其他限制；

除非本《规定》有不同规定，对于建设环节中的设施、设计文件、建筑材料和制品、工程作业，不要求白俄罗斯共和国国家合格认证体系的认证；

园区居民企业和投资者、合资公司、园区项目建设参加者按照对由包括国家专项预算基金以及国家预算外基金在内的中央及（或）地方财政预算拨款的项目规定的金额为国家标准化委员会施工监督和监理司的监察工作缴纳专项规费，但免于缴纳根据白俄罗斯共和国在建筑、城建和施工活动领域的法律规定本应缴纳的其他各项规费；

自 2014 年 4 月 1 日起园区项目业主无须取得业主资格证书和其他凭证〔原本无此等文件业主被禁止行使业主职能及（或）会被追究行政责任〕；

合资公司、园区项目建设参加者、园区投资者和居民企业无须赔偿因征用或临时占用园区范围内用于实施园区投资项目（包括进行园区项目建设）的农用地和林用地而造成的农业及（或）林业生产损失，也无须对去除和移栽的植被进行补栽和补偿，以及因对动物及（或）动物栖息地造成的有害影响进行补偿；

基本卫生防护区域范围大于园区城建方案规定的对人的健康和环境有不良影响的企业、设施和其他项目的基本卫生防护区域范围的园区项目，允许在园区布局，前提是这些项目需要设置经过合理计算的卫生防护区域范围；

不要求制定项目前期（投资前）文件。

园区管委会在作出允许进行园区项目（工程和交通基础设施项目除外）设计勘测的决定时有权要求取得项目的建筑规划概念和设计初稿。

27. 园区范围内园区城建方案的制作，设计文件的制作、协商、批准、施工、验收和运营可按照欧盟或中华人民共和国现行的同类技术规范（规范准则）进行，无须按照白俄罗斯共和国现行的标准进行转换，前提是城建和设计文件通过了白俄罗斯共和国国家鉴定（包括国家生态鉴定）。

在对园区项目的城建和设计文件进行转换时，国家鉴定的对象是评估其是否在机械强度和牢固性、环境保护方面与白俄罗斯共和国法律的强制性要求相符合。

同时，园区项目施工许可文件、验收文件以及为对园区项目及其权利进行国家登记所需的文件，应以俄语（白俄罗斯语）书就，或以中文（其他外语）书就并附具经公证的俄语（白俄罗斯语）译文。

28. 在"沃尔缅斯基"国家生物保护区和"灯塔"地方保护区内进行园区项目的施工需遵守白俄罗斯共和国法律为此等保护区设置的限制。此外，不得改变自然景观及去除植被（保护区管理计划另有规定的情形除外）。

29. 在园区项目的整个建筑设计方案取得国家鉴定的肯定性结论并按照规定程序得到批准之后，每一期的施工可以和必要的设计文件的制定、国家鉴定和按规定程序批准同步进行。

30. 在进行园区项目建设时，在所占地块上进行去除沃土层的工作，沃土层用于与该园区项目建设有关的用途，以及关于地块征用和供给的决定规定的其他用途。

园区项目建设中可以砍伐树木和灌木。自 2016 年 12 月 31 日起在合资公司所占的（包括合资公司所有的）地块上树木的采伐由从事林业作业的法人按照法律规定的程序进行。采伐的木材归国家所有，由完成采伐的从事林业作业的法人销售。

31. 为保证园区按照总体规划完整和及时开发所需的以下项目的建设（包括聘用工程组织）由中央及地方财政预算按照规定的程序拨款：

位于园区边界外的交通和工程基础设施（供电、供热、供气、给排水、电信设施和工程管网、公路和其他交通设施）；

白俄罗斯共和国总统或白俄罗斯共和国部长会议确定的其他交通和工程基础设施项目；

学前教育和中小学义务教育设施、医疗服务机构（门诊医疗服务机构）（药店、商贸和生活服务网点除外）、邮政服务，以及急救站、消防站、派出所。

设立药店、商贸和生活服务网点所需的资金由白俄罗斯共和国法律所不禁止的其他来源解决。

全部或部分由中央及（或）地方财政预算拨款的本条第1部分所指的项目建设（包括设计文件的制作），由园区管委会担任业主。

32. 在园区项目建设中，保护历史文化遗产的费用由中央及（或）地方财政预算拨款。

33. 在《白俄罗斯共和国行政违法法典》第21.17、21.20和21.21条中，全部或部分用于园区项目建设（包括设计和工程组织服务费）的预算资金专指中央及（或）地方财政预算资金，包括国家专项预算基金和国家预算外基金的资金。

34. 在对园区项目进行验收时，验收委员会、国家机关（其内设部门）和其他在施工方面进行国家监管的国家组织仅按照以下质量标准进行评价：

项目是否与批准的设计和许可文件相符；

设计文件规定的经济技术指标是否达到；

工程基础设施是否已经可以按设计文件规定的容量对资源进行供给和排放。

35. 除供电、供热、供气、给排水和水利工程设施之外的园区设施的技术操作规范和标准，在项目验收之前由园区管委会根据业主的建议确定。

36. 园区项目建设业主在验收委员会成立后有权向园区管委会申请组建工作小组，在进行园区项目验收时协调各国家监管机构的工作。

园区管委会自收到该申请之日起不晚于三个工作日应当组建项目验收时需要出具意见的各国家监管机构的代表参加的工作小组。各国家监管机构应当自工作小组组建之日起不晚于十五日对项目出具肯定结论或者拒绝的理由。

在各国家监管机构对项目无意见的情况下，园区管委会应当确保自组建上述工作小组之日起不晚于三十日完成园区项目的验收。

37. 对于园区工程和交通基础设施项目，项目建成和项目权利的产生以及对于上述权利的限制（负担）的国家登记，可以根据关系人的申请，依据建造上述项目的费用转移交接单和技术说明书进行。

38. 在合资公司作出将交通基础设施（公路、街道行车道、通道、硬路肩、自行车道和停车场）或其部分，包括道路交通组织、交通信号及街道照明设施无偿转交给国家所有的决定后，被授权的国家机关应当自合资公司出示建造上述设施（其部分）的费用的转移交接单之日起不晚于五个工作日作出接收该财产为国有的决定。

对本条第 1 部分所指的、合资公司出资建设的设施（其部分）的养护和修理以及组织检修由中央专业运营机构进行，费用由中央财政预算专项资金承担。

本条第 1 部分所指的街道照明设备所耗电力的费用由中央财政预算承担。

合资公司出资建成的供电、供热、供气、给排水和水利工程设施的养护和维修由合资公司负责。

第三方为完成工作（服务提供）而使用本条第 4 部分所指的设施的，依据该第三方同合资公司订立的合同进行，该合同应当规定对合资公司养护和修理上述设施的费用给予补偿。

39. 对位于园区范围内的公路、街道行车道、通道、硬路肩、自行车道和停车场，以及连接园区和明斯克市的、包括属于合资公司所有的公路实行一级运行管理。

第五章　税收

40. 园区居民企业：

如果在一个纳税周期内累计产生包括销售其在园区内自产产品（服务）所获得利润在内的总利润，则自该纳税周期开始的十年内（含该纳税周期），免除销售其在园区内生产的自产产品（服务）所获得利润的利润税；

在园区特殊法律制度的税务特别调整的整个有效期内免除：

园区范围内应征税客体的不动产税，不管其使用方向如何；

园区范围内地块的土地税。

园区居民企业在本条第 1 部分第 2 段所指的十年期限届满后，至园区特殊法律制度的税务特别调整的有效期结束为止，销售在园区内生产的自产产品（服务）所获得利润的利润税按照《白俄罗斯共和国税法典》第142条第1款规定税率的百分之五十缴纳。

41. 合资公司：

41.1　2032年1月1日以前免除：

销售合资公司自己在园区生产的产品（服务）所获得利润的利润税；

出租（转租、融资租赁）动产给园区居民企业、出租（转租、融资租赁）园区内地块和其他不动产（不动产的部分）所获得的收入减去与该等出租及所出租（转租、融资租赁）的财产有关的开支（费用）的差额的利润税；

出售园区范围内地块、永久建筑物（房屋、设施）、未完工封存的永久建筑物、独立场所（包括居住场所）所获得利润的利润税；

41.2　在园区特殊法律制度的税务特别调整的整个有效期内免除：

园区范围内应征税客体的不动产税，不管其使用方向如何；

园区范围内地块的土地税。

在园区特殊法律制度的税务特别调整的整个有效期内，合资公司有权将其产生的为发展园区而组织活动的招待费用税前列支。

42. 在园区特殊法律制度的税务特别调整的整个有效期内，园区管委会以下收入不纳税：

依照本《规定》第19条将地块出售给合资公司的收入，不缴纳增值税；

依照本《规定》第19条将地块出售给合资公司而进入园区管委会结算账户的资金，不缴纳利润税。

43. 园区居民企业和合资公司无须就依照本《规定》免除的土地税（地块租金）和不动产税提交税务申报表（税金核算表）。

44. 在园区特殊法律制度的税务特别调整的整个有效期内，园区居民企业和合资公司计算利润税时，以下汇率差不计入《白俄罗斯共和国税法典》第128条第3款第3.17项和第129条第3款第3.24项所指的非营业收入和支出：

按照白俄罗斯共和国法律规定的程序对以外币计价的资产和负债进行

重新计价时产生的汇率差；

2015年1月1日至2016年1月31日期间对以外币计价的资产和负债进行重新计价时产生的按照白俄罗斯共和国法律所确定的、属于将来收入（支出）且没有列入税前财务收入（支出）和非营业收支（支出）的汇率差。

45. 在园区特殊法律制度的税务特别调整的整个有效期内，合资公司有权将与施工管理相关的开支（业主管理开支）不列入施工项目成本，而在合资公司产品（服务）、财产权利的生产和销售支出中税前列支。

46. 在园区特殊法律制度的税务特别调整的整个有效期内，园区居民企业和合资公司有权要求对其用于园区城建方案的制作、园区项目的建设和装备而在白俄罗斯共和国境内购买商品（服务）和财产权利时被要求支付的（在输入白俄罗斯共和国境内时已支付的）进项增值税，不论销项增值税数额大小，进行全额返还（按照白俄罗斯共和国法律规定不予返还的数额除外），但不得晚于该项目验收后次年的12月31日。

园区城建方案制作开支、园区项目建设和装备开支的增值税数额，包括依照本条第1部分可以全额返还的增值税数额，按照在白俄罗斯共和国购买（输入白俄罗斯共和国）的商品（服务）和财产权利的不同用途分类记账。

由园区居民企业或合资公司向其税务登记地税务机关提交的，列明相应增值税金额的，由园区管委会确认的为园区城建方案的设计、园区项目建设和装备而在白俄罗斯共和国购买的（输入白俄罗斯共和国的）商品（服务）和财产权利清单〔以下称"商品（服务）和财产权利清单"〕和增值税税务申报表（税金核算）作为返还的依据。

商品（服务）和财产权利清单中应指明以下信息：

在白俄罗斯共和国境内购买（输入白俄罗斯共和国）商品（服务）和财产权利所用于的园区项目（项目的部分）名称；

园区居民企业、合资公司名称全称和纳税人登记号；

用于园区城建方案的设计、园区项目的建设和装备而在白俄罗斯共和国境内购买时增值税已被要求支付或在输入白俄罗斯共和国境内时增值税已支付的商品（服务）和财产权利的名称、数量和价值；

能证明在白俄罗斯共和国境内购买（输入白俄罗斯共和国）用于园区城建方案的制作、园区项目建设和装备的商品（服务）和财产权利的原始会计凭证、报关单及其他文件的要项〔文件名称、编制日期、编号（如有）〕；

能证明商品（服务）和财产权利在园区城建方案的制作、园区项目建设和装备中使用的文件的要项〔文件名称、编制日期、编号（如有）〕；

在白俄罗斯共和国境内购买用于园区城建方案的制作、园区项目的建设和装备的商品（服务）和财产权利时被要求支付的增值税金额和包括标有所要求支付的增值税金额的增值税电子发票在内的文件要项〔文件名称、编制日期、编号（如有）、增值税电子发票的编号和开具日期（园区居民企业、合资公司签署增值税电子发票的日期）〕；

用于园区城建方案的制作、园区项目的建设和装备的商品（服务）和财产权利输入白俄罗斯共和国时已支付的增值税金额、支付日期、能证明上述增值税已支付的文件的要项〔文件名称、编制日期、编号（如有），以及增值税电子发票要项（发票开具日期及编号）〕。

为对商品（服务）和财产权利的清单进行协商，园区居民企业、合资公司向园区管委会提出协商申请（以下称"申请"）。

园区居民企业、合资公司所提交的申请应附具商品（服务）和财产权利清单一式三份，该清单应由园区居民企业、合资公司的负责人和总会计（会计）签字。园区居民企业、合资公司应当确保商品（服务）和财产权利清单上所列信息的真实性。为对该清单进行协商，园区管委会有权要求提供文件复印件的园区居民企业和合资公司出示原件。

每一份商品（服务）和财产权利清单的首页应注明以下要项：

"同意"字样；

园区管委会名称；

商品（服务）和财产权利清单副本序号。

园区管委会应当自对申请进行登记之日起不超过五个工作日内对申请进行审议。如园区管委会需要取得额外的文件及（或）信息，审议申请的期限可以延长，但不得超过自对申请进行登记之日起十个工作日。审议期限延长的，园区管委会应当自对申请进行登记之日起不晚于五个工作日将此通知园区居民企业、合资公司。

对申请进行审议时，园区管委会对清单上的商品（服务）和财产权利是否用于园区城建方案的制作、园区项目建设和装备进行评估，同时检查：

关于申请人的信息（包括园区居民企业、合资公司的完整名称）；

商品（服务）和财产权利清单中是否有本条第3部分注明的信息；

在白俄罗斯共和国境内购买（输入白俄罗斯共和国）的商品（服务）和财产权利所用于的项目名称；

商品（服务）和财产权利清单中所指每份文件的编制日期〔包括增值税电子发票开具（园区居民企业、合资公司签署）日期〕是否都在本条第1部分规定的期限之内。

如果商品（服务）和财产权利清单符合本条第3、8部分所述的条件，同时园区居民企业、合资公司符合本条第5、6部分所述的要求，则园区管委会通过在每一份清单首页注明"同意"字样并标注以下要项确认该清单：

园区管委会主任或由其授权的副主任的姓以及名字和父称的首字母；

园区管委会主任或由其授权的副主任的签字；

协商日期；

协商栏加盖园区管委会公章。

该清单经确认后，第一份由园区管委会留存，第二份与第三份返还给园区居民企业或合资公司。

经确认的第三份商品（服务）和财产权利清单由园区居民企业或合资公司提交至其税务登记地的税务机关进行登记。

47. 在园区特殊法律制度的税务特别调整的整个有效期内，园区居民企业和合资公司的以下收入免缴增值税：

园区项目的设计文件、园区内未完工的永久建筑物，按照白俄罗斯共和国法律为在园区内建设房屋和设施而规定的程序无偿交给合资公司及（或）园区居民企业所有时；

出售包括地块在内的园区内不动产给园区居民企业及（或）合资公司时；

出租（转租）、融资租赁包括地块在内的园区内不动产给园区居民企业及（或）合资公司时。

依照本条第 1 部分免缴增值税的收入，在按照比例关系确定分摊进项增值税抵扣的百分比时从产品（服务）和财产权利的总销售收入中剔除。

园区居民企业、合资公司向本《规定》第 84 条①第 1 部分所指的运营单位（其设立人、股东、财产所有权人）、法人出售园区内的工程和交通基础设施和管网的收入免缴增值税。

48. 在园区特殊法律制度的税务特别调整的整个有效期内，在白俄罗斯共和国境内向园区居民企业、合资公司出售《白俄罗斯共和国税法典》第 33 条第 1 款第 1.4 项所指的服务和财产权利的收入，免缴增值税，包括在此等服务和财产权利由不以常设代表机构在白俄罗斯共和国进行活动并因此不在白俄罗斯共和国税务机关登记的外国组织销售的情况下，其收入也免缴增值税。

49. 园区居民企业，合资公司和住所在园区内、对创新活动主体的创新项目进行融资的风投组织，向其设立人（作为股东、财产所有权人的白俄罗斯共和国居民和作为实际收入取得人的非白俄罗斯共和国居民）支付的红利以及依照《白俄罗斯共和国税法典》第 35 条第 1 款视为红利的收入产生的利润税、个人所得税、不以常设代表机构在白俄罗斯共和国进行活动的外国组织的所得税，自分配红利或视为红利收入的首年开始五年内，税率为零。

园区居民企业向其设立人（股东、财产所有权人）支付本条第 1 部分所指的款项时，免缴离岸税。

50. 园区居民企业、合资公司向不以常设代表机构在白俄罗斯共和国进行活动的外国组织以对工业、商业或科学试验的信息（包括 Know – How）的酬金和对许可、专利、图纸、实用新型、图稿、公式、外观设计或工艺的价款的形式支付的特许权使用费，2027 年 1 月 1 日之前按照百分之五的税率征收所得税。

51. 自然人根据劳动合同从园区居民企业及（或）合资公司取得的收入，2027 年 1 月 1 日以前按照百分之九的税率缴纳个人所得税。

在本条第 1 部分规定的期限内，员工在纳税期限（一个日历年）内从

---

① 此处系原文错误，应为第 85 条。——译者注

园区居民企业及（或）合资公司所取得的不属于履行劳动或其他职责的报酬所得，包括物质帮助、礼品和奖品，报销的餐饮、住宿、路费、休假和机票费在内，如果从单个收入来源处取得的数额不超过取得收入当日基本单位的五百倍，免缴个人所得税。

52. 在园区特殊法律制度的税务特别调整的整个有效期内，园区项目建设参加者在为保障园区居民企业、合资公司实施投资项目的框架内进行园区项目建设，而在园区内建造（布置）的、从不动产税角度视为永久性建筑物（房屋、设施）的，在园区项目建设期间免征不动产税。

53. 2027年1月1日以前，住所在园区的风投组织，从出让创新活动主体的股份（份额、部分份额）中所获得的利润，免缴利润税。

第六章 劳动关系和移民

54. 园区居民企业和投资者、园区项目建设参加者、园区管委会和合资公司员工的劳动和休息制度，由各单位的内部规范性法律文件规定，其中可以规定与白俄罗斯共和国劳动法律规定不同的条件，但这些条件不得使员工的处境次于《白俄罗斯共和国劳动法典》和调整社会劳动领域相应关系的其他法律法规规定的地位。

55. 在白俄罗斯共和国从事活动的外国组织当中的园区投资者和园区项目建设参加者，为在园区范围内实施投资项目，有权根据劳动合同聘用没有白俄罗斯共和国长期居住许可的外国公民和无国籍人到白俄罗斯共和国从事劳动活动，但须基于依照白俄罗斯共和国法律为白俄罗斯共和国法人规定的程序和条件所颁发的聘用外国劳动力来白俄罗斯共和国的许可和在白俄罗斯共和国从事劳动活动的专门许可，并须遵守本《规定》规定的特殊要求。

56. 向园区居民企业和投资者、合资公司、园区项目建设参加者为建设园区项目以及在园区内实施投资项目所聘用的外国公民和无国籍人（以下称"外国公民和无国籍人"）发放聘用外国劳动力来白俄罗斯共和国的许可和在白俄罗斯共和国从事劳动活动的专门许可，以及延长上述许可的期限，不收取国家规费。

57. 作出向外国公民和无国籍人颁发、拒绝颁发在白俄罗斯共和国从事劳动活动的专门许可及延长其有效期的决定不得超过五日；提供关于能够（不能够）聘用外国公民、无国籍人的结论意见不得超过两个工作日。

58. 外国公民和无国籍人办理在白俄罗斯共和国临时逗留登记和临时居住许可，免交国家规费。

59. 作为合资公司和园区居民企业员工缴纳强制性保险费对象的收入超过上月（应缴纳强制性保险费的月份的前一个月）全国平均工资的部分，不缴纳强制性保险费。如果采用本优惠政策，则园区居民企业和合资公司员工相应期间的退休金、临时丧失劳动能力补助、孕产补助按照实际缴纳的强制性保险数额计算。

园区居民企业和合资公司员工有权不采用本条第 1 部分规定的优惠政策。

60. 园区居民企业和投资者、合资公司、园区项目建设参加者、园区项目建设业主，以及临时在白俄罗斯共和国居住（逗留）、受聘实施园区投资项目的外籍员工，其收入免缴强制性退休和社会保险费。这些外籍员工的养老金保障按外籍员工本国法律规定执行。

61. 园区范围内可以成立自愿的社会组织，保障在园区从事活动的单位以生产和非生产领域的共同利益相关联的员工的社会利益，不论此等社会组织的设立人（成员）数量多少。

62. 持有效出国证件，受园区居民企业和投资者、合资公司聘用实施园区投资项目的人，以及园区居民企业和投资者、合资公司的设立人、股东、财产所有权人（设立人、股东、财产所有权人的员工），根据本条第 2 部分所指的名单免签证出入白俄罗斯共和国。

园区管委会根据园区居民企业和投资者、合资公司的申请向国家边防委员会提交允许免签证出入白俄罗斯共和国的人员名单。

白俄罗斯共和国政府和中华人民共和国政府之间 2011 年 9 月 18 日《关于中白工业园的协定》是向受园区居民企业和投资者、合资公司聘用的外国人和无国籍人以及园区居民企业和投资者、合资公司的设立人（股东、财产所有权人）的员工为在园区实施投资项目以及依照园区居民企业和投资者、合资公司的设立文件所规定的目的从事其他活动而给予在白俄罗斯共和国临时居住许可的依据。

63. 本《规定》第 62 条第 1 部分所指的、没有白俄罗斯共和国临时居住许可的外国公民和无国籍人，一个日历年内有权在白俄罗斯共和国境内逗留一百八十天。

第七章　海关调整的特别做法

64. 园区项目建设参加者在进行园区居民企业投资项目的建设时，使用保税区保税商品的，不需要办结这些商品的保税手续，也不需要支付进口关税和进口环节增值税，前提是这些商品不运出实施保税区海关制度的园区区域边界之外，并用于上述投资项目的实施。

65. 依据不产生商品所有权转移的民事合同由他人对于园区居民企业办理了保税区保税手续的商品及（或）用园区居民企业办理了保税手续的商品制作（取得）的商品进行加工（提供服务）时，不需要办结加工过程中所使用的这些保税商品的保税手续，也不需要支付进口关税和增值税。

使用本条第 1 部分规定的前提是，保税商品及（或）保税加工产品不运出实施保税区海关监管的园区区域边界之外，并用于"关于在园区实施活动的条件"的合同所规定的投资项目。

在不遵守本条第 1 部分规定条件的情况下，进口关税和增值税应当由办理了保税手续的园区居民企业依照白俄罗斯共和国法律缴纳（向园区居民企业追索）。

66. 为建设和装备园区投资项目之目的而输入白俄罗斯共和国且只用于白俄罗斯境内的商品（工艺设备、部件和备件、原料和材料）免征进口关税（在满足白俄罗斯共和国国际义务的前提下）和海关部门征收的增值税。

享受本条第 1 部分所规定优惠政策的依据是园区管委会出具的关于所输入的商品系为实施建设和装备园区投资项目之目的且只用于白俄罗斯境内的结论意见，该结论意见应当包含商品名称、数量、价值、进口商、外贸合同要项、投资项目名称（包括项目属于第几期的信息，如有）；而为免征进口关税之目的，还需提供关于构成关税同盟和统一经济空间的规范性法律基础的国际法律文书所规定的以及构成欧亚经济联盟国际条约及（或）文书所规定的条件已经得到满足的证明。

为实施投资项目享受本条第 1 部分规定的优惠政策输入白俄罗斯的商

品，对其使用及（或）处分的限制到投资项目实施结束为止，但自商品办理海关手续之日起最多不超过五年。

在不按规定目的使用享受本条第1部分规定的优惠政策输入商品的情况下，应当依照白俄罗斯共和国法律缴纳（追缴）进口关税和增值税。

在整个投资项目实施结束之前，将园区内已经投入使用的、在建设和装备过程中利用了本条第1部分规定的优惠政策的设施及（或）其部分提供出租（无偿使用、融资租赁）或者依照其他赋予使用此等财产的权利但不导致其所有权转移的条件进行移交的，不构成不按规定目的使用。

园区管委会应当自作出关于投资项目实施结束的决定之日起不晚于十个工作日将此通知国家海关委员会。关于投资项目实施结束的决定应当自收到实施投资项目人的相应申请后不晚于十日作出。

67. 因对保税商品实施2010年6月18日《海关同盟关境内自由（专门、特别）经济区及保税区海关制度问题协定》（以下称《协定》）第13条第1款第5）和6）项规定的操作①而产生的废料，如果该等废料符合以下处理方式，海关可视为该废料已经加工成为无继续商业使用价值的状态：

交由具有从事对环境有影响的活动的专门许可（许可证）的法人或者个体经营者〔其业务和服务范围为对废料进行无害化及（或）填埋处理〕进行无害化及（或）填埋处理；

由园区具有专门许可（许可证）的居民企业在自己的无害化及（或）填埋设施进行无害化及（或）填埋处理；

交由按照规定办法运营废物利用设施的法人或个体经营者作为再生资源进行利用；

由园区居民企业在其按照规定办法运营的废物利用设施进行利用。

关于被列入废物利用设施目录的设施信息和关于取得了专门许可（许可证）的法人和个体经营者信息，在自然资源和环境保护部的互联网官方网站刊登和更新，其应相应包含：

---

① 如果构成欧亚经济联盟海关法律的国际条约和文书未作不同规定，《协议》第13条1款第6）项所指的"商品耗费"的操作系指对保税的商品实施行为，作为该行为的结果该等商品由于保障其他商品的加工、制作和修理的生产过程而完全灭失。

利用废物的设施名称、被利用的废物根据白俄罗斯共和国废物分类表的名称和编码，以及拥有和运营废物利用设施法人的名称、注册地址、联系方式（电话号码和电子邮箱地址）或个体经营者的姓、名、父称（如果有）、居住地、联系方式（电话号码和电子邮箱地址）；

被许可人信息〔法人名称和住所，个体经营者姓、名、父称（如果有）和居住地〕、列明其具体作业和服务范围的被许可的活动种类名称〔废物无害化及（或）填埋〕，专门许可（许可证）的号码、发证日期和有效期。

本条第2部分第1段所指的网站的信息更新，在下列事件之后十四个工作日内进行：

废物利用设施的登记或者废物利用设施从目录中被除名；

专门许可（许可证）的取得或者专门许可（许可证）废止决定的作出，专门许可（许可证）有效期终止、中止和恢复；

本条第2部分第2、3段载明的信息的变更。

从实施保税区海关制度的园区区域内运走本条第1部分第1段所指的废料移交运营废物利用设施及（或）具有专门许可（许可证）的组织，依据保税海关手续申报人向海关部门提出的书面申请进行。申请应当指明废料信息（名称、净重）和废料移交期限，接受废料加以利用、无害化和填埋处理的法人的名称或个体经营者的姓、名和父称（如果有），并附具经申报人确认真实性的其与上述法人或者个体经营者之间的合同的复印件。海关部门的公职人员必要时可以要求查看上述合同的原件。

保税区保税的商品中与无继续商业使用价值的废料的数量相对应部分的数量，为认定其不再受海关监管之目的，由保税海关手续的申报人根据白俄罗斯共和国部长会议规定的程序确定。

68. 保税区保税的商品由于实施《协定》第13条第1款第5）和6）项规定的商品操作而产生的生产损耗数量，为认定其不再受海关监管之目的，由保税海关手续的申报人根据白俄罗斯共和国部长会议规定的程序确定。

69. 在为一家园区居民企业划定的保税区范围内，园区管委会可以指定该居民企业使用保税商品建设和装备的永久建筑物（房屋、设施）及（或）单独处所，在不影响该居民企业投资项目实施的情况下转交另外一个园区居民企业实施后者的投资项目。

不动产客体可以依据租赁（无偿使用、融资租赁）合同或者其他赋予使用此等不动产的权利，但不导致其所有权转移的合同在园区居民企业之间移交。

在按照本条第 2 部分所指的程序向另外一家园区居民企业移交装备了已经投入使用的设备的永久建筑物（房屋、设施）及（或）单独处所供其临时使用时，对于用于此等不动产客体的建设和装备的保税商品和设备，不需要办结保税手续，也不需要支付进口关税和进口环节增值税，前提是：

本部分第 1 段所指的商品和设备没有拆卸，也没有运出为申请保税的园区居民企业所划定的保税区界限范围；

不动产客体和投入使用的设备的状态没有发生改变，但在正常保存及（或）正常使用（运营）情况下的自然损耗除外。

如果本条第 3 部分规定的条件没有得到遵守，将用于不动产客体建设和装备的商品和设备申请保税的园区居民企业应当依照白俄罗斯共和国法律规定缴纳（被追缴）进口关税和进口环节增值税。

70. 在按照白俄罗斯共和国法律规定的程序为一家园区居民企业划定的保税区范围内，可以为园区另外一家园区居民企业划定保税区边界，前提是前者保障相应的监管放行措施。

在其保税区范围内划定了另外一家园区居民企业保税区边界的园区居民企业，在后者违反保税要求和程序使用保税的外国商品的情况下，对于关税和税费的缴纳承担连带责任。

71. 使用保税区保税的外国商品制作（取得）的商品，在园区居民企业向海关申报放行进入国内市场消费时，免征海关部门征收的增值税。

72. 在园区管委会为园区居民企业划定的保税区范围内，可以设立海关监管仓库及（或）海关临时仓库，但这些仓库的所有人须为园区居民企业。

73. 合资公司及（或）园区居民企业为实施投资项目而输入的商品，抵运地可以为按照规定程序在园区范围内为合资公司及（或）园区居民企业设立的海关监管区。

在货物运抵按照收货人的申请由收货人所在地海关设立的海关监管区时，收货人应当：

在取得目的地海关对于货物实施操作的许可之前负责看管货物，不得对货物实施改变货物状态、导致货物包装损坏的操作，不得使用和支配货物；

货物运抵海关监管区后的三小时之内利用信息系统和信息技术向目的地海关发送货物运抵的通知，请求取得海关对货物进行操作的许可。

目的地海关负责对此等通知进行登记，并将通知登记的信息在收到通知后两个小时内告知收货人。

海关在对上述通知进行登记的四个小时内作出收货人是否可以对货物实施操作的决定。

如果货物运抵海关监管区的通知登记后四小时届满时，目的地海关没有通知收货人拒绝或者准许对货物实施操作，则允许对货物实施操作。如果货物运抵海关监管区的通知在少于下班前四个小时发送至目的地海关，在下一个工作日头四个小时届满时，如果目的地海关没有通知收货人拒绝或者准许对货物实施操作，则允许对货物实施操作。

为办结转关海关手续，货物承运人应当在不晚于货物运抵海关监管区的下一个工作日向目的地海关提交转关申报单、运输和商业单证，此等文件应当标注货物依照转关海关手续放行，并由起运地海关施加标识。

货物运抵按照收货人的申请由收货人所在地海关设立的海关监管区后，自目的地海关对货物运抵海关监管区的通知进行登记之时起至转关海关手续办结，收货人与货物承运人对于进口关税和其他税项的缴纳承担连带责任。

第八章　外汇调整和外贸活动

74. 园区居民企业、合资公司有权不受白俄罗斯共和国外汇规定的限制进行外汇业务操作，其中包括：

通过银行在白俄罗斯共和国的内部市场不受限制地进行外汇兑换；

在内部外汇市场购买外汇不受用途限制；

不强制性出售从园区范围内活动所取得的外汇；

无须取得白俄罗斯共和国国民银行的许可在外国银行开户；

无须取得白俄罗斯共和国国民银行的许可实施与资本流动有关的下列外汇业务操作：

购买非居民的股票（当股票在设立人之间内部发行时）、股权份额或财产份额；

向作为非居民企业的法人购买由非居民企业所发行（出具）的有价证券，但购买设立人之间内部发行的股份除外；

购买位于白俄罗斯共和国境外、依照白俄罗斯共和国法律属于不动产的财产，包括根据集资建设合同购买此等客体；

将资金存放于非居民银行或者将资金交由非居民（非居民银行除外）进行委托管理；

向非居民提供借款；

从非居民取得贷款和借款，无须考虑白俄罗斯共和国外汇法律规定的条件。

75. 白俄罗斯共和国调整外贸业务的法律所规定的限制，包括对于外贸业务办结期限的要求，对于由园区居民企业、合资公司参与的外贸业务不适用。

76. 本《规定》第74条第4段规定的特惠，适用于园区项目建设的参加者。

77. 园区居民企业的注册资本可以以外币表示和出缴。

合资公司的注册资本以外币表示和出缴。

第九章　在园区范围内生产的产品（服务）销售条件

78. 在制定园区居民企业、合资公司自产产品（服务）在白俄罗斯共和国销售以及出口时的价格（费率）时，采用自由定价。

此外，园区居民企业、合资公司有权不受白俄罗斯共和国法律规定的最高调价指数和其他价格（费率）调整方法的限制。当合资公司提供法律规定属于自然垄断领域的服务时，不适用白俄罗斯共和国法律设定的对于自然垄断主体经营活动的限制，包括对于价格（费率）制定办法的限制。

79. 对于园区居民企业、合资公司自产产品（服务），以及园区居民企业、合资公司进口的商品（服务），不设定生产配额、销售配额、外贸配额以及生产和供应的其他限制，但白俄罗斯共和国参加的国际条约另有规定的除外。

第十章 其他特惠

80. 园区居民企业、合资公司只需根据白俄罗斯国家统计委员会批准的园区居民企业、合资公司须最低限度填报的国家统计报表清单提交统计报表。

81. 园区居民企业、合资公司在业务过程中有权利用电子公文流转，而无须进行纸质公文流转。

82. 对园区居民企业、合资公司，天然气价格根据供气单位购买和投放天然气的支出，包括天然气购入价（含工艺损耗在内）、运营开支和列入天然气成本的管理费用在内的支出制定。

83. 2028年1月1日以前，给合资公司的电价根据电力生产、传输、配送和销售的开支、税项制定，对于七十五万伏安及以上的电容不额外收费。

在本条第1部分所载明的期限内，合资公司有权自主制定合资公司供给的电力的价格，而无须考虑白俄罗斯共和国法律规定的限制，包括有权按合资公司确定的办法为园区居民企业提供折扣。

84. 合资公司放置园区宣传广告时，如果场地所有权人同地方执行和支配机构为同一主体，则地方执行和支配机构不收取广告城市环境（居民点或其他区域环境）使用权费以及户外广告布置（推广）协助费。

第十一章 园区特殊法律制度个别规定效力的适用

85. 本《规定》为合资公司规定的优惠和特惠，施及于在园区范围内经营的、注册资本中百分之五十及以上的股份（份额）属于合资公司所有的法人。

本条第1部分所指的法人向合资公司支付的红利和依照《白俄罗斯共和国税法典》第35条第1款等同于红利的收入，不构成利润税的纳税对象。

86. 本《规定》规定的优惠和特惠，不施及于银行、非银行金融信贷组织和保险组织、小额金融组织以及商业组织所从事的博彩和人机交互电子博彩业务。

第十二章 白俄罗斯共和国的保障

87. 白俄罗斯共和国关于投资的法律规定的投资者权利保障和投资保护

适用于园区居民企业和投资者、合资公司。

88. 如果批准本《规定》的总统令生效后通过（颁布）的白俄罗斯共和国的法律法规（国防、环境保护和自然资源合理利用、卫生、海关调整和税务领域的白俄罗斯共和国法律法规除外）使得园区居民企业和投资者、合资公司以及依照本《规定》优惠和特惠所施及的其他人的处境和在园区的经营条件恶化，则对于园区居民企业和投资者、合资公司以及依照本《规定》优惠和特惠所施及的其他人，适用批准本《规定》的总统令生效时有效的白俄罗斯共和国的法律法规，但构成关税同盟和欧亚经济空间的规范性法律基础的国际法文书及（或）构成欧亚经济联盟法律的文书另有规定的除外。

如果园区居民企业登记成为居民企业后或合资公司成立后，批准本《规定》的总统令生效后通过的白俄罗斯共和国调整纳税领域的法律法规提高了税率及（或）引入了新的税费〔但如果相应的义务系由国际条约规定的情况，或者新的税（费）替代旧的税或其他向预算和国家预算外基金的强制性缴费的情况，或者以白俄罗斯卢布确定的或以白俄罗斯卢布为单位计算的税率的提高系应对通货膨胀的调整的情况除外〕，园区居民企业、合资公司有权：

就园区范围内的业务，不适用白俄罗斯共和国法律法规关于新的税费的规定；

如果税率上调，就园区范围内的业务，按照园区居民企业登记成为居民企业之日（对于合资公司和批准本《规定》的总统令生效之前登记成为园区居民企业的，按照批准本《规定》的总统令生效之日）的税率纳税（费）。

本条第 2 部分规定的保障，至 2027 年 1 月 1 日前有效，并可以通过对本《规定》进行修改的方式予以延长。

本条第 2 部分规定的保障，施及于本《规定》第 85 条第 1 部分所指的法人。但在此情况下适用本条第 2 部分第 1 和第 3 段的规定，以合资公司开始持有该等法人百分之五十及以上的股份（份额）的日期为准；而对于在批准本《规定》的总统令生效之前已经满足此条件的法人，以批准本《规定》的总统令生效之日为准。

关于鼓励在中小城镇和农村地区
从事经营活动的白俄罗斯共和国总统法令

(2012年5月7日签署，第6号，2016年6月27日最近一次修订)

为了鼓励在中小城市和农村地区从事经营活动，依照白俄罗斯共和国宪法第101条第3部分：

1. 规定：

1.1 在白俄罗斯共和国注册、住所（居住地）在中小城镇和农村地区[①]且在上述地区从事商品生产（服务提供）的白俄罗斯共和国商业组织（2016年8月1日以后以分离、分立或新设合并形式重组成立的商业组织，以及上述日期以后通过白俄罗斯共和国其他法人并入的形式重组的商业组织除外）和个体经营者（除非本法令另有规定，以下称"商业组织和个体经营者"），自其国家注册之日起七年内：

对于销售自产商品（服务）[②]所获得的利润和所得有权不计算和缴纳相应的利润税（对商业组织而言）和个人所得税（对个体经营者而言）；

免缴国家向法人和自然人颁发从事个别类型经营活动〔包括同特种商品（服务）相关的经营活动〕的专门许可（许可证）的国家规费，以及对此等专门许可（许可证）进行修改及（或）补充、延长有效期的国家规费；

有权不计算和缴纳其他税费〔除非本总统法令另有规定，增值税（包

[①] 本总统法令所指的中小城镇和农村地区系指白俄罗斯共和国除巴兰诺维奇、鲍布鲁伊斯克、鲍里索夫、布列斯特、维捷布斯克、戈梅利、格罗德诺、若金诺、日洛宾、利达、明斯克、莫吉廖夫、莫济里、莫洛杰奇诺、诺沃波洛茨克、奥尔沙、平斯克、波洛茨克、列奇察、斯维特洛戈尔斯克、斯卢茨克、索利戈尔斯克等城市之外的区域。

[②] 本总统法令所指的销售自产商品（服务）对于商业组织和个体经营者而言是指在按照法律规定程序颁发给商业组织和个体经营者的自产产品（服务）证书有效期内所进行的自产商品（服务）的销售。

括商品输入白俄罗斯共和国时征收的增值税)、消费税、印花税和离岸税、国家手续费、专利规费、废物处理费、关税和海关收费、土地税、生态税、自然资源开采（征收）税，以及税务代扣代缴义务人计算和扣缴的其他税项除外〕；

免除强制性出售在同非居民法人和非居民自然人的业务往来中通过销售自产商品（服务）以及出租财产获得的外汇的义务。

对于由法人以改变组织形式重组产生的商业组织，本款第1部分第1段所指的七年期限自法人国家注册之日起算。

1.2 白俄罗斯共和国商业组织自按规定程序作出成立分支机构①的决定之日起七年内：

1.2.1 有权不计算和缴纳：

分支机构销售自产商品（服务）② 所获得利润的利润税；

分支机构资产负债表上位于中小城镇和农村地区的永久建筑物（房屋、设施）或其部分、车位的价值的不动产税；

本段删除；

1.2.2 免除强制性出售在同非居民法人和非居民自然人的业务往来中通过销售分支机构自产商品（服务）获得的外汇的义务。

1.3 商业组织、个体经营者，以及拥有分支机构的白俄罗斯共和国商业组织在分支机构的业务范围内：

1.3.1 免除在购买自己生产所需的原料、配件和材料时〔全部或部分用预算资金及（或）国家预算外资金由资金获得者购买时除外〕，以及在将自产商品出口时（欧亚经济联盟外经贸活动统一商品编码4403商品组别的商品除外）在"白俄罗斯通用商品交易所"开放式股份公司的商品拍卖会

---

① 本总统法令所指的分支机构系指白俄罗斯共和国商业组织的分公司及（或）其他分支机构。该等分支机构在中小城镇和农村地区从事商品生产（服务提供）活动，拥有单独账表，为开展白俄罗斯共和国商业组织的业务活动开设银行账户且其负责人有权支配账户上的资金，履行上述商业组织的纳税义务，且分支机构设立的中小城镇和农村地区必须在商业组织住所地之外，或者在因吸收合并而并入该商业组织的原组织的住所地或因其改变组织形式、分离、分立或新设合并而产生上述商业组织的原组织的住所地之外。

② 本总统法令所指的销售自产商品（服务）对于分支机构而言是指在按照法律规定程序颁发的注明分支机构为产品生产（服务提供）单位的自产产品（服务）证书有效期内所进行的自产商品（服务）的销售。

达成交易的义务；

1.3.2 有权：

自主确定采购原料、配件和材料的条件、数量和种类，以及销售所生产的产品和自产商品（服务）的条件、数量和种类；

自主确定用于自己生产的产品、商品（服务）的供应商（承包商、执行者）和自产产品、商品（服务）的买方〔预算资金及（或）国家预算外基金资金获得者全部或者部分利用上述资金采购商品（服务）时确定供应商（承包商、执行者）的做法不在此列〕；

向白俄罗斯共和国境外设立的保险组织和保险代理人投保财产权益。

1.4 除本条 1.5 款另有规定外，本条 1.1 款第 1 部分第 2、5 段，1.2.1 款第 2 段和 1.2.2 款的规定不适用于利用白俄罗斯共和国商业组织（包括在中小城镇和农村地区注册的）或个体经营者所有的或者拥有其他物权的固定资产及（或）该等组织或个体经营者员工的劳动在中小城镇和农村地区范围之外生产的商品（提供的服务）的销售。

商业组织、个体经营者和分支机构实现本条 1.1 款第 1 部分第 2 段和 1.2.1 款第 2 段规定权利的前提条件是对适用上述优惠的自产商品（服务）的销售收入和该等商品（服务）的生产和销售支出进行独立核算，且向税务机关提交依法定程序颁发的自产产品（服务）认证证书。此外，用于完成工程（提供服务）而使用的财产（包括材料、备件）的采购价值超过工程（服务）价格的部分和与此等财产相关的开支，不得列入相应自产工程（服务）的销售收入和其生产及销售开支。

不按本款第 2 部分规定进行独立核算或者不提交自产产品（服务）认证证书的，本条 1.1 款第 1 部分第 2 段和 1.2.1 款第 2 段的规定不予适用。

本条 1.1 款第 1 部分第 4 段和 1.2.1 款第 3 段规定的不动产税的免除：

在商业组织、个体经营者和分支机构在某个季度当中实施了依照本总统法令享受本条 1.1 款第 1 部分第 2 段和 1.2.1 款第 2 段规定优惠的自产商品（服务）销售的紧接着的下一个季度才能执行，将财产交付租赁（融资租赁）、其他有偿及无偿使用的情形不属于前述所指的服务；

不适用于：

从事本条第 1.8 款第 6~13 段所指活动的商业组织、分支机构和个体经营者；

位于中小城镇和农村地区之外的永久建筑物（房屋、设施）或其部分、车位的价值的不动产税；

本段删除；

逾期未建成的房屋、设施和管网设施价值的不动产税；

被列入由州代表大会或经其授权由州执行委员会、自由经济区管委会按照白俄罗斯共和国部长会议规定的程序和条件批准的未利用（未有效利用）的永久建筑物及其部分和建筑物所在地块（地块部分）清单的永久建筑物或其部分的价值的不动产税，此外，不动产税在该永久建筑物（房屋、设施）或其部分适用高位税率期间计征。

1.5 提供公路货物、旅客和行李服务的商业组织、个体经营者和分支机构有权就其所提供的服务适用本条 1.1 款第 1 部分第 2、5 段和 1.2.1 款第 2 段和 1.2.2 款的规定，但需同时满足以下条件：

在提供公路货物、旅客和行李服务时，发运地（装载地）及（或）目的地（卸载地）位于中小城镇和农村地区；

商业组织、个体经营者和分支机构提供前述服务所使用的车辆由内务部国家车辆检查部门在中小城镇和农村地区的分支机构按规定程序进行登记。

1.6 本条 1.1 款第 1 部分第 2、4 段和 1.2.1 款的规定不适用于：

个体经营者缴纳个体经营者和其他自然人单一税的业务；

缴纳农产品生产者单一税的组织（只对履行该组织纳税义务的分公司和其他分支机构的业务采纳该税种的组织除外），以及履行该组织纳税义务的分公司和其他分支机构（如果在分公司和其他分支机构的业务上该组织采用农产品生产者单一税）；

实行简化税制的组织和个体经营者；

从事农业生态旅游服务且缴纳此种税费的组织；

采用法律规定的其他特别税制的组织。

1.7 如果成立分支机构的决定在 2018 年 12 月 31 日之后作出，则本条

1.2 款的规定不适用于这些分支机构。

1.8 本条 1.1~1.3 款的规定不适用于：

银行、非银行信贷金融组织、投资基金、保险组织、小微金融组织；

有价证券市场的职业参加者；

高新技术园、"八月运河"专业旅游休闲园、"巨石"中白工业园的居民企业；

商业组织、个体经营者和分支机构在其从事的以下业务上：

不动产经纪活动；

赌博业务；

彩票业务；

电子人机交互赌博业务；

征收消费税的商品的生产及（或）销售；

首饰和贵重金属及宝石其他日用制品的生产及（或）销售；

有价证券、纸币和硬币、邮票的制作；

普通合伙框架内的活动。

1.9 商业组织的设立人作为对注册资本非现金出资向白俄罗斯共和国输入的商品，如果该等商品自制作之日起尚未超过五年，且根据欧亚经济联盟外经贸活动统一商品目录编码属于 7301、7302、7308、730900、731100、8401~8408、8410~8426、8430~8481、8483、8484、8486、8487、8501~8519、8521~8523、8525~8537、8543、8545、8601~860900、8707、8709~8713、8716、880100~8805、8901~8908000000、9005~9008、9010~9020000000、9022~9032、9103~9107000000、9201、9202、9205~9208、9401~940600、950300~9508（以下称"商品"），免征进口关税。商品的制作日期由商品的技术说明书或者与商品有关的其他文件上载明的，或者商品本身上面的信息证实。如果只有商品的制作年份信息，则其制作日期视为该年的 7 月 1 日；如果只有制作年度和月份的信息，则其制作日期视为该月份的 15 日；如果制作日期的信息自相矛盾或者缺失，则推断自制作日期起已经超过五年。

本款第 1 部分规定的关税免除在商品为以下目的输入白俄罗斯共和国的情况下实施：

在商业组织国家注册之前为组成注册资本的，在商业组织国家注册且设立文件中体现出该等商品为非现金出资之后实施；

商业组织国家注册之后为组成注册资本的（依照法律法规或设立文件，注册资本应当在商业组织的国家注册之前组成的除外），在法律法规规定或者依照法律法规在设立文件中规定的注册资本组成期限内实施。

本段删除。

在向白俄罗斯共和国输入根据欧亚经济联盟外经贸活动统一商品目录编码属于 8709 的商品时，本款第 1 部分规定的关税免除只有在商业组织遵守本款第 2 部分所列要求且具备（创建）与输入的商品数量相对应的、由符合车辆运输法律法规规定要求的合格员工就业的工作岗位的条件下予以实施。

对于享受本款第 1 部分规定的关税免除优惠输入白俄罗斯共和国的商品，自其办理进口手续之日起五年内发生以下情形之一的，应当按照法律规定程序缴纳进口关税：

注册资本包含上述商品的商业组织按规定程序作出了清算决定，或者以分立、新设合并或并入另外一个法人的形式进行了重组，或者以分离的形式进行了商业组织的重组，而作为分离的结果该商业组织丧失了上述商品的所有权、经营权或业务管理权；

商业组织变更了住所，新的住所位于本条 1.1 款第 1 部分第 1 段行下注脚列明的城市；

股东退出（被开除出）商业组织，由此商业组织丧失了商品的所有权；

商业组织（商业组织的财产所有权人）由于实施交易而转让了上述商品的所有权、经营权、业务管理权，或者商品交由他人临时使用；

商业组织的财产所有权人将上述商品从商业组织的经营或业务管理范围中剔除。

本款第 1 部分的规定，也适用于商品在进口以前处于海关保税仓库存放、临时进口或者临时海关监管存放的情形。

本款第 4 部分规定的要求，也适用于由作为重组结果产生的，其注册资本包含上述商品的法人所有、经营和业务管理的商品。

1.10　属于国家所有、位于中小城镇和农村地区的永久建筑物（房屋、设施）、未完工封存的永久建筑物、未完工未封存的永久建筑物的出让，无须出售服务于被出让不动产的地块租赁合同签约权即可进行，如果此等地块由不动产买方承租。在此情况下，地块交由不动产买方承租无须进行拍卖，也不收取租赁合同签约权费，地块上面的多年生植物无偿出让给不动产买方。

1.11 属于中央所有，位于中小城镇和农村地区的永久建筑物（房屋、设施）、独立的场所、未完工封存的永久建筑物、其他不动产、上述不动产共有当中的份额、未完工未封存的永久建筑物在向买方出让时，根据买方的书面申请，可以允许买方对其购买用于自产商品（服务）的生产和销售的上述不动产进行分期付款，分期付款的期限按照买方的申请，但不得超过自订立买卖合同之日起五年，分期付款须指明每月的付款金额，遵守有关国有资产处分的法律法规规定的其他要求。分期付款情况下的款项支付按照国家资产委员会与经济部和财政部协商制定的办法进行。

提供本款第1部分所指的分期付款的前提条件是不动产买方承担在分期付款申请书中指明的期限内（不得超过买卖合同订立之日起三年）组织起自产商品（服务）的生产及（或）销售。

不动产卖方以及法律规定的国家机关和国家组织，对不动产买方履行本款第2部分所指义务实施监督。

在不动产买方不履行组织自产商品（服务）生产及（或）销售义务的情况下，分期付款安排的效力终止，买方应当自本款第2部分所指期限届满之日起三十日内，按照法律规定的程序履行支付不动产价款的义务。

1.12 失效。

2. 建议各州代表大会对于在中小城镇和农村地区居住且从事商品生产（服务提供）活动的个体经营者和其他自然人单一税设立不超过零点五的下浮系数。

3. 以下法令宣告失效：

2008年1月28日"关于刺激商品（服务）生产和销售"的白俄罗斯共和国总统第1号总统法令；

2008年4月10日"关于电子人机交互赌博组织的若干问题"的白俄罗斯共和国总统法令第8条；

第4~5段删除；

2010年9月13日"关于对关税同盟内间接税征收问题的若干白俄罗斯共和国总统法令进行修改和补充"的白俄罗斯共和国第7号总统法令第1条第1.5款。

4. 删除。

5. 责成各州代表大会在三个月期限内依照本总统法令确定地方所有财产的处分办法。

6. 责成白俄罗斯共和国部长会议在三个月期限内将法规修改至与本总统法令相符，并采取实施本总统法令的其他措施。

6-1 赋予白俄罗斯共和国部长会议就本总统法令的适用问题进行解释的权力。

7. 本总统法令自2012年7月1日起生效，除自正式公布之日起生效的第5、6条和本条之外，本总统法令具有临时性质，并应根据白俄罗斯共和国宪法第101条第3部分提交白俄罗斯共和国国民会议审议。

本总统法令第1条1.12款在对白俄罗斯共和国预算法典进行相应修改和补充的法律生效之前有效。

在本总统法令生效之前通过的法规，在其修改至与本总统法令相符之前，在与本总统法令不相抵触的部分适用。

海关同盟关境内自由（专门、特别）经济区及保税区海关制度问题协定

(2010年6月18日缔结，白俄罗斯共和国于2011年5月8日批准，2015年8月5日修订)

欧亚经济共同体框架内的海关同盟的成员国，以下称"各方"，

立足于2007年10月6日《关于成立统一关境和组建海关同盟的条约》、2007年10月6日《关于海关同盟委员会的条约》、2009年11月27日《关于海关同盟海关法典的条约》，以及构成海关同盟条约法律基础的海关同盟成员国其他国际条约，

注意到公认的国际法准则和规范，

达成以下一致：

第1条 本协定所使用的基本术语

1. 本协定使用以下基本术语及定义：

1）自由（专门、特别）经济区是海关同盟成员国法律所规定的界限范围之内对经营和其他活动实施特别（专门法律）制度，也可以采用保税区海关制度的成员国领土之一部分；

2）港口自由（专门、特别）经济区是在对国际航运和外籍船舶进出开放的海港、河港的部分区域内，或者在对执行国际航空运输的航空器进出开放的空港的部分区域内，或者在毗邻此等海港、河港或空港的区域内（除海港、河港或空港中放置有为乘客服务的财产设施的区域之外）设立的自由（专门、特别）经济区；

3）物流自由（专门、特别）经济区是海关同盟成员国毗邻公路及（或）铁路口岸的部分区域内设立的自由（专门、特别）经济区；

4）自由（专门、特别）经济区居民企业（参加者）是按照海关同盟成

员国法律规定的程序在该国注册并被列入所有自由（专门、特别）经济区居民企业总名册的法人或个体经营者。

2. 本协定第 21 条所使用的术语采用 2008 年 1 月 25 日《关于海关同盟货物、工程、服务进出口间接税征收原则的协定》所确定的含义。

3. 本协定所使用的其他术语采用作为 2009 年 11 月 27 日《海关同盟海关法典条约》之不可分割一部分的《海关同盟海关法典》所确定的含义（以下称《海关同盟海关法典》）。

第 2 条　设立自由（专门、特别）经济区的目的

设立自由（专门、特别）经济区（以下称"自由经济区"）是为了促进海关同盟成员国的社会经济发展，吸引投资，打造和发展新技术产业，发展交通基础设施、旅游和度假疗养业，以及实现自由经济区设立时所确定的其他目的。

第 3 条　海关同盟关境内自由经济区设立和运行的程序，自由经济区的运行期限

1. 海关同盟成员国境内自由经济区设立和运行的程序、自由经济区的运行期限及其延长程序，由该海关同盟成员国法律规定。

海关同盟成员国法律可以根据设立目的的不同设立不同类型的自由经济区。

海关同盟成员国境内自由经济区的管理依照该国法律进行。

2. 海关同盟各成员国负责将本国境内设立自由经济区的信息通知海关同盟委员会。

第 4 条　自由经济区运行终止（撤销、解散）

1. 自由经济区在其存续期限届满时终止运行（撤销、解散）（以下称"终止运行"），除非存续期限得到延长。

作出提前终止自由经济区运行决定的依据和程序由海关同盟成员国法律规定。

2. 各海关同盟成员国负责将本协定生效后本国境内自由经济区终止运行的信息通知海关同盟委员会。

第 5 条　自由经济区内所从事活动的种类

自由经济区内可以依照海关同盟成员国的法律从事经营和其他活动。

海关同盟委员会可以规定在自由经济区内禁止从事的活动的种类。关于在自由经济区内禁止从事的活动种类的决定，由海关同盟委员会协商一致作出。

海关同盟成员国法律可以规定在该国境内所设立的自由经济区内禁止从事的活动种类。

第6条 自由经济区居民企业（参加者）的登记及自由经济区居民企业（参加者）名册的保持

1. 自由经济区居民企业（参加者）（以下称"居民企业"）的登记程序和条件，包括对申请获得居民企业资格的法人的国家登记地及（或）住所地或者对个体经营者居住地、对申请获得居民企业资格的法人的法律组织形式的要求，由海关同盟成员国法律规定。

海关同盟成员国法律可以规定，登记成为港口或物流自由经济区居民企业的申请人必须提供缴纳关税和税收的保证。

2. 法人或个体经营者自相应记载录入海关同盟成员国的居民企业名册之日起认定为居民企业。

证实居民企业登记的文件为海关同盟成员国法律规定样式的证明。海关同盟委员会有权确立居民企业登记证明的统一样式。

3. 居民企业名册的保持办法由海关同盟成员国法律规定。

海关同盟各成员国负责向海关同盟委员会提供关于录入各自居民企业名册的居民企业的信息。此等资讯的提供办法由海关同盟委员会规定。

海关同盟委员会根据各成员国提供的资讯编制统一的居民企业名册并定期刊登，包括利用信息技术刊登。

第7条 在自由经济区从事活动的人

1. 居民企业和非为居民企业的其他人，可以依照海关同盟成员国法律在自由经济区从事活动。

2. 居民企业依照关于在自由经济区从事活动的协议（关于在自由经济区活动的条件的合同、投资计划）（以下称"关于在自由经济区从事活动的协议"）在自由经济区从事活动。

海关同盟成员国法律可以规定，居民企业可以在自由经济区内从事关于在自由经济区从事活动的协议所没有规定的活动，但从事此等活动时不享受特别（专门法律）制度。

第 8 条　自由经济区内从事经营和其他活动的特别（专门法律）制度

自由经济区实行经营和其他活动的特别（专门法律）制度，体现在居民企业享受海关同盟成员国法律规定的特别的税收做法以及经营和其他活动的优惠条件。

第 9 条　自由经济区内保税区海关制度的一般规定

1. 保税区海关制度可以在自由经济区的整个范围内或其一部分范围内实施（以下称"实施保税区海关制度的自由经济区范围"）。

2. 自由经济区为海关同盟关境之一部分。

3. 运入实施保税区海关制度的自由经济区并保税的货物，对于适用关税、税收和非关税调节措施而言，视为处于海关同盟关境之外。

4. 港口和物流自由经济区的界限为海关同盟的海关边界。

5. 保税海关程序不适用于：

1）由于执行货物国际运输而进出港口或物流自由经济区的国际运输工具，或者进出港口或物流自由经济区、用于在海关同盟关境内执行货物内部运输的运输工具；

2）由海港、河港、空港当局及在海港、河港、空港履行航行、飞行安全和设施使用安全保障等职能的非居民企业运入自由经济区或者从自由经济区运出到海关同盟其余关境的海关同盟货物；

3）由物流自由经济区管委会运入自由经济区或者从自由经济区运出到海关同盟其余关境的与保障该自由经济区运行有关的海关同盟货物；

4）运入港口或物流自由经济区但此前在别处处于出口海关程序的货物；

5）依照俄罗斯联邦法律在俄罗斯联邦加里宁格勒州和马加丹州设立的特别经济区内的或者运入上述地区的海关同盟货物。

6. 在自由经济区内可以存放和使用保税货物、非保税海关同盟货物及处于其他海关监管程序的外国货物。

7. 实施保税区海关制度的自由经济区区域为海关监管区。

实施保税区海关制度的自由经济区范围内的海关监管，由海关机构依照海关同盟法律进行。

实施保税区海关制度的自由经济区区域，应当为进行海关监管设置必要的装备。

实施保税区海关制度的自由经济区区域海关监管装备的设置，包括对隔离、四周视频监控系统的设置，依照海关同盟成员国法律规定进行。

实施保税区海关制度的自由经济区区域的闸口管理，包括人员出入此类区域的办法，依照海关同盟成员国法律规定进行。

第 10 条 保税区海关制度的内容

1. 保税区为海关监管制度之一种，在此种海关监管制度之下对于在自由经济区范围内或其部分范围内存放和使用的货物不征收关税、税收，对于外国货物不采用非关税调节措施，对海关同盟货物不实施禁止和限制措施。

2. 保税的外国货物保留其外国货物的属性，保税的海关同盟货物保留其海关同盟货物的属性。

从保税的海关同盟货物制作（取得）的货物，以及从保税的与非保税的海关同盟货物制作（取得）的货物，取得海关同盟货物的属性。

从保税的外国货物制作（取得）的货物，以及从保税的外国货物与海关同盟的货物制作（取得）的货物〔以下称"使用保税的外国货物制作（取得）的货物"〕，取得外国货物的属性，但本款第 4~6 部分所指的情形除外。

在使用保税的外国货物制作（取得）的货物以运出海关同盟关境之外的方式结束保税海关程序的情况下，此类货物的属性依照本协定第 19 条确定。

2012 年 1 月 1 日以前在白俄罗斯共和国、哈萨克斯坦共和国和俄罗斯联邦登记注册，2016 年 12 月 1 日以前在亚美尼亚共和国登记注册及 2015 年 1 月 1 日以前在吉尔吉斯共和国登记注册的居民企业使用保税的外国货物制作（取得）的货物的属性，应当依照本协定第 19 条在 2017 年 1 月 1 日以前在考虑本条第 3、4 款规定的前提下确定。

在加里宁格勒州注册、到 2006 年 4 月 1 日时依据俄罗斯联邦 1996 年 1 月 22 日《关于加里宁格勒州特别经济区联邦法》（编号 N13-Ф3）从事活动的人使用保税的外国货物制作（取得）的货物的属性，应当依照本协定

第 19 条在 2016 年 4 月 1 日以前在考虑本条第 3、4 款规定的前提下确定。

3. 海关同盟委员会有权为 2010 年 5 月 1 日以前注册的居民企业以及在加里宁格勒州注册、到 2006 年 4 月 1 日时依据俄罗斯联邦 1996 年 1 月 22 日《关于加里宁格勒州特别经济区联邦法》（编号 N13－ФЗ）从事活动的人制定使用保税的外国货物制作（取得）、不论其是否达到本协定第 19 条规定的充分加工程度均取得外国货物属性的货物的清单。上述清单仅在货物不运出海关同盟关境的情况下适用。

4. 海关同盟委员会有权对 2010 年 5 月 1 日以前注册的个别居民企业以及在加里宁格勒州注册、到 2006 年 4 月 1 日时依据俄罗斯联邦 1996 年 1 月 22 日《关于加里宁格勒州特别经济区联邦法》（编号 N13－ФЗ）从事活动的个别人使用保税的外国货物制作（取得）的、可以被认定为海关同盟货物的货物设定数量限制，前提是此等货物进入海关同盟关境的数量和条件足以对海关同盟成员国的经济领域产生显著损害或者损害威胁。关于上述限制措施的决定按照海关同盟委员会协商一致的程序通过，在上述货物不运出海关同盟关境的情况下实施。

5. 除运入港口或物流自由经济区的海关同盟货物外，保税的海关同盟货物自海关机构对申报保税的报关单进行登记之时起处于海关监管之下。

运入港口或物流自由经济区的海关同盟货物，自运入港口或物流自由经济区之时起处于海关监管之下。

6. 保税的海关同盟货物在海关机构认定货物由于事故或不可抗力作用或者在正常运输、储存及（或）使用情况下由于自然减损而灭失的事实之时起，不再处于海关监管之下。

第 11 条　货物保税的条件

1. 居民企业为依照关于在自由经济区从事活动的协议从事经营和其他活动的目的在实施保税区海关制度的自由经济区存放及（或）使用的货物，以及本款第 2 和第 3 部分所指的货物，可以保税。

非为港口或物流自由经济区居民企业的，与港口或物流自由经济区居民企业签订货物仓储、装卸及与货物储存相关的其他操作、货物保管及运输准备（包括分拆、集成、分类、包装、再包装、刷贴标识）的服务合同的人存放在港口或物流自由经济区的货物可以保税，前提是上述货物操作不改变货物特性（不改变海关同盟外经活动统一货物目录的编码）。

在加里宁格勒州注册的法人，为依照俄罗斯联邦第16-Φ3号联邦法律规定的目的存放和使用而运入按照俄罗斯联邦2006年1月10日《关于加里宁格勒州特别经济区及关于对俄罗斯联邦若干法律进行修改的联邦法》（编号N16-Φ3）在加里宁格勒州设立的特别经济区的外国货物可以保税。

2. 禁止运入和运出海关同盟关境的货物，不得实行保税。

海关同盟委员会可以规定不得实行保税的其他货物清单。关于设置不得实行保税的其他货物清单的决定由海关同盟委员会协商一致作出。

海关同盟各成员国法律可以设置在各自境内设立的自由经济区内不得实行保税的货物清单。

3. 除本协定第9条第5款第4项规定的情形外，原先处于其他海关程序的货物可以申报保税海关程序。

4. 除本条第5款规定的情形外，保税货物应当按照海关同盟海关法律规定的办法进行海关申报。

5. 除了为建设和重建位于港口自由经济区的海港、河港和空港基础设施项目或者物流自由经济区基础设施项目而由居民企业运入港口或物流自由经济区的外国货物之外，从非海关同盟成员国运入港口或物流自由经济区的外国货物在保税时不要求进行海关申报。

海关同盟成员国的法律可以规定，运入港口或物流自由经济区的外国货物保税时应当进行海关申报。

6. 不需要进行海关申报的货物运入港口或物流自由经济区时，只办理与货物抵达海关同盟关境有关的海关手续。除本协定第9条第5款第1~4项所指货物外，此等货物自运入港口或物流自由经济区之时起即视为保税。

7. 运入港口或物流自由经济区、需要进行海关申报的货物的海关申报，应当自货物运入港口或物流自由经济区之日起十四个工作日内提交。

8. 保税货物的报关人可以为居民企业，也可以为本条第10和11款所指的人。

居民企业可以为其所注册的自由经济区所存放的货物报关，也可以依据本条第1款第2部分所指的合同为在港口或物流自由经济区存放的货物报关。

9. 在保税海关程序结束时，只有早先申报该货物保税的居民企业才能进行货物报关，但本条第 10～12 款和第 15 条第 3、4、6 款规定的情形除外。

10. 本条第 1 款第 2 部分所指的、运入港口或物流自由经济区或者从港口或物流自由经济区运出至海关同盟关境的其余部分或关境之外的货物，可由居民企业或海关同盟海关法典第 186 条第 1 项及第 2 项第 5 段所指的其他人报关。

11. 本条第 1 款第 3 部分所指的、运入加里宁格勒州特别经济区的货物，可由在俄罗斯联邦加里宁格勒州注册的法人报关。

在加里宁格勒州特别经济区货物保税海关程序结束时，货物可由早先对该货物申报保税的法人及海关同盟海关法典第 186 条第 1 项及第 2 项第 5 段所指的其他人报关。

12. 在依据俄罗斯联邦 1999 年 5 月 31 日《关于马加丹州特别经济区联邦法》（编号 N104－Ф3）设立的马加丹州特别经济区货物保税海关程序结束时，货物可由早先对该货物申报保税的法人及海关同盟海关法典第 186 条第 1 项及第 2 项第 5 段所指的其他人报关。

13. 货物保税时，不需要实施关税和税收的保证措施。

第 12 条　货物保税期限

在自由经济区运行的期限范围内，货物一直可以保税，但将货物申报保税的人丧失居民企业资格时或者自由经济区不再实施保税海关制度时除外。

第 13 条　对保税货物进行的操作

1. 对于保税的货物，可以进行任何操作，只要此等操作符合关于在自由经济区从事活动的协议的条件，包括：

1）货物储存（存放、积存、分拆）；

2）货物装卸作业及与存放有关的其他作业；

3）为保持货物完好所需要的操作，运输准备的一般操作（包括分拆、集成、分类、包装、再包装、刷贴标识），改进货物质量的操作；

4）指向货物占有权、使用权及（或）处分权转让的交易实施的操作；

5）货物加工（处理）作业（作为此种作业的结果货物失去自己的个体

特征），及（或）货物的制作（包括装配、拆卸、安装、配置），以及货物修理；

6）货物的消费。

2. 对于保税货物、从保税货物制作（取得）的货物以及从保税货物与非保税货物制作（取得）的货物，可以依照海关同盟海关法典第 155 条的规定从中取样。

3. 在本协定第 15 条第 3 款规定的情形下，保税货物可以依照转关监管程序从一个实施保税区海关制度的自由经济区转移到另外一个实施保税区海关制度的自由经济区。

4. 在实施保税区海关制度的自由经济区可以将保税货物用于协助其他货物的制作（取得）或者使其他货物的制作（获得）变得更加容易的用途，即便此等保税货物本身在制作（获得）其他货物的过程中被全部或者部分消耗。但保税货物消耗的事实必须体现在依照本协定第 14 条第 4 款向海关机构提交的报表中。

5. 海关同盟委员会有权制定对保税货物禁止实施的操作（作业）的清单。上述清单由海关同盟委员会协商一致通过。

6. 海关同盟成员国法律可以制定对于本国领土上实施保税区海关制度的自由经济区的保税货物禁止实施的操作（作业）的清单。

第 14 条 实施保税区海关制度的自由经济区内海关监管活动的特点

1. 对实施保税区海关制度的自由经济区存放的货物的海关监管活动，依照海关同盟海关法典结合本条的特殊规定进行。

2. 货物运入实施保税区海关制度的自由经济区（除港口和物流自由经济区之外），须通知海关机构；货物运出实施保税区海关制度的自由经济区，须经海关机构允许。

货物运入港口或物流自由经济区，须经海关机构允许。

货物运入自由经济区的通知递交、货物运入自由经济区的允许发放的办法及货物运出自由经济区的允许的发放办法，以及此等文件的格式，由海关同盟成员国法律规定。

3. 海关机构有权按照海关同盟海关法典规定的程序对运入实施保税区海关制度的自由经济区的货物进行鉴别。

4. 居民企业应对保税货物及从保税货物制作（取得）的货物进行登记，并向自由经济区所在的海关同盟成员国海关机构提交上述货物的报表。

保税货物的任何变化，应当在登记文件中体现。

在俄罗斯联邦加里宁格勒州注册的法人按照俄罗斯联邦海关机构的要求应当对保税货物及从保税货物制作（取得）的货物进行登记，并向海关机构提交上述货物的报表。

保税货物及从保税货物制作（取得）的货物登记的程序以及向海关机构提交报表的程序，由海关同盟成员国法律规定。

5. 处于出口海关程序的货物在离开港口自由经济区时，港口自由经济区居民企业应当向海关机构提交运输单证，证明货物的卸货地（港口、机场）位于海关同盟关境之外。

如果装载出口货物的运输工具在海关同盟关境内的海港、河港或者机场进行停留，港口自由经济区居民企业在货物离开最后一个海港、河港或者机场三日内，必须向出具货物运出港口自由经济区允许的海关机构提交单证，证明货物确已实际离开海关同盟关境。

第 15 条 保税海关程序的结束

1. 保税货物的保税海关程序在以下情况下结束：

1）在满足本协定第 17 条规定的前提下，保税货物及（或）从保税货物制作（取得）的货物进入海关同盟海关法典规定的其他海关程序时；

2）在本条第 5 款规定的情形下；

3）在本条第 7～10 款规定的情形下。

2. 保税货物的保税海关程序在以下情况下应当结束：

1）在自由经济区终止运行，或者自由经济区不再实施保税区海关制度；

2）申报货物保税的人丧失居民企业资格；

3）为将保税货物及（或）从保税货物制作（取得）的货物运出实施保税区海关制度的自由经济区；

4）居民企业将保税货物及（或）从保税货物制作（取得）的货物的占有权、使用权及（或）处分权转交他人。

3. 在申报货物保税的居民企业将保税货物的占有权、使用权及（或）

处分权转交别的居民企业的情形下，原保税海关程序结束，受让保税货物的占有权、使用权及（或）处分权的居民企业申报货物保税。

4. 在自由经济区终止运行的情形下，或者自由经济区不再实施保税区海关制度的情形下，自由经济区内的保税货物及（或）从保税货物制作（取得）的货物，除本条第5款规定的情形外，应当在自由经济区终止运行之日起四个月内进入海关同盟海关法典规定的其他海关程序。

在不实施本款第1部分所指行为的情况下，海关机构依照海关同盟海关法典第21章规定对货物进行扣留。

5. 在自由经济区终止运行的情形下，或者自由经济区不再实施保税区海关制度的情形下，由居民企业用于落实关于在自由经济区从事活动的协议而运入的保税设备，以及在自由经济区用于不动产项目建造的保税货物，按照海关同盟成员国法律规定的程序认定为不受海关监管的海关同盟货物，无须缴纳关税、税收，不受制于禁止和限制措施，不进入进口海关程序。

海关同盟委员会有权规定将本款第1部分所指的货物认定为不受海关监管的海关同盟货物，无须缴纳关税、税收，不受制于禁止和限制措施，不进入进口海关程序的一般程序。

6. 在居民企业丧失资格的情况下，保税货物及（或）从保税货物制作（取得）的货物，除本条第7、8款规定的情形外，应当自居民企业资格丧失之日起四个月内进入海关同盟海关法典规定的其他海关程序。

如果曾经拥有居民企业资格的人不实施本款第1部分所指行为，海关机构依照海关同盟海关法典第21章规定对货物进行扣留。

7. 在港口或物流自由经济区居民企业丧失资格的情况下，与此等居民企业订立本协定第11条第1款第2部分所指合同的人申报保税的货物，自上述居民企业资格丧失之日起四个月内，可以依据与港口或物流自由经济区另外一名居民企业之间订立的、本协定第11条第1款第2部分所指的合同，交给该另外一名居民企业，或者进入海关同盟海关法典规定的其他海关程序。

在不实施本款第1部分所指行为的情况下，海关机构依照海关同盟海关法典第21章规定对货物进行扣留。

8. 在关于在自由经济区从事活动的协议期限届满及该协议条件履行完毕从而居民企业资格终止的情况下，由居民企业用于落实关于在自由经济区从事活动的协议而运入的保税设备，以及在自由经济区用于不动产项目建造的保税货物，按照海关同盟成员国法律规定的程序认定为不受海关监管的海关同盟货物，无须缴纳关税、税收，不受制于禁止和限制措施，不进入进口海关程序。

海关同盟委员会有权规定将本款第 1 部分所指的货物认定为不受海关监管的海关同盟货物，无须缴纳关税、税收，不受制于禁止和限制措施，不进入进口海关程序的一般程序。

9. 保税货物由于实施本协定第 13 条第 1 款第 5 和 6 项规定的操作而产生的边角余料，如果已经没有继续使用的商业价值，则无须进入海关同盟海关法典规定的海关程序。在此情况下，保税货物中与无商业使用价值的边角余料数量相对应的、依照海关同盟成员国法律确定的部分，认定为不再处于海关监管之下。对于此等货物，保税海关程序结束且不再进入其他海关程序。

10. 由于实施本协定第 13 条第 1 款第 5 和 6 项规定的操作而产生的保税货物的不可回收的生产损耗，不再进入海关同盟海关法典规定的海关程序。在此情况下，保税货物中与生产损耗数量相对应的、依照海关同盟成员国法律确定的部分，认定为不再处于海关监管之下。对于此等货物，保税海关程序结束且不再进入其他海关程序。

第 16 条　保税货物缴纳关税、税收的义务的生产及终止及其缴纳期限

1. 对于保税的外国货物，报关人自海关机构对保税货物海关报关单进行登记之时起，产生缴纳进口关税、税收的义务，除本款第 2、3 部分规定的情形外。

对于运入港口或物流自由经济区的保税的外国货物，报关人自货物运入港口或物流自由经济区之时起，产生缴纳进口关税、税收的义务。

对于从非海关同盟成员国运入港口或物流自由经济区、无须海关申报的外国货物，订立本协定第 11 条第 1 款第 2 部分所指的合同的港口或物流自由经济区居民企业自此等货物运入港口或物流自由经济区之时起，产生缴纳进口关税、税收的义务。

2. 报关人对于外国保税货物缴纳进口关税、税收的义务在以下情形下终止：

海关同盟关境内自由（专门、特别）经济区及保税区海关制度问题协定 | 371

1）此等货物的保税海关程序依照本协定结束；

2）海关同盟海关法典第 80 条第 2 款规定的情形下。

3. 进口关税、税收的缴纳期限视为：

1）在保税的外国货物或者使用保税的外国货物制作（取得）的货物运出实施保税区海关制度的自由经济区的情况下，在该等货物进入海关同盟海关法典规定的海关程序之前，为货物运出实施保税区海关制度的自由经济区的日期，如果该日期无法确定，为发现货物运出事实的日期；

2）在保税的外国货物或者使用保税的外国货物制作（取得）的货物转让他人的情况下，在该等货物进入海关同盟海关法典规定的海关程序之前，为货物转让日期，如果该日期无法确定，为发现货物转让事实的日期；

3）在保税的外国货物或者使用保税的外国货物制作（取得）的货物灭失的情况下，除货物灭失系由事故或者不可抗力作用或者在正常运输、储存条件下的自然减损所致，为货物灭失之日，如果该日期无法确定，为发现货物灭失事实之日。

4. 在本条第 3 款规定的情形下，保税的外国货物应当按照其在办理进口海关手续时本应当缴纳的进口关税和税收缴纳，而不享受其在申报保税时所计算的关税、税收的优惠或者在货物运入港口或物流自由经济区所计算的关税、税收的优惠（在此情况下货物保税没有进行海关申报）。

第 17 条 在保税海关程序结束时计征关税、税收的特点

1. 货物保税海关程序结束时，在满足本条规定要求的前提下，依照货物将要进入的海关程序所规定的关税、税收的计算规则计征关税、税收。

2. 货物保税海关程序结束时，按原状运出海关同盟关境的外国货物〔由于自然消耗或在正常运输、仓储及（或）使用情况下的自然损耗除外〕，进入再出口海关程序。

3. 保税的海关同盟货物的保税海关程序，在此等货物或从包括非保税的海关同盟货物在内的货物制作（取得）的货物进入出口海关程序时结束，但前提是上述货物运出海关同盟关境。

在海关同盟的货物保税海关程序结束，进入出口海关程序时，应当正常缴纳出口关税。

在计征出口关税时，关税税率、货物价值及（或）其物理特征（件数、

重量、体积或其他特征），以及货物数量及依照海关同盟成员国法律确定的汇率，按照海关机构对申报出口的报关单进行登记当天的数据为准。

4. 未曾进行本协定第 13 条第 1 款第 5 项规定的操作的保税的外国货物在保税海关程序结束并进入进口海关程序时，如果对于此等货物没有规定关税特权及关税和税收的优惠，须正常支付进口关税、税收。

在计征进口关税、税收时，关税、税收的税率、货物报关价值及（或）其物理特征（件数、重量、体积或其他特征），以及货物数量及依照海关同盟成员国法律确定的汇率，按照海关机构对申报保税的报关单进行登记当天的数据为准，但本款第 3 部分所指的情形除外。

在计征居民企业用于落实关于在自由经济区从事活动的协议而运入的保税设备以及在港口或物流自由经济区的保税货物的进口关税和税收时，关税、税收的税率、货物报关价值及（或）其物理特征（件数、重量、体积或其他特征），以及货物数量及依照海关同盟成员国法律确定的汇率，按照海关机构对申报货物进口的海关申报单进行登记当天的数据为准，就仿佛此等货物在该日运入海关同盟关境。

5. 保税的海关同盟货物，在保税海关程序结束保持原状〔由于自然消耗或在正常运输、仓储及（或）使用情况下的自然损耗除外〕且不运出海关同盟关境外的，进入再进口海关程序。

6. 保税的外国货物的保税海关程序，在使用保税的外国货物制作（取得）的货物进入出口海关程序时结束，前提是使用保税的外国货物制作（取得）的货物被认定为海关同盟货物且运出海关同盟关境之外。

在保税的外国货物的保税海关程序结束、使用保税的外国货物制作（取得）的且被认定为海关同盟货物的货物进入出口海关程序的情况下，须正常交纳出口关税。

在计征出口关税时，关税税率、货物价值及（或）其物理特征（件数、重量、体积或其他特征），以及货物数量及依照海关同盟成员国法律确定的汇率，按照海关机构对申报出口的报关单进行登记当天的数据为准。

7. 如果使用保税的外国货物制作（取得）的货物不被认定为海关同盟货物且运出海关同盟关境之外，则保税货物的保税海关程序在使用保税的外国货物制作（取得）的货物进入再出口海关程序时结束。

8. 保税的海关同盟货物的保税海关程序在以下货物进入再进口海关程序时结束：

仅从此等货物制作（取得）的货物，包括使用非保税的海关同盟货物，只要此等货物不运出海关同盟关境之外；

从此等货物与保税的外国货物制作（取得）的货物，只要该制作（取得）的货物被认定为海关同盟货物且不运出海关同盟关境之外；

从此等货物、非保税的海关同盟货物及保税的外国货物制作（取得）的货物，只要该制作（取得）的货物被认定为海关同盟货物且不运出海关同盟关境之外。

保税的外国货物的保税海关程序，在使用该保税的外国货物制作（取得）的货物进入再进口海关程序时结束，只要使用外国货物制作（取得）的货物被认定为海关同盟货物且不运出海关同盟关境之外。

9. 保税货物的保税海关程序，自使用保税的外国货物制作（取得）的货物进入海关同盟海关法典第202条第1款第1、4、5、7、8、12~14项所指的海关程序时结束，只要使用保税的外国货物制作（取得）的货物不被认定为海关同盟货物且不运出海关同盟关境之外。

在依照本协定第20条确定了保税的外国货物被使用于货物的制作（取得）的前提下，在对保税且已经在制作中被使用的外国货物计征进口关税、税收时，税率、报关价值及（或）其物理特征（件数、重量、体积或其他特征），以海关机构对申报保税的报关单进行登记日期的数据为准，在港口及物流自由经济区以货物保税日数据为准。

计征进口关税、税收时如果在海关机构对使用保税的外国货物制作（取得）的货物的海关报关单进行登记日无法依照本协定第20条确定保税的外国货物被使用于货物的制作（取得）的情况，则对于使用保税货物制作（取得）的货物税率、报关价值及（或）其物理特征（件数、重量、体积或其他特征），以海关机构对海关同盟海关法典第202条第1款第1、4、5、7、8、12~14项所指的海关程序的报关单进行登记日的数据为准。

第18条 货物的报关价格

保税货物及从保税货物制作（取得）的货物的保税海关程序结束时，此等货物的报关价格在考虑海关同盟委员会决定和本协定规定的特殊性的前提下依照 2008 年 1 月 25 日《关于跨越海关同盟海关边界的货物报关价格的确定的协定》。

第 19 条 使用保税的外国货物制作（取得）的货物属性的确定

1. 使用保税的外国货物制作（取得）的货物对于海关而言的属性，依照加工的充分程度标准确定，具体为：

1）根据海关同盟外经活动统一货物目录货物编码前四位数字的改变；

2）完成认定货物为海关同盟货物所必需的足够的生产和工艺操作；

3）货物的价格变化，即被使用材料的价值百分比或增加值在成品价格中占到一定比例（从价原则）。

2. 使用保税的外国货物制作（取得）的货物，如果满足了以下条件之一，则承认为海关同盟货物：

除本款第 2、3 部分所指的情形外，根据海关同盟外经活动统一货物目录货物编码前四位数字发生改变；

除本款第 2 部分所指的情形外，保税的外国货物的价值不超过成品价格一定的百分比，或者增加值超过成品价格一定的百分比；

除本款第 2 部分所指的情形外，对于货物实施了足以将使用保税的外国货物制作（取得）的货物认定为海关同盟货物的生产和工艺操作。

使用保税的外国货物制作（取得）的货物，如果对其实施的操作不符合充分加工的标准，不管其他条件是否完成，不能被认定为海关同盟货物。

使用保税的外国货物制作（取得）的货物，只要规定了此等货物必须完成生产和工艺上的足够的操作才能被认定海关同盟货物，则根据海关同盟外经活动统一货物目录货物编码前四位数字的改变，不得作为充分加工的标准。

3. 保税海关程序结束时足以认定使用保税的外国货物制作（取得）的货物为海关同盟货物的生产和工艺操作的清单，以及在认定使用保税的外国货物制作（取得）的货物属性时不符合充分加工原则的操作清单，由海关同盟委员会确定。上述决定由海关同盟委员会协商一致作出。

4. 海关同盟委员会确定如何使用从价规则认定使用保税的外国货物制作（取得）的货物是否进行了充分加工。上述决定由海关同盟委员会协商一致作出。

在对海关同盟货物进行修理时，从价规则不适合用作判断是否充分加工的标准。

5. 使用保税的外国货物制作（取得）的货物，在保税海关程序结束时其海关属性由依照海关同盟成员国法律确定的海关同盟成员国授权机构按照本条规定的程序确定。

6. 作为使用保税的外国货物制作（取得）的货物在保税海关程序结束时其海关属性的证明，海关同盟成员国授权机构出具关于认定使用保税的外国货物制作（取得）的货物为海关同盟货物或者不为海关同盟货物的结论。

将使用保税的外国货物制作（取得）的货物认定为海关同盟货物或者不为海关同盟货物的结论的样式及其填写程序，及此等结论的出具和使用程序，由海关同盟委员会确定。

海关同盟委员会可以设定对于上述结论的电子文档样式的要求。

7. 如果没有证明使用保税的外国货物制作（取得）的货物属性的文件，或者此等文件被注销或无效，则在保税海关程序结束时此等货物视为待运出海关同盟关境的海关同盟货物，或者外国货物。

第20条 在使用保税的外国货物制作（取得）的货物中鉴别保税的外国货物

1. 为在使用保税的外国货物制作（取得）的货物中鉴别保税的外国货物，可以采用以下方法：

1）由居民企业或海关机构公职人员对保税的外国货物盖章、盖戳或施加数字的或其他标识；

2）外国货物的具体文字描述、照片、比例图示；

3）外国货物的预先取样与使用保税的外国货物制作（取得）的货物进行比对；

4）使用现有的货物标识，包括系列号；

5）根据保税货物的不同特性及本协定第13条第1款第5项规定的操作实施的特性可以采用的其他方法，包括通过研究关于保税的外国货物在本协定第13条第1款第5项规定的操作实施的工艺流程中使用的详细信息，及其生产工艺的详细信息的方法，或者在实施本协定第13条第1款第5项规定的操作时进行海关监督。

2. 在使用保税的外国货物制作（取得）的货物中鉴别保税的外国货物的程序由海关同盟成员国确定。

第 21 条 2009 年 12 月 11 日《关于海关同盟货物进出口间接税征收程序及其缴纳监督机制的议定书》的适用特点

1. 2009 年 12 月 11 日《关于海关同盟货物进出口间接税征收程序及其缴纳监督机制的议定书》第 2 条的规范不适用于保税的海关同盟货物。

2. 在从海关同盟一个成员国向另外一个成员国销售货物且货物在后者境内保税的情况下，为按照 2009 年 12 月 11 日《关于海关同盟货物进出口间接税征收程序及其缴纳监督机制的议定书》第 1 条规定的程序证实零增值税率适用的合理性，不须向税务部门提交货物输入及间接税支付的申请，而须提交由海关机构确认的显示货物保税的报关单复印件。

第 22 条 关于居民企业资格的过渡规定

在本协定生效之日为居民企业的法人或个体经营者，认定为自其依照本协定生效以前有效的海关同盟成员国法律取得居民企业资格之日即已经录入居民企业名册。

第 23 条 关于货物属性的过渡规定

1. 在亚美尼亚共和国、白俄罗斯共和国、哈萨克斯坦共和国、吉尔吉斯共和国和俄罗斯联邦设立的自由经济区的，在本协定生效以前已经保税的货物继续视为保税。

2. 本条第 1 款所指的，在本协定生效之日在亚美尼亚共和国、白俄罗斯共和国、哈萨克斯坦共和国、吉尔吉斯共和国和俄罗斯联邦具有本国属性的货物，认定为海关同盟货物。

3. 在本协定第 19 条规定的海关同盟委员会决定生效之前，为将使用保税的外国货物制作（取得）的货物认定为海关同盟货物之目的，采用依照海关同盟成员国法律所规定的充分加工标准，还须考虑到本款第 2 部分的规定。

由亚美尼亚共和国的 Form ST – 1 原产地证、吉尔吉斯共和国的 Form ST – 1 原产地证、白俄罗斯共和国的 Form ST – 1 原产地证、哈萨克斯坦共和国的 FORM ST – KZ 原产地证、俄罗斯联邦的 Form ST – 1 原产地证、在加里宁格勒州特别经济区经过充分加工货物的原产地证和在马加丹州特别经济区经过充分加工货物的原产地证所证实的原产于海关同盟成员国的本款第 1 部分所指的货物，认定为海关同盟货物。

在吉尔吉斯共和国作为判断充分加工的标准：

1）对于欧亚经济共同体外经活动货物目录第 51～63 组的纺织材料和纺织成品、欧亚经济共同体外经活动货物目录第 64 组的鞋子及其部分，采用 2009 年 11 月 20 日《关于在独立国家联合体确定货物原产地国的规则的协定》所规定的货物原产地国确定标准；

2）对于欧亚经济共同体外经活动货物目录第 8415、8418、8421、8422 类设备和机械装置及其部件，欧亚经济共同体外经活动货物目录第 8508、8509、8510、8512、8513、8516、8528 类电机及设备及其部件、录音及放音设备及其部件、电视图像采制设备及其部件，采用 2009 年 11 月 20 日《关于在独立国家联合体确定货物原产地国的规则的协定》所规定的货物原产地国确定标准，或者吉尔吉斯共和国法律规定的其他充分加工标准，据此标准增加值百分比不得少于百分之四十；

3）对于欧亚经济共同体外经活动货物目录第 3901～3921 类货物，采用 2009 年 11 月 20 日《关于在独立国家联合体确定货物原产地国的规则的协定》所规定的货物原产地国确定标准，或者吉尔吉斯共和国法律规定的其他充分加工标准，据此标准增加值百分比不得少于百分之五十；

4）对于欧亚经济共同体外经活动货物目录第 44 组的圆木及其制品，欧亚经济共同体外经活动货物目录第 9401、9403 类圆木家具及其部件，采用 2009 年 11 月 20 日《关于在独立国家联合体确定货物原产地国的规则的协定》所规定的货物原产地国确定标准。

第 24 条 对于在俄罗斯联邦加里宁格勒州和马加丹州设立的特别经济区的过渡规定

1. 对于俄罗斯联邦，本协定的以下条款的规定自协定生效之日起对加里宁格勒州特别经济区适用：

第 1～8 条；

第 9 条，除第 7 款第 1、3～5 部分之外；

第 10、11 条；

第13条第1、2、4款（对于居民企业依照投资计划运入加里宁格勒州特别经济区实施投资项目的货物），第5、6款；

第14条第4款；

第15条，除第1款第2项，第2款第2、3项（针对在加里宁格勒州特别经济区保税的，从事俄罗斯联邦加里宁格勒州与非海关同盟国家之间货物、旅客和行李国际运输及在俄罗斯联邦加里宁格勒州与俄罗斯联邦其余部分之间货物、旅客和行李运输的运输工具）和第4项以及第3~6款外；

第17~27条。

本协定所不适用的部分，加里宁格勒州特别经济区运行和保税区海关制度适用的办法依照俄罗斯联邦第16-Φ3号联邦法律确定。

2. 对于俄罗斯联邦，本协定的以下条款的规定自协定生效之日起对马加丹州特别经济区适用：

第1~8条；

第9条，除第7款第1部分之外；

第10、11条；

第13条第1、2款及第4~6款；

第14条第4款；

第15条，除第1款第2项，第2款第2、3项（马加丹州特别经济区参加者为自己的生产需要运到马加丹州其余部分的货物）和第4项以及第3~6款外；

第17~27条。

本协定所不适用的部分，马加丹州特别经济区运行和保税区海关制度适用的办法依照俄罗斯联邦1999年5月31日第104-Φ3号《关于马加丹州特别经济区联邦法》确定。

3. 俄罗斯联邦保证，在加里宁格勒州特别经济区保税的外国货物和使用加里宁格勒州特别经济区保税的外国货物制作（取得）的货物，不结束保税海关程序不得从俄罗斯联邦加里宁格勒州运至海关同盟关境的其余部分，但在加里宁格勒州特别经济区保税的，从事俄罗斯联邦加里宁格勒州与非海关同盟国家之间货物、旅客和行李国际运输及在俄罗斯联邦加里宁格勒州与俄罗斯联邦其他部分之间货物、旅客和行李运输的运输工具，以及由调整个人携带自用物品跨越海关同盟海关边界及物品放行海关手续的程序的国际协定所规定的免税额度范围内的个人携带的自用物品。

第 25 条 修改

经各成员国协商一致可以对本协定进行修改，修改以单独的议定书制作，构成本协定不可分割的一部分。

第 26 条 争议解决

1. 成员国之间与本协定规定的解释及（或）适用有关的争议首先应当以谈判和商榷的途径解决。

2. 如果争议一方向争议另一方以书面形式正式提出进行谈判和商榷的请求之日起六个月内争议无法得到解决，在争议双方就争议解决方法没有另外约定的情况下，任何一方可以将争议提交欧亚经济共同体法院审理。

3. 在争议提交欧亚经济共同体法院审理以前，海关同盟委员会应当协助争议各方解决争议。

第 27 条 附则

本协定应当经过批准且自 2009 年 11 月 27 日海关同盟海关法典条约生效之日起临时适用。

本协定自协定保管人通过外交途径收到关于各方履行了为使本协定生效所必需的国内程序的最后一个书面通知之日起生效。

本协定第 5 条第 2 部分、第 11 条第 2 款第 2 部分、第 13 条第 5 款依照本条第 1 部分的规定生效，但不早于协定保管人收到构成白俄罗斯共和国、哈萨克斯坦共和国和俄罗斯联邦统一经济空间条约法律基础的第一批国际条约的最后一个批准书的日期。

本协定于 2010 年 6 月 18 日在圣彼得堡市以俄语订立，正本为一份。

本协定正本保存于海关同盟委员会。海关同盟委员会为协定保管人，向各方发送经认证的副本。

自由（特别）经济区范围内设立的
保税区管理条例

(由 2006 年 1 月 31 日第 66 号总统令批准，
2014 年 1 月 3 日第 1 号总统令修改)

1. 本管理条例调整与自由（特别）经济区范围内设立的保税区的运营有关的关系。

2. 本管理条例按照关税同盟海关法典、2010 年 6 月 18 日关于关税同盟关境内的自由（专门、特别）经济区和保税海关程序的协议、白俄罗斯共和国法律法规所确定的含义使用术语和定义，以及以下术语和定义：

保税区是指在自由经济区范围内专门划出的有设施（场所）或者没有设施（场所）的按照本管理条例规定的要求确定并装备的区域，该区域为自由经济区居民企业所使用，为其确定保税区的边界以供其根据在自由经济区活动的条件和投资方案从事经营活动；

保税区的所有者是指按照规定程序为其确定保税区的边界的自由经济区居民企业；

工程技术设施是指隔离设施、警报系统、可视监控设施，以及监控商品跨越保税区边界的其他设施。

3. 保税区边界可以与自由经济区的范围不一致，由自由经济区管委会经与海关机构商议在自由经济区的范围之内为具体的居民企业确定。

如果保税区无法为一个统一的区域，也可以由相互分离的单个的区域、设施（场所）组成，但其必须全部位于自由经济区范围之内，符合本管理条例规定的要求，并具有查验放行系统。

自由经济区管委会关于确定保税区边界的决定与海关机构商议的办法由国家海关委员会制定。

4. 保税区允许存放置于保税海关程序之下的商品,用于储存或者通过对其实施2010年6月18日关于关税同盟关境内的自由(专门、特别)经济区和保税海关程序的协议和本管理条例规定的行为的方式加以使用,或者在遵守关税同盟海关法律和白俄罗斯共和国法律的情况下存放、存储和使用非置于保税海关程序之下的关税同盟的商品以及置于其他海关程序之下的外国商品,或者货物的临时海关监管储存。

5. 保税区的设置和装备必须符合以下条件:

保税区应当具有标识,并装备工程技术设施,其标识和装备的办法由海关机构在考虑保税区特点的情况下经与自由经济区管委会商议确定;

保税区的设置应当确保能够进行海关监管,包括海关查验,以及由海关机构对于存放海关保税货物、从海关保税货物制作的(获得的)货物,以及从海关保税货物和非海关保税货物制作的(获得的)货物的场所放置鉴别标志。

6. 保税区的标识、装备和安保及查验放行系统的保障由保税区所有者自担费用实施。

7. 自海关机构对自由经济区管委会关于确定保税区边界的决定进行商议之时起,保税区视为设立。

8. 保税区所有者必须:

遵守保税区运营的条件、保税区内货物存放和使用的办法;

确保海关机构对于存放海关保税货物、从海关保税货物制作的(获得的)货物,以及从海关保税货物和非海关保税货物制作的(获得的)货物的场所放置的鉴别标志完好无损;

为海关机构对于保税区的货物进行海关监管创造必要的条件,包括协助海关机构进行监管、保证海关公职人员能够接触保税区的货物以及按照上述公职人员的合法要求行事;

消除在没有海关机构批准的情况下将海关保税货物、从海关保税货物制作的(获得的)货物,以及从海关保税货物和非海关保税货物制作的(获得的)货物移出保税区的可能性。

9. 海关机构有权:

对于保税区的货物进行海关监管;

在发现违反关税同盟海关法律和白俄罗斯共和国法律的情况下，要求保税区所有者消除此等违反的原因和条件。

10. 保税区的运营在下列情况下终止：

10.1 自由经济区解散（包括其运营期限届满）；

10.2 自由经济区管委会经与海关机构商议决定取消保税区：

根据保税区所有者的申请，包括在保税区所有者已经实现完毕自己的投资项目的情况下；

由于保税区所有者根据白俄罗斯共和国法律法规规定的程序丧失自由经济区居民企业资格；

在发现保税区所有者不止一次地违反关税同盟海关法律和白俄罗斯共和国法律的情况下，根据海关机构发给自由经济区管委会的要求；

根据白俄罗斯共和国法律维持保税区不再可能的其他情况下。

自由经济区管委会经与海关机构商议决定取消保税区的程序由国家海关委员会确定。

11. 在本管理条例第10条第10.2款规定的情形下，保税区的运营自海关机构对于自由经济区管委会关于取消保税区的决定进行商议之日起或者自自由经济区管委会关于为自由经济区另外一家居民企业确定保税区边界（而这个保税区根据本条第3段包含了被取消的保税区）的决定进行商议之日起四个月期限届满时终止。

自海关机构对于自由经济区管委会关于取消保税区的决定进行商议的次日起，不得再向该保税区放置保税货物。

被取消的保税区可以在自海关机构对于自由经济区管委会关于取消保税区的决定进行商议之日起四个月期限届满前并入自由经济区为另外一家居民企业新确定的保税区，前提是在被取消的保税区的当中已经没有被取消保税区所有者资格的那家自由经济区居民企业的货物。

12. 如果自由经济区居民企业为经营活动的需要根据在自由经济区进行活动的条件的合同和投资方案在自由经济区范围内建造不动产物，自由经济区管委会应在建筑活动开始前向管委会所在区域的海关机构告知上述消息。

白俄罗斯共和国总统关于发展白俄罗斯共和国与中华人民共和国双边关系的指令

(2015 年 8 月 31 日签署，第 5 号)

发展白俄罗斯共和国与中华人民共和国之间的全面战略合作伙伴关系符合白俄罗斯的长远利益，有助于巩固其国际地位，有助于保障白中合作的全面开展。

对于涉及两国核心利益的诸如主权、领土完整、安全和经济发展等问题相互给予坚定支持为白中合作的基本内容。

为发展白俄罗斯共和国与中华人民共和国之间的全面战略合作伙伴关系：

1. 确定在以下原则的基础上开展与中华人民共和国之间的合作：

平等和互利；

在考虑白俄罗斯共和国利益的基础上采用以市场经济手段为主的原则；

以正在实施的项目为优先和长期项目，不同项目渐次实施；

共和国层面和地方层面国家管理机构与中方开展直接和紧密的相互合作；

各经营主体对于实施与中华人民共和国之间的互利合作项目的效率负责。

2. 确立以下与中华人民共和国合作的基本方向：

行业和企业之间的深度相互融合；

信息通信技术；

组建共同研究和科技实践中心，共同开展专题研发；

直接和系统性的区域间合作；

在白俄罗斯共和国成立地方性汉学中心和与中华人民共和国交流中心。

3. 以贸易、投资、金融和创新领域的合作开发及成立和实施合作项目与合资企业作为与中华人民共和国进行合作的专门方向。

以白中合作政府间委员会作为促进发展与中华人民共和国之间关系的协调机构。该委员会下设的不同合作领域的专业委员会由共和国层级的国家管理机关领导人负责。

4. 白俄罗斯总统办公厅：

4.1 在2015年构建与中国共产党中央委员会国际部在五个关键方向进行合作的长效基础：

定期高层互访；

组织白俄罗斯共和国总统办公厅和中国共产党中央委员会国际部互派工作人员进行实习；

在实施丝绸之路经济带建设战略上进行合作；

在研究社会稳定发展的原则方面进行合作；

巩固分析中心与大众传媒之间的合作；

4.2 考虑到政治和经济合作关系中新的现实情况制定并在2016年1月1日之前批准白俄罗斯共和国总统办公厅和中国共产党中央委员会国际部双边合作五年计划。

5. 白俄罗斯共和国安全委员会国家秘书处在2015年：

负责规划、协调和深化与中华人民共和国在军事、军工以及安全和消除自然灾害和紧急事态后果领域的合作；

与中国强力部门共同确定合作的内容和方向以及2020年以前的共同方案。

6. 白俄罗斯共和国部长会议与有关国家机关、明斯克州和明斯克市执行委员会共同：

6.1 在2016年1月1日之前：

确定共和国层面和地方层面国家管理机关和其他国家组织负责人对于发展与中华人民共和国合作的个人职责；

确定如何加强白中合作政府间委员会经贸合作专业委员会的协调作用；

研究在外交部和经济部扩大人员编制成立发展与中国合作的下属部门的必要性；

为改善市场相互准入的条件,与中华人民共和国职能部门直接开展合作,准备并会商简化与卫生、植物检疫、动物检疫和流行病卫生监督(监控)的技术调整措施有关的程序和规范性要求,在双边贸易中推广质检和检疫的电子证书;

成立合资公司组织、实施和推广相互提供货物和服务;

在双边贸易中在中华人民共和国的电子交易平台上推广白俄罗斯商品供应和推介系统;

在互惠基础上,在与中华人民共和国的双边贸易中开展降低关税和非关税壁垒水平的工作;

为实现在2020年之前向中华人民共和国出口达到不低于十五亿美元的水平,制定综合行动方案;

6.2 在投资领域:

在扩大相互投资和创建良好投资环境的基础上发展合作;

在2016年7月1日之前编制在农业、重型机械制造、机床制造、家电和电子产品生产、光学机械工业、聚合物生产、药品和日用化工产品领域准备引入中国大公司进行项目合作和参股的企业名单;

建立2016~2020年期间在能源、建材生产、交通基础设施、农产品生产和加工及其他双方均有兴趣的领域吸引中国直接投资的激励机制;

在考虑本地特点和中国大型企业集团的生产供应链做法的前提下,在中华人民共和国境内设立白俄罗斯农业机械组装和售前、售后服务体系,在2016年保证通过上述体系生产和销售不少于六千台拖拉机和三千台联合收割机,此后每年确保增长;

在竞争使用和合理回报的基础上,以中小企业为资金优先使用方向系统开展信贷合作,并通过各种信贷工具吸引中国直接投资;

从白俄罗斯共和国参与丝绸之路经济带和21世纪海上丝绸之路建设战略的视角更新和协调白俄罗斯共和国在交通、物流、信息通信和海关基础设施的改造和发展领域的国家计划,制定2030年之前的统一战略;

扩大在民用航空领域的合作,确定2016~2020年期间此种合作的形式和机制,及扩大航空运量的办法;

每年编制共和国层面和地方层面的国家管理机构参加中国的国际投资

博览会和论坛的计划表,确保有高层级的代表参加此等活动;

6.3 在金融领域:

确保在双边贸易中利用本国货币的数量、在黄金外汇储备结构多元化的同时使用人民币的数量以及在发行国家和企业有价证券时使用人民币的数量逐年增长;

经常性地以新的、灵活的办法为投资项目提供融资;

确定将中国的银行业服务引入白俄罗斯共和国市场的条件和形式,并采取措施在白俄罗斯市场提供中国的银行服务;

为组织对于创新项目的风险投资、发展中小企业、提高国有企业的效率,与中方共同研究成立白中共同投资基金的问题;

6.4 在科学和技术领域:

以激励专门学术领域的共同研发作为与中华人民共和国合作的主要方向;

创造科技成果商业转化的条件,并在白俄罗斯共和国和中华人民共和国成立共同的创新生产企业;

确保已经批准的 2015～2016 年白俄罗斯共和国与中华人民共和国科技合作共同纲领规定的活动得到落实,并在 2016 年 7 月 1 日之前制定 2017～2020 年新的创新项目清单;

在 2016 年 7 月 1 日之前对于具有竞争力前景的方向制定有白俄罗斯国家科学院和白俄罗斯共和国高校和中国伙伴参加的新的共同研究和科技实践中心名单;

在 2017 年 1 月 1 日之前对两国知识产权载体的法律保护和专利申请机制进行协调;

6.5 在开发中白工业园"'巨石'工业园"(以下称"园区")的合作领域:

将创建园区的项目作为投资领域的战略项目、白俄罗斯共和国和中华人民共和国之间大型合作的典范以及白俄罗斯共和国参与丝绸之路经济带建设战略最为重要的元素;

确保对园区居民企业提供与白俄罗斯共和国和欧亚经济联盟各国范围内进行商业活动的其他优惠机制相比最为优惠的制度安排;

在法律规范性文件的规定不清楚和不明确的情况下,国家机关需确保作出有利于中白工业园"'巨石'工业园"管委会(国家机构)和中白合资工业园开发封闭式股份公司及园区居民企业的决定;

采用中华人民共和国按照世界最佳实践在建设类似项目和综合服务园区居民企业方面的先进经验,在园区内建设区域物流中心;

6.6 在区域合作领域内:

编制和批准2020年前的区域间展览和博览会活动计划、省日、州日和城市日,并每年予以更新和细化;

编制地方执行机构和地方代表机构领导人每年不少于一次访问与之签订有合作协议和友好城市关系协议的省(自治区、城市)的年度计划;

根据产业结构和经济发展前景保证在2020年1月1日前使白俄罗斯共和国的州和城市与中华人民共和国的大部分省、自治区和直辖市订立合作协议;

在互惠的基础上制定和批准白俄罗斯共和国的州和城市在2020年之前与中华人民共和国的省、自治区和城市的合作纲领,规定具体投资项目的实施,组织共同生产和相互供货;

确保2020年之前每个州和明斯克市每年在地区间合作框架内吸引中国直接投资不少于一亿美元;

6.7 在人文领域:

与中方合作伙伴协商并确定自2016/2017学年开始向中华人民共和国高校派遣白俄罗斯青年男女留学生,制定对留学的财政支持的程序和条件;

在2016年1月1日之前与中方合作伙伴共同制定在2018年之前在白俄罗斯共和国每个州府所在地成立中医中心和中国传统体操中心;

成立专门组织到访对方国家的旅游团和参观团的合资旅游公司,培养导游翻译;

确定白俄罗斯单一制企业"'白俄罗斯电影'国家制片厂"和中国公司"中国电影集团公司"(CFGC)之间合作的形式和机制;

确定两国2020年之前文化交流的体系、时间间隔和方向;

采取措施增加白俄罗斯官方网站的中文界面。

7. 白俄罗斯共和国部长会议与国民银行、明斯克州和明斯克市执行委员会、白俄罗斯共和国总统办公厅、白俄罗斯共和国安全委员会国家秘书处共同采取必要措施落实本指令。

8. 白俄罗斯共和国部长会议、白俄罗斯共和国总统办公厅和白俄罗斯共和国安全委员会国家秘书处一年两次（1月15日和7月15日之前）按规定程序向国家元首报告执行本指令的进展。

9. 白俄罗斯共和国总统办公厅监督本指令的执行。

图书在版编目(CIP)数据

白俄罗斯经济法规选编 / 罗利伟编译. -- 北京：社会科学文献出版社，2017.12
 ISBN 978-7-5201-1823-1

Ⅰ.①白… Ⅱ.①罗… Ⅲ.①经济法-法规-汇编-白俄罗斯 Ⅳ.①D951.142.29

中国版本图书馆CIP数据核字（2017）第290192号

白俄罗斯经济法规选编

编 译 者 / 罗利伟

出 版 人 / 谢寿光
项目统筹 / 宋荣欣
责任编辑 / 宋 超 闫富斌

出　　版 / 社会科学文献出版社·近代史编辑室（010）59367256
　　　　　 地址：北京市北三环中路甲29号院华龙大厦 邮编：100029
　　　　　 网址：www.ssap.com.cn

发　　行 / 市场营销中心（010）59367081　59367018

印　　装 / 北京盛通印刷股份有限公司

规　　格 / 开 本：787mm×1092mm　1/16
　　　　　 印 张：25　字 数：392千字

版　　次 / 2017年12月第1版　2017年12月第1次印刷

书　　号 / ISBN 978-7-5201-1823-1

定　　价 / 158.00元

本书如有印装质量问题，请与读者服务中心（010-59367028）联系

▲ 版权所有 翻印必究